STEM을
가르치고
배우기

실용적 가이드

STEM을 가르치고 배우기

실용적 가이드

Richard M. Felder
Rebecca Brent 지음
오명숙 · 강소연 · 주원종
신선경 · 김사라은경 옮김

∑ 시그마프레스

STEM을 가르치고 배우기 : 실용적 가이드

발행일 | 2018년 3월 15일 1쇄 발행
2018년 9월 5일 2쇄 발행

저 자 | Richard M. Felder, Rebecca Brent
역 자 | 오명숙, 강소연, 주원종, 신선경, 김사라은경
발행인 | 강학경
발행처 | (주)시그마프레스
디자인 | 우주연
편 집 | 이호선

등록번호 | 제10-2642호
주소 | 서울시 영등포구 양평로 22길 21 선유도코오롱디지털타워 A401~403호
전자우편 | sigma@spress.co.kr
홈페이지 | http://www.sigmapress.co.kr
전화 | (02)323-4845, (02)2062-5184~8
팩스 | (02)323-4197

ISBN | 979-11-6226-055-5

Teaching and Learning STEM : A Practical Guide

＊ 책값은 책 뒤표지에 있습니다.

이 도서의 국립중앙도서관 출판예정도서목록(CIP)은 서지정보유통지원시스템 홈페이지(http://seoji.nl.go.kr)와 국가자료공동목록시스템(http://www.nl.go.kr/kolisnet)에서 이용하실 수 있습니다.(CIP제어번호 : CIP2018007157)

우리 모두 잘 가르치는 교수가 되고 싶었다. 많은 시간과 노력을 들여 수업 준비도 열심히 했다. 가능한 한 많은 지식을 학생들에게 전달하고 싶어 교과서는 물론 여러 참고 자료를 뒤져 강의 자료를 계속 보완하였다. 국내외 교육 관련 워크숍도 열심히 참석하였다. 무엇을 배운 것 같기는 한데 배운 것을 실제 수업에 어떻게 적용해야 할지 갈피를 잡을 수 없는 워크숍도 있었다. 하지만 교육에 대해, 가르친다는 것에 대해 조금씩 배웠고 배운 것의 일부를 수업에 적용해보기도 했다. 여전히 그렇지만 잘하고 있는지에 대한 자신감이 없었고, 부족한 것을 어떻게 개선해야 할지 구체적인 대안이 없었다. 좀 더 잘 가르치고 싶었으나 많은 경우 우리가 해온 것은 그저 주먹구구식이었던 것 같다.

역자 중 Richard Felder 교수를 제일 먼저 만난 사람은 주원종 교수였다. 2008년 남아공에서 열린 미국공학교육학회의 글로벌 콜로키엄에서 Felder 교수의 강의를 처음 들었고, 깊은 감명을 받았다. 그 후로 우리는 Felder 교수의 교육 분야 업적에 관심을 갖게 되었고 그의 웹사이트에 게시된 여러 논문과 글을 읽었다. 능동 학습에 대한 웨비나도 시청하였다. 말레이시아에서 열린 Felder와 Brent 교수 부부의 워크숍에도 참여하였다. 이 과정에서 공대 수업에서의 문제점을 인식할 수 있었고, 수업을 개선하기 위해 무엇이 필요하며 공대 교수들이 쉽게 수행 가능한 교수법에 대해 배울 수 있었다. 그 후의 고민은 우리가 배운 것을 어떻게 다른 교수들과 공유할 수 있을까 하는 문제였다. 그러던 중 이 책의 출판 소식을 들었고 공학교육에 관심이 많은 다양한 전공과 배경의 다섯 사람이 모여 번역을 시작하였다.

번역을 하면서 의역을 하기보다는 저자의 말을 그대로 전하려 노력하였다. 문화적 차이에서 오는 표현도 그대로 번역하였고, 필요한 경우 역자 주를 달았다. 옆에서 이야기하듯 쉽게 쓰여진 것을 전달하기 위해 우리도 편안한 문체를 사용하였다.

교육학이나 인지과학에서 보편적으로 쓰이는 전문용어를 사용하려 노력하였으나 공대 교수에게 생소한 단어는 풀어 설명하였다. 공인되지 않은 용어에 가장 적합하고 공감되는 단어를 찾기 위해 열띤 논쟁으로 많은 시간을 보냈다. 서로 번역한 초안을 검토하면서 오역을 최소화하려 노력하였다.

이 책을 번역하면서 우리가 가장 많이 배웠다. 이제는 많이 가르치려 하기보다는 학생들이 더 잘 배울 수 있게 돕고, 학생들이 학습한 것을 공정히 평가하고, 필요한 직업 기초 능력을 배양할 수 있도록 노력할 것이다. 이 책은 STEM(science, technology, engineering, mathematics) 과목을 다루는 모든 교수들이 읽었으면 한다. 특히 대학에 갓 부임한 신임 교수들과 새로운 교과목을 준비해야 하는 교수들은 꼭 읽어보기를 권한다. 이 책을 읽는 데 투자한 시간보다 더 많은 시간을 절약할 수 있을 것이며, 더 좋은 교수가 되는 데 큰 도움을 얻게 될 것이다. 교수가 되었다는 것은 행운이고 참으로 감사한 일이다. 이 책은 이 행운을 열정을 가지고 즐길 수 있도록 도와줄 것이다.

2018년 2월
역자 일동

많은 대학 교수들에게 있어 가르치는 것은 운전하는 법을 배우지 않고 자동차 열쇠를 건네받는 것과 같다. 그 결과는? 경험이 많은 교수조차도 교육용 주차 브레이크를 채운 채 운전을 하는 것과 유사하다. 그들은 더 쉬운 방법이 있다는 것을 모른 채, 배기관에서 나오는 연기를 무시하고 서툴게 앞으로 나아간다.

이 책은 과학, 기술, 공학, 수학 분야의 교수진을 위한 의심의 여지가 없는 최고의 지침서이다. 부부인 Richard Felder와 Rebecca Brent가 팀을 이루어 매우 명확하고 경쾌한 어조로 글을 썼기 때문에 바쁜 하루가 끝난 후에도 읽을 수 있다. 책을 모두 읽기 전이나 후에도 목차 또는 색인을 한번 보면 필요한 것을 빠르게 찾을 수 있다.

이 책에는 학생의 생각을 이해할 수 있게 하는 각 장 사이의 간략한 에세이('엿보기'), 신경과학의 실용적인 핵심 통찰에 대한 간략한 요약, 탄탄한 연구와 수십 년간의 경험을 바탕으로 한 구체적인 제안 등 특별한 내용으로 가득하다. 모든 것이 풍부한 참고문헌으로 뒷받침되므로, 원하는 만큼 깊이 있게 탐구할 수 있다.

STEM 분야에서 가르치는 책은 종종 물리 또는 공학과 같은 하나의 분야를 중심으로 한다. 생물과 화학에서 이론 수학에 이르기까지 다양한 STEM 분야의 강의를 포괄적으로 다루는 것은 거의 없다. 이 책은 폭넓고 다양한 STEM 분야에서 독자들이 최고의 통찰력을 가질 수 있도록 광범위한 접근 방식을 취한다.

대학 수준의 STEM 분야에서는 훌륭한 교수법의 토대를 마련하는 책이 그 어느 때보다 절실히 필요하다. STEM 일자리는 마치 버섯처럼, 전 세계적으로 다른 많은 직업보다 훨씬 빠른 속도로 증가하고 있지만 아직 이 일자리를 채우기에 필요한 STEM 프로그램 졸업생들이 충분하지 않다. 사실 고등학교 졸업반 학생들 중 소수만이 STEM 직업에 흥미를 가지고 있다. 이런 학생들 중에 많은 학생이 STEM 학습의 어려움에 부딪히면서 도중에 탈락하기도 한다.

그러나 Richard Felder와 Rebecca Brent가 이 놀라운 책에서 보여주듯이 교수로서 보다 현명하게 일할 수 있는―어려운 내용을 숙달하려는 학생의 욕구와 능력을 발전시킬 수 있도록 돕는―방법이 있다. 이 책은 학생들에게 중요한 경력의 기회를 열어주고 학생들이 국내 및 국제적 요구를 해결하는 역량을 증가시키고 향상시키도록 당신을 도와줄 것이다. 또한 적절하지 않은 가르침의 주차 브레이크를 풀면 교수로서의 삶이 더 많은 것을 성취하고 즐거울 것이라는 것을 당신은 알게 될 것이다.

학습자 중심의 접근법은 그리스인, 붓다 및 극동의 다양한 전통으로 거슬러 올라가며, 수학자인 Robert Lee Moore, 물리학자들인 Eric Mazur와 Carl Wieman과 같은 훌륭한 교사이면서 연구자에 의해 STEM 분야에서 최근 다시 채택되었다. 유명하고 최고의 교수들에 의한 학습자 중심 교수법의 인기가 계속되는 이유가 있다―이 접근은 학생들의 성공을 독려하는 많은 역할을 한다. 이 책에는 이런 방법을 STEM 분야에서 어떻게 적용하는지에 대한 최신의 실용적 정보가 들어 있다.

개인적으로, 나는 교수 경력 초기에 Rich와 Rebecca를 처음 만났고, 이 책의 교육적 골격인 학습자 중심 교수법 워크숍에 참석하는 행운을 가졌다. 그 워크숍은 나의 교수법 전체의 초점을 바꾸었고, 내가 완전히 새롭고, 더 깊이 있는 방법으로 학습을 이해할 수 있게 되었다. 여러분도 이 특별한 책을 읽을 때 학습에 대한 이해가 매우 풍성해지는 것을 알게 될 것이다.

―Barbara Oakley, PhD, PE
미시건, 로체스터 오클랜드대학교 공학 교수
캘리포니아대학교 샌디에이고 캠퍼스 객원연구원

뉴욕타임스의 *A Mind for Numbers: How to Excel at Math and Science*(Even If You Flunked Algebra) [숫자 감각: 수학과 과학을 잘하려면 어떻게 공부해야 하는가(중학교 수학을 낙제했더라도)]의 저자이자, 샌디에이고의 캘리포니아대학교 코세라의 가장 큰 무크(MOOC) 수업인 *Learning How to Learn: Powerful Mind Tools to Help You Master Tough Subjects*(학습하는 법 배우기: 어려운 과목을 마스터하는 것을 도와줄 강력한 마인드 툴)의 공동 강의자이다.

'**가**르치는 방법에 대한 책'은 많지만 우리가 이 책을 쓴 이유는 다음과 같다.

(Rich의 이야기) 오래 전 내가 노스캐롤라이나 주에서 화학공학과 교수가 되었을 때, 나도 대부분의 교수들과 비슷한 훈련을 받았다. 내가 아는 방법 말고 다른 교수법이 있는지 몰랐고 그저 내가 배운 교수법 그대로 가르쳤다. 불행하게도, 아무도 나에게 어떻게 가르쳐야 하는지 알려주지 않았다. 그래서 나는 15년 동안이나 내 동료들처럼 가르쳤다. 논스톱 강의를 했고, 항상 필요 이상으로 긴 시험을 치렀으며 대부분의 학생들에게 F학점을 주지 않기 위하여 성적을 조정해야 했다.

당신은 내 강의 노트를 은행에 가져갈 수 있다. 공식의 유도는 완벽했고 정확했으며 내용 전달은 명확했고 때로는 재미있었다. 대부분의 학생들이 강의를 마치고 갈 때 모든 것을 잘 이해했다고 생각했다. 그 결과 좋은 평가를 받았고 상을 받기도 했다. 그런데 두 가지 작은 문제가 있었다. 강의 후 학생들은 수업시간에 공부한 것과 비슷한 수준의 과제를 내주면 이것을 끝내는 데 몇 시간이나 고생을 했고 시험 점수가 좋지 않았다. 성적이 좋지 않은 대부분의 학생들은 이렇게 잘 가르치는 교수의 수업에서 잘하지 못하면 엔지니어가 되는 데 필요한 능력이 부족하다고 생각하면서 스스로를 책망하곤 했다.

그렇지만 대부분의 경우 그들의 생각은 틀렸다. 학생들의 실패에 대한 책임은 나에게 있었다. 내가 강의 노트를 개발하고 다듬을 때—어려운 개념을 표현하는 명확한 방법을 찾고, 좋은 예시 자료를 생각해낼 때—나는 그것을 제대로 학습할 수 있었다. 문제는 이미 소화가 다 된 음식을 학생들에게 먹여주었다는 것이었다. 그들은 자신을 위해 공부하는 지적 노동을 할 필요가 없었다. 강의할 때 분명히 이해한 것처럼 보여도 실제로 학생들은 이해하지 못했다.

대부분의 이공계(STEM) 과목 교수는 교육 관련 서적을 읽지 않는다. 나 또한 예외가 아니었다. 대안적 교육 방법에 대한 탁월한 연구가 있다는 것을 알게 된 지 여러 해가 되었다. 어떤 것은 전통적인 수업 방법보다 훨씬 더 학습을 촉진하는 것으로 밝혀졌다. 나는 대체 가능한 방법 중 몇 가지를 시도하였고 내 수업에서 긍정적으로 작용하는 것을 알았다. 그 후 내가 이런 것을 더욱 잘 이해할 수 있도록 도와준 교육학 전문가를 만났다. 그중 한 사람은 내 동료이자 이 책의 공동 저자이며 내 아내인 Rebecca Brent이다(도대체 누가 교육 연구가 보상이 없다고 하는가?).

(Rebecca의 이야기) 나는 어린 시절 학교에 가기도 전에 이웃 아이에게 글자를 가르쳤고 일찍부터 교육에 관심을 가졌다. 나는 사람이 어떻게 배우는지 알고 싶었고 학습을 촉진하는 창의적인 방법에 대해 관심이 많았다. 초등학교 교사가 된 후 박사 학위를 받고 이스트캐롤라이나주립대학교 사범대학 교수가 되었다. 처음 가르치기 시작하면서 사범대 학생들이 내가 가르친 모든 교육 이론을 하루 하루 실천에 옮기는 것을 지켜 보는 것은 정말 기쁜 일이었다. 직업을 바꾸어 교사가 되려는 사람을 위한 교육 프로그램을 교수들과 팀을 이루어 개발하였다. 그 당시 몇 명과 함께 이런 활동을 해보면서 그중 몇 가지 기법은 사람들에게 효과적인 강사가 될 수 있는 길을 열어줄 수 있다는 것을 깨달았다. Rich와 내가 대학의 이공계 교수들을 위한 워크숍을 하기 시작했을 때, 나는 그 접근 방식을 지지하였다. 우리는 교수들에게 학급의 학생 수에 상관없이 학생의 학습 방법을 이해하고 학생이 무엇을 할 수 있으며, 학생이 할 수 있는 것을 어떻게 평가하는지, 학생들이 수업에 적극적으로 참여하도록 하는 간단한 방법을 알려줄 수 있었다. 일부 워크숍 참석자는 우리가 제안한 몇 가지 방법을 시도하였고, 학생의 학습에 미친 영향을 확인할 수 있었다. 그들의 수업은 효과를 보기 시작하였고 일부는 그들의 과목에 큰 변화를 주어 상당한 효과를 보았으며 그중 몇몇은 직접 훌륭한 워크숍을 진행해 우리를 기쁘게 하였다.

워크숍에서 우리는 반복된 연구를 통해 교육적 효과기 입증되고 쉽게 수행할 수 있는 교육 방법을 검토하였다. 이 책에서 우리의 목표는 이러한 몇 가지 방법들과 관련된 연구를 여러분과 공유하는 것이다.

1장에서는 효과적인 가르침과 학습에 관한 교육학 연구를 짧게 소개하고, 이 책의 내용을 전반적으로 살펴보며, 책의 사용 방법에 대해 몇 가지 제안한다. 이 장에서는 책의 전체 구조를 볼 수 있으며, 책의 나머지 부분에서 일정하게 반복되는 아이디어를 소개한다. 다음 장은 효과적인 수업설계 방법과 실현 방법, 학생들의 문제 해결, 의사소통, 창의적 사고와 비판적 사고, 높은 성과의 팀워크 및 자기 주도적 학습을 잘할 수 있도록 돕는 방법에 대해 다룰 것이다.

우리는 이 책에서 다음과 같은 몇 가지를 하지 않았다. 하나는 가르치는 것에 대해 누구나 알고 있는 것을 개괄적으로 정리하는 것이다. 그런 것을 쓰는 것은 너무 많은 시간이 걸리고 그런 것을 읽으려면 여러분은 너무 많은 시간을 소모하게 된다. 이 책은 우리가 다루기로 선택한 방법에 대한 학술적 이론 논문이 아니다. 여러 책에서 이미 이론을 다루었으므로 우리는 단지 그것을 부분적으로만 제시할 것이다. 우리는 실행을 위해 필요한 핵심적인 것을 강조할 것이다―어떤 방법인지, 그것을 어떻게 적용할 것인지, 그렇게 할 때 어떻게 하면 오류를 피할 수 있는지에 관한 것이다. 우리는 현대 인지과학의 연구 결과를 공유할 것이다. 이 연구 결과는 우리가 제안한 방법이 성공적으로 일관되게 작동하는 이유에 대한 좋은 단서를 제공해줄 것이다.

이 책에서 우리의 논문이나 공동 논문을 광범위하게 소개하였다. 각 장 사이의 엿보기는 1988년 이후 분기별로 발간되는 *Chemical Engineering Education*의 'Random Thoughts' 칼럼을 기반으로 하였다. 우리는 편집장 Lynn Heasley가 칼럼을 수정해 재인쇄하는 것을 허락해주어 매우 고맙게 생각한다.

우리는 주저 없이 여러 사람에게 도움을 요청하였다. 덕분에 각 장의 초안을 미리 읽어보고 비평해주고, 교재를 서로 공유하고, 값진 격려를 해주는 동료가 많이 있었다. 그들이 각자 무엇을 해주었는지 자세하게 쓰려면 서론이 다른 장보다 더 길어질 것이다. David Brightman, Lisa Bullard, Jo-Ann Cohen, Marc Cubeta, Jackie Dietz, John Falconer, Stephanie Farrell, Elena Felder, Gary Felder, Kenny Felder, Mary Felder, Cindy Furse, Susan Geraghty, Jeff Joines, Milo Koretsky, Susan Lord, Misty Loughry, Nicki Monahan, Michael Moys, Mike Prince, Julie Sharp, Kimberly Tanner, Dan Teague, John Tolle, Thomas Wentworth, 그리고 Carl Zorowski에게 깊은 감사를 드린다.

Barbara Oakley와 Maryellen Weimer 두 사람이 없었다면 아마 이 책은 세상에 나오지 못했을 것이다. 우리가 몇 년 전부터 이 책을 계획하고 있다는 것을 안 순간부터 훌륭한 저자이자 교육자인 Barbara Oakley는 우리의 치어리더, 비평가, 넛지 (nudge)[1]의 역할을 하였다. 우리가 이 책이 정말 필요한지 의구심이 들 때마다 그녀는 이 책이 정말 필요하다는 확신을 주었다. 우리의 현학적이고 과장된 문장을 붉은 잉크로 물들이고 가끔 우리의 원고가 그녀의 메일함을 두드리지 않을 때에는 부드럽게 우리를 자극하였다. 마침내 우리는 목적지에 도달하였다. 우리는 Barb을 실망시키는 죄책감을 가지고 살 수 없어서 계속 노력하였기에 목표점에 도달할 수 있었

---

[1] 선택을 유도하는 부드러운 개입―역주

다. 어떤 말로도 우리의 감사를 전하는 데 충분치 않을 것이다.

The Teaching Professor 뉴스레터를 오랫동안 이끌어왔으며 *Learner-Centered Teaching*
의 저자이면서 우리의 편집자인 Maryellen Weimer에게도 감사의 인사를 전한다.
Maryellen과 같은, 교육 전문가들의 우상인 사람이 우리와 함께 일하는 것은 다소 위
협적이다. 마치 교향곡 작곡을 처음 시작했을 때 모차르트가 우리를 조언하는 것과
같다. 다행스럽게도 세계 최고의 고등교육 분야의 권위자인 Maryellen은 최고의 편
집자이면서도 훌륭한 인품을 가지고 있다. 그녀는 우리의 글에 대해 그녀의 견해나
목소리를 강요하지 않고 끊임없이 좋은 조언을 주었다. 서로 의견이 다른 경우에 그
녀가 항상 Rebecca의 편에 섰던 것을 Rich는 넘어가기로 하였다.

마지막으로, 우리가 이 책을 쓰는 마지막 단계에서 함께하지 못한 Kenny, Joyce,
Elena, Leonicia, Gary, Rosemary, Mary, Ben, Jack, Shannon, Johnny, James 및
Cecelia에게 감사를 전한다. "우리가 이 @#$%^& 책을 끝낼 때 우리는……"으로 시
작하는 우리의 긴 목록의 첫 줄에 "좀 더 믿고 의지할 수 있는 좋은 부모와 조부모가
될 것이다."라고 적었다. 이 13명이 이 서문을 읽을 쯤에는 그 다짐을 실천할 수 있
게 되길 바란다.

Richard Felder

Rebecca Brent

04 차시별 수업 계획

제2부 수업하기

05 효과적인 수업 요소

대학에서
가르친다는 것

1.0 대학에 오신 것을 환영합니다.
여기가 당신의 사무실입니다. 행운을 빕니다.

전기기사, 기계공, 요리사는 숙련된 전문가로 인정받아 독립적으로 활동하려면 몇 달 또는 몇 년 동안 도제교육을 받아야 자격증을 받을 수 있다. 회계사, 심리학자, 물리학자, 의사는 자기 분야에서 학위를 받는 데 수년이 걸리기도 한다. 의사는 졸업 후에도 인턴과 레지던트 과정에서 지도를 받으며 여러 해를 더 보낸다. 개인의 실수가 다른 사람들에게 해를 끼칠 수 있는 경우, 먼저 훈련을 받지 않고 숙련된 전문직을 수행할 수 있게 한다는 것은 상상도 할 수 없다 … 대학 교수를 제외하고는.

교수 경력을 위한 표준 준비 과정은 학부 과정과 대학원 과정을 수강하고 누군가 다른 사람이 정한 어떤 주제에 대한 연구 프로젝트를 완성하는 것이다. 교수가 되어 대학에 들어오면 오리엔테이션에서 1장의 제목에 관련된 것만 빼고 많은 것, 아마도 건강 및 퇴직 급여 그리고 실험실 안전의 중요성에 관해 반나절 또는 하루 종일 들어야 한다. 어떤 과목의 학위가 있으면 당신은 대학에서 그것을 가르치는 방법을 안다는 무언의 가정이 있다.

그렇지만 대학에서 배운 사람이라면 누구나 그와 같은 가정이 얼마나 잘못된 것인지 잘 알 것이다. 학생이 이해할 수 없는 엉뚱한 수준의 내용을 가르치거나, 50분 또는 75분 동안 단조로운 강의로 강의실 학생들을 모두 잠들게 하거나, 인간의 두뇌가 미처 따라갈 수 없는 속도로 파워포인트를 넘기는 교수의 수업을 대학생이라면 누구나 경험해보았을 것이다.

그런데 불행하게도 대학에는 이런 교수가 많다. 당신이 그들처럼 가르친다면, 당신이 얼마나 많은 것을 알고 있고 얼마나 정확하게 제시하는지와는 상관없이, 학생들의 시험 점수나 학생의 학기말 수업평가 결과를 보는 것을 즐기지 않을 것이다. 우수하고 유능한 교수가 되려면 대학원에서 배우지 못한 많은 것을 알아야 한다. 예를 들어, 과목을 설계하고 효과적으로 전달하는 방법, 엄격하고 공정한 과제 및 시험지 작성, 수업 관리, 문제에 대한 충고, 부정 행위 관리와 같은 교수가 일상적으로 마주 치는 많은 골칫거리들이 있다. 당신 스스로 이 모든 것을 이해하는 것은 쉬운 일이 아니다. 시행 착오를 통한 학습이 있다고 하지만, 그것은 효율적이지 않다. 가르치는 경우에 그 결과는 교수 본인에게 고통을 주지는 않는다. 많은 신임 교수가 잘 가르치는 방법을 알려면 수년이 걸리고 어떤 교수는 결코 배우지 못하는 경우도 있다.

왜 그래야 하는가? 학생에게 학습을 동기화시키고 대학과 자신의 직업에서 성공하는 데 필요한 지식, 역량, 가치를 습득하도록 돕는 입증된 효과적인 교수법은 잘 알려져 있다. 이런 방법 중 많은 부분은 특별히 어렵지 않다. 단지 당신이 그것에 대해 배우고 이용하면 된다. 그렇다고 해서 가르치는 것을 단순화하라는 것은 아니다. 어떤 과목을 가르치는 것은 ─ 특별히 처음에는 ─ 항상 도전이 되고 시간을 많이 소모하는 일이다. 핵심은 잘 가르치는 것이 못 가르치는 것보다 더 어려운 것이 아니라는 것이다. 이 책의 목적은 당신이 잘 가르치는 방법을 배울 수 있도록 돕는 데 있다.

1.1 학습 유발하기

두뇌활동 : 학습을 할 때 우리의 뇌는 무엇을 하는가?

학습은 장기기억에 정보를 부호화하고 저장하였다가 나중에 인출하거나 그 정보를 이용하는 것을 의미한다. 이 기억과정에 대해 널리 활용되는 모델에 따르면, 새로운 정보가 감각기관을 통해 들어오면, 아주 짧은 시간 동안 감각저장소를 통과한 다음 작업기억에 저장되거나 사라지게 된다. 작업기억에 일단 저장되면 정보가 처리되고 몇 초가 지나면 장기기억에 저장되거나 아니면 사라진다.

새로운 감각기억의 입력이 장기기억으로 저장되는지의 여부는 어떤 입력인지에 따라 상당히 다르다. 입력은 다음과 같은 요인과 관계있다. (1) 학습자의 생존 또는 복지에 대한 *위협* (2) 학습자와 강한 *감정적 연관성* (3) *의미*(학습자의 흥미, 목표, 사전 지식 및 과거 경험과의 관계) (4) *감각*(이해력)

만약 학생들이 알지 못하고 관심이 없거나 이해가 안 되는 정보를 교수가 제시하였을 때, 학생들이 나중에 마치 들어보지 못했던 것처럼 행동한다면 이는 놀랄 일이 아니다. 장기기억에 저장된 적이 없기 때문에 실제로 그들은 그것을 듣지 못했다. 정보가 장기기억에 저장되었더라도, 의식적으로 반복 연습을 통해 강화되지 않았다면, 그것을 집단적으로 내포한 신경 세포 클러스터가 약하게 연결되어 있어 정보는 쉽게 인출되지 못한다.

요약하면, 새로운 정보가 학생들에게 *의미* 있고 잘 이해될수록 더 잘 저장될 것이다. 일단 정보가 저장되면 정보의 인출과 연습을 많이 하면 할수록 학습은 더욱 효과적이다(Sousa, 2011, Ch. 3).

당신이 정말로 잘하는 것에 대해 한번 생각해보자. 그것은 축구, 자동 기계, 체스, 피아노, 물리학, 자바 프로그래밍 또는 다른 어떤 것일 수 있다.

이제 당신이 그것을 *어떻게* 잘하게 되었는지 생각해보자. 당신이 들은 수업을 생각할 수도 있고 그렇지 않을 수도 있다. 처음의 어색하고 성공적이지 못한 시도, 다른 사람으로부터의 피드백, 실수로 인한 학습, 다시 시도해본 것에 대해 생각했을 것이다. 당신이 계속한다면, 당신은 마침내 성공하기 시작했을 것이다. 현재 수준에 이를 때까지 더 많이 연습하고 피드백을 얻을수록 더 잘하게 되었을 것이다.

이것이 사람들이 배우는 방식이다. 능력의 숙달은 주로 실제로 해보고, 그 결과를 알고 성찰하고, 다른 사람으로부터의 피드백을 통해 얻게 된다. 만약 우리가 교재를 읽는 것으로, 혹은 강의하는 사람을 보고 듣는 것만으로 무엇인가를 배우는 것은 일반적으로 그리 많지 않다. 오랫동안 배운 것을 유지할 가능성은 더욱 희박하다. 이 메시지가 옳다는 것은 이미 오랫동안 인정되었다.

- 사람은 직접 행함으로 배워야 한다. 어떤 것을 안다고 생각하지만, 해보기 전까지는 안다고 할 수 없다. (소포클레스)
- 무엇을 하기 위해 배워야 하는 것은 행함으로써 배운다는 것이다. (아리스토텔레스)
- 다른 사람에게 아무것도 가르칠 수 없다. 당신은 그가 스스로 발견하도록 도울 수 있을 뿐이다. (갈릴레오)
- 어떤 생각이나 아이디어도 아이디어만으로는 다른 사람에게 전달될 수 없다. (존 듀이)

현대 인지과학과 수십 년 동안의 교실 연구 결과, 소포클레스와 여러 현자들의 생각이 옳다는 것이 입증되었다. 사람들은 보고 듣는 것에 의해 배우는 것이 아니라, 실제로 해보고 성찰함으로써 배운다. 불행하게도, 6학년 무렵부터 대학까지 쭉, 대부분의 수업은 주로 강의 형태로 진행된다. 따라서 전통적 교육은 대부분의 학생들에게 영감을 주지 못하고 효과적이지도 않다. 때로는 평생 학습에 심각하고 영구적인 방해 요인이 되기도 한다.

다행히도 순수한 강의 기반 교육에 대한 멋진 대안이 있다. 이 장의 다음 부분부터 이와 관련된 많은 것을 설명할 것이다. 그 대안들은 STEM(science, technology, engineering, mathematics)에서는 전통적인 교육 방식은 아니지만 광범위한 연구에 의해 모두 검증되었으며 많은 STEM 교수들이 이를 발견하여 성공적으로 사용하였다. 더 좋은 소식이 있다.

효과적으로 가르치기 위해 효과적이라고 알려진 모든 교수법을 사용할 필요는 없으며 한번에 너무 많은 것을 하려고 해서는 안 된다

만약 당신이 가르치는 방식을 갑자기 바꾸려고 하면 학생들이 너무 불편해서 수업이 엉망진창이 될 수 있다. 학생들의 압박감이 너무 커서 당신은 새로운 것을 다시는 하고 싶지 않게 될 것이다. 대신 능동적인 학습과 같은 한두 개의 비교적 간단한 대체 방법으로 시작하고, 점차적으로 새로운 방법을 도입하고 편안한 영역에서 너무 멀리 벗어나지 말라는 것이다. 어느 정도 적당한 방식을 취하면 당신이 가르치는 것과 학생의 학습이 꾸준히 향상될 것이다. 바로 이것이 당신의 목표가 되어야 한다.

보다 효과적인 교수가 되기 위해 전통적인 모든 것을 버릴 필요는 없다

예를 들어, 당신이 가르치는 수업을 학습자 활동으로 꽉 채우라는 것은 아니다. 수업을 단지 강의식으로만 하지는 말라는 것이다. 처음 몇 수업에서 한두 가지 활동을 소개하면 학생들과 당신은 그것에 익숙해지고 점차 빈도를 늘릴 수 있다. 이 방법을 계속 사용함에 따라 자신감이 높아질 것이고 능동 학습의 사용은 점점 더 많아질 것이다. 우리가 토론할 다른 교수법에서도 똑같이 적용될 수 있다. 다시 말하지만, 핵심은 점진적으로 하는 것이다!

모든 학생들의 호응을 받지 못할 수도 있고 그럴 필요도 없다

가장 효과적인 교육 방법을 수업에 이용한다고 해도 많은 학생들은 높은 점수를 받지 못하고 일부는 실패하기도 한다. 그렇다고 해서 당신이 교수로서 실패했다는 의미는 아니다. 학생이 수업에서 얼마나 잘하는가는 교수가 가르치는 것보다 훨씬 더 많은 요인에 달려 있다. 그 과목에 소질이 있는지, 얼마나 흥미가 있는지, 얼마나 기꺼이 열심히 노력하는지, 수업 성적이 자신에게 얼마나 중요한지 등, 셀 수 없이 많은 요인이 있다. 교수로서 당신의 목표는 학생이 학습 목표를 100% 달성하는 것이 아니다. 이것은 가능하지도 않고 바람직하지도 않다. 학생 모두가 과학자, 엔지니어 또는 수학자로 태어난 것은 아니며, 모든 학생들이 목표를 완전히 달성했다면 이것은 오히려 기준을 너무 낮게 설정한 것이다. 오히려 당신의 목표는 가능한 많은 학생이 적성과 동기 그리고 직업 윤리를 가지고 당신의 수업에서 좋은 성적을 얻고 다른 수업으로 전이되어 마침내 자신의 경력으로 이어지도록 하는 것이다. 당신은 이것을 할 수 있다!

1.2 학습자 중심 교육 : 정의, 경고, 확신

위대한 철학자이자 교육자인 John Dewey는 "가르치는 것과 배우는 것은 파는 것과 사는 것 같이 상호 관련성이 있거나 주고받는 과정이다. 아무도 사지 않았는데 팔았다고 하는 것과 같이 아무도 배운 사람이 없는데 가르쳤다고 하는 것은 같은 것이다"(Dewey, 1910, p. 29)라고 말했다. 이 문장은 확실하게 보일 수 있지만 모든 사람에게 그런 것은 아니다. 사전에서 가르치다(teach)라는 단어를 찾으면 완전히 다른 두 가지 개념의 변형을 볼 수 있다.

1. 가르치다(teach) : 무엇인가를 보여 주거나 설명하다.
2. 가르치다(teach) : 무엇인가를 알게 하다.

첫 번째 정의에 따르면, 학생들이 수업에서 배우기로 되어 있는 모든 것을 강의와 읽기에서 다루었으면 교수는 학생이 그것을 배웠는지 여부와 관계없이 수업을 성공적으로 한 것으로 본다. 두 번째 정의에서는 학생이 배우지 않았으면 교수는 가르치지 않은 것이다.

　많은 STEM 교수는 첫 번째 정의에 해당된다. '내가 할 일은 수업계획서 내용을 진행하는 것'이라고 주장한다. "학생들이 그것을 배우지 않는 것은 그들의 문제이지 내 문제가 아니다." 그들은 교수자 중심 수업(teacher-centered instruction), 즉 교수가 수업의 내용을 정하고 설계하고, 강의 내용을 전달하고, 과제와 시험을 작성하고 관리하고 채점하며 성적을 매긴다. 학생들이 어떻게 반응하고 성취하는지를 제외하고는 수업에서 발생하는 모든 것을 교수가 통제한다. 학생들은 주로 강의를 들으면서 가만히 앉아 있다 — 몇몇 학생은 때로는 질문하고 대답하지만 대부분은 수동적으로 관찰만 하고 있다. 학생들은 가능한 한 무엇이든 받아들인 다음, 과제와 시험에서 그것을 그대로 복사하기 위해 최선을 다한다. 이 모델은 STEM 고등교육을 잘 묘사한다. 이러한 교육 방식은 사람들이 어떻게 학습하는지에 대해 지금 우리가 알고 있는 것과는 상반되는 것임에도 불구하고 전 세계에서 수세기 동안 실행되었다.

　이 절을 시작하면서 인용했던 John Dewey는 '가르치다(학습이 일어나도록 하는)'에 대한 두 번째 정의에 대해 확실한 신념을 갖고 있었다. 그 정의는 소위 **학습자 중심 교육**(learner centered teaching, LCT)이라고 불리는 것의 핵심이다. LCT 수업에서 교수는 수업의 폭넓은 매개 변수를 정하고, 강좌에서 다루는 모든 지식과 역량을 포괄하는 학습 목표와 내용을 정하고, 목표에 맞게 공정한 평가를 하고 평가 데이터에 맞추어 성적을 낸다. 차이점은 학생들이 더 이상 수동적인 수용자와 정보의 반복자가 아니라 자신의 학습에 대해 더 많은 책임을 진다는 것이다. 교수는 지혜와 지식의 유일한 근원보다는 코치나 가이드로서 더 중요한 역할을 한다. 학생들이 요구되는 지식과 역량을 스스로 습득할 수 있도록 돕는 것이 교수자의 역할이다.

　Weimer(2013, Ch. 2)는 다양한 형태의 학습자 중심 교육에 대한 방대한 문헌 연구 결과, 제대로 잘 실행된 학습자 중심 교육이 교수자 중심 교육보다 거의 모든 학습 성과를 성취하는 데 우월하다는 결론을 내렸다. 이 책의 나머지 부분의 프레임워크로 학습자 중심 교육을 사용할 것이다. 다음 장에서는 구체적인 학습자 중심 교육 기법, 즉 연구 내용, 연구에서 하려고 하는 것, 구현 방법, 사용할 때 잘못될 수 있는 것, 잘못하지 않았다는 것을 어떻게 확신할 수 있는지에 대해 논의하려고 한다. 하지만 다음 절에서 이 책의 내용을 소개하기 전에, 학습자 중심 교육을 처음 시작할 때 문제가 될 수 있는 사항에 대해 경고하려고 한다. 학생들이 지금까지 해왔던 것보다 자신의 학습에 대한 책임감을 갖게 되었을 때, 모두 일어나 교수에게 감사의 인사를 보내지는 않을 것이다! Weimer(2013, p. 199)는 다음과 같은 경고를 보냈다.

> 일부 교수는 학습자 중심 교육에 대한 논쟁이 매우 설득력 있다는 것을 잘 알고 있다. 상당한 열정으로 새로운 과제를 만들고, 수업 활동을 개발하고, 수업 규정을 재정렬한다. 그들이 계획 과정을 마칠 때까지, 그들은 완전히 새로운 과정과 같은 느낌으로 시작하는 것에 대해 약간의 흥분에 빠지기도 한다. 수업 첫날 학생들에게 새로운 수업의 특징을 소개하고, 이러한 변화로 수업이 훨씬 나아질 것이라는 확신을 학생들과 공유한다. 그다음엔 어떻게 되는가? 학생들은 그에 상응하는 열정으로 반응하지 않는다. 사실 그들은 대부분의 다른 수업과 같은 방법으로 공부하는 것이 더 낫다고 생각하는 것이 분명하다. 교수는 낙담하고 이런 방법의 수업을 더 이상 하지 않는다. 학생의 반응은 개인적인 모욕처럼 느껴진다.

만약 아직 당신이 학습자 중심의 교육을 시도해보지 않았다면, 처음으로 이런 수업을 시도할 때 일부 학생들에게서 나타날 수 있는 저항은 당신의 시스템에 충격이 될 수 있다. 학생의 수업 평가가 급락하고 승진 기회가 줄어들 수 있으며 "도대체 누가 이것이 필요합니까?"라고 말하고 쉽게 전통적인 강의 중심의 수업으로 돌아갈 수 있다.

만약 당신이 그런 상황에 있다면 되돌아가려는 유혹에 맞서 저항해야 한다. 학습자 중심 교수법에 대한 몇 가지 참고문헌은 학생의 저항 현상에 대해 언급하고 있다. 왜 저항이 있는지, 어떤 방식으로 일어나는지, 그리고 교수가 어떻게 대처할 수 있는지를 다루고 있다(Felder, 2007, 2011a, Felder & Brent, 1996; Seidel & Tanner, 2013; Weimer, 2013, Ch. 8). 지금은 자세하게 설명하지 않지만 뒷부분의 능동 학습, 협동 학습 및 기타 학습자 중심 방법을 시작할 때 그 문제를 탐색할 것이다. 지금은 학습자 중심 교육에 대한 학생들의 저항 가능성에 대해 알고 있어야 하며, 우리가 말해줄 조치를 취하면 학생들의 저항을 최소화하거나 제거할 수 있다. 만약 즉각적인 확신이 급히 필요하다면, 인용된 5개의 참고문헌 중 어느 것이나 찾아서 확인해보면 긴장이 풀릴 것이다.

한편, 학습자 중심 교육은 작동하지 않는다는 동료 교직원의 의견을 들을 수도 있다. 그렇다면 학습자 중심 교육의 효과를 증명하는 연구 결과를 그들과 함께 기꺼이 나눌 것을 제안한다(우리는 충분한 자료를 제공할 것이다). 이 제안으로 대개 그 토론은 끝난다.

1.3 이 책은 어떻게 구성되어 있는가?

그림 1.3-1에서 이 책이 어떻게 구성되어 있는지 확인할 수 있다. 각 장에서 다루는 주요 주제는 다음과 같다.

2장
수업에서의 학습 목표(교수가 가르치려고 계획하는 지식, 방법, 역량, 태도 또는 가치의 숙달을 어떻게 학생들이 증명하는지에 대한 문장)이며 이 목표를 이용하여 학습 목표를 작성하고 구성주의적 정렬(수업 내용, 활동, 과제, 학습 평가는 모두 동일한 목표를 향하도록 함)하기

3장
새로운 또는 다시 설계한 강좌를 처음으로 가르치기 위한 준비, 강의계획서 작성 및 성적 평가 기준을 정하기, 강좌를 잘 시작하기

4장
차시별 수업을 계획하기

5장
효과적으로 가르치고 계속해서 개선하기

6장
수업의 규모와는 상관없이 학생들이 수업에 적극적으로 참여하도록 유도하기

7장
매체를 활용하여 효과적으로 가르치기, 블렌디드 학습(대면 및 온라인 수업의 결합), 거꾸로 교실 및 온라인 수업

8장

각 수업의 학습 목표에 명시된 지식, 기술, 개념적 이해를 학생들이 얼마나 잘 파악하고 있는지 평가하기

9장

학생들이 전문적인 문제 해결 기술을 개발하도록 지원하기, 문제 기반 학습

10장

학생들이 의사소통, 창의적 사고, 비판적 사고, 자기주도적 학습, 프로젝트 기반 학습을 개발할 수 있도록 지원하기

11장

높은 성과를 내는 팀워크에 필요한 역량을 개발할 수 있도록 지원하기(시간 및 프로

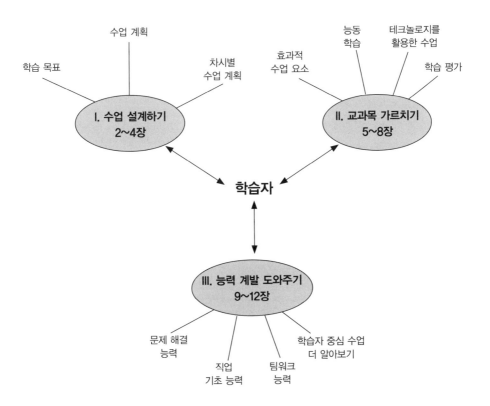

그림 1.3-1 학습자 중심 교육의 요소

젝트 관리, 리더십, 갈등 관리 및 다양한 대인 관계 기술)

12장
학습자 중심 교수법에 대해 더 알아보기 및 마무리

1.4 이 책의 사용 방법

우리의 목표는 검증된 교수법 ― 준비하는 데 시간이 많이 필요 없는 비교적 쉬운 방법과 도전이 필요한 몇 가지 ―을 제시하고 이러한 방법의 실행을 준비시키는 것이다. 여기에 한 가지 작은 문제가 있다. 이 장의 앞부분에서 언급했던 것을 다시 보자.

> 역량은 주로 실제로 해보고 결과를 보고 성찰하고 다른 사람으로부터 피드백을 받음으로써 강화된다. 우리가 텍스트를 읽거나 우리에게 강의하는 사람을 보고 들으면서 무엇을 배우면 일반적으로 그것은 양이 많지 않으며 오랜 기간 동안 유지할 가능성은 희박하다.

우리 학생들에게도 이것은 사실이다. 당신이 더 나은 교수가 되기 위해 노력할 때 당신에게도 마찬가지이다. 이 책을 처음부터 끝까지 읽으려고 한다면 인간의 마음이 흡수할 수 있는 것보다 더 빨리 쏟아지는 정보의 홍수를 감당할 수 없게 된다. 몇 가지 유용한 아이디어를 얻을 수는 있지만 당신의 수업에서 큰 변화를 가져오지는 못할 것이다. 끝까지 읽기도 전에 그만 책을 덮을 수도 있다.

이 책을 소설처럼 읽지 말고, 참고서처럼 다루기를 제안한다. 각 장과 절을 독립적으로 만들어서 어느 곳에서부터 시작해도 되고 중간을 거를 수도 있다. 언제 어떻게 하는 것이 좋은지에 대해 다음과 같이 제안한다.

교과목을 시작하기 전에 이 책에서 읽지 않은 부분을 살펴보고 시도할 만한 아이디어를 찾는다
성공을 위한 공평한 기회를 제공하라 ― 어떤 것을 한 번 해보고는 더 이상 하지 않겠다고 결심하는 것은 적절하지 않다. 교수와 학생이 익숙하지 않은 수업 전략에 편안해지려면 반복이 필요하다.

수업 도중에 질문, 문제 또는 어떤 요구가 있으면 이 책의 어떤 부분에서 그것을 다루고 있는지 찾아본다

예를 들어, 시험을 봤는데 그 결과가 끔찍하다면 8장을 보라. 시험을 보기 전에 이 내용을 읽지 않았더라도 무엇을 잘못했는지에 대한 아이디어를 얻을 수 있다(당신은 어떤 잘못도 하지 않았을 수도 있다─때로는 학생들이 공부를 하지 않아서이다).

학기말 과목이 끝나면 당신이 바랬던 것만큼 잘 진행되지 않았던 것들을 찾아보자

당신이 그 과목을 다시 가르칠 때 당신이 바꾸려는 것이 무엇인지 파악하고 잊어버리지 않도록 차시별 수업 계획을 변경한다.

　요약하면, 이 책을 적극 활용하여 최대한 많은 것을 얻을 수 있도록 적극적으로 읽는다.

　자, 준비되었으면 즐겁게 시작해보자!

제1부

과목 설계하기

당신이 미생물학 교수이고 조카가 가까운 대학의 미생물학과에 입학하려고 하는 고등학교 3학년 학생이라고 가정해보자. 당신의 누이가 이 대학의 미생물학과에 대해 어떻게 생각하는지 물어본다면, 당신은 그 학과의 웹사이트를 찾아 학과 교육과정과 과목에 대한 설명을 검토할 것이다. 그 학과의 프로그램을 평가하는 능력이 웹사이트를 보기 전보다 나아지겠지만 그렇게 많이 좋아지지는 않을 것이다.

교육과정(기본적으로 과목 제목의 목록), 수업 설명 카탈로그, 수업계획서는 모두 교수가 가르칠 내용을 요약한 것이다. 당신이 이들을 읽은 후에 학생이 각 과정(학습 목표)을 마친 후 무엇을 할 수 있어야 하는지는 거의 알지 못할 것이다(정의, 설명, 계산, 유도, 모델링, 비평, 디자인 등). 학습자 중심 교육 방법을 — 1장에서 정의한 수업 접근법 —교수자가 연습할 때, 학습 목표를 설정하고 이를 수업 설계·전달·평가의 기초로 사용한다. 이 접근법을 채택할 때, 목표는 프로그램 평가자, 예비 학생, 고등학생 지도 카운슬러, 프로그램 교수 구성원 및 학생에게 프로그램이 달성하고자 하는 목표와 졸업생은 어떤 준비가 되는지 명확한 그림을 제공한다.

이 책의 1부는 효과적인 수업 계획의 기초를 개괄적으로 설명한다. 2장은 기본 지식과 높은 수준의 사고, 문제 해결, 비기술적 전문 역량을 다루는 학습 목표를 작성하는 방법에 대해 기술한다. 3장에서는 새로운 수업을 준비하거나, 전공 수업의 재설계를 위해 일반적으로 요구되는 막대한 시간과 노력을 최소화하고 첫 주에 좋은 출발을 하기 위한 방법을 제안하고, 4장에서는 수업의 나머지 과정에서 무엇을 할 것인지 계획하는 방법을 논의한다. 그림 I-1의 그래픽 조직도는 이 장의 구조에 대한 개요를 제공한다.

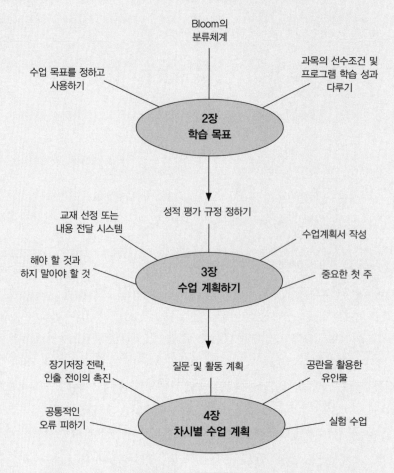

그림 I-1 1부의 그래픽 조직도

인터뷰 진행자 : I 알렌 씨 안녕하세요? 저는 통합나노제품사의 설계공학 및 인사과의 안젤라 마허입니다.

4학년 학생(S) : 안녕하세요? 마허 씨. 만나서 반갑습니다.

I : 5월 졸업 예정이지요? 강화 … 분야와 관련된 직장을 구하고 있고, 이번 학기까지 해서 당신의 GPA는 3.75라고 알고 있어요. 대단합니다. 당신이 생각하는 직업은 어떤 것인가요?

S : 저는 엔지니어링 수업 대부분을 좋아합니다. 특별히 수학과 컴퓨터 응용 분야를 좋아해요 – 비주얼 베이직이 있는 엑셀과 시뮬링크가 있는 매트랩을 아주 잘해요. 자바도 조금 할 수 있어요. 저는 통합된 회로 설계나 그런 분야에 대해 생각 중입니다.

I : 그렇군요. 솔직히 말해 우리는 설계와 프로그래밍은 거의 하지 않아요. 우리 회사는 설계와 제조 분야 대부분을 중국과 루마니아로 옮겼고 프로그래밍은 인도에서 해요. 당신이 할 수 있는 외국어는?

S : 고등학교 때 스페인어를 2년 정도 했지만 대학에서는 어떤 외국어 수업도 듣지 못했습니다. 교육과정에서 여력이 없었지요.

I : 몇 달 동안 집중적으로 외국어 과정을 수강하고 해외 지사 중에 한 곳으로 가는 것은 어떻게 생각하나요? 잘하면 관리직으로 빨리 승진할 수 있을 거예요.

S : 음. 저는 미국에 있기를 늘 희망했는데요. 여기에 남아 있는 자리는 없나요?

I : 네. 10년 전만 해도 있었지만. 그렇게 하려면 당신은 다른 역량이 필요해요. 우리가 좀 더 알아보려면 몇 가지 질문을 해야겠어요. 전기와 컴퓨터 이외에 당신의 강점은 무엇이라고 생각합니까?

S : 저는 늘 물리학을 잘했어요.

I : 사회과학이나 인문학은 어떤가요?

S : 그런 과목도 잘했지만 재미있다고는 말할 수 없어요.

I : 그렇군요(일어서면서). 알렌 씨, 고맙습니다. 우리 회사의 본부에 지원하시기를 기대합니다. 당신의 배경과 잘 맞는 자리를 찾으면 연락하겠습니다. 좋은 하루 보내세요.

이런 가상 인터뷰는 완전히 가상은 아니다. 기술 분야의 직업 시장은 — 특별히 선진국에서는 — 변화하고 있으며 미래의 졸업자들은 이전에는 충분했던 그 이상의 역량을 필요로 한다. STEM 교육에서의 의미는 우리가 가르치는 내용이 잘못된 부분이 많다는 것이다. 1960년대부터 우리는 학생들에게 오로지 문제 해결 능력을 키워주는 데 집중해왔다. 최근 많은 경영과 산업 분야의 대변인들(예 : Prichard, 2013)에 의하면 이제는 그런 능력을 요구하던 대부분의 일은 개발도상국의 컴퓨터 전공자 또는 역량을 갖춘 능력 있고 값싼 인력들이 하고 있다. … 만약 그들이 할 수 있다면 그들이 하게 될 것이다. 이제 선진국에서는 다음과 같이 다른 역량을 갖춘 STEM 졸업생들을 계속해서 찾을 것으로 보인다.

- 회사의 기술 개발을 선도할 수 있는 창의적인 연구자, 개발자 및 기업가
- 글로벌 경제에서 기회를 인식하고 자본화할 수 있는 전략을 도출할 수 있으며 총체적·다학제적 사고를 할 수 있는 사람
- 동료, 고객 및 잠재적 고객과 좋은 관계를 형성할 수 있는 사람으로 강력한 소통 능력, 관리 능력, 팀워크 능력의 소유자
- 개발도상국의 기업들 간의 다리를 놓는 데 필요한 언어 능력과 문화 의식의 소유자(많은 제조설비와 직업은 개발도상국으로 옮겨갔으며 선진국에는 많은 고객과 소비자들이 계속 있을 것이다)

여기서 묻고 싶은 것은 우리는 'STEM 학생들이 그런 중요한 자질을 증진시키도록 도와주고 있는가?'이다. 몇 안 되는 사례들에서만 − 프로젝트 기반 학습을 강조하는 강력한 인문학 프로그램을 가진 주로 작은 대학들(Prichard, 2013)과 몇 개의 STEM 학과들 − 그 답은 '그렇다'이다. 그러나 STEM 프로그램의 압도적인 대다수는 그렇지 않다. 우리는 아직도 많은 시간과 노력을 학생들에게 'A~B와 관련된 수식을 유도하거나', '주어진 X와 Y로 Z를 계산'하는 것을 가르치는 데 쓰고 있지만 미래의 졸업생들이 직업을 구하는 데 필요한 능력에 대한 체계적인 훈련은 거의 하지 않고 있다. 왜 하지 않는가? 사람들은 편한 영역에 머무르는 것이 당연하며 교수들도 예외가 아니다. 우리는 대부분 자면서도 방정식을 풀 수 있고 학생들에게 그것을 하도록 가르치는 것은 마음이 편하지만, 다른 사람에게 창의성과 비판적 사고를 요구하는 다학제적 문제를 다루도록 가르치는 능력은 고사하고 이러한 문제와 씨름하는 우리의 능력에 대해서도 확신할 수 없다.

높은 수준의 사고능력과 문제 해결을 가르치는 데 있어서 효과적인 첫걸음은 학습 목표를 진술하는 것이다. 학습 목표는 목표로 하는 지식과 역량을 규정하는 문장으로 교수와 학습자에게 분명하게 제시된다. 기본(기초) 지식과 높은 수준의 역량을 위해 어떻게 하는지가 2장의 핵심 주제이다. 학생들이 학습 목표에 도달할 수 있도록 어떻게 가르치는지가 이 책의 나머지 부분의 주제이다.

02

학습 목표 : 효과적인 수업의 토대

2.0 들어가기

모든 캠퍼스에서 매일 다양한 형태로 들을 수 있는 두 가지 대화가 여기 있다. 학생 라운지에서 들려오는 다가오는 물리 시험에 대한 몇몇 학생들의 이야기에 살짝 귀 기울여보자.

> 조지 : 뷔포 교수의 첫 시험이 다음 주 월요일이야. 나는 그 교수의 수업을 들은 적이 없는데. 공식에 숫자만 넣으면 되니? 아니면 공식을 유도하라고 하니? 그것 모두 다?
>
> 밍화 : 말도 마. 재키가 뷔포 교수의 옛날 시험지 복사본을 가지고 있어. 지난 가을에 여러 문제가 단순히 대입하는 문제였는데, 두 번 정도는 수업 시간에 전혀 언급하지 않은 것을 시험에 냈어.
>
> 켈리 : 나는 지난 봄에 그 수업을 들었는데 그는 항상 어디에서도 없던 문제를 냈어. 그러고는 그것에 관해 한 단락을 쓰라고 하는데 문법에서 틀려도 감점을 해. 교수에게 그 시험에 대해 무엇을 공부해야 하는지 묻지 마. 그는 바로 화를 내고 너의 태도가 잘못되었다고 설교해 …. 600페이지 진도가 나갔는데 뷔포 교수는 우리가 그 모두를 알아야만 한대.
>
> 조지 : 잊어버려 … 시간이 없어. 나는 전에 과제했던 문제와 옛날 시험문제를 한번 풀어볼래. 그걸로 충분하면 좋을 텐데.

교수 라운지로 가서 위의 학생들을 가르치는 교수들의 이야기를 들어보자.

> 하워드 교수 : 학생들은 암기하는 것밖에 못해요. 그들에게 생각하는 문제를 주면 그들은 어떻게 해

야 될지 모르지요.

뷔포 교수 : 그들이 어떻게 2학년이 되었는지 모르겠어요. 지난 번 시험 후에 그들 중 몇 명이 학과 장을 찾아가서 내가 한 번도 가르치지 않은 것을 시험문제를 냈다고 불평을 했어요. 우리가 다룬 그 장은 꼭 알아야 하는 내용인데 말입니다

하워드 교수 : 그들이 어떻게 고등학교를 졸업했는지 모르겠어요. 그들 대부분은 일관성 있게 쇼핑 목록도 쓰지 못하니 프로젝트 보고서나 초록을 어떻게 쓰겠어요.

크레플라흐 교수 : 모두 버릇없는 세대입니다. 그들은 성적만 원하지 공부는 하려고 하지 않아요.

상황은 이 둘 중 어느 특정 집단이 선호하는 방식으로 가고 있지 않다. 많은 STEM 교수는 그들이 학생들에게 가르쳤다고 생각하는 능력(높은 수준의 문제 해결 능력, 비판적 사고 능력, 창의적 사고 능력 또는 다음 엿보기 파트에서 제시할 직업 기초 능력)을 필요로 하는 과제를 주고 시험을 본다. 그리고 학생들이 시험을 잘 보지 못하면 좌절한다. 학생들은 그들의 일차적 책임이 배우는 것이 아니라 교수가 무엇을 원하는지 추측하는 것이라고 믿는다. 그들의 추측이 틀렸고 그래서 그들의 시험 점수가 낮으면 학생들은 교수가 불합리한 요구를 한다고 생각하거나 그들의 기대가 명확하지 않다고 분개한다. 교수는 학생들이 동기화되지 않았고 게으르고 무식하고, 그들에게 요구되는 자질을 확실히 갖추지 못했다고 생각한다. 교수의 이런 생각은 분명히 틀렸다. 대학에서의 성적과 전문 직업에서의 성공과의 상관관계는 거의 '0'에 가깝다(Cohen, 1984; Donhardt, 2004; Stice, 1979).

교육을 추측게임으로 만드는 것은 지식의 습득과 역량 개발을 도모할 수 없다. 일반적인 상식과 여러 참고문헌(예 : Ambrose et al. 2010; Felder & Brent, 2005; Weimer, 2013)에서는 교수가 기대하는 것을 명확히 할수록 학생들은 그 기대를 더 많이 충족시킨다는 것을 분명히 하였다. 이 장에서는 교수의 기대를 학생들과 소통하는 효과적인 방법을 소개하려고 한다. 그것은 **학습 목표**를 진술하는 것인데, 이는 학생들이 교수가 가르치고자 하는 것을 잘 배운다면 학생들은 어떤 형태의 과제를 완성할 수 있어야 하는지에 대한 명확한 문장이다. 만약 당신이 수업 목표를 작성하고 그것을 적절하게 활용한다면 당신의 수업은 수업 내용, 수업 활동, 과제, 시험이 모두 같은 지식과 역량으로 향하는 **구성주의적 정렬**(Biggs, 1999)이 이루어질 것이다. 시험을 잘 못 본 학생도 시험이 불공평하다는 불평을 거의 하지 않을 것이다. 가

장 중요한 것은 STEM 분야 전문가로 성공할 수 있는 더 많은 학생이 학습 목표에서 구체화된 과제를 완성할 수 있게 될 것이며, 특히 엿보기에서 제시된 높은 수준의 문제 해결 능력과 핵심역량을 요구하는 과제를 수행할 수 있을 것이다. 이 장에서는 다음의 질문을 다룬다.

- 학습 목표는 무엇인가? 왜 학습 목표를 작성하는가?
- 어떻게 유용한 학습 목표를 작성하는가?
- 학습 목표를 학생들과 공유해야 하는가? 만약 공유한다면 가장 효과적인 방법은 무엇인가?
- Bloom의 **교육 목표 분류** 체계는 무엇인가? 교육 목표 분류 체계에 대한 지식이 어떻게 수업에서 학습 수준을 높이는 데 도움이 될 수 있는가?
- **프로그램 학습 성과**는 무엇이며 성과 기반의 교육은 무엇인가? 프로그램 인증에서 요구하는 것과 같이 어떻게 수업의 학습 목표를 구체적인 학습 성과로 사용할 수 있는가?

2.1 교과목 학습 목표 작성 및 활용

학습 목표는 교수가 학생에게 가르치려고 한 것을 학생이 잘 배웠다면 학생이 할 수 있어야 하는 것(규명하다, 설명하다, 계산하다, 모형을 만들다, 비판하다, 설계하다 등)에 대한 명확한 진술이다(Felder & Brent, 1997, 2003; Gronlund, 2008; Mager, 1997). 목표는 일반적으로 다음과 같이 시작한다. "이 강의가 끝날 때에 (이번 달에는, 6장이 끝날 때, 이 수업이 끝날 때에는), 학생들은 …… 을/를 할 수 있어야 한다." 또는 "다음 시험을 잘 보기 위해, 당신은 …… 을/를 할 수 있어야 한다."와 같이 어떤 과업에 관한 진술이 뒤에 따라온다. 표 2.1-1에서 그 예를 제시한다.

모든 교수는 학습 목표를 세운다. 만약 당신이 가르쳐본 경험이 있다면 학습 목표라는 단어를 듣지는 못했을지라도 그것을 작성은 하였을 것이다. 혹은 당신이 **학습 목표**라고 하지 않고 그것을 **시험**이라고 했을 수도 있다. 교수는 시험 문제를 출제할 때 처음으로 학생들이 수업 내용을 학습했는지, 얼마나 잘 학습했는지, 학생들이 무엇을 할 수 있기를 원하는지 생각하기 시작한다. 그러나 그때는 이미 너무 늦다. 평

표 2.1-1 학습 목표의 예시

다음 중간시험을 잘 보기 위해 당신은 다음을 할 수 있어야 한다.

- 다음 사진에 있는 [엔진의 부속, 암석의 유형, 방출 스펙트럼, 구름]의 명칭을 표시하라.
- 표본평균과 분산에 대한 단측 및 양측 가설검증을 수행하라.
- 대수와 삼각함수를 적분하고 부분적분을 수행하라.
- 아데노신과 도파민이 카페인 의존성과 중독에 어떻게 영향을 미치는지 간략히 설명하라.
- 관성모멘트, 증기압, 광합성, 지질시대를 과학자가 아닌 사람이 이해할 수 있도록 정의하라.
- 자기공명영상을 해석하라.
- 이 과목의 주제를 다루는 특집 기사를 비평하라.
- 알려진 값, 공식, 선택된 셀들의 서브루틴으로부터 EXCEL/VBA 스프레드시트의 결과값을 예측하라.
- 줄기세포연구가 특별한 질병 치료에 어떻게 영향을 미쳤는지 설명하라.

가하기 훨씬 전에 목표를 세우지 않으면 학생들이 어떤 문제를 풀 수 있도록 잘 가르치지도 못했으면서 그것에 대한 시험 문제를 내는 혼란스러운 상황으로 가게 된다. 수업 내용이 복잡할 경우에는, 강의나 읽기 자료와 한두 개의 예시만으로는 요구되는 기법을 이해하는 데 충분하지 않다. 광범위한 연습과 피드백이 필요하다.

도입부(1장)에서 우리는 잘 작성한 학습 목표는 수업에서 구성주의적 정렬을 할 수 있게 한다는 것을 관찰했다. 그것을 어떻게 하는지는 다음과 같다.

- 학생들이 수업에서 습득해야 하는 지식과 향상시키고자 하는 역량을 검토한다. 얻고자 하는 지식 및 기술에 대해 상세한 학습 목표를 작성한다.
- 목표로 하는 역량에 대해 예시를 보여주고 연습을 하는 강의, 수업 내 활동 및 과제를 설계한다. 학습 목표의 구체적인 과제에 대한 학생들의 숙달 정도를 평가하는 과제 및 시험을 만든다.
- 시험 및 다른 수업 평가를 위한 학습지침서를 만들어 학생들과 수업 목표를 공유하는 것이 이상적이다. 수업과 과제에서 계속 학습 목표를 언급한다.
- 많은 학생들이 목표를 달성하지 못하고 있다는 평가가 나오면, 해당하는 교습과 활동, 과제를 일부 수정할 것을 고려하고 그 목표와 관계 있는 구체적인 과제로 더 많은 연습과 피드백을 제공한다.

이 과정은 반복적으로 이루어지며 일반적으로 여러 학기의 수업을 통해 만족스러운 목표, 교습 및 평가에 도달하게 된다. 수업 내용이 수정될 때마다 이 과정은 다시 수행되어야 한다.

2.1.1 학습 목표의 범위

학습 목표는 세 가지 영역에 대해 진술할 수 있다. 각 영역은 다음 단락에서 미분 방정식 또는 응용 수학 수업에서의 예를 통해 설명된다.

교과목 수준의 학습 목표

한편으로 교과목 목표는 매우 범위가 넓을 수 있으며, 몇 개의 문장으로 이 수업에서 학생들의 발전을 돕기 위해 설계된 지식과 역량을 다룬다. 이 과목을 마친 학생은 미적분을 포함하는 방정식으로 물리적 시스템을 모델링 할 수 있고, 이 방정식을 풀 수 있으며, 시스템 동작을 설명하거나 예측하는 데 해답을 적용할 수 있다. 수업계획서에 제시된 잘 작성한 교과목 수준의 목표는 과목의 일반적인 글머리 주제 목록이 할 수 있는 것보다 그 과목이 무엇에 관한 것인지를 훨씬 잘 나타낼 것이다. 또한 과목과 학생들의 목표 및 흥미와의 관련성을 명확하게 할 수 있도록 도와줄 것이다.

차시별 학습 목표

다른 한편으로는 한 차시 수업 후에 학생들이 무엇을 할 수 있어야 하는지를 설명할 수 있다. 수업 시작 때 칠판에 적힌 1~3세트 수업 목표는 학생들이 앞으로 무엇을 배울지 예상할 수 있도록 돕고, 수업 시간에 계속 집중할 수 있게 하며, 수업의 마무리 요약에 대한 편리한 참조점을 제공한다. 예 : 오늘 수업이 끝날 때까지 여러분은 분리 가능한 일차 미분 방정식을 풀 수 있어야 한다.

절 수준의 학습 목표

목표는 수업의 구체적인 절(section)을 마친 학생이 달성할 수 있는 능력에 대한 목록을 작성할 수도 있다. 즉 "교재의 4장을 끝낸 학생은 …… 을/를 할 수 있어야 한다." 또는 "다음 시험을 잘 보기 위해서는 다음과 같이 할 수 있어야 한다."와 같다. 예 : 다음 시험을 잘 보려면 일차 미분 방정식으로 물리적 시스템을 모델링하고 방정식을 풀고 시스템 동작을 예측하는 데 해답을 적용할 수 있어야 한다. 절 수준의 목표는 수업과 수업을 통한 학습의 질을 좌우하는 데 강력한 역할을 할 수 있다.

2.1.2 효과적인 목표를 위한 두 가지 열쇠 : 명확성과 관찰 가능성

학습 목표가 효과적이기 위해서는 제시한 행동이 학생들에게 명확해야 하고 교수가 관찰할 수 있어야 한다. 목표가 명확하게 인식되기 위해서는, 학생들이 그것을 읽을 수 있고 자신 있게 "예, 그것이 의미하는 것이 무엇인지 알 수 있고 저는 그것을 할 수 있습니다." 또는 "아니요, 저는 그것을 할 수 없어요. 그래서 시험 보기 전에 어떻게 하는지 배우는 게 좋겠습니다."라고 말할 수 있어야 한다(그러나 당신이 정확히 무엇을 물을지 알 정도로 구체적이지는 않아야 한다). 학습 목표를 작성하는 주요 목적 중 하나는 당신의 기대를 학생들과 소통하는 것이다. 학생이 지정된 작업을 수행할 수 있는지 없는지 결정할 수 없다면 그 목표는 적절하지 못하다.

만약 교수가 학생들이 과제를 수행하는 것을 보거나 과제를 수행한 결과를 볼 수 있다면 목표는 관찰 가능하다. 특정 작업의 관찰 가능성에 대해 확신이 없으면 과제나 시험에 포함시킬 것인지를 자문해보고 만약 대답이 '아니요'라면 과제는 관찰할 수 없고 목표에 결함이 있는 것이다. 확실하게 연습해보기 위해 표 2-1의 목표를 한번 훑어보고 모든(아마도) 목표가 교과목의 관련 차시별 수업을 끝낸 학생에게 명확하게 전달되고 교수가(확실히) 관찰 가능하다는 것을 스스로에게 납득시켜야 한다.

관찰 가능하려면 알다, 배우다, 이해하다, 평가하다와 같은 단어를 사용하지 않아야 한다(우리는 그 동사를 '금지된 4개의 동사'라고 한다). '알다, 배우다, 이해하다, 평가하다'는 어떤 교수에게나 확실히 중요한 목표이지만 학습 목표에 쓰기에는 적합한 단어가 아니다. 예를 들면 당신은 개념을 이해하는 학생들을 직접 관찰할 수는 없으며, 과제나 시험에서 어떤 것을 이해하도록 요구하는 것은 말이 안 된다. 학생들의 이해 여부를 알기 위해서는 무언가를 설명하거나 유추하거나 비판하거나 문제를 해결하는 것과 같이 학생들이 그것을 이해하는지 또는 부족한지를 보여줄 수 있는 관찰 가능한 행동을 해야 한다. 당신이 그들에게 하도록 요청하는 것이 특정 개념에 대한 학습 목표가 된다.

다음은 수용 불가 수준, 부족한 수준 및 우수한 수준의 목표이다.

수용 불가, 부족 그리고 좋은 학습 목표의 예

예시 1 이 실험 과목의 첫 번째 실험이 끝나면 여러분(또는 '학생')은 … 할 거다.

수용 불가 : 어떻게 실험을 설계하고 수행하는지 *배운다*(관찰 불가).

부족 : 실험을 설계하고 결과를 *분석할 수 있어야 한다*(너무 애매함).

우수 :

 (a) 종속변수를 하나 또는 두 개의 독립변수의 함수로 측정하고 데이터의 오류 분석을 수행하는 실험을 *설계하고 수행한다.*

 (b) 우수한 고등학교 3학년 학생이 실험 결과의 의미를 이해할 수 있는 수준으로 *설명할 수 있다.*

예시 2 이 과정이 끝나면 여러분(또는 '학생')은 … 할 거다.

수용 불가 : 다학제 분야 팀워크의 요구 사항을 *이해한다*(관찰 불가능).

부족 : 다학제 프로젝트 팀에서 효과적으로 역할을 *수행할 수 있다*(막연함 : *여러 가지 다른 것을 의미할 수 있음*).

우수 :

 (a) 교수의 관찰, 동료평가 및 자기평가에 의해 효과가 결정되는 다학제 분야 프로젝트 팀의 팀원으로서 효과적으로 *역할을 수행한다.*

 (b) 프로젝트의 다른 학문 분야의 역할을 *설명하고* 그들의 상대적 중요성을 *판단한다.*

2.1.3 학습지침서로 수업 목표를 사용

퀴즈를 하나 내겠습니다. 학생들이 일반적으로 묻는 모든 질문 중에서 교수가 가장 싫어하는 것은 무엇인가요? 생각해보세요. 5초를 드리겠습니다.

　다음 시험에서 ＿＿도 더 공부해야 됩니까? 라고 답했다면 당신은 A학점 감이다. 많은 교수는 그 질문을 생각할 때 분개한다. 학생들은 스스로 중요한 것을 알아낼 수 있어야 한다. "전에 내가 시험 볼 때는 내가 무엇을 공부해야 하는지 아무도 알려주지 않았는데 요즘 학생들은 …" 그리고 나머지는 당신이 직접 채울 수 있다.

　그러나 이 문제는 그렇게 단순하지 않다. 교수는 수백 페이지의 읽기 과제를 부과하고, 수업에서 예를 제시하며, 읽기 과제에서 일부만 설명이 있는 과제 문제를 낸다. 한 번도 설명하지 않았거나 단지 한 번 과제에서 제시했던 문제를 시험 문제로 낸다. 이런 문제가 시험에서 나올 것으로 추측한 학생은 시험을 잘 볼 수 있지만, 수업 내용을 같은 수준으로 숙달했지만 운이 나쁜 학생은 시험을 잘 못 볼 것이다.

이러한 방식은 학생들의 학습을 평가하는 끔찍한 방법이다. 우리가 강하게 권하는 더 좋은 방법은 포괄적인 차시별 수준의 목표를 작성하고 각 시험 전 적어도 일주일 전에 학습지침서 형태로 학생들과 공유하는 것이다. 학생들은 학습지침서에 주의를 기울일 가능성이 있으며, 목표를 다른 방식으로 주는 것보다 더 효과적이다. 다음의 '두뇌활동'은 학습 목표와 특별히 학습지침서가 일반적으로 왜 학습을 향상시킬 수 있는 큰 잠재력을 갖는지 그 이유를 제시한다.

두뇌활동 : 연습이 역량을 향상시킨다 – 집중적 연습은 목표 역량을 향상시킨다

1.1절의 두뇌활동에서 우리는 어떤 항목의 지식이나 방법을 처음 '배울' 때, 정보가 신경 혈관의 연결된 네트워크로서 장기기억에 저장되는 것을 보았다. 정보를 더 많이 연습하면 할수록 (의식적으로 반복하면), 네트워크가 더 강해질수록, 그 후 지식을 회상하거나 그 방법을 실행하는 데 더 적은 노력이 요구되며 학습자는 무엇을 학습했더라도 더 많은 지식과 능력을 가질 수 있다고 할 수 있다.

학생들은 전반적인 내용을 학습할 때 보다, 명확하고 구체적인 목표에 초점을 두고 하는 *의도적인 연습*을 할 때 더 많이 배우고 지식을 오래 유지한다(Ericsson et al. 1993). 경기에서 실력을 향상시키려고 하는 테니스 선수를 생각해보자. 그녀는 훌륭한 서브와 강한 포핸드를 할 수 있지만, 그녀의 백핸드는 약하고 통제하기 어렵다. 그녀는 일주일에 3시간씩 연습한다. 그녀는 모든 스트로크를 똑같이 연습하는 것보다 백핸드 연습을 집중적으로 하는 것이 실력을 더욱 향상시킬 것이다. 마찬가지로 피아니스트가 어려운 소나타를 마스터하기 위해 노력할 때 전체 곡을 반복해서 연습하는 것보다 가장 어려운 부분을 집중적으로 반복하여 연습하는 것이 더 도움이 될 것이다.

같은 논리로 학생들은 자신에게 가장 어려운 개념을 공부하고 방법을 연습할 때 집중하려고 노력해야 한다. 명시적 학습 목표는 학생들이 집중하는 것을 도와주고, 교수가 학생에게 발달시키려는 모든 지식과 역량을 익힐 수 있는 기회를 제공한다.

운동 선수나 음악가와 비교하면 STEM 학생들은 불리한 입장에 있다. 테니스 선수는 백핸드를 향상시키지 않으면 높은 수준의 대회에 나가지 못한다는 것을 안다. 피아니스트도 어떤 구절에 가장 주의를 기울여 연주해야 하는지 정확히 알고 있다. STEM 학생들은 그런 지식이 없다. 그들은 대개 교재와 강의의 방대한 지식 체계 중에서 어느 부분을 시험 보는지 명확하게 듣지 못했고, 시험이 끝날 때까지 그들의 주요한 약점이 무엇인지 알지 못하는데, 이것은 너무 늦다. 학습지침서에 있는 수업 목표의 포괄적인 목록을 통해 학생들은 자신이 어디에 주의를 집중해야 하는지에

대한 올바른 결정을 내리는 데 도움을 받을 수 있다. 그러면 당신은 학생들이 알아야 한다고 생각하는 것을 그들이 얼마나 잘 배웠는지 더 잘 알 수 있을 것이다.

Rich는 교수로서 그가 실험한 모든 교수법 중 학생들에게 학습지침서를 주는 것이 학생들의 학습에 가장 긍정적 영향을 미쳤다고 믿는다.

그의 이야기이다.

내가 학습 목표에 관해 배운 직후에 화학공정 원리에 관한 기초 화학공학 수업을 가르쳤고 예정된 중간시험 전에 무언가를 하기로 결정했다. 이 특정 시험은 일부 어려운 내용을 다루었고 평균 성적은 항상 낮았다. 나는 학습 목표를 작성하고 학습지침서에 그것을 넣었다("이 시험을 잘 보려면 당신은 … 을/를 할 수 있어야 한다."), 평소 시험 내용에 추가하여 의도적으로 몇 가지 높은 수준의 개념적 질문과 특히 도전적인 유형의 문제를 고의적으로 포함시켰다. 시험 문제를 낼 때, 나는 지침서를 활용하여 이전보다 높은 수준의 내용을 의도적으로 더 많이 포함시켰다. 그러나 수업 평균은 과거 어느 때보다도 높았다. 그 수업의 기초 능력이 부족한 학생이나 과제를 하지 않았거나 시험을 위해 공부하지 않은 학생은 여전히 실패했지만, 다른 학생들은 이전 학기의 학생들보다 더 잘 배웠다. 나는 그 이후로 내가 가르치는 모든 과정에서 늘 같은 일을 해왔다. 그리고 학생들의 학습은 꾸준히 향상되었다. 아마도 가르칠 때 목표를 세우는 것과 가르칠 때 목표를 다루는 것을 더 잘하게 되었기 때문일 것이다.

1학년 통계 수업과 3학년 화학 수업에 대한 학습지침서는 표 2.1-2, 2.1-3과 같다. 이 안내서는 시험에 출제될 질문 목록이 아니라 시험에 있을 수 있는 질문 유형의 포괄적인 목록이다. 일부 학생들은 첫 번째 중간 시험 전에는 진지하게 보지 않지

생각해볼 문제

교수들은 때로 학생들에게 학습지침서를 제공한다는 아이디어에 거부감을 느낀다. 시험이 너무 쉽거나 가르치는 수준이 낮아질 것을 두려워하기 때문이다. 그렇다면 학생의 수준을 낮추지 않고 오히려 올릴 수 있는 학습지침서를 어떻게 작성할 수 있을까?

표 2.1-2 학습지침서 예시 1

<hr>

MAT 245 : 통계학 1
시험 1을 위한 학습지침서

이 시험에서는 교과서를 사용할 수 없다. 계산기를 가져와야 한다. 산술 연산을 수행하는 저렴한 계산기면 충분하다. 노트북 컴퓨터는 필요 없을 것이며 허용되지 않는다.

2.1절에서는 다음을 수행하는 방법을 알아야 한다.
- 공부할 때 설명 변수와 반응 변수를 규명한다.
- 2개의 양적 변수에 대한 산점도를 그린다.
- 두 양적 변수 사이의 관계의 형태(선형성), 방향 및 관련성의 정도를 기술하고 임의의 이상치를 확인함으로써 산점도를 해석한다.

2.2절에서는 다음을 수행하는 방법을 알아야 한다.
- 산점도에서 상관계수, r을 추정한다.
- 상관 관계 r의 값을 기반으로 두 양적 변수 간의 선형 관계의 강도와 방향을 기술한다.
- 교재 103~104페이지에 기술된 r의 속성을 설명한다.
- 일련의 데이터에 대해 r을 계산하기 위해 Fathom을 사용하는 방법을 설명한다.

2.3절에서는 다음을 수행하는 방법을 알아야 한다.
- 방정식이 주어지면 직선 그래프를 그린다.
- 최소제곱 회귀선에 의해 최소화되는 양을 기술한다.
- x와 y의 평균과 표준편차와 상관계수, r로부터 최소 제곱선의 기울기와 절편을 계산한다.
- 주어진 x값으로 y를 예측하기 위해 최소 제곱선이 방정시을 이용한다.
- 특정 데이터 집합의 맥락에서 최소 제곱선의 기울기와 절편을 해석한다.
- 특정 데이터 세트의 맥락에서 r^2 값을 해석한다.
- 외삽법의 위험을 설명한다.
- 최소 제곱선의 계산하고 산점도를 그리기 위해 Fathom을 사용하는 방법을 설명한다. 주어진 Fathom 결과를 해석한다.

2.4절에서는 다음을 수행하는 방법을 알아야 한다.
- 특정 관찰에 잔차를 계산한다.
- 최소 제곱선에 이상치의 효과와 영향 관찰값을 예측한다.
- 연관성이 인과관계를 의미하지 않는다는 것을 설명한다.

2.5절에서는 다음을 수행하는 방법을 알아야 한다.
- 양방향 테이블을 사용하여 2개의 범주형 변수에 대한 데이터를 요약한다.
- 각 변수의 분포를 각각 설명하기 위해. 주변합(또는 백분율)을 사용한다.
- 두 변수 간의 관계를 기술하기 위해 적절한 조건 분포(행 또는 열 비율)를 사용한다.

2.6절에서는 다음을 수행하는 방법을 알아야 한다.
- 변수가 중첩된다는 것의 의미가 무엇인지 설명한다.
- 두 변수 간의 관찰된 연관성이 어떻게 세 번째 변수에 대한 공통 응답이 될 수 있는지를 설명한다.
- 두 변수 간의 관찰된 연관성이 다른 숨어 있는 변수와 어떻게 중첩하는지를 설명한다.

<hr>

출처 : E. Jacquelin Dietz, 수학 및 컴퓨터 과학과 명예교수 Meredith College, Raleigh, NC의 허가로 재인쇄

표 2.1-3 학습지침서 예시 2

CH 312 : 열역학 1
중간시험 2를 위한 학습지침서

시험은 교과서의 6.3절까지 다룰 것이다. 시험을 잘 보려면 다음 사항을 할 수 있어야 한다.

1. 이상 기체를 정의한다. 이상 기체에 대해 변수 P, V, T 및 n 중 임의의 3개가 주어지면, 네 번째 변수를 계산한다.
2. 가스의 온도와 압력이 주어지면, 이상 기체 법칙이 좋은 근사치를 주는지 판단한다.
3. 단일 성분에 대한 상평형도(P vs. T)를 이용하여 끓는점 및 표준 끓는점, 용융 및 승화 온도, 임계 온도 및 압력을 정의한다. 상평형도의 지정된 경로에 따라 온도와 압력이 시간에 따라 어떻게 변하는지 (증가, 감소 또는 일정하게 유지) 설명한다.
4. 다음 기상 보고서의 문장을 1학년 학생이 이해할 수 있도록 설명한다. "기온은 75°F, 기압은 29.87inHg, 상대습도는 50%, 이슬점은 54°F 입니다."
5. 단일 응축성 성분 (A)가 평형을 이루는 기체–액체 시스템에서 A의 증기압이 온도의 함수로 주어졌을 때, 변수 yA(기체상의 A의 몰분율), 온도, 전체 압력 중 2개의 변수에서 세 번째 변수를 Raoult의 법칙을 이용하여 계산한다.
6. 단일 응축성 증기 A와 하나 이상의 비응축성 가스의 혼합물에서 A의 증기압이 온도의 함수로 주어졌을 때 다음 변수 중 2개가 정의되면 Raoult의 법칙을 이용하여 나머지 모든 변수를 계산한다 : yA(기체상의 A의 몰분율), 온도, 전체 압력, 이슬점, 과열도, 상대습도, 절대습도 및 포화율.
7. 6번에서 계산한 변수를 측정하기 위해 실험을 수행했고 그 값이 계산된 값과 크게 다르다고 가정하자. 계산에서의 가정을 포함하여 불일치의 원인을 최대 10개까지 알아낸다.
8. 2개 이상의 상이 관련된 친숙한 물리적 현상(연못의 표면에서 발생하는 안개와 같은)을 이 수업에서 논의된 개념을 이용하여 설명한다. 그러한 현상에 대한 설명이 주어지면 그 설명의 과학적 논리가 탄탄한지 평가한다.

만, 시험의 모든 문제가 학습지침서에서 예상할 수 있다는 사실을 알게 되면 성실한 모든 학생들은 나머지 수업 동안 학습지침서에 깊은 주의를 기울인다.

2.1.4 왜 학습 목표를 쓰는가?

차시별 수준의 학습 목표는 시험에 대한 좋은 학습지침서를 만드는 것 외에도 교수가 자신의 과목을 구성적으로 정렬할 수 있도록 도와준다. 훌륭한 일련의 목표는 다음 두 가지 중요한 목적 달성에 도움이 된다.

과목 내용의 중요성을 평가하고 과목 내용의 범위를 축소하거나 없앨지 결정한다

당신이 과목 내용을 검토하면서 학생들에게 무엇을 기대할 것인지 결정하려고 할 때(즉 학습 목표를 작성할 때), 당신은 '왜 내가 이것을 가르치고 있는가.' 묻게 되는 내용을 마주치게 된다. 이 자료는 한때 중요했을지 모르지만 이제는 진부하거나 과목에 기본적인 '알아야 하는' 주제와는 반대되는, 당신이 가르치는 것이 즐거운 '알면 좋은 주제' 중 하나이다. 좋은 학습 목표를 작성할 수 없게 하는 과목 내용은 버리는 것을 검토하는 것이 좋다. 그렇게 하면 당신이 매우 중요하게 생각하는 역량을 학생들이 개발할 수 있도록 돕는 데 더 많은 시간을 쓸 수 있다.

그 지식이 필요한 사람들에게 과목 내용에 대해 소통한다

카탈로그와 강의계획서는 과목에서 가르치는 주제와 역량에 대한 일반적인 사항을 제공하는 반면, 학습 목표는 각 주제의 범위와 깊이를 어느 정도 다루는지 간략하게 설명한다. 포괄적인 일련의 목표는 처음으로 과목을 가르치려는 교수에게 매우 중요할 수 있으며, 다음 과목을 가르치는 교수에게 학생들이 이 선수과목에서 습득했어야 하는 지식과 역량을 알려줄 수 있다. 만약 교육과정에서 모든 핵심 과목에 대한 목표를 모으면 학과의 평가위원회에서는 원치 않는 내용의 중복과 빠진 부분을 쉽게 식별하고 해결 조치를 취할 수 있다.

2.1.5 반대 의견과 그에 대한 대답

때로는 학습 목표에 대해 상당한 비판이 있다. 다음은 일반적으로 제기된 두 가지 반대 의견과 이에 대한 대답이다.

학생들에게 학습 목표와 학습지침서를 주는 것은 숟가락으로 떠먹이는 것과 같다

학생들은 학습지침서를 정말로 고맙게 생각한다. 그러나 그것이 우리가 지침서를 제공하는 이유는 아니다. 우리의 역할은 학생들이 전문가가 될 수 있도록 준비하는 것이다. 전문 과학자, 수학자, 통계학자 및 엔지니어에게는 해결해야 하는 특정 과제가 주어진다. 예를 들면 해결해야 할 문제, 설계해야 할 공정과 생산품과 프로그램, 최적화, 문제 진단 등이다.

일단 그들이 무엇을 해야 하는지 알게 되면, 그들은 나가서 무엇이든지 필요한 것을 배우고 필요한 경우 도움을 구한다. 학생들에게 학습지침서를 제공하면 학생들이 스스로 준비해야 하는 것을 명확하게 알게 함으로써 그 과정을 모사하게 된다. 목표가 충분히 도전적이지 않으면 학생들에게는 별 도움이 되지 않는다.

그러나 무엇을 배워야 하는지 이해하는 것은 중요한 역량이고, 나는 학생들이 그 역량을 가지길 바란다

물론 그것은 중요하지만 STEM 전문가는 일단 과제가 무엇인지 알고 나면 무엇을 이해해야 하는지 알아낸다. 그러나 무엇을 알아야 하고, 만약의 경우를 대비해 준비해야 할 내용을 추측하는 것과는 다르다. 학생들에게 학습 목표를 제시하면, 학생들은 여전히 목표를 달성하는 방법을 파악하고 필요한 사실과 절차 및 필요한 사고와 문제해결 기술을 가지고 있는지 알아야 한다.

다시 말해, 학습지침서는 시험에서 묻는 질문 목록이기도 하지만 고차원적인 분석, 비판적 사고 및 창의적 사고가 필요한 몇 가지 문제를 포함하는, 질문할 수 있는 여러 유형의 포괄적인 목록이다. 높은 수준의 공부를 할 능력이 없거나 요구된 학습을 하지 않은 학생은 학습지침서가 있어도 문제를 해결할 수 없다. 학생들이 이러한 목표 중 하나에 기초한 시험 문제에 답할 수 있다면 분명히 목표를 달성한 것이다. 그들이 질문에 답할 수 없다면, 그들은 목표를 달성하지 못한 것이다. 두 경우 모두 그들이 받은 학점은 적절하다.

2.2 Bloom의 교육 목표 분류체계

표 2.1-2와 2.1-3에서 제시한 것 같이, 학습 목표가 달라지면 학생들의 지적 활동도 현격히 달라진다. 어떤 목표는 암기를 요구하고, 다른 목표는 과목에서 소개하고 설명한 원리와 방법을 일정한 틀에 박힌 방식으로 적용할 것을 요구하고, 또 다른 목표는 고차원적인 문제 해결을 요구한다. 1950년대 초 시카고대학교 Benjamin Bloom이 이끄는 교육 연구팀은 목표를 3개의 영역으로 분류했는데, 인지적(지식, 개념 이해, 사고 및 문제 해결 능력 습득을 포함한 지적 성과)(Bloom & Krathwohl, 1956), 정의적(흥미, 태도 및 가치의 발달을 포함한 정서적 성과)(Krathwohl et al, 1984), 그리고 정신운동적(실험실 및 임상 절차를 수행하는 것을 포함하는 운동 역량 성과)(Simpson, 1972) 영역으로 분류하였다. 각 영역에, 일련의 위계적 목표 수준이 정의되었다.

기술 관련 과목에서 대부분의 수업과 평가는 주로 Bloom의 인지 영역에서의 기본

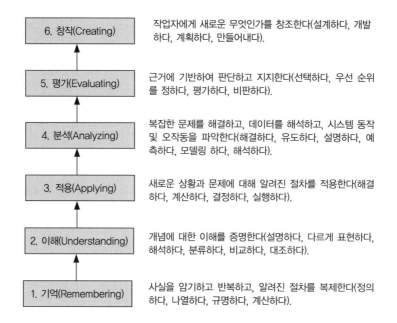

그림 2.2-1 Bloom의 교육 목적-인지 영역의 분류 체계

적인 목표를 포함한다. 학생들의 가치관 발달을 명확하게 추구하는 과목(예 : 윤리적 추론을 가르치는 과목), 정서적 고려를 필요로 하는 과목, 장비를 조작하거나 실험실 또는 임상 절차를 수행하도록 가르치는 정신운동적 역량과 관련된 과목의 기대가 포함된다. 우리는 이 장의 나머지 부분에서 인지 영역만을 고려할 것이다[참고 : 인지 및 정의적 범주에 포함되는 목적과 가치를 분류하기 위한 다른 훌륭한 시스템은 Dee Fink의 *Taxonomy of Significant Learning*(주요 학습 분류, 2003)이다].

2001년에 Bloom의 인지적 영역의 수준이 재구성되고 이름이 바뀌었다(Anderson & Krathwohl, 2001). 그 결과는 그림 2.2-1과 같다. 각 수준별 목표와 그 옆에 간단한 설명과 각 수준별 목표의 행위 동사를 제시하였다.

인지 영역의 하위 세 수준(기억, 이해, 적용)은 종종 하위 수준(lower-level, 또는 lower-order) 사고 능력으로, 상위 세 수준(분석, 평가, 창조)은 상위 수준(higher-level, 또는 higher-order) 사고 능력이라고 한다. 비판적 사고로 분류되는 대부분의 활동은 다섯 번째 수준으로 분류된다. 6개 각 수준의 목표를 표 2.2-1에 제시하였다.

학습 목표의 앞부분에 있는 행위 동사는 목표 수준의 확실한 지표가 아님을 주목

표 2.2-1 Bloom의 수준별 학습 목표 예시

1. **기억** : [첫 10개의 알케인을 *나열한다*, [간단한 대수학 및 삼각함수의 미분 공식]을 *쓰시오*, [개구리의 단면도에서 주요 기관]을 *확인한다*.

2. **이해** : [프로그래머가 아닌 사람이 이해할 수 있도록 자바에서 비교기능을] *설명한다*, [박테리아 및 바이러스 감염]을 *비교하고 대조한다*, [SIMULINK 시뮬레이션의 결과]를 *해석한다*, [팀 기능의 네 단계]의 *개요를 서술한다*.

3. **적용** : [두 표본 평균이 5% 이상 차이가 날 확률]을 *계산한다*, [배분 무게를 지지하는 캔틸레버에 대한 자유물체도]를 *그리고 이름을 붙인다*, [지정된 초기 조건을 가진 2차 상미분방정식]을 *푼다*.

4. **분석** : [70°F의 공기에서는 따뜻하게 느껴지는 것이 70°F의 물에서는 춥게 느껴지는 이유]를 *설명한다*, [환경 조건의 특정 변화에 대한 유기체의 반응]을 *예측한다*, [특정 결과의 수학적 유도에 의한 증명]을 *수행한다*, [PID 제어 아래 1차 시스템의 역동적 반응]을 *모델링 한다*.

5. **평가** : [주어진 여러 개 C++ 코드 중 어느 것이 특정 목표를 달성하기에 더 좋은지를 *구체적으로 기술하고 당신의 추론을 설명한다*, [생산 능력을 확장하기 위해 가능한 옵션 중에서 *선택하고 자신의 선택의 이유를 설명한다*], [수업 시간에 제시된 기준을 사용하여 구술 프로젝트 발표]를 *비판한다*.

6. **창작** : [특정 부류의 그룹을 갖는 벤젠 유도체 합성 절차]를 *새로 만든다*, [조직 공학적 스킨 교체가 대형화되었을 때 설계처럼 기능하지 않는다면 가능한 이유]를 *브레인스토밍을 한다*, [주어진 사양을 만족하는 실험 또는 프로세스 또는 제품 또는 코드]를 *설계한다*.

하라. 예를 들어, 표 2.2-1에서 제시하고 있는 것처럼, 수준 2(이해)와 수준 4(분석)의 가능한 핵심어로 '설명하다'가 있다. "자신의 말로 전기 전도도의 개념을 설명하시오."는 수준 2이고, "수축하는 대사경로와 효소억제 개념을 이용하여 대사질환에 대한 치료 프로토콜이 작용하는 이유를 설명하라."는 아마도 수준 4일 것이다(교과서의 글을 다르게 바꾸어 설명하는 것이 쉽지 않다면 수준 4이고 쉬우면 수준 2이다). 표에서 제시된 핵심 단어 중 대부분은 여러 단계의 목표에서 사용될 수 있다.

다음은 Bloom의 분류체계를 사용하여 목표를 분류하는 몇 가지 연습이다. 시도해 보기 전에, 때로는 목표를 만들어본 교수만이 수준 3(새로운 문제에 일상적인 방법으로 간단히 적용)인지 수준 4(과목에서 학생들에게 간단한 절차를 넘어서는 것)인지 확실하게 말할 수 있음을 유의한다. 목표가 학생이 무엇을 하도록 요구하는지에 기초해 어떻게 생각하는지 스스로에게 물어본 다음, 당신의 생각과 우리가 제시한 답을 비교하기 바란다(연습의 맨 아래에 있음). 당신의 추측이 우리의 의견과 다르다고 해서 당신이 틀렸다는 것을 의미하는 것은 아니다(우리의 답을 선택할 때 염두에 두었던 것이 무엇인지 생각해본다).

[연습]

다음 각 목표가 Bloom의 학습 목표 분류 수준의 어디에 해당하는지 추측해본다.

1. 당신의 (과학적 훈련을 받지 않은) 조부모가 이해할 수 있는 용어를 사용하여 감수 분열과 유사 분열을 설명하고 구분한다.
2. 3미터 높이에서 계란을 깨지 않고 콘크리트 표면에 떨어뜨릴 수 있는 달걀 용기를 디자인한다.
3. 저항 색상 코드에서 지정된 색상의 숫자 값을 말한다.
4. 수업에서 논의된 채점 기준을 사용하여 샘플 실험보고서를 채점하고 당신의 추론을 설명한다.
5. 평균값 또는 표준편차가 있는 문제에 대한 영가설과 대안가설을 사용하여 당신이 사용할 통계적 검증을 선택하고 추론을 설명한다.
6. 단일 변수의 부정적분 함수를 평가한다(이것은 함수에 따라 세 가지 수준 중 하나일 수 있다).
7. 주어진 환자의 과거 병력에 기초해 그 환자의 약물 반응을 바꿀 수 있는 생리학적, 병리학적, 약리학적 요인을 설명한다.
8. 전류 I(암페어)가 흐르는 저항 R(옴)에서 전압 강하 V(볼트)를 계산한다.

저자의 답변 : 1 : 이해, 2 : 창작, 3 : 기억, 4 : 평가, 5 : 평가, 6 : 함수의 복잡성에 따라 기억, 적용 또는 분석, 7 : 분석, 8 : 기억(변수 값을 간단한 수식으로 대체).

이 장 앞에서 학습 목표를 명확하고 관찰 가능하게 만들고 시험을 대비한 학습지침서 형식을 학생들에게 제공할 것을 추천했다. 다음은 세 가지 추가적인 제안 사항이다. 먼저, 당신이 작성한 목표를 모두 Bloom의 목표 수준으로 확인하라. 그다음 아래 사항을 수행한다.

일부 수업 자료가 전적으로 수준 1(기억하기)인 경우, 그것은 유인물에 넣고, 학습지침서에 포함시키며, 그것에 대해 강의하는 시간을 최소화한다

암기의 중요성을 낮게 평가하는 것이 아니다. 모든 분야에는 실무자가 효과적으로 기능할 수 있기 위해 알아야 하는 정의, 방법 및 개념의 핵심(core body)이 있다. 건강 및 기타 생명과학과 같은 일부 분야에서는 그 핵심은 매우 광대하다. 반드시 과목에 넣고, 퀴즈와 시험에 포함시키지만 그것으로 귀중한 시간을 소비하지는 않는다. 절약한 시간은 당신의 지도가 필요한 상위 수준의 수업 내용으로 훨씬 더 잘 이용할 수 있다.

만약 당신이 그렇게 하지 않았다면, 학생들이 그것을 이해하지 않고도 적용할 수 있는 개념을 다루는 몇 가지 수준 2(자신의 말로 설명하라)를 포함시킨다

그러한 개념의 예는 미분, 가중치, 신진대사, 통계적 유의성, 그리고 여러 다른 교과목에서는 유도(induction)이다.

당신의 목록에 최소한 몇 가지 상위 수준 목표(분석, 평가, 창작)가 있는지 확인한다. 이런 목표에 대해 지정된 과제에 대한 많은 연습과 피드백을 제공하고, 시험 및 기타 평가에서 유사한 과제를 포함시켰는지 확인한다

만약 당신이 높은 수준의 능력을 가르치지만 시험을 보지 않으면, 유능한 많은 학생이 능력을 습득하고 향상시키는 데 필요한 공부를 하느라 애쓰지 않을 것이다. 만약 당신이 높은 수준의 시험은 보지만, 교실 안과 밖에서 수준에 맞는 적절한 연습 및 피드백을 제공하지 않는다면 해당 수준에서 기능할 수 있는 많은 학생이 필요한 역량을 개발하는 데 실패할 것이다.

2.3 교과목 선수 요건 및 프로그램 학습 성과

지금까지 이 장에서 우리가 권고한 모든 것을 당신이 다했다고 가정해보자. 당신의 학생들이 얻기를 바라는 모든 지식과 역량에 대한 명확하고 관찰 가능한 학습 목표를 쓰고, 학생들과 학습지침서를 공유했다고 하자. 그러한 역량에 대한 연습 및 피드백을 제공하기 위해 수업, 활동 및 과제를 설계했으며 목표의 내용에 대해 학생들에게 시험을 봤다. 당신이 목표를 작성하지 않고, 그것을 사용하지 않고 과목을 가르쳤을 때보다 학생들은 평균적으로 훨씬 좋은 성적을 거두었을 것이다(적어도 우리가 내기하는 일이 일어날 것이다). 당신은 임무를 완수하였다, 그렇지 않은가?

그러나 안타깝게도, 아니다. 우리가 아직 고려하지 않은 두 가지 다른 중요한 이슈가 있다. 우리는 진공 상태에서 가르치지 않는다. 우리의 과목은 교육과정에 속해 있다. 학위를 취득하기 위해 학생들이 반드시 수강해야 하는 일련의 교육과정 중 대부분은 다른 수업의 선이수 요건이다. 당신의 과목이 선수과목인 수업의 담당 교수는 학생들이 당신의 수업에서 어떤 지식을 습득하고 어떤 역량을 개발했을 것으로 추측한다. 당신은 그 지식과 역량을 가르치는 동료들에게 책임이 있으므로, 그것도 당신의 학습 목표에 포함되어야 한다.

또한 당신은 성과 기반 교육(outcome-based education, OBE)을 따르는 프로그램에서 가르칠 수 있다. OBE에서는 프로그램의 교수진이 학생들이 졸업할 때까지 습득해야 하는 지식, 기술 및 태도에 대한 일련의 **프로그램 학습 성과**에 대해 합의한다. 만약 당신의 과목이 하나 또는 그 이상의 학습 성과를 내기로 되어 있다면, 학습 목표를 세울 때 이를 고려해야 한다 이어서 그림 2.3-1에서 볼 수 있는 것처럼, 목표는 당신 과목의 수업과 평가 설계의 지침이 되어야 한다.

성과, 목표, 수업 및 평가가 서로에게 정보를 제공하며 지속적으로 학습을 개선하기 위한 노력으로 조정되므로 OBE는 역동적이다. 성과 기반 교육은 유럽 고등교육영역(Cedefop, 2009; European Higher Education Area, 2014)과 ABET[Accreditation Board for Engineering and Technology(미국 공학교육인증원), n.d.; Felder & Brent, 2003], 그리고 워싱턴 어코드[Washington Accord(International Engineering Alliance, n.d.)] 회원국들에서 점점 더 일반적이 되고 있다. OBE를 운영하는 대부분의 STEM 프로그램이 직면한 문제는 그들이 채택하기로 결정한 학습 성과들(또는 인증 평가 기관에서 채택하도록 요구하는)이 그들의 교육과정에서 체계적으로 다루지 않는 지식, 역량, 가치가 포함한다는 것이다.

예를 들어, ABET은 인증을 받으려는 모든 프로그램에서 채택해야 하는 학습 성과들을 지정한다. 이들 학습 성과들 중 일부는 변경 없이 기존의 공학교육 과정에 적용할 수 있다(예 : 공학, 과학, 수학의 원리를 적용하여 공학 문제를 해결하고, 요구 조건에 맞추어 시스템을 설계하는 능력). 실험 설계, 팀워크, 문제 규명 및 공식화, 전문 윤리 및 자기주도 학습과 같은 학습 성과는 대부분의 교수진이 훈련받지 않은 지식과 역량이 포함된다. 만약 당신이 성과 기반 프로그램에서 그와 같은 학습 성과를 가르친다면 당신이 다음과 같이 말한다고 해도 비난받아서는 안 된다. "내가

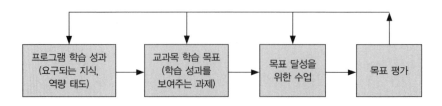

그림 2.3-1 성과 기반 교육에서의 교과목 설계

알고 있다고 확신할 수 없는 역량에 대해 어떻게 학습 목표를 작성하며, 내 학생들이 그런 역량을 발달시키도록 어떻게 가르칠 수 있단 말인가?"

다행스럽게도 그 문제에 직면한 다른 사람들이 해결책을 찾았고 그것을 공유하였다. Felder와 Brent(2003), Shuman 등(2005), Svinicki(2010)는 ABET 학습 성과에 대한 학습 목표와 어떻게 가르치고 평가하는지 그 방법을 제안한다. 이 방법은 공학교육의 맥락에서 개발되었지만 모든 STEM 분야에 적용 가능하다. 그중 일부는 이책의 10장과 11장에 요약되어 있다.

2.4 알아두기

- **학습 목표**는 교수가 가르치려는 지식과 기술을 학생이 습득했다면 학생이 숙달할 수 있어야 하는 관찰 가능한 행동에 대한 명확한 진술문이다. 학습 목표는 전체 수업 과정, 절 수준의 수업(예 : 중간시험 시험들 사이 기간), 차시별 수업에 적용할 수 있다.

- 절 수준의 학습 목표는 시험 대비 학습지침서로 학생들과 공유하면 학생들이 목표를 달성하기 위해 학습할 가능성은 늘어날 것이다.

- 교과목 학습 목표가 Bloom의 목표 분류(Bloom's Taxonomy)의 수준 4(분석), 수준 5(평가), 수준 6(창조) 중 하나 또는 그 이상에 속해야 한다. 학생들이 고차원적 사고와 문제 해결 능력을 가질수록 졸업할 때까지 그 역량에서의 전문성을 더 많이 가지게 될 것이다.

- 과목을 가르치는 교수는 Bloom의 분류 수준 1(기억, 사실에 대한 암기) 수업내용으로 학생들의 소중한 수업 시간을 낭비하지 말아야 한다. 그런 것은 학생들이 완벽하게 스스로 학습할 수 있다. 수업 내용이 학생들이 알아야 되는 본질적인 것이 아니라면, 그 과목에서 해당 내용을 삭제하는 것을 고려해야 한다. 만약 중요하다면, 학생들에게 시험을 위해 암기해야 할 것들의 목록을 주어야 하며, 수업 시간 대부분은 학생들이 이해할 수 있도록 설명, 예제 및 연습의 기회를 요구하는 상위 수준의 내용에 전념해야 한다.

2.5 수업에서 시도해보기

당신이 지금 가르치는 교과목이나 또는 다음에 가르칠 교과목에서, 학생들이 항상 어려움을 느끼는 부분을 확인한다. 그리고 다음을 시도해본다.

- 학습 목표의 포괄적인 목록을 작성한다. 해당 범위의 수업 내용에 대한 시험에서 당신이 물어볼 수 있는 모든 유형의 질문을 포함하는 포괄적인 학습 목표 목록을 작성한다. 그리고 해당 시험의 학습지침서 형식의 목록을 작성한다(표 2.1-2 및 2.1-3 참조).
- 학습지침서를 학생들에게 주거나 시험 보기 1~2주 전에 온라인에 게시한다. 그리고 학생들에게 모든 시험 문제는 학습지침서에 있는 목표에 기초할 것임을 알려준다.
- 시험의 각 질문을 학습지침서에 연관시켜 시험을 준비하고 시행하며 평가한다.

만약 학생들이 같은 수업 내용에 대한 시험인데도 지금까지보다 더 높은 평균 점수가 나오면 당신의 평소 수업에서 이 전략을 쓰는 것에 대해 고려해본다.

당근과 채찍 : 가르칠 때 서로 대립되는 것을 포용하기

나는 어떤 능력을 배우기 어렵고 잘 수행하지 못할 때마다 그것은 아마 서로 대립되는 것을 요구하기 때문에 그런 것이라고 생각했다. 마치 머리를 가볍게 두드리면서 배를 문지르는 것처럼. 훌륭한 글쓰기는 창의적이면서도 비판적이 되는 것을 의미하기 때문에 어렵다. 좋은 가르침은 학생들과 같은 편이 되기도 하고 적이 되기도 하는 것을 의미하기 때문에 어렵다. 좋은 평가는 주관적이면서도 객관적인 시도를 의미하기 때문에 어렵다. 훌륭한 지성은 직관적이면서 논리적이어야 하는 것을 의미하기 때문에 드물다(Elbow, 1986, p. 234).

위와 같이 Peter Elbow(1986)는 대립되는 것에 대한 포용을 언급하였다. 이 훌륭한 책의 주제는 흔히 정반대의 것이 동시에 요구된다고 느끼는 대부분의 교수들에게 큰 반향을 일으킬 것이라고 생각한다. 우리는 정년 보장, 승진, 급여 인상과 관련된 전문적인 활동(교육 및 연구)에 대부분의 시간을 보내도록 요구되지만, 우리는 또한 우리의 건강과 주위 사람들과의 관계를 위해 더 많은 시간을 보내야 한다는 것을 알고 있다. 연구자로서 우리는 대학원생들이 허둥대고 실수를 하면서 경험을 통해 학습하기를 원하지만, 세부적인 방향을 주기를 원하는 연구비 지원 기관에게 연구 결과를 신속하게 제공해야 한다. 이런 점과 그 외의 다른 많은 측면을 생각하면 우리는 마치 입자와 파동이 동시에 존재해야 하는 것처럼 느껴진다. 우리는 어떻게 우수한 입자가 되면서 평범한 파동이 되는지 혹은 그 반대가 되는 법에 대해 알고 있다. 그러나 둘 다 성공적으로 수행하는 법은 알지 못한다.

가르침은 특별히 도전적인 대립을 포함하는데, Elbow는 그것에 대해 설득력 있게 설명하고 있다.

좋은 가르침에 필요한 두 가지 대립적 사고방식은 가르치는 일에 내재되어 있는 두 가지 대립되는 책무에 기인한다. 우리는 학생에 대한 책무가 있지만, 우리는 또한 지식과 사회에 대한 책무도 있다. 학생에 대한 우리의 헌신은 우리가 가르치고 공유할 때 그들의 편이 되고 모든 학생이 학습 공동체의 일원으로 들어와 우리와 함께 하도록 초대하는 주최자가 될 것을 요구한다. 우리는 또한 우리 사회에 대해서도 책무성을 가진다. 즉 우리의 학문 분야, 단과 대학 혹은 대학, 그리고 우리가 속한 다른 학습 공동체에 우리가 가르친 것을 학생들이 정말로 이해하고 수행할 수 있는지를 보증해야 하며, 우리가 주는 성적과 학점 및 학위가 가져야 하는 의미 또는 가치에 대해서도 책임을 져야 한다(Elbow, 1986, pp. 142-143).

그의 책 다른 부분에서 Elbow는 이 두 역할을 '코치'와 '문지기'라고 부른다. 두 역할 모두 필수적이지만 우리가 동시에 둘을 실행할 수는 없다는 것을 관찰하였다. 그의 해결책은 그 두 역할을 번갈아 하는 것이다. 학생에 대한 지지자와 수호자의 역할, 즉 당근과 채찍을 번갈아 가면서 두 역할을 편안하게 수행하자는 것이다. 학생들이 일정 수준을 달성할 수 있도록 당신이 도울 수 있는 것을 당신이 안다면 높은 수준을 설정하는 것이 더 쉬워진다. 원하는 수준을 명확히 하고 이 수준을 달성할 수 있도록 모든 기회를 학생들에게 제공하면 이 수준을 요구하기가 쉬워진다.

이 곡에 같은 행동을 어떻게 수행할 수 있는가? 수업의 엄밀한 요구사항과 성적평가 기준을 분명하게 제시하여 문지기로서 수업을 시작하라. 그리고 코칭 모자를 쓰고 다음과 같이 말한다. "저것은 내가 성적을 매기는 데 사용할 기준이다. 이건 여러분이 직면해야 되는 것이지만, 우리는 학기 내내 여러분이 그 수준을 달성하도록 도울 것이다. 그것은 높은 수준이지만 여러분이 열심히 노력한다면 모두 그 수준을 달성할 수 있다고 생각한다. 나는 여러분과 한 편이 되어 맡은 역할을 다 할 것이다"(Elbow, 1986, p. 155).

2장에서는 학습 목표를 작성하고 학생들이 달성하기 원하는 빗장의 높이를 정하고(문지기), 시험의 학습지침서로 학생들과 학습 목표를 공유하도록(코치) 권유하였다. 3장에서는 수업 정책과 절차, 엄격하고도 공정한 등급 시스템(문지기)을 작성하는 방법과 학생들의 사전 지식과 경험, 목표 및 흥미를 어떻게 알아내고, 수업에서 학생들이 최선을 다하도록 동기를 유발하기 위해 그 지식을 어떻게 사용하는지 논의할 것이다. 이 대립되는 주제가 책의 나머지에서 계속해서 나올 것이다. 시험을 설계하고 성적을 매기는 것과 같은 문지기 주제, 학생들이 적극적으로 참여하고 학생들이 시험을 잘 보는 데 필요한 역량을 갖추도록 하는 코치 주제를 볼 것이다. 이러한 일들을 어떻게 수행하는지 요점을 제시하는 것 외에도, 문지기와 코치의 역할을 효율적으로 수행하는 방법과 더불어 자신의 생활을 잘 관리할 수 있는 아이디어를 제시할 것이다. 그것은 이론적으로 가능하다.

03

수업 계획하기

3.0 들어가기

교수들이 해야 하고, 하고 싶어 하는 모든 것을 할 수 없게 만들면서, 많은 시간을 잡아 먹는 일로, 두 단어로 된 용어는 무엇일까요? 지금 해보세요. 기다릴게요.

아마 여러분은 과제제안서 마감, 교육과정 개정, 안전 점검, 인증평가 방문, 예약된 주차공간(마지막 것은 수업을 위해 주차를 해야 하는데 수업시간 몇 분 전에 당신이 찾은 유일한 곳에는 '지우개 마커 조달을 위해 교무처장대리 예약'이라는 작은 글씨의 표지) 등을 언급할 것이다.

그러나 우리가 염두에 두고 있는 것은 새로운 준비이다. 이전에 가르치지 않은 과목을 가르치기 위해 준비하거나 기존 과목을 거의 통째로 바꾸는 것이다. 그것을 해보지 않은 사람은 수업계획서와 차시별 수업 계획, 유인물, 슬라이드, 과제, 프로젝트, 시험 문제를 만드는 데 얼마나 많은 시간과 노력이 필요한지 상상하지 못할 것이다. 수개월 동안 깨어 있는 모든 시간을 이것을 하는 데 보내고 연구 및 개인 생활을 소홀히 하는데도 과목은 여전히 효과적이지 못하고 학생 평가는 낮을 수도 있다.

당신이 새로운 과목 준비로 고군분투하고 있을 때, 자책하거나 자신의 직업이 적합한지 의문을 제기하지 말고, 교수는 항상 새로운 준비로 스트레스를 받는다는 것을 인정하라. 이 장에서는 스트레스를 없애지는 못하지만 스트레스 관리를 도와줄 전략을 제시할 것이다. 당신에게 합리적으로 보이는 것을 이용하고, 우리가 당신에게 경고하는 그런 실수를 피하려고 노력하면서, 경험을 통해 배우면, 다음번에 다시 그 과목을 가르칠 때에는 훨씬 쉬워질 것이라고 기대해보라.

이 장에서는 새로운 과목이거나 재설계한 과목을 시작하기 전과 수업의 첫 1~2주에 가지는 질문에 초점을 맞출 것이다

- 왜 그리고 어떻게 나의 수업 목표에 기반을 두고 과목을 설계해야 하는가?
- 수업을 준비하기 위해 얼마나 시간을 쏟아야 합리적인가? 나는 그 목표에 어떻게 접근할 수 있는가?
- 나는 어떻게 교과서를 선택하는가? 어떻게 수업을 관리하고 성적 평가 규정을 정하는가? 수업계획서를 작성하는가?
- 나의 수업이 효과적이 될 것을 확신하기 위해 첫 주에는 무엇을 할 수 있는가?

이들 질문에 대한 좋은 답을 찾는 것은 당신의 수업에서 문지기와 코치의 역할을 잘 수행하는 데 상당히 도움이 될 것이다(앞의 '들어가기' 참조).

새로운 과목을 준비하거나 전공과목을 재설계할 때, 하지 말아야 할 것으로 논의를 시작해보자.

3.1 재앙으로 가는 3단계 또는 과목 준비 시 피해야 할 접근 방법

이미 경험했거나 조만간 직면하게 될 두 가지 과목 준비 시나리오가 있다.

시나리오 1 : 당신은 처음으로 어떤 과목(당신 학과의 새로운 과목 또는 다른 교수가 가르쳐 왔지만 본인이 처음으로 가르치는 과목)을 가르칠 준비를 하고 있다. 만약 당신이 운이 좋다면 몇 달 동안 그 과목을 준비할 수 있다. 운이 좋지 않다면, 첫 수업을 시작하기 1주일 전에 학과장이 그 수업을 가르치라고 요청한다.

시나리오 2 : 전에 가르쳐 본 핵심 과목을 다시 가르치게 되었다. 과목은 대폭 수정이 필요하다. 내용과 교육 방식은 10년도 더 되었고 슬프게도 시대에 맞지 않거나, 성적은 최악이었고 학생들은 반란을 일으키려고 협박을 하거나, 누군가가(학

과장, 교수위원회, 당신) 수업을 온라인으로 할 것을 제안하거나 블렌디드 학습 (교실 수업과 온라인 수업의 결합)을 사용하기로 결정하였다

다음은 이러한 상황 중 어떤 것에도 공통적이지만 극히 효과적이지 못한 세 가지 접근 방식의 요소들이다.

1. **혼자 한다** 학과의 동료, 다른 학교에서 근무하는 친구가 그 과목을 가르쳤을 수 있고 아주 잘 가르쳤을 수 있다. 그러나 당신은 그들의 수업 자료(수업계획서, 차시별 수업 계획, 온라인 자습서 및 스크린캐스트, 과제, 시험지 등)를 사용할 수 있는지 물어보는 것은 부담스럽다고 생각한다. 대신에 처음부터 모든 것을 새로 만들기 시작한다.
2. **강의에서 과목의 모든 주제를 다루고 학생들이 물어볼 수 있는 모든 질문에 대한 답을 준비한다** 찾을 수 있는 모든 책과 연구 논문을 모아서 차시별 수업 계획을 그 과목에 대한 모든 내용이 들어 있는 백과사전으로 만든다.
3. **완벽을 추구한다** 가능한 모든 오류와 혼동 지점을 제거하기 위해 수없이 차시별 계획을 교정하고 수정하고 파워포인트 슬라이드를 명도, 스타일, 시각적 아름다움의 모델이 되도록 만든다.

이런 계획을 세우면 다음과 같은 일이 일어날 것이다. 차시별 수업을 계획하고 과제와 시험을 준비하는 데 너무 많은 시간을 할애하게 될 것이다. 당신은 개인 생활과 (연구 대학에 있는 경우) 당신의 연구를 소홀히 하기 시작하고 단지 과목 준비를 하기에 급급할 것이다. 만약 동시에 두 가지 새로운 과목을 준비하는 불행을 맞았다면, 더 이상 소홀히 할 사생활도 없을 것이다. 당신의 차시별 수업 계획은 아주 길고 빡빡하게 꽉 차 있어서 인간의 뇌가 지탱할 수 없는 속도로 강의를 진행해야 할 것이다. 수업에서 상호작용 할 시간이 거의 없을 것이며 중요한 내용을 제거하거나 건너뛰게 될 것이다. 학생들의 좌절감과 불만이 고조되어 최종 수업 평가 결과는 큰 기쁨을 주지 못할 것이다.

더 좋은 방법이 있다.

3.2 수업 준비 및 재설계에 대한 합리적 접근법

새로운 과목을 준비하고 오래된 수업을 재설계하는 것은 결코 쉽거나 빨리 할 수 없지만, 이러한 일을 통제할 수 있는 몇 가지 방법이 있다.

학습 목표를 가까이에 둔다

2장에서 우리는 당신의 과목에서 학생들이 습득하고자 하는 지식, 기술 및 (가능한) 태도를 정의하는 학습 목표를 작성하도록 설득하였다. 당신이 목표를 작성하는 데 어려움을 겪은 만큼, 당신의 수업 설계를 안내하는 데 목표를 이용해야 한다. 잠시 동안 이것은 접어두자. 나중에 다시 논의할 것이다.

수업 내용의 과부하를 피한다

Robert Boice(2000)는 수년간 신임 교수의 경력 경로를 조사했다. 그가 연구한 대부분의 교수는 매 수업 준비를 위해 9시간 이상을 쓰는 것을 확인했다. 과목당 수업 준비와 과제물을 작성하고 평가하며, 수업 외에 학생들과 만나는 데 일주일에 30시간을 사용한다. 2개 또는 그 이상의 과목을 준비하는 데 걸리는 시간을 계산해보라! 모든 준비에도 불구하고, 각 차시별 수업에 스케치된 우울한 시나리오가 또 불거진다. 수업은 내용으로 과부하되었고, 학생들은 적극적으로 수업에 참여하지 않았으며, 학기말의 수업에 대한 평가는 평균 이하에서부터 아주 나쁨으로 분포되었다.

　Boice는 또한 수업 준비 시간을 제한한 교수가 강의의 효율성을 크게 향상시키고, 연구를 수행하는 경우 연구 생산성도 크게 향상시키는 것을 관찰하였다. 그는 자신의 관찰을 바탕으로 가이드라인을 제시하였다. **한 시간 수업당 평균 2시간 이하의 준비를 목표로 설정한다.** 만약 새로운 과목을 가르치거나 오래된 과목을 재설계한다면, 그 목표를 자주 달성할 수 없을 것이며, 때로는 한 시간 수업을 준비하는 데 3~4시간 정도 쓸 수 있다. 그러나 두 번째로 또는 그 이후에도 같은 강좌를 가르치는 경우에는 2 대 1 가이드라인을 충족하는 데 거의 문제가 없어야 한다. 어쨌든, 만약 당신이 1시간의 수업 시간을 위해 일반적으로 5시간이나 그 이상을 준비한다면, 다른 일은 더 이상 감당할 수 없게 된다.

　수업 내용의 과부하를 최소화하려면 학습 목표의 초점을 명확하게 하고, 수업에서 다루려고 계획하는 내용 각각의 핵심을 검토하고 다음 두 가지 범주 중 어느 하나를 결정해야 한다. 꼭 알아야 하는 것(하나 또는 그 이상의 목표를 직접 지정) 또는 알면 좋은 것(단지 목적과 관련이 있을 뿐)을 나눈다. 그다음 꼭 알아야 하는 내용에 준비 시간을 집중한다.

기존 강의 자료와 쉽게 활용할 수 있는 디지털 자료를 사용한다

잘 가르치는 교수면서 당신이 가르치기 위해 준비하고 있는 그 수업을 전에 가르쳤던 동료 교수에게 수업 자료를 기꺼이 공유할 수 있는지 요청할 것을 고려해본다. 아주 잘 가르치는 교수들은 그 요청에 흔쾌히 동의할 것이다. 차시별 강의 계획, 유인물, 사진 및 비디오, 스크린캐스트, 시뮬레이션, 사례 연구 및 대화형 자습서에 대한 링크와 같은 온라인 자료를 내려받아 준비 시간을 더 줄일 수 있다. 이러한 리소스는 일반적인 디지털 리소스 라이브러리(2016년에는 Google 및 Bing Images, YouTube, Wikimedia, Commons, Khan Academy, MERLOT 및 National Science Digital Library)를 검색하거나 Google 또는 Bing과 같은 검색 엔진에 '[자료의 유형][주제]'를 입력하여 주제별 특수 자료를 찾을 수 있다. 가능하면 학습 목표와 관련이 없는 내용을 제거하고 학습 목표와 관련이 있는 새로운 내용을 추가하여 수업에 적절하게 자료를 적용한다. 당신은 수업 준비에 많은 시간을 보내고 있을 수 있지만, 처음부터 모든 것을 스스로 만드는 것만큼 그렇게 긴 시간이 걸리지는 않을 것이다.

앞에서 나열한 것과 같은 디지털 저장소의 리소스는 때로는 저작권으로 보호되는 경우가 있다. 누구나 가질 질문은, "허락을 받지 않고 차시별 강의 계획에 내려 받은 자료를 수업 내용에 포함시킬 수 있는가?"이다. 대답은, 적어도 미국에서는 조건부로 가능하다. 미국 저작권법의 공정 사용 원칙에 따라, 저작권이 있는 자료의 복제가 허가 없이 교육을 포함한 특정 사례에 사용되는 것이 허용된다(US Copyright Office, nd). 예를 들어, 내려받은 저작권 보호된 사진이 수업 시간에 보여지는 슬라이드에만 나타나면 문제가 없으며, 비밀번호로 보호된 교과목 웹사이트에 게시된 슬라이드 혹은 수업 유인물에 나타나면 여전히 허용된다. 그 자료를 출판물에 넣거나 교실 밖에서 널리 배포하면 이 문제는 애매해질 수 있다. 캠퍼스 사서는 저작권 문제에 관한 당신의 질문에 답해주거나 당신의 캠퍼스에 있는 적합한 사람을 소개해줄 것이다.

당신의 완벽주의를 억제한다

완벽하고 훌륭한 수업을 준비하기 위해 2시간을 쓰고, 그것을 다듬고, 차시별 계획을 다시 세우고, 재정렬하고, 슬라이드를 끝없이 더 멋지게 꾸미는 데 6시간을 쓸 수 있다. 절대로 그렇게 하지 말라! 수업을 시작하는 첫 번째 시간에 최우선시 해야 하는 목표는 '생존'이다. '충분히 만족스러움'이면 족하다. 그 나머지 다듬는 데 쓰는 모든 시간은 수업의 질에 큰 영향을 주지 않는다. 당신이 미루어둔 제안서나 논문을 쓰거나 혹은 오후에 당신의 가족과 함께 시간을 보내거나 체육관에서 운동을 하는 것이 훨씬 더 효과적이다. 첫 번째 과목을 가르칠 때 매 수업 후에 당신의 차시별 수업 내용 및 프레젠테이션 자료 중 변경하고자 하는 내용을 적어두는 데 5분 내지 10분을 사용하고, 나중에 그 과목을 다시 가르치기 전에 바꾼다. 이렇게 적절한 방법으로 과목을 수정하면 장기적으로 수업이 개선되고 연구 생산성, 경력과 건강 및 복지가 향상될 것이다.

새로운 수업 준비를 최소화한다

만약 당신이 신임 교수일 경우, 새로운 과목 준비에 당신의 시간을 모두 소비하지 않기 위해 취할 수 있는 한 단계가 더 있다. 일부 학과장은 신임 교수에게 첫 1~2년간 여러 가지 새 과목을 준비하게 하는 부담을 준다. 만약 당신이 이런 위치에 있다면 새로운 과목을 맡기 전에 같은 과목을 여러 번 가르치도록 해 달라고 학과장에게 정중하게 요청한다. 만약 다음 상황이 사실이라면 학기 중 하나 또는 두 가지의 새로운 연구 제안서를 작성하고 제출하기 위해 필사적으로 노력하고 있다고 덧붙여 말한다. 이것이 받아들여지지 않을 수도 있지만, 리치의 할머니가 말씀했듯이 치킨 수프가 암을 치료하지는 않지만 더 나쁘게는 하지 않을 것이다.

> **생각해볼 문제**
>
> 당신이 가르치는 과목의 차시별 수업 계획을 살펴보라. 학습 목표에 직접적으로 부응하지 않고 학생들이 거의 사용하지 않을 것이며 필요하다면 쉽게 찾아볼 수 있는, 알면 좋은 그런 내용이 있는가? 할 수 있다면 그 내용을 삭제하거나 축소하여 수업을 튼실하게 하는 것은 어떤가?

3.3 과목 교재 또는 수업 내용 전달 시스템 선택

지난 세기 전반에 걸쳐 교재를 선택하는 교수들은 단지 한 가지 질문을 해야만 했다. "내가 다루려고 하는 내용을 가장 잘 제시하고 과제로 줄 만한 좋은 질문과 문제가 많이 있는 경쟁력 있는 도서는 어느 것인가?" 이런 질문을 하는 것은 필요하지만, 지금은 물어봐야 할 다른 것들이 있다. 예를 들어, "전통적 종이책 또는 전자서적, 종이 기반의 보완 기능이 있는 온라인 콘텐츠 전달 시스템, 읽기나 온라인 교습을 과제로 주고 교재는 없어도 되는가? 기존 교재를 선택해야 하는가, 아니면 여러 자료의 내용을 결합한 맞춤형으로 설계된 교재를 사용해야 하는가, 아니면 나의 노트를 종이 또는 전자 과목 팩에 묶어 교재로 사용해야 하는가?"

이러한 질문에 답을 한 후 표 3.3-1에 나와 있는 추가 질문을 하고, 교과서에 대한 결정을 내릴 때 이 답들을 고려할 것을 추천한다.

표 3.3-1 교재 또는 내용 전달 시스템 평가를 위한 질문

- 교재(또는 시스템)가 과목의 학습 목표와 얼마나 잘 맞는가? (이제부터는 교재라고 언급하지만 교재나 시스템을 의미할 수 있다) 주제의 순서가 내가 사용하고자 하는 순서와 일치하는가?
- 출간된 교재에 대한 평가는 어떠한가?
- 내가 아는 교수가 그 교재를 사용했는가? 그렇다면 그들은 어떻게 생각하는가?
- (당신이 잘 모르는 몇 가지 주제를 골라 그 내용에 대해 교재를 읽어본다) 모든 것이 명확한가? 평균적인 학생들에게도 분명할까?
- 교재에 설명된 모든 방법이 명확한 예제로 제시되어 있는가?
- 사진, 도식도, 차트, 플롯 등의 많은 시각적 자료가 있는가? 아니면 단어와 방정식뿐인가?
- 교재는 이론 및 응용이 적절하게 구성되어 있는가?
- 학생들이 공부하는 데 도움이 되는 자기진단 또는 각 장의 끝부분에 질문이 있는가?
- 교재의 문제가 주로 간단한 연습문제, 대부분 길고 어렵지만 흥미 있는 문제, 또는 (이상적으로) 이 두 가지가 잘 조화되어 있는가?
- 학기마다 과제를 바꿀 수 있는 충분한 문제가 있는가?
- 교수와 학생에게 유용한 보조자료는 무엇인가? 교수 매뉴얼? 문제은행? 슬라이드 세트? 스크린캐스트 또는 시뮬레이션 또는 대화형 자습서? 보조 자료의 품질은 어떤가?
- 교재의 가격은? 같은 질의 더 경제적인 대안이 있는가?

3.4 과목의 성적 평가 규정 만들기

중요한 수업 관련 질문(일반적으로 학생들에게 가장 중요한 질문)은 一"수업에서 성적을 어떻게 결정하는가?"이다. 당신은 학기 시작 전에 상세한 답변을 준비해야 한다. 수업을 진행하면서 점진적으로 만든 성적 시스템은 필연적으로 성적에 불편한 학생들의 불만을 야기한다. 그들은 교수, 학과장 및 더 높은 행정 담당자(학장)에게 불평을 한다. 결과에 관계없이 교수는 그 경험을 즐기지 않을 것이며 행정 담당자도 마찬가지이다.

3.4.1 어떤 것들이 얼마나 과목 최종 성적에 반영되어야 하는가?

일반적으로 학생들은 성적이 어떻게 나올지 정확하게 알고 있어야 한다. 당신은 사전에 성적 평가 규정을 작성하여 강의계획서에 넣고, 학생들은 각 과제에서 얻은 모든 성적을 알면, 강의계획서를 참조하여 자신의 최종 성적이 어떻게 나올지 알 수 있다. 여전히 학생들은 당신에게 불만을 제기할 수도 있지만, 당신의 대답은 첫 수업에서 제시한 정책을 지금 실행하는 중이라고 하면 일반적으로 논쟁은 끝난다.

성적 평가 규정에 관해 교수가 수용할만한 선택 사항들이 있다. 표 3.4-1에 일부

표 3.4-1 과목 성적 평가 규정 결정

문제	선택사항
중간시험과 짧은 퀴즈 성적은 얼마나 비중을 두어야 하는가?	중간시험 및 퀴즈 성적에 부여된 가중치의 합은 수강 과목 점수에 반영되는 기타 사항(과제, 프로젝트, 기말시험, 추가 점수 과제, 개선 여부 및 출석 등)에 따라 25~75%까지 다양할 수 있다.
중간시험의 최저점은 얼마로 해야 하는가?	모든 학생들이 공부에 대한 인센티브를 가지고 모든 시험을 치르도록 가장 낮은 중간시험 성적은 다른 시험 비중보다 작게 반영한다. 예를 들어 반 정도一좋은 대안은 기말시험 성적이 더 높은 경우 가장 낮은 중간시험 성적을 기말 성적으로 대체하는 것이다.
기말시험의 비중은 얼마로 해야 하는가?	기말시험이 포괄적인 경우(전 과정의 내용을 다루는 경우), 20~50%, 그 이상까지도 성적 평가에 포함될 수 있다. 만약 마지막 중간시험 이후 내용만 다루는 경우에는 중간시험과 동일하게 계산해야 한다. 기말시험 성적으로 가장 낮은 중간시험 성적의 대체를 허락하는 것은 (이전 질문 참조), 끝까지 열심히 하는 학생들에게 보상을 주는 좋은 방법이다.

표 3.4-1 과목 성적 평가 규정 결정(계속)

문제	선택사항
과제 점수는 얼마나 반영하여야 하는가?	대부분의 교수들은 과제를 주로 형성적(학생들에게 나중에 시험 볼 지식과 기술에 대한 연습과 피드백을 제공하는)이라고 본다. 그리고 이차적으로는 총괄적(과목의 성적에 기여)으로 본다. 만약 그것이 당신의 철학이라면 과제의 비중을 10~20%로 준다. 하지만 그 이상은 매우 드물다(아무리 학생들이 그것에 대해 불평을 하더라도).
학생들이 팀으로 작업하면 과제의 비중이 바뀌어야 하는가?	협동 활동이 과제에 허용되거나 요구되는 경우, 과제의 비중을 너무 높게 하지 말고, 15% 정도로 한다. 과제 점수를 성적에 반영하기 전에 각 시험에서 평균 합격점을 얻도록 학생에게 요구할 수 있다. 이것은 시험에 실패한 학생들이 팀 과제 성적만으로 그 과목을 통과할 수 없게 할 것이다.
다른 수행평가 방법은?	실험이나 프로젝트가 과목의 일부이면 최종 과목 성적에 적절한 비율이 반영되어야 한다. 동료가 사용하는 범위는 어느 정도가 적당한지를 판단하는 데 감을 준다. 출석 점수나 참여 정도도 반영할 수 있다(우리는 그렇게 하지 않는다).
언제 학점 유보를 주어야 하는가?	우리가 아는 모든 대학에서 유보(incomplete)는 교과목의 모든 요구사항을 완성할 수 없는 정상참작이 가능한 상황이 있었다는 의미이다. 병원에 입원해서 학기말 시험을 볼 수 없는 것과 같은 경우이다. 그들이 원하는 만큼 잘하지 못했다는 것은 이유가 되지 않는다.
내 과목을 통과하지 못해 졸업을 못한 4학년 학생을 어떻게 대해야 하는가?	학생이 당신에게 문의하였을 때 즉각 대답하지 않는다. 우선 이 상황과 관련된 대학 정책이 무엇인지 알아본다. 그 학생을 담당하는 학사지도 교수에게 무슨 일이 일어나고 있는지 알리고 공정한 결정을 내리기 위해 함께 협의한다.

의사 결정에 관한 제안이 제시되어 있다. 비록 당신의 성적에 대한 철학과 대학 및 학과의 문화를 고려해야 하지만, 성적 평가에 대한 규정은 결국 교수 스스로 결정해야 한다.

3.4.2 절대평가를 할 것인가? 혹은 상대평가를 할 것인가?

과목 최종 성적을 가중평균 숫자 등급으로 매긴다면, 점수만 계산하면 더 이상 할 일이 없다. 과목 성적이 범주형이면(예 : A, B, C, D, F 또는 A＋, A, A－, B＋, B, F, 또는 1, 2, 3, 4, 5, 또는 1등급, 2등급, 3등급, 통과, 낙제), 마지막 단계는 점수를 범주로 바꾸는 것인데, 이는 다음과 같은 질문을 끌어낸다. 우리는 토론을 위해 문자 등급을 사용할 것이다.

상대평가[Curving Grade, 더 공식적으로는 규준참조평가(norm-referenced grading)]는 가중 평균 숫자 등급을 여러 범위로 나누고 가장 높은 범위의 성적을 가진 학생들에게 A(또는 A+)를, B(또는 A)는 두 번째 범위의 학생들에게, C(또는 B)를 세 번째에 속하는 학생들에게, 나머지는 가장 낮은 범위에 있는 학생에게 F를 준다: 일반적으로 범위를 결정하기 위해 두 가지 시스템이 사용된다. (1) 숫자 등급에 사전에 정한 백분율을 적용하여 각 문자 등급을 받도록 한다(예: 상위 10%는 A 획득, 다음 20%는 B 획득 등). (2) 몇 개의 인접한 가중 평균 숫자 등급 사이의 간격이 범위 경계로 선택되어, 첫 번째 간격 위의 숫자 등급은 A를, 첫 번째와 두 번째 차이점은 B를 얻는다.

상대평가의 반대는 절대평가 또는 준거참조평가(criterion-referenced grading)이며, 특정 수치 등급이 범위 경계로 사전 선택된다. 예를 들어, 92 이상의 모든 등급은 A, 80.9에서 91.9까지의 모든 등급은 B를 획득한다. 절대 등급을 사용하면 이론적으로 클래스의 모든 학생이 A(또는 F)를 얻을 수 있다. 상대평가일 때, 문자 등급은 그 수업의 학생들이 우수한 집단인지 아닌지에 관계없이 반드시 A에서 F까지의 전체 범위에 걸쳐 분포해야 한다.

우리는 다음과 같은 이유로, 상대평가에 대해 강력하게 반대한다.

상대평가의 잘못된 점은 무엇인가?

- 과목 성적은 학습 목표의 숙달 수준을 반영해야 하지만 상대평가를 사용하는 경우에는 그렇지 않다. 동일한 숙달 수준이라도 특히 미흡한 학생 집단에서는 A를 받을 수도 있고, 특히 우수한 학생 집단에서는 C를 받기도 한다.
- 상대평가일 때, 매우 낮은 학업 성취도를 가진 학생이 합격 점수를 받고 다음 단계 과목을 수강할 수 있다.
- 어떻게 과목 성적이 부여되는지는 학생들에게 투명해야 한다. 상대평가에서는 그럴 수 없다. 학생들이 과제 및 시험에서의 모든 점수를 알고 있다고 하더라도 수업의 다른 모든 학생의 점수를 알지 못하면 성적을 예측할 수 없다.
- 11장에서 다룰 연구가 보여주듯이, 과제에 대한 공인된 협동학습은 미흡한 학생들(학습으로부터 이

득을 얻는)과 우수한 학생(다른 학생을 가르치는 데서 심화 학습을 경험)에게 더 큰 학습을 유도한다. 상대평가는 협력을 저해한다. 존이 제인을 도와준다면, 존은 제인이 받는 것보다 더 낮은 점수를 받을 수도 있고, 성적이 상대평가이면 결과적으로 더 낮은 성적을 받을 수 있다. 절대평가가 사용되면 협동학습을 저해하는 요인은 없다.

절대평가는 상대평가의 부족한 부분을 피할 수 있지만 그 자체로 두 가지 단점이 있다.

문제 : 시험 성적이 비정상적으로 낮으면, 당신이 그것에 대한 몇 가지 책임을 져야 한다.

해결 방법 : 시험 성적을 조정한다.

시험 성적을 조정하기 전에 시험이 공정한지(너무 길지도 않고 제대로 가르치지 않은 자료도 없음) 스스로에게 자문해보라. 대답이 '예'일 경우 시험 성적을 그대로 유지해야 한다. 그러나 낮은 성적에 대한 책임이 당신에게 있다면 당신은 조정할 수 있다. 8.3.4절은 모든 학생에게 도움이 되는 몇 가지 성적 평가 조정 전략을 제안한다. 그것은 일부 학생들을 돕고 다른 학생은 벌을 주는 상대평가와는 다르다.

문제 : 경미한 점수 차이가 주요 문자 등급 차이가 된다.

해결 방법 : 문자 등급에 대한 준거 수준 아래에 회색 영역을 포함한다.

순수한 준거 참조 등급 시스템에는 문자 등급 간에 엄격한 경계가 있기 때문에 가중치 평균이 80인 학생이 수업에서 B를 받고 79점의 학생이 C를 받는다. 우리의 관점에서는, 수용할 수 있고 바람직한 방법은 각 경곗값 아래에 회색 영역을 두는 것이다. 예를 들어, 그 과목의 92 이상인 모든 학생은 성적으로 A를 보장받는다. 88에서 91.9까지의 범위는 회색 영역으로 지정될 수 있다. 성적이 이 범위에 속하는 학생은 교수가 지정한 다른 준거, 예를 들면 시도한 추가 점수 과제의 수 혹은 기말시험 성적 등에 따라 A 또는 B(또는 A− 또는 B+)를 받을 수 있다. 그러나 과목 성적에는 놀라움이 없어야 한다는 것을 기억하라. 이러한 방식을 채택한다면 강의계획서에 자세히 설명해야 한다.

3.5 강의계획서 작성하기

과목의 강의계획서는 수업 첫날부터 기말시험까지, 여행에 필요한 자원 및 도중에 관찰해야 하는 교통 규칙에 이르기까지, 여행 일정에 포함될 지역을 나타내는 여행 가이드로서 기능한다(O'Brien et al. 2008). 강의계획서에서 흔히 볼 수 있는 항목에는 과목에 대한 설명과 과목 수준의 학습 목표가 포함된다. 과제물 제출 마감일과 시험 날짜, 출석, 전자 기기 사용 및 부정 행위에 관한 과목의 정책에 대한 진술, 과목을 수강하는 학생들을 위한 자원, 그리고 늦게 제출한 과제와 시험에 응시하지 않은 경우의 처리 방법과 최종 학점을 결정하는 방법에 대한 세부 사항이 나와 있다. 이와 같은 모든 요소가 포함된(회색 영역을 포함하는 성적 산출 방법과 팀 프로젝트에 관한 일련의 규정을 포함) 공학과목 수업계획서 예시는 http://www4.ncsu.edu/unity/lockers/users/f/felder/public//cbe205site/205syl.pdf에서 볼 수 있다.

처음으로 과목을 가르쳐야 한다면 수업계획서를 준비하는 과정은 어려울 수 있다. 좋은 출발 방법은 이전에 강좌를 가르친 동료(잘 가르치는 교수가 좋음) 중 한 명을 찾은 다음 그(그녀)의 강의계획서를 자신의 출발점으로 삼는 것이다. 검색 엔진에 '강의계획서(syllabus college)'를 입력하여 거의 모든 STEM 과정을 위한 샘플 강의 계획안을 찾을 수 있으니, 당신이 끌리는 강의계획서로 시작하라. 또한 일부 교육기관에서는 학습에서의 정직성과 장애 학생에 관한 정보와 진술을 모든 강의계획서에 포함시켜야 한다. 당신의 교육 기관에서 그러한 요구를 하고 있다면 과목에 대한 강의계획서를 작성하기 전에 먼저 학교의 요구 사항을 따른다.

3.6 중요한 첫째 주

이 장의 앞부분 엿보기에서, 우리는 Peter Elbow(1986)의 연구를 인용했고, 대학 교수로서 두 가지 갈등적 역할인 문지기와 코치를 하려고 노력해야 한다는 의견을 제시하였다. 문지기로서, 우리는 학생들이 다음 교과목으로 옮겨갈 수 있는 자격을 갖추고, 졸업생은 의도한 전문 분야에 진출할 자격이 있음을 증명할 수 있는 수준의 기준을 설정하고, 코치로서는 학생들이 이러한 기준을 충족하고 능가하도록 역량을 키우는 역할을 한다. 우리가 수업 첫 주에 그와 같은 역할로 무엇을 하는지에 따라 앞으로 전체 수업의 진행에 상당한 영향을 미칠 수 있다.

과목을 시작하는 한 가지 방법은 다음과 같다.

안녕하세요? 저는 트위들리 교수이고 이 수업은 화학 102입니다. 여러분이 강의실에 들어올 때, 모두 강의계획서를 받았습니다. 꼼꼼히 읽으세요. 성적, 출석, 지각, 시험 미응시, 부정 행위에 관한 규정이 잘 제시되어 있습니다. 여러분 중 일부는 아마 매우 고통스러운 방식으로 알게 되겠지만, 나는 부정 행위는 절대 허용하지 않습니다. 자 이제 시작합시다. 지난 학기에 여러분은 원자 구조, 주기율표 및 원자 종의 다양한 특성, 화학 반응에 대한 몇 가지 결합 규칙, 산과 염기를 보는 다른 방법 및 이들이 어떻게 반응하는지를 배웠습니다. 이번 학기에는 좀 더 정량적인 화학양론 분석과 반응의 열역학 및 속도론을 배울 것입니다. 먼저 3.5M 황산 용액으로 2M의 수산화나트륨 용액 4.4리터를 중화하려고 한다고 가정하면 화학양론 방정식은 다음과 같습니다.

당신은 조금씩 불편함을 느끼기 시작했는가? 트위들리의 학생들 중 많은 학생이 그랬을 것이다. 첫 수업 1분 이내에 아마 그중 절반 이상이 겁을 먹었을 것이라는 것을 확신할 수 있다. 그는 처음부터 문지기로서 자신의 역할을 분명히 했지만, 코치로서 자신을 바라볼 수 있다는 점에 대해서는 약간의 암시도 주지 않았다. 첫 번째 수업이 끝나자마자 이 과목을 완벽하게 수행할 수 있을 일부 학생들도 대학 웹사이트에서 다른 과목과 가능한 다른 전공을 검색하기 시작할 것이다.

모든 과목의 초반에 많은 학생은 의식적으로 또는 무의식적으로 자신에게 몇 가지 중요한 질문을 던진다.

- 이 과정은 얼마나 어려울까? 시험은 잘 볼 수 있을까? 내가 배우고 이해하기를 원하는 내용인가? 아니면 그저 원하는 학점을 받을 만큼만 배우는 것이 필요한가?
- 이 교수님은 내가 존경하는 분이고 나는 그분의 인정을 받고 싶은가?
- 매 수업은 참석할 가치가 있는가, 또는 수업에 오지 않고도 필요한 것을 배울 수 있을까? 내가 수업을 듣고 있을 때, 나는 수업 내용을 완전히 파악하고 있어

야 하는가, 아니면 그냥 뒤쪽에 앉아서 문자 메시지를 하고, 중요한 것을 놓치지 않고 짧은 단잠을 잘 수 있을까?

트위들리 교수 수업의 학생들은 첫 번째 강의에서 이 질문에 대한 잠정적인 답을 찾을 것이고 트위들리 교수는 그들의 답을 좋아하지 않을 확률이 높다. 코치로서의 자격을 확립하기 위해 교수가 다음 혹은 그다음 강의에서 뭔가를 하지 않으면, 그 과목 수업은 완전히 실패할 수도 있다.

당신을 문지기와 코치로 빠르게 자리 잡을 수 있도록 수업을 잘 시작할 수 있는 효과적인 방법이 있다. 우리는 다섯 가지 범주의 몇 가지 아이디어를 제시하려고 한다. (1) 교수와 학생, 그리고 학생들 간의 좋은 관계 및 의사소통(코치), (2) 명확한 기대 설정(문지기), (3) 당신이 가르치고 있는 것을 학생들이 배우도록 동기 부여(코치), (4) 선수 지식과 역량에 대한 시험 보기(코치 및 문지기), (5) 형성 평가 이용(코치). 요점은 이 모든 제안을 한 번에 채택하는 것이 아니다. 목록을 메뉴로서 취급하고, 처음에는 각 범주에서 몇 개 만을 선택하고, 경험이 쌓임에 따라 다른 항목을 추가하는 것이다.

3.6.1 학생과 그리고 학생들끼리의 좋은 관계와 소통

교육 연구의 지표로 꼽는 연구에서, Alexander Astin과 그의 동료들은 학생들의 대학 경험에 영향을 미치는 여러 요인의 효과를 알기 위해 309개의 다른 기관에서 24,847명의 학생들에 대한 데이터를 수집하였다(Astin, 1993). 대규모 다중 회귀 분석 결과 학생과 교수 간 상호 작용의 질이 가장 중요한 요인이었고, 그다음이 학생들 간의 상호 작용의 질이었다. 학생과 교수와의 관계와 급우들끼리의 관계가 좋을수록, 대학 경험은 더 좋아질 것이다. Lowman(1995), Hawk와 Lyons(2008), Meyers(2009)는 학생에게 관심 있는 교수의 긍정적인 효과에 대한 실질적인 연구 타당성을 제시하였다.

수업 첫 주에 학생들과 그리고 학생들 간의 좋은 관계를 수립하는 것은 수업을 잘 시작하는 데 매우 중요하다. 가장 중요한 두 가지를 위한 몇 가지 아이디어는 다음과 같다.

자신을 소개한다

당신의 배경에 대해, 특히 당신이 가르치고 있는 것과 관계가 있을 때 학생들에게 말해준다. 이 과목을 가르치는 것에 대한 당신의 열정과 학생들이 잘 배우도록 돕고 싶은 당신의 열망을 표현할 수 있는 기회이다. 당신이 산업계에서 근무했거나, 컨설팅을 했거나 그 과목과 관련된 연구를 했다면 그 경험을 언급한다. 당신의 교실 밖 활동에 대해 학생들이 알 수 있도록 개인적인 관심사에 관해 말할 수도 있다.

가능한 많은 학생의 이름을 기억한다

교실 및 강당에서 당신이 학생의 이름을 부르는 것은 당신이 그들을 얼굴과 학번 이상으로 본다는 메시지를 줄 수 있고, 당신의 수업에서 더 잘하려는 동기를 높인다. 만약 당신의 수업에 300명의 학생들이 있다면, 아마도 당신은 학생 이름을 모두 알지는 못할 것이다. 그러나 가능한 한 많은 이름을 기억하라. 당신이 할 수 있는 한 많은 이름을 안다면 당신의 노력이 알려지고 학생들은 감탄하게 될 것이다. 표 3.6-1은 이름을 기억하는 몇 가지 효과적인 법을 제공한다.

이름을 알기 위한 다른 전략은 Morris 등(2005)의 연구에서 찾을 수 있다.

학생들의 목표와 관심 사항에 대해 알아본다

과목 내용을 학생의 목표와 흥미와 연결시키면 학생들에게 학습 동기를 부여할 수 있다. 첫 번째 수업 과제의 한 부분으로, 졸업 후 자신이 원하는 직업에 대한 짧은 자서전을 작성하거나 소개 편지 또는 이력서를 제출하도록 한다. 자신의 재능, 취미 및 경력 목표 등의 목록을 작성하고 수업 내용이 그것과 관련될 때 그 목록을 사용한다.

표 3.6-1 학생 이름 기억하기

- 학생들의 사진 ID를 전자 출석부에서 내려받아 숙지한다.
- 수업 중에 책상 위에 세워 놓을 수 있도록 반 접은 종이를 준다. 학기의 첫날에 수업을 몇 분 일찍 끝내고, 학생들을 4명씩 묶어 자신의 이름이 적힌 카드를 들고 디지털 사진을 찍은 다음에 그것으로 이름을 숙지한다.
- 첫 수업 때, 교실의 각 줄에 종이를 나누어주고 이름을 쓰게 한다. 빈 자리의 경우 X 표시를 한다. 좌석 차트를 준비하고, 수업 중 학생을 부를 때 사용하고, 활동 및 시험 때 교실에서 그것을 숙지한다.

학생들이 당신의 과목을 수강한 이유와 그들이 들은 소문을 익명으로 쓰게 한다

학생들 사이의 소문은 강력하지만 반드시 정확하지는 않으며, 학생들은 종종 거짓 된 또는 과장된 소문을 근거로 그 과목에 대해 생각한다. 그런 소문을 당신이 아는 것은 학생들의 오해와 두려움을 발견하고 이해하는 데 도움이 될 것이다. 예를 들어, 당신 과목을 수강한 학생들 중에서 엄청나게 높은 비율의 학생들이 성적을 받지 못했다고 들었다고 한다면, 이전 학기의 성적 분포를 보여줌으로써 학생들을 진정시킬 수 있다(만약 소문이 사실이라면 이 기법은 건너뛴다).

학생들에게 교수에 대한 기대를 쓰게 한다

학생들은 반 정도를 달성할 수 있다고 믿으면 당신의 기대에 부응하려고 할 것이다. 학생들에게 수업 첫날 소그룹 연습으로 혹은 첫 과제로 학생들이 교수에게 기대하는 것을 쓰라고 요청하라. 대부분의 학생들은 합당한 기대를 갖고 왔을 것이다. 당신이 제시간에 준비된 상태로 수업에 오고, 온라인 질문에 대답할 것이고, 합리적인 시간 내에 시험과 과제를 채점하여 돌려줄 것을 기대할 것이다. 이 중 당신이 할 수 있는 것을 수업에서 학생들에게 알려준다.

능동 학습 방법을 사용한다

대학 생활 초기의 많은 탈락자는 자신이 고립되었다고 느끼는 것에 그 원인이 있다 (Astin, 1993; Seymour & Hewitt, 1997; Tinto, 1993). 능동 학습(학생들이 수업 중 과 목과 관련된 간단한 활동을 소그룹으로 하게 하는 것)은 학생들이 관계성을 발달시키도록 도울 수 있는 강력한 기법이고, 일반적으로 전통적 교수법보다 더 많은 학습을 하게 한다(6장은 능동적인 학습과 능동 학습의 함정을 피할 수 있는 방법에 대해 자세한 내용을 제공한다). 과목의 첫 번째 그룹 활동에서, 제시된 질문이나 문제를 시작하기 전에 학생들에게 자신을 소개하라고 말한다.

학생들과 효과적인 소통을 형성한다

좋은 수업 환경에서, 학생들은 교수와의 상호작용을 편안하게 느낀다(수업에서 자발적으로 아이디어를 내고, 강의실에서 인사를 나누며, 필요할 때 도움을 요청한 다). 그러나 불행하게도 많은 학생은 교수에게 주눅 들어 있다. 수업 첫날 그들이 자유롭게 질문할 수 있고, 상담 시간에 연구실에 올 수 있다는 것을 알려주는 것이

표 3.6-2 학생들과의 소통 증진 방법

- 첫 주에 수업에 들어온 각 학생에게 문자 또는 이메일 메시지를 보내도록 요청한다. 일단 한번 해보면, 학생들이 질문이나 코멘트가 있을 때 교수에게 연락하는 것이 쉬워질 것이다.
- 대형 수업이 아니라면, 첫 주에 모든 학생과 5분 개별 상담을 한다. 자신을 소개하고, 그들의 관심사에 대해 간략하게 이야기를 나누고, 질문에도 대답한다. 한번 그들이 당신의 연구실에 오는 방법을 알았다면, 필요할 때 도움을 청할 가능성이 크다.
- 학생들이 도움을 청하지 않을 경우, 라운지나 공부하는 장소와 같이 그들이 모이는 장소에서 상담 시간을 잡는다. 당신의 테이블에 'BCH 303 – 도움이 필요한 사람?'과 같은 표지판이나 그와 비슷한 것을 둔다.
- 첫 번째 시험을 치른 후에, 대형 강의가 아니라면, 학생들에게 당신 사무실에서 성적표를 주고 그들과 몇 분간 이야기를 한다. 만약 그들 성적이 좋지 않다면, 이후의 테스트를 어떻게 준비하고, 무엇을 다르게 할 수 있는지 방법을 모색한다.
- 가상의 상담시간을 잡는다. 학생들의 질문에 응답할 수 있는 온라인 시간을 주중에 정하여, 학생들의 질문에 교재, 비디오 채팅 및 기타 소셜 미디어, 온라인 토론 포럼 또는 전자 메일을 통해 응답한다(당신이 이것을 읽을 때까지도 그러한 것들이 있다면). 당신이 어떤 방법을 사용하든, 연구실에 오는 것을 꿈도 꾸지 않은 학생들과 소통하게 될 것이다.

전부라면, 당신은 학생 대부분으로부터 한 마디도 듣지 못할 것이며, 수업을 완벽히 성공적으로 이수할 수 있는 학생도 필요로 하는 도움을 받지 못하고 실패할 수 있다. 표 3.6-2에는 열린 소통 채널을 위해 할 수 있는 몇 가지 사항을 추가하였다.

3.6.2 학생들에게 기대하는 바를 명확히 한다

당신이 학생들에 대한 기대를 분명히 하는 것이 교수로서 문지기 역할을 해내는 데 도움을 줄 수 있다. 몇 가지 방법은 다음과 같다.

첫 수업 시간에 당신의 수업 규정에 대해 간략히 토론한다

수업계획서에 언급된 모든 세부 사항을 다루지 않아도 되지만 가장 중요하고 특별한 규정에는 시간을 쓸 필요가 있다. 강조할 수 있는 주제는 성적(어떻게 채점하고 얼마까지?)과 결석 및 지각, 늦은 과제 제출, 결시, 수업에서 휴대전화 및 개인용 컴퓨터 사용, 교수를 어떻게 부를 것인지(교수, 박사, Mr. or Ms. Jones, or Robin)에 대한 규정들이다. 이 문제의 나머지 부분에 관해서는, 당신이 상대적으로 젊거나 처음 가르치거나, 남성 지배적인 분야의 여성 교수라면, 학생에게, 특히 학부생에게 당신의 직책으로 불리기를 희망한다고 이야기하는 것이 좋다. 학생들이 교수의 이름을 부르는 경우 때로는 학생들이 존경심을 표현하기 어렵다.

과목의 초기에(그러나 첫날은 아님), 부정 행위에 대한 당신의 정의와 규정을 명확하게 한다

대학이 생긴 이래로 부정 행위는 계속 존재해왔지만 밤새 공부하고 오전 8시 수업에서 자는 것처럼 흔한 학생 문화의 한 부분으로 여긴다. 최근 수천 명 이상의 학부생 대상 설문조사에서 23개 기관의 응답자 중 80%는 대학에서 적어도 한 번은 부정 행위를 했다고 응답했으며, 공학계 응답자의 33%는 이전 학기 시험에서 부정 행위를 한 것으로 보고했으며, 60%는 과제에서 부정행위를 한 것으로 나타났다(Carpenter et al. 2006, 2010). 다른 설문 조사에 참여한 공학 및 과학 전공 학생들의 49%는 무단 공동작업으로 과제를 했으며, 79%는 불법으로 유통되는 교수 매뉴얼에서 과제의 답을 베꼈다고 보고했다(Bullard & Melvin, 2011). 학교에서 비윤리적인 지름길을 택했던 학생들이 나중에—예를 들어, 학생들이 식물 안전 검사를 시행하고 유독성 폐기물 처리 시설을 설계할 때—비윤리적인 행위를 멈출 것이라고 기대하는 것은 합리적이지 않다. 실제로 연구 결과에 따르면 그들이 부정 행위를 그만두지 않았음을 보여준다(Carpenter et al. 2010).

다음의 제언은 부정 행위를 최소화하고 부정 행위가 발생했을 때 이를 처리하는 방법으로 Carpenter 등(2010)과 Bullard와 Melvin(2011)의 연구에 기초하였다.

1. 당신이 생각하는 부정 행위와 어떤 협력이 수용되는지에 대해 유인물에서 정의하고 과목 초반에 당신의 정의에 대해 논의한다. 학생들의 부정 행위에 대한 정의는 당신과 다를 수 있으며, 만약 당신의 정의를 명확하게 하지 않으면 학생들은 매우 넓은 범위를 스스로에게 허용할 것이다.

2. 학생들에게 부정 행위에 대해 규정하고 그 결과에 따른 벌칙을 정하도록 해본다. 학생들이 스스로 만든 규칙을 더 잘 지킬 것이다.

3. 만약 당신의 대학에 명예코드(honor code)가 있다면 그것을 지지하고 시행한다. 코드가 부정 행위를 없애지는 않지만 그것을 줄이는 것으로 나타났다.

4. 당신의 교육기관의 부정 행위 처리에 대한 공식적 절차를 따른다. 부정 행위를 알게 되었을 때 당신 스스로 해결하려는 유혹에서 벗어나라. 만약 당신이 대학의 제도를 적용하지 않으면 해당 학생은 당신의 수업에서는 다시 시도하지 않겠지만 다른 수업에서는 할 수도 있으며 학위를 받을 때까지 계속할 수도 있다.

5. 평가를 공정하게 하기 위해 가능한 모든 시도를 한다. 만약 당신이 시험을 너무 길게 내거나 혼란스럽게 하여 수업의 상위 몇 명 학생만 패스할 수 있거나, 과제가 너무 많아서 다른 과목의 과제를 소홀히 하지 않고는 완성할 수 없다면, 학생들은 자신이 오히려 부정 행위를 당했다고 느끼고 학생들끼리 서로 도와주는 데 거리낌이 없을 것이다.

3.6.3 당신이 가르치고 있는 것을 배우도록 학생들을 동기화한다

1.1절의 두뇌활동에서 우리는 학생들이 자신의 감각을 통해 받아들인 정보가 학생에게 흥미가 있고 기존에 저장된 정보와 연결될 수 있다면 장기기억에 저장(학습)될 가능성이 높다고 하였다. 순조로운 출발을 위해 당신은 당연히 새로운 과목 내용과 학생들이 알아야 하고 관심 있을 자료를 연계하기 위해 노력해야 한다. 그것을 위한 몇 가지 방법은 다음과 같다.

수업 주제와 학생의 사전 지식과의 관련성을 지적하면서, 그래픽 조직도를 보여준다
대부분의 학생들은 수업계획서의 일반적인 주제 목록의 항목보다는 과목에 대한 시각적 개요로부터 더 많은 것을 배운다. 간단히 말해 수업에서 조직도를 살펴보고 이 수업에서 다룰 주제가 이전 수업의 어떤 내용을 기초로 하는지 설명한다(Bellanca, 1992; Dansereau & Newbern, 1997; Kiewra, 2012; Nilson, 2007). 예시적 조직도는 이 책의 세 파트 소개 부분에서 각각 제시하였다.

수업 내용을 중요한 기술적·사회적 문제에 적용하여 간략하게 설명한다. 더 나아가 학생들이 스스로 적용 분야에 대해 브레인스토밍을 해보게 한다
당신은 STEM 학생들이 자신의 수업의 많은 내용이 현장과 관련이 없다고 심하게 불평하는 것을 자주 들을 것이다. 그들이 말하는 현장은 그들의 경험, 흥미, 목표의 세계를 의미한다. 그들의 느낌은 공과대학 4학년생의 다음과 같은 코멘트에서 잘 나타난다.

제가 기억하기로, 수학 시간에 사면체의 부피를 구해야 할 때 정말 좌절감을 느꼈어요. 내가 배우는 것이 현장에서 적용될 것이라는 것과 내가 수업에서 배운 개념을 이용할 것이라는 것을 아는 것은 도움이 될 거예요. 제어 수업의 첫날 ____ 박사님

은 제어 시스템의 예시로 샤워기를 이용했고 엑추에이터, 센서, 기타 등등이 무엇인
지 이해할 수 있었고 지금도 샤워를 할 때마다 제어에 관해 생각해요.

만약 학생들이 과목에서 배울 것을 필요로 하지 않거나 사용하고 싶어 하지 않는
다면 그들을 열심히 공부하게 할 유일한 동기는 성적이다. 몇몇의 학생들에게는 그
정도만으로도 충분하다. 그러나 대학에서 가장 똑똑한 학생들을 포함해 다른 많은
학생들은 그것으로 충분하지 않다(8장 앞의 엿보기에 미셸에 관한 것을 읽어보라).
과목을 처음 시작할 때 그리고 새로운 주제를 다룰 때 시간을 내서 중요한 시스템
및 문제와 수업 내용의 관련성을 제시한다.

시연 또는 비디오를 하나 보여준다

인상적인 실험이나 시뮬레이션은 과목에 대한 흥미를 일으키고 과목의 자세한 내용
이 잊혀진 후에도 남아 있게 된다. '___시연(___은/는 당신이 가르치는 과목)'에서
검색엔진으로 들어가 보면 일반적으로 좋은 자료를 찾을 수 있다. 수업에서 시연의
효과를 충분히 얻기 위해 당신이 무엇을 할 것인지 설명하고, 학생들에게 무슨 일이
있을지를 예측하게 하며, 그런 다음 시연을 한다. 그다음은 왜 그와 같은 결과가 나
왔는지, 잘못 예측한 사람들은 어디서 잘못되었는지를 논의한다.

현장 전문가를 데려와 수업 내용이 현장에서 어떻게 활용되는지에 대해 이야기한다

학생들은 졸업 후에 무엇을 할 것인지에 관해 관심을 가지고 있으며, 자신의 미래에
관한 단서를 주는 정보를 환영한다. 학과의 졸업생과 기업 채용 담당자들은 가끔 교
실을 방문해 그들의 경험을 공유하는 것을 좋아한다. 사전에 외부 연사와 이야기를
나누어 당신 수업의 기술적 내용에 관해 그들이 언급해주었으면 하는 것과, 소통과
팀워크와 같은 당신이 강조할 계획인 직업 기초 능력에 대해서도 제안한다.

해결하기 위해 상당한 양의 수업 자료를 요구하는 개방형 현실 세계의 문제를 제기한 다. 그리고 학생들에게 몇 분간 시간을 주고 그들이 문제를 해결하기 위해 알 필요가 있는 것이 무엇이고, 어떻게 시작할 것인지 소그룹으로 브레인스토밍을 하도록 한다. 각 그룹의 구성원 중 한 명은 그룹의 활동을 기록한다. 할당된 시간이 지나면 그들은 자신의 활동 결과에 서명하여 제출한다

당신은 원하는 특성을 가진 새로운 문제를 만들거나, 수업 교재에서 다룰 내용의 마

지막 장에서 문제를 가져오거나, 관련된 사례연구를 선택한다[National Center for Case Study Teaching in Science(NCC-STS), n.d.]. 당연히 과목을 시작할 때 대부분의 학생들은 그 문제에 어떻게 접근할지 정확하게 알지 못한다(일부 학생이 얼마나 멀리 가는지에 놀랄 수도 있다). 그러나 그것이 핵심은 아니다. 활동 종료 후 그들의 결과에 서명하게 하고 그것을 제출한다(채점은 하지 않을 것이다).

당신은 그 후에 몇 가지를 할 수 있다. 수업이 진행되면서 각각의 새로운 주제를 개방형 문제와 연결하여 각 부분이 전체에 어떻게 속하는지 학생들이 이해하도록 돕는다. 학생들은 새로운 수업 내용을 알 필요가 있음을 분명히 인식할 때 진공 상태에서 제시하였을 때보다 학습 동기가 훨씬 더 높아진다.

수업이 거의 끝날 쯤에 학생들 원래의 그룹으로 돌아가며 같은 문제를 주고 어떻게 접근할지를 요약하도록 다시 요청한다. 이제 그들은 자신들이 배운 것으로 종이를 채울 수 있을 것이다. 할당된 시간을 주고 멈추게 한 후 그들이 첫날 작업한 것을 돌려주어 2개를 서로 비교하도록 한다. 그 비교는 그들이 그 수업에서 얼마나 배웠는지에 대한 만족스러운 지표를 준다(그것은 학기말 수업평가에서 교수에게 해를 끼치지는 않을 것이다).

3.6.4 선행 지식 및 역량 검사

당신이 가르치는 과목이 이전에 배운 내용에 많이 의존하는 경우 당신은 딜레마를 갖게 될 것이다. 당신의 수업을 듣는 모든 학생들이 선행 지식을 확실히 이해하고 있다고 가정하는가? 그렇게 하지 않는 편이 낫다. 어떤 학생들은 몇 년 전에 선행 과목을 들었을 수도 있고, 그 내용을 오래 전에 잊어버렸을 수도 있으며, 선행 과목의 내용 중 일부는 정말로 어려울 수도 있고 그 과목을 이수하였지만 진도가 너무 빨라서 거의 이해하지 못했을 수도 있다. 문제는 선행 과목에서 그들이 놓친 내용을 많은 시간을 보내지 않고 대부분이 아는 내용을 다시 가르치지 않으면서 그들이 따라잡을 수 있도록 도와줄 수 있는가 하는 점이다.

한 가지 답은 학생들이 꼭 알아야 하는 선행 내용을 먼저 명확히 하고 그들이 잊어버렸거나 완전히 습득하지 못했다면 다시 배울 시간을 주는 것이다. 다음의 개요는 두 가지 목표를 달성하는 효과적인 방법을 제시한다.

이 전략을 채택하면, 대부분의 학생들은 요구된 내용을 다시 배우기 위해 무엇이든 할 것이며, 학생들이 이미 알고 있어야 하는 내용을 다루기 위해 많은 수업 시간을 할애하지 않아도 된다. 시험 성적이 나쁜 몇몇 학생은 그 내용을 다시 이해하지 않으면 수업 내내 어려움을 겪을 것을 알게 될 것이다. 많은 학생이 시험에서 특정 주제에 어려움을 겪는 경우, 해당 내용에 대한 추가 복습을 제공하는 것을 고려해본다.

핵심 수업 선행 지식에 대한 검사

- 첫 수업 이전에 일련의 학습 목표를 작성한다(2.1절 참조). 만약 학생들이 선행 지식을 가지고 있다면 무엇을 할 수 있어야 하는지 그리고 당신이 심어주려는 역량이 무엇인지 구체적으로 제시한다. 목표는 시험에 대한 학습지침서 형식으로 작성한다(이번 시험을 잘 보기 위해서 당신은 …을/를 할 수 있어야 한다).
- 첫 수업에서 첫 번째 중간시험은 언제(예 : 그날로부터 약 1주일 후)이며 선행 내용만 다룬다는 것을 알려준다. 학습지침서를 나누어주고 그것에 대해 간략히 복습하면서 모든 문제와 질문이 학습지침서에 기초함을 확신하게 한다.
- (선택 사항) 시험 며칠 전에 학생들이 학습지침서에 있는 어떠한 것에 대해서 질문할 수 있는 복습 시간을 갖는다. 대안으로 학생들에게 교실 또는 당신의 상담 시간에 학습지침서에 관한 질문을 자유롭게 할 수 있음을 알려준다.
- 시험을 보고 성적을 준다. 최종 기말 성적에 약간의 점수를 반영한다(만약 당신이 이 시험 성적을 반영하지 않으면 학생들은 그것을 중요하게 생각하지 않는다).
- (선택 사항) 학생들이 첫 시험에서 잃은 점수의 반을 회복할 수 있도록 집에서 재시험을 볼 수 있도록 허락한다.

3.6.5 형성 평가 사용 시작

2장에서는 학습 목표 정의(학생들이 배우기를 원하는 것을 제대로 배웠다면 그들이 완수할 수 있는 것에 대한 교수의 기대)의 중요성에 대해 이야기했다. 가르치는 것에서 똑같이 중요한 구성 요소는 각 학생이 당신의 목표를 얼마나 잘 숙지하고 있는지 결정하는 것이다. 사정(assessment) 및 평가(evaluation)라는 용어는 일반적으로 가르치는 기능을 나타내기 위해 사용된다. 때로는 그들은 서로 바꾸어 쓸 수도 있지만, 종종 이 책에서처럼 다음과 같은 의미를 갖는다.

사정(assessment) : 지식과 기술을 측정하기 위해 수집될 데이터를 확인, 데이터를 모으는 데 사용될 도구의 선택 및 제작, 도구 관리

평가(evaluation) : 사정(assessment)은 데이터를 분석하고 결과로부터 결론을 도출하고 평가(evaluation)는 학생의 학습과 교수자의 가르침(형성 평가)의 질을 향상시키는 데 사용되고, 성적이나 합격 또는 불합격 결정(총괄 평가) 또는 둘 다를 향상시키는 데 사용할 수 있다.

다음에서는 하나의 일반적인 형성 평가 기법을 설명하고 4~7장까지 몇 가지 제안을 추가로 제공하고 8장에서는 총합 평가에 대해 다룬다. 즉 효과적으로 수행하는 방법, 형성 평가에서 교사가 종종 하는 실수, 이러한 실수를 피하는 방법에 대해 설명한다.

과목의 초기에 사용할 것을 권장하는 형성 기법은 일분 쪽지라고 하는 강력하고 사용하기 쉬운 도구이다(Angelo & Cross, 1993; Wilson, 1986; Zeilik, n.d.).

일분 쪽지

수업을 1~2분 정도 남기고 멈춘 다음, 그 기간에 개별적으로 또는 쌍으로 학생들에게 익명으로 두 가지 질문에 답하도록 한다. (1) *오늘 수업의 요점은 무엇인가? (2) 가장 어려운 점(또는 가장 혼란스러운 점 또는 가장 시급한 질문)은 무엇인가?* 문에 서서 그들이 떠날 때 종이를 수집한다.

수업이 끝나면 쪽지를 대충 보면서 두 질문에 대한 공통 답변을 찾아 다음 수업 시작의 기초로 사용한다. 만약 대부분의 학생들이 주요 부분을 알고 있으면, 학생들을 칭찬하고 요점을 간단히 다시 언급한다. 많은 학생들이 그렇지 않다면 다시 복습한다. 그런 다음 두세 가지의 공통으로 혼란을 겪는 부분을 메모하여 명확하게 한다.

당신이 이 기법을 사용할 때, 학생들에게 정말 중요한 코칭 메시지를 전달한다. "여러분의 학습에 충분한 관심을 갖고 있기 때문에 나의 계획된 수업에서 시간을 내어 여러분에게 어려움을 주는 것이 무엇인지를 알아내고 다시 돌아가 도울 것이다." 그들에게 이러한 메시지를 주는 것은 당신이 가르치면서 범할 수 있는 많은 죄를 학생들에게 보상할 수 있다.

몇몇 교수는 모든 수업에서 일분 쪽지를 수집하지만, 그렇게 하는 것은 당신과 학

생들을 귀찮게 할 수 있다. 많은 학생이 어려움을 겪을 가능성이 있는 수업 내용을
다루는 수업 시간에 초점을 맞추어 2주 또는 3주에 한 번씩 걷는 것이 좋다.

3.7 알아두기

- 무에서 모든 것을 만드는 것과는 대조적으로, 새로운 과목을 준비하고 기존 과
  목을 재설계하는 일은 동료 교수의 수업 자료를 가지고 시작하고 디지털 리소
  스 라이브러리를 사용하면 더 쉽고 빠르게 할 수 있다.
- 강의 준비 시간은 강의 시간당 평균 2~3시간으로 제한해야 한다. 그것보다 훨
  씬 더 많은 시간을 보내는 것은 과도한 과목 내용, 낮은 과목의 질과 낮은 학생
  평가를 초래할 수 있으며, 다른 중요한 일에 쓸 시간이 부족해질 수 있다. 과목
  계획의 핵심 요점은 알면 좋은 내용(교수자의 학습 목표를 직접 다루지 않는 내
  용)보다는 꼭 알아야 할 내용(교수자의 학습 목표를 직접 다룬 내용)으로 한다.
- 수업 규정은 강의계획서와 개별 과제에서 자세하게 제시되어야 한다. 즉 수업
  성적은 어떻게 결정되고 출석, 늦게 제출한 과제, 수업에서 용납될 수 없는 행
  동, 부정행위에 대한 규칙 등이 포함되어야 한다.
- 상대평가는 반드시 피해야 한다. 과목의 문자 등급 성적은 과목에서의 학생의 상
  대적 위치가 아니라 강의계획서에 명시된 강사의 학습 목표 및 평가 기준을 얼
  마나 잘 충족하는지에 따라 결정되어야 한다.
- 과목의 첫 주에 일어나는 일은 학생들의 후속 수행 및 태도에 결정적인 역할을
  한다. 이 장에서 제안한 첫 번째 주의 전략은 교수는 학생들과 라포(rapport)[1] 관
  계를 형성하고, 학생에 대한 기대를 설정하고, 학습하도록 동기를 부여하고 수
  업 내용을 배우도록 돕는 것이다.

3.8 수업에서 시도해보기

- 수업 첫날에 과목의 개요를 보여주기 위해 그래픽 조직도를 만든다.

---

[1] 상호 간에 신뢰하며 감정적으로 친근감을 느끼는 인간관계 – 역주

- 과목 수업의 두 번째 주에 선수과목 내용에 관한 시험을 본다. 수업 첫날에 학습 목표가 적힌 시험을 위한 학습지침서를 나누어준다. 첫 주 동안 한 번의 복습 시간을 갖는다. 시험을 관리하고, 최종 성적에 소량 반영한다.
- 이 장에서 제안하는 기술 중 하나 또는 그 이상을 사용하여 수업 첫 주에 모든 학생의 이름을 알도록 한다(또는 더 큰 강좌의 경우 더 긴 기간 동안).
- 첫날, 이 과목에서 다룰 내용 중 상당히 많은 부분을 활용하는 중요한 현장 문제를 예시로 제시한다.
- 첫 주에 좋은 출발을 위한 수업 방법에 대한 부가적 제안 중 한 가지를 더 시도한다.
- 학생들을 혼란스럽게 할 가능성이 있는 내용이 포함된 강의 후에는 일분 쪽지 활동을 일찍 실행한다.

차시별 수업 계획(또는 그 외 유사한 다른 것) 작성 방법

여기 다음과 같은 상황을 생각해보자. 당신은 다음 학기에 새로운 교과목을 가르치기 위한 준비를 하고 있다. 강의계획서는 작성하였고, 다루고자 하는 학습 목표에 대한 대략적인 생각도 갖고 있다. 수업을 시작한 후에는 수업 일정보다 많이 앞서 차시별 수업 계획을 작성하기 어렵다는 것을 잘 알고 있기 때문에 미리 준비하려고 노력하고 있다. 지난주에는 큰 성과 없이 겨우 한 페이지를 작성할 수 있었다.

차시별 수업 계획을 작성할 때 유용한 두 가지 제안이 있다. (1) 정기적으로 작업하고 (2) 초안 작성과 수정 과정을 분리하라(이 두 전략은 우리가 처음 만든 것이 아니다. Boice(1990)와 Elbow(1998)와 같은 글쓰기에 대한 많은 참고 자료에서 두 제안의 변형된 형태를 찾을 수 있다).

차시별 수업 계획을 짧게 자주 작업한다

다음의 짧은 독백이 친숙하게 들리는가? "나는 다음 학기 수업 계획을 작성할 시간이 없다. 학생을 만나야 하고, 수요일 수업 준비를 해야 하며, 1톤의 이메일에 답하고 교수 회의도 참석해야 하고, 방과 후에는 아이들을 데리러 가야 한다. 하지만 가을 방학(또는 크리스마스, 여름, 안식년)이 시작되면, 수업 계획을 작성할 수 있다."

긴급하든(수요일 강의 준비), 아니든(대부분의 이메일 응답) 신속하게 끝낼 수 있거나 곧 기한이 만료되는 작업에 우선 순위를 부여하는 것은 당연한 일이다. 그러다 보면 중요한 장기 프로젝트는 몇 주, 몇 달씩 계속 연기된다. 이보다 훨씬 더 효과적인 전략은 주요 작문 프로젝트에 짧게, 자주 시간을 할애하기로 굳게 결심하는 것이다. 하루에 30분 또는 1시간, 일주일에 네 번, 문을 닫고 휴대전화 및 모든 받은 편지함의 메일을 무시하고 프로젝트에만 전념하라. 시간이 되면 멈추고 하던 일로 돌아간다. 1~2주 뒤에 얼마나 많이 작성하였는지를 보면 놀랄 것이다.

초안 작성과 수정 과정을 분리한다

또 다른 흔한 시나리오가 있다. 첫 번째 문장을 생각해내려고 무엇인가를 쓰고 앉아 있다. 문장을 보면서, 찡그린 표정으로 삭제하고, 다시 시도하고, 일부 단어를 바꾸고, 문장을 추가하고, 쉼표를 삭제하고, 원하는 것을 얻을 때까지 문장을 5분 동안 계속 수정한다. 그런 다음 두 번째 문장의 초안을 작성한 즉시 첫 번째 문장은 쓸 수 없게 된다. 동일한 절차에 따라 두 문장을 다시 쓰고, 만족할 때까지 10분간 작업한 다음, 세 번째 문장으로 이동하여 과정을 반복한다. 1~2시간 후에야 당신의 노력을 보여줄 한 단락이 있을 것이다.

만약 위 상황이 당신의 글쓰기 과정과 비슷하다면, 당신이 그 과목의 수업 계획을 작성할 수 없는 것이 그다지 놀랍지 않다. 한 번에 한 문장, 도표, 방정식 및 그래프를 작성하고 수정하는 데 몇 시간을 소비하면, 수업 계획이 끝날 때까지 시간이 무한정 걸릴 수 있다. 학기가 시작되었을 때 비축 물량이 많지 않으므로 수업 전날 밤에 다음 수업 계획을 급하게 작성해야 한다. 그리고 수업 시간에 일어날 일은 교사나 학생 모두에게 좋은 경험이 되지 않을 것이다.

이제 두 번째 팁을 받을 준비가 되었다. 초안 작성과 수정 과정을 별도로 유지하는 것이다. 초안을 작성할 때는 뒤돌아보지 않고 무엇이든 머리에 떠오르는 것을 자유롭게 작성한다(Elbow, 1998). 시작하는 데 어려움이 있는 경우 아무것이나 쓴다(필요하다면 무작위로 단어를 나열해도 된다) 그러면 1~2분 후에 내용이 흘러 나온다. 그래도 시작에 문제가 있다면 중간과 마지막 부분부터 시작하고 나중에 시작 부분을 채운다.

물론 이 과정에서 지금 쓰고 있는 내용이 엉성하고, 혼란스럽고, 사소하다고 하는 매일 듣는 목소리가 머리 속을 울릴 것이다. 무시하라. 첫 단락을 작성하고, 다음 단락을 작성하고, 미리 정한 시간 안에 최대한의 내용을 작성할 때까지 계속하라. 그리고 다음날 프로젝트에 돌아왔을 때(그렇게 하기로 굳게 마음 먹은 것을 기억하라), 글쓰기를 계속하거나 돌아가서 어제 작성한 것을 편집하라. 그 시점에서는 (꼭 해야 한다면) 문장을 세련되게 고치고 도표를 보기 좋게 만드는 것에 신경 쓸 수 있다.

이 모든 것을 그대로 한다면 다음과 같은 일이 확실히 일어난다. 수업 계획의 첫 몇 분 동안 쓴 내용은 자신에게 말한 것처럼 쓸모없을 수도 있지만 나머지는 생각했던 것보다 훨씬 나을 거다. 짧은 시간에 많은 자료를 쏟아내면, 조금씩 꼼꼼히 완성하는 것보다는 한 번에 수정하고 편집하는 것이 훨씬 쉽고 빠르다는 것을 알게 된다. 작문 과정은 극적으로 향상될 것이며, 평생 더 많은 시간을 다른 일에 쓸 수 있다.

추신 : 차시별 수업 계획에 이 두 단계 접근법을 성공적으로 사용한 후에는 제안서, 기사 및 책 저술에도 적용해보고, 대학원 학생들에게 논문 및 학위 논문을 작성하는 데 사용하도록 알려준다. 항상 효과적인 방법이 될 것이다.

04

차시별 수업 계획

4.0 들어가기

다음 주부터는 새로운 주제를 시작해야 한다. 이 주제를 다루기 위해서는 네 번의 수업이 필요할 것으로 예상된다. 이 네 번의 수업이 어떻게 진행되어야 할지 생각해야 한다. 즉, 차시별 수업 계획이 필요하다. 차시별 계획을 철저히 세울수록 모든 학습 목표를 효율적으로 다룰 수 있다.

이 장에서 다룰 주요 질문은 다음과 같다.

- 흔히 범하는 차시별 수업 계획의 오류에는 어떤 것이 있으며 어떻게 피할 수 있을까?
- 수업 시간에 새로운 자료를 소개할 때, 어떻게 하면 최대한 그 내용을 학생들의 장기기억 속에 저장할 수 있는 가능성을 높이고(실제로 배우게 하고), 필요할 때 다시 인출하여 새로운 상황에 전이하도록 할 수 있는가?
- 왜 수업 중에 학생들을 참여시키려 노력해야 하는가? 어떻게 하면 가르쳐야 하는 내용을 모두 다루면서 할 수 있을까?
- 수업에서 "이해했어요?"와 "질문 있어요?"보다 좀 더 효과적으로 의미 있는 학습을 유도하는 질문을 할 수 있을까?
- 실험 과목의 효과를 극대화하는 방안은 무엇인가?

시작하기 전에 용어에 대한 간단한 설명이 필요하다. **교습 계획**(lesson plan)이라는 용어는 종종 우리가 차시별 수업 계획(class session plan)으로 부르는 것을 의미하곤 한다. 또한 많은 교수는 수업계획서를 강의노트(lecture notes)로 보고 있다. 이 책에서는 교습 계획이나 강의노트라는 두 용어를 사용하지 않을 것이다. 교습(lesson)은 초등학교 학생들에게 교사가 가르치는 방식이며, 우리는 일방적인 강의보다는 효과적인 수업 구성을 사용하도록 권장할 것이다.

4.1 차시별 수업 계획의 일반적인 오류를 피한다

대부분의 새로운 교수와 많은 유경험자도 차시별 수업 계획을 세우면서 흔히 범하는 실수가 있다. 표 4.1-1은 몇 가지 일반적인 오류를 나열한다.

표 4.1-1에 열거된 오류를 범하거나 단순 암기를 요구하는 시험 문제를 내는 교수는 시험 결과에 실망할 때가 많으며, 학생들이 무능하거나 공부를 충분히 하지 않았다고 판단할 때가 많다. 그러한 결론은 일부 학생들에게는 사실일지 몰라도, 많은 경우에 실제 문제는 학생들을 가르치는 방법에 있다. 처음부터 오류를 피하면, 더

표 4.1-1 차시별 수업 계획에서 흔히 볼 수 있는 오류와 해결 방안

	오류	결과	제안
1	*너무 많은 내용을 다루려고 함*	모든 내용을 다루기 위해 교수는 서두르게 되고 학생들은 수업에서 연습 및 피드백 기회를 거의 갖지 못함	수업 내용을 학습 목표에 연결하여 꼭 배워야 할 내용에 초점을 맞추고 알면 좋은 내용을 최소화함
2	*학생들이 알고 있고, 할 수 있는 것을 과대 평가함*	수업 내용과 평가의 수준이 너무 높아 제대로 진급한 학생들도 잘 따라오지 못하거나 수강을 포기하게 됨	학기 초에 선수과목에 대한 시험을 실시하고(3.6.4절) 많은 학생들이 공통적으로 부족한 내용은 복습함
3	*수업 세션의 대부분을 학생들이 암기하고 반복하는 Bloom의 수준 1 내용으로 채움*	학생들은 높은 수준의 학습 능력과 개념적 이해를 거의 습득하지 못함	암기가 필요한 내용은 학생들에게 유인물로 배포하고 수업 시간은 상위 목표에 집중함
4	*이론과 공식 유도에 집중하고 어디에, 어떻게 쓰이는지를 충분히 설명하지 않음*	대부분의 학생들은 학습 내용을 그들의 사전 지식, 필요성 및 관심사와 연관시킬 수 없으며 시험을 잘 보지 못함	모든 중요한 개념과 방법에 대한 예제와 적용 분야를 제시하고 이론 이전에 응용 분야를 소개함

표 4.1-1 차시별 수업 계획에서 흔히 볼 수 있는 오류와 해결 방안(계속)

	오류	결과	제안
5	어려운 단계의 숨은 논리에 초점을 맞추지 않고 긴 절차만 보여줌	수업 시간에는 논리적으로 보였으나 학생들 스스로는 비슷한 절차를 수행할 수 없음	복잡한 절차를 수업 중 활동의 주제로 삼는다. 학습 목표와 직접적 관계가 미흡한 경우 생략함
6	수업 세션에 충분한 질문과 활동을 포함시키지 못함	학생들은 연습과 피드백을 충분히 받지 못하고 교수는 학생들이 어디에 도움이 필요한지 알 수 없음	모든 세션 계획에 좋은 질문과 활동을 포함시킴

효과적인 수업을 할 수 있으며 더 많은 학생들이 더 높은 수준의 학습 목표를 달성하게 된다.

4.2 차시별 수업 계획에는 무엇이 포함되어야 하는가?

차시별 수업 계획에는 다음 요소가 포함될 수 있다.

- **차시별 학습 목표** 학생들이 수업을 마치고 배운 내용을 학습하고 이해한 후에 무엇을 할 수 있는지 정의한 문장
- **수업 전 메시지** 읽기 과제, 차시별 학습 목표(오늘 수업은 당신이 ___을/를 하도록 준비시킬 것이다)와 미리 전달하고자 하는 모든 것들
- **수업 내용의 개요** 강의에서 다룰 내용 및 활동(문장, 수학 공식 및 방정식, 표, 다이어그램, 그래프 등), 학생들에게 할 질문과 답, 문제와 해결 방법, 활동을 시작하는 방식과 원하는 반응, 수업을 시작할 때 할 수 있는 흥미를 일으키는 활동. 동일한 수업을 다시 가르칠 때, 같은 내용을 다시 새로 만들지 않도록 자세히 작성한다. 하지만 너무 상세하게는 하지 않는다. 전체 문장 및 단락 대신 약어를 사용하고 수업 중 잊지 않기 위해 밑줄 또는 굵은 글씨체로 강조한다.

　수업 중에 질문이나 활동을 즉흥적으로 생각할 수도 있지만 이들은 상당히 낮은 수준일 가능성이 높다. 그 과목을 다시 가르칠 때는 새로운 질문이나 활

동을 도출해야 한다. 사전에 질문과 활동을 도출하고 수업 계획에 포함시키는 데 많은 시간을 투자했다면 일반적으로 원하는 수준으로 원하는 만큼 많은 것을 생각해낼 수 있다.

- **마무리** 세션 중 주요 요점들에 대한 요약(학생 활동의 초점을 요약하여 작성할 수 있음)과 다음 수업 전에 완료해야 할 과제 목록

4.3 장기기억에 저장, 인출, 전이를 촉진한다

수업 시간에 새로운 내용을 제시할 때, 이 지식을 인출하여 전이하기 전에 먼저 학생들의 장기기억에 저장해야 한다. 1장에서 보았듯이, 장기 저장을 위해 선호되는 조건은, 우선 순위가 높은 순서부터, 그 내용이 학생들에게 (1) 생존이나 안위에 위협이 되고, (2) 강한 감정적 연계성이 있으며, (3) 의미가 있고(학생들의 관심사와 과거 경험과 관련이 있음), (4) 현재의 지식 수준에서 이해가 되어야 한다. 강의 내용을 위협과 연결하는 것은 할 수 있는 방법을 찾더라도 대부분의 경우 그다지 성공적이지 못할 것이다. 학생이 장기기억에 저장하는 것과 교사가 가르치려고 하는 것이 다를 수 있기 때문이다. 그러나 학생들의 긍정적인 감정과 연관성을 가질 수 있는 어떤 부분에 강의 내용을 연계시킬 수 있다면 시도해보는 것을 추천한다. 그리고 의미를 부여하고 이해시키는 것에 대해 차시별 수업 계획 단계부터 항상 생각한다.

예를 들면, 물리 수업에서 각운동량에 대한 강의를 준비한다고 가정하자. 모든 학생들은 각운동에 대한 경험이 있고 그 경험을 수업 내용에 의미를 부여하는 데 사용할 수 있다. 자동차나 롤러코스터에서의 급격한 회전, 밧줄 끝에 묶어 돌리는 무거운 물체, 탈수하는 회전형 세탁기 또는 궤도를 선회하는 위성을 언급할 수도 있고, 학생들이 자신의 예제를 제시할 수도 있다. 이러한 현상 중 하나 혹은 여러 개를 강한 시각적 이미지와 연결시키는 것으로 수업을 시작한 다음, 현상을 이해시키는 맥락에서 내용을 가르쳐보라. 그러면 학생들은 당신이 가르친 것에 대한 의미와 느낌을 가질 가능성이 높기 때문에, 사전 지식과의 연관성 없이 곧바로 노출될 때보다 훨씬 더 잘 배울 수 있다.

장기기억에 정보를 저장하는 것은 의미 있는 학습을 위해 꼭 필요한 첫 번째 단계이지만 끝은 아니다. 한번 알고 있었던 사실과 절차, 언젠가 기억했었지만 더 이상

기억할 수 없는 것들이 수없이 많다. 원칙적으로, 장기기억에 저장된 모든 것은 뇌 손상이 없는 한 거기에 머물러 있고 유용하게 사용될 수 있지만, 저장된 정보는 필요할 때 인출 가능해야 한다. 그것을 인출할 수 없다면, 처음부터 알지 못했던 것과 같다.

인출할 수 있다고 해서 학습이 완성되었다고 볼 수 없다. 만약 당신이 대부분의 교수와 같다면, 학생이 수업에서 다룬 문제는 해결할 수 있지만 약간 다른 문제는 풀 수 없으며, 이후 다른 수업에서 똑같은 문제를 풀어야 할 때, 처음 본 것처럼 행동하는 것에 대해 불만을 제기했을 것이다. 학생들은 배웠던 똑같은 맥락에서의 문제를 푸는 방법을 기억할 수 있지만 이를 다른 상황에 전이할 수 없다.

4.3.1 정보의 인출과 전이를 촉진하는 조건은 무엇인가?

두뇌활동 : 저장된 지식의 인출과 전이

장기기억에서 관련된 정보의 집합체를 *스키마*(schema)라고 한다. 이것은 어떤 사건, 얼굴, 한 편의 시 혹은 정신적 또는 육체적인 과업을 완수하기 위한 절차에 대한 기억일 수 있다. 스키마는 뇌의 여러 다른 영역에 분포된 뉴런 클러스터(cluster of neurons)에 저장된다. 처음에 저장될 때 각 클러스터의 뉴런과 클러스터 간의 연결은 상대적으로 약하기 때문에 우리 뇌가 클러스터 내용을 인출하여 원래 스키마로 재조합하는 것은 어려울 수 있다. 그러나 반복적 연습을 통해(예 : 기억에 대해 반복적으로 회상하거나, 얼굴을 자주 보고, 시를 반복하여 읽고, 절차를 연습하는 등) 스키마가 강화되면, 클러스터들 내부와 클러스터들 사이의 연결이 강화된다. 스키마의 인출은 더 빠르고, 덜 힘들게, 더 자동적으로 이루어진다(Mastascusa et al., 2011, pp. 23-25, 84-89).

실제로 쓸모가 있으려면 문제 해결 절차를 위한 스키마가 여러 다른 상황에서 인출 가능해야 하고 새로운 상황으로 전이 가능해야 한다. 인출 가능성과 유사하게 반복된 연습을 통해 전이 가능성도 향상된다. 문제 해결 절차가 어떻게 적용될 수 있는지에 대한 폭넓은 예제, 학생들이 스스로 응용 프로그램을 찾도록 하는 연습문제, 다른 상황에서 절차를 적용해야 하는 과제, 특정 유형의 문제에 대해 다른 방식보다 더 적절한 절차 하나를 결정하는 조건을 명시한 문장 등을 제시할 수 있다(Bransford et al., 2000, pp. 62, 65; Sousa, 2011, Ch. 3).

이러한 연구 결과를 바탕으로 교수가 가르친 것을 학습하고, 이후 인출되어 전이될 수 있도록 하는 몇 가지 방법을 제시한다.

가르치는 내용의 맥락을 확대한다

학생들이 스키마를 구성할 때, 교수가 사용하는 구체적인 예, 강의실의 특징, 교수가 착용하고 있는 옷 같은 모든 것들이 스키마의 일부가 될 수 있다. 다양한 맥락에서 같은 내용을 가르치는 것은 학생들이 처음에 그 내용을 배웠던 방에 있어야 하는 등의 무관한 단서 없이도 새로운 상황으로 전이할 수 있는 가능성을 증가시킨다. 예를 들어, 강의와 온라인 스크린 캐스트 또는 비디오를 사용하여 새로운 주제를 소개하거나, 어떤 하나의 해법이 여러 가지 유형의 문제 또는 다양한 분야와 전공의 응용프로그램에 적용할 수 있는 것을 보여줄 수 있으며 학생들 스스로 응용 분야를 제시하게 할 수도 있다. 때로는 다른 옷을 입고 수업을 한다(농담 아님!).

가르친 것을 학생들이 반복하고 연습할 수 있도록 수업 중 가능한 많은 기회를 제공한다

전통적인 교수 모델은 수동적인 학생들에게 정보를 보여주면 정보는 두뇌에 전달되며, 학생들은 이 정보를 인출하여 과제를 끝낼 수 있고, 이것을 기반으로 새로운 자료를 이해할 수 있어야 한다고 전제한다. 우리는 이 단계에서 당신은 인간의 두뇌가 그렇게 단순히 작동하지 않는다는 것을 잘 알고 있기를 바란다. 학생들에게 쉴 틈 없이 많은 정보를 받게 하면 그 정보를 장기기억에 저장할 가능성은 낮고, 나중에 인출하여 전이할 가능성도 낮다. 중요한 수업 내용을 학생들이 흡수할 가능성을 높이려면 상대적으로 적은 양의 소화 가능한 덩어리로 학생들에게 준 다음에 그것을 인출하여 되짚어보고 전이하는 연습을 할 기회를 준다. 이 장의 나머지 절, 5장의 많은 부분과 6장 전체가 이를 수행하는 방법을 제시한다.

새로운 자료를 소개할 때 학생들의 관심사, 목표, 사전 지식 및 과거 경험을 연결함으로써 의미를 부여한다. 연결을 제시하는 전략으로 이론 설명 전에 여러 예를 먼저 드는 방식, 즉 귀납적으로 가르치는 것을 고려한다

STEM 교과목에서 가장 많이 나오는 불만 중 하나는 수업 내용이 자신의 경험, 관심사 및 목표로 구성된 '현실 세계'와 어떤 관련이 있는지를 학생들이 보지 못하는 것이다. 그들이 관련성을 보지 못하는 이유의 일부는 STEM 과목을 가르치는 기존의 접근법이 연역적이라는 것이다. 즉, 교수가 기본 원리와 방법으로 시작하여 응용 프로그램으로 점차적으로 진행하는 것이다. 응용 프로그램은 주요 원리 및 방법의 저장과 인출을 용이하게 할 수 있는 방법을 제공한다. 결과적으로, 기존의 교수법으로는 학생들은 배움에 어려움을 겪고 불만을 가질 수밖에 없다.

귀납적 교수·학습에서는 새로운 주제가 도입되었을 때, 학생들은 답해야 할 질문, 해결해야 할 문제 또는 분석 및 해석되어야 하는 현상 등의 과제와 먼저 만나게 된다. 그런 다음 과제를 해결하기 위한 지식과 기술을 습득한다. 일반적인 귀납적 교수법(inductive teaching method)에는 탐구 기반 학습(inquiry-based learning), 사례 기반 수업(case-based instruction), 문제 기반 학습(problem-based learning) 및 프로젝트 기반 학습(project-based learning)이 포함된다(Prince & Felder, 2006, 2007). 다음 절에서는 이 중 두 가지 방법을 간단히 살펴볼 것이다. 나머지 두 가지는 각각 9장과 10장에 설명되어 있으며, 여러 귀납적 방법은 12.2절에서 조사하여 비교하였다.

4.3.2 탐구 기반 학습과 사례 기반 수업

탐구 기반 학습을 사용하려면 각 과목의 주제에 대한 내용을 질문이나 문제로 시작한다. 문제나 질문은 일반적인 강의에서 과목의 기초 자료를 다룬 후에 풀게 될 것들을 주면 된다. 학생들에게, 개별적으로 혹은 소그룹으로, 이 문제를 어떻게 접근할 것인가를 생각할 시간을 준다(우리는 무엇을 알아야 하는가? 알아야 할 것은 무엇인가? 어디에서 시작해야 하는가?). 그런 다음 가르치면 된다. 학생들이 어려움 없이 잘 해내면 새로운 도전을 제기한다.

문제를 해결하는 데 필요한 전략과 도구를 가르치기도 전에 학생들이 문제와 씨름하게 하는 것에 대해 우려하는 것은 당연하다. 하지만 이 방식은 적절한 난이도를 제공하여 심층 학습을 하게 하고 학습된 정보의 인출을 촉진하는 것으로 밝혀졌다(Brown et al., 2014, p. 86). 3장에서 개방형의 현실적인 문제로 교과목을 시작하고 전체 교과목의 맥락을 보여줄 수 있는 문제를 이용하는 것을 제안했을 때, 귀납적 접근법의 예를 들었다. 탐구의 개념도 비슷한 것을 하지만 규모가 더 작고, 개별 주제 단계에 도전적 문제를 활용한다. Douglas와 Chiu(2013), Lee(2004, 2012) 및 POGIL(Process Oriented Guided Inquiry Learning, n.d.)에서는 다양한 STEM 분야에서의 탐구 기반 수업의 사례를 주고 있다.

사례 기반 수업은 생물학 및 의학 분야에서 광범위하게 사용되고 있는 매우 강력한 교수법이지만 다른 STEM 분야에서는 그렇게 많이 사용되고 있지는 않다. 학생들에게 어떤 사례 연구에 대해 문제 또는 상황의 개요, 진행 방법에 대한 결정, 결과에 대해 설명하는 실제 또는 가상의 시나리오를 제시한다. 그 후, 완료된 연구에 대해 요약, 설명, 해석, 토론하도록 요청할 수 있고, 또한 대안으로 부분적으로 완료된 문제나 상황에 어떤 일이 일어나야 하는가를 제안하고 그 제안의 당위성을 부여할 것을 요청할 수 있다. 사례 기반 교육은 필요한 교재가 학습된 후 분석이 수행되는 연역적 방식으로 수행할 수도 있고, 사례 연구가 먼저 소개되고 연구의 맥락에서 교재를 가르치는 귀납적 방식이 될 수 있다. 다양한 STEM 분야의 사례 연구의 광범위한 라이브러리와 이를 효과적으로 사용하는 방법에 대한 제안은 국립과학교육사례연구센터(the National Center for Case Study Teaching in Science, n.d.)의 아카이브에서 찾을 수 있다.

> **생각해볼 문제**
>
> 대부분의 교육과정에는 흔히 무의미하거나 지루하다고 여기는 과목이나 주제가 있어서 학생들은 학습하는 것을 힘들어한다. 당신은 혹시 그런 과목이나 주제를 가르치는가? 가르치는 내용이 학생들의 관심사 및 목표와 관련이 있으며, 그들의 직장에서도 필요할 수 있다는 것을 설득하기 위해 무엇을 할 수 있는가(관련성과 중요성을 설명하는 좋은 사례를 만들 수 없다면 왜 그것을 가르치고 있는가)?

4.4 효과적인 수업의 두 가지 핵심 요소

모든 수업 방법 중에서 논스톱 강의가 가장 일반적이고 쉬운 방식이나 가장 비효과적이다. 연구에 따르면 대부분의 학생들은 강의 전반에 집중할 수 없다. 강의 시작 후 약 6분이 지나면 처음에는 잠시 동안, 그 후에는 더 오랜 시간 동안 주의가 흐트러진다. 그들이 다른 생각을 하는 동안 놓친 것을 따라 잡기가 점점 더 어려워지고 결국 재미없는 TV 프로그램처럼 강의를 꺼 버린다(Bunce et al., 2010). 정보가 수업 시간에 제시되었지만 학생들이 아무런 주의를 기울이지 않으면 학습의 가능성은(장기기억에 저장하는 것은) 매우 희박하다.

학생들의 관심을 지속적으로 유지하는 수업은 두 가지 주요 특징이 있다. **활동**과 **다양함**이다. 단순한 강의 대신 적극적으로 학생들을 수업에 끌어들이는 **능동 학습**은 주제에 대한 학생들의 관심을 높이고, 출석률의 향상, 심도 있는 질문, 무엇보다도 학습을 증대시키는 효과가 있다는 것이 폭넓은 연구에 의해 증명된 바 있다(Felder & Brent, 2009; Freeman et al., 2014; Prince, 2004). 이미 보았듯이 인지과학은 이러한 인상적인 결과에 대한 설명을 제공한다. 즉, 학생들이 정보를 능동적으로 기억하고 검토하여 적용하면 장기기억에 정보를 저장하고 필요할 때 인출하여 다른 상황으로 전이할 가능성이 높아진다.

그러나 능동 학습이 아무리 효과적이라도 모든 수업을 활동의 마라톤으로 만들 수는 없으며 그렇게 해서도 안 된다. 반복적인 접근으로 인해 효율성이 떨어질 수 있다. 또한 학생들에게 흥미를 갖게 하고, 학습 동기를 부여하며 지식의 부족한 부분을 찾아 채워주고, 학생들이 잘못 이해한 것을 바로 잡는 일을 할 수 없게 된다.

여기에 필요한 것이 다양성이다. 수업 중 할 수 있는 것이 많을수록 학생들의 주의를 끌 가능성이 커진다. 학생들의 주의를 끌 수 있는 많은 방법들이 있다. 그들 모두를 사용할 필요는 없지만, 좋은 조합을 선택하여 학생들이 다음에 무엇을 할 것인지 예측하지 못할 경우, 수업은 더 효과적일 것이다. 다음은 변화시킬 수 있는 것들을 몇 가지 제시한다.

활동의 형식과 빈도를 변화시킨다

학생들이 질문에 대한 답변을 만들어내고, 문제를 풀고 유도 과정을 시작하여 다음 단계로 나아가게 하고, 객관식 질문에 대한 응답에 투표하며[6장에서 논의할 클리커(clicker)를 사용할 수 있다], 혹은 개방형 질문에 대해 브레인스토밍을 하게 한다. 때로는 학생들을 개별적으로 작업하게 하고, 때로는 2, 3 또는 4명의 그룹으로, 때로는 개별적으로 작업한 후 둘씩 짝을 지어 최상의 답을 선택하거나 더 나은 답을 찾아낼 수 있다. 각 활동에 짧게는 10초, 길게는 3분을 준다. 학생들은 각자의 자리에서(작은 반에서) 혹은 칠판 앞으로 나와 작업할 수 있다. 두 번의 연속적인 활동 사이의 시간은 1분 혹은 20분, 또는 그 사이가 될 수 있다.

활동 이외에 할 수 있는 것을 변화시킨다

강의는 짧은 간격으로 하며 학생 대부분의 주의 집중 시간(약 6분)을 초과하지 않도록 노력한다. 과목과 관련된 현상의 스크린캐스트, 비디오 및 사진, 물리적 또는 시뮬레이션 된 실험을 보여주고 토론한다. 그 과목에 관련된 당신의 경험을 들려준다.

학생들의 즉흥적인 질문이나 활동에서 나온 질문에 답한다. 때로는 흥미 있는 일을 하는 전문가를 초빙하여 하는 일을 간단히 설명하고 학생들의 질문에 답할 수 있게 한다. 이때 미리 몇 가지 질문을 심어놓을 수 있다.

4.5 좋은 질문과 활동을 계획한다

질문과 활동이 효과적인 수업 세션의 필수 구성 요소인 경우, 논리적으로 교수가 갖는 두 가지 질문은 "학생들에게 무엇을 질문할 수 있는가?"와 "학생들에게 무엇을 하게 할 수 있는가?"이다.

STEM 수업에서 제기되는 대부분의 질문은 다음 두 가지 모형 중 하나에 속한다.

- 환자의 혈당치는 2주간 매일 측정되고, 임상시험 중인 약의 투여량을 변경하고 3개월 후에 측정을 반복한다. 두 데이터 세트의 평균 및 표준편차는 _____이다. 변경 후 평균 혈당 수준이 5% 유의 수준에서 크게 감소했는가?
- 질문이 있습니까?

이런 질문도 중요하지만, 깊은 생각을 하게 하지는 못한다. "포도당 수치가 현저하게 감소했다는 것을 95% 신뢰 수준으로 말할 수 있는가?"는 실제 의미가 무엇이고 숫자가 어디서 왔는지를 모른 채, 주어진 통계 테스트의 결과로 옳은 답을 할 수 있다. "질문 있습니까?"라는 질문은 더욱 더 생산적이지 않다. 일반적으로 이어지는 무거운 침묵은 방금 제시한 자료를 이해했는지 여부와 관계없이 대부분의 학생들의 대답은 항상 "아니요."이다.

질문은 학습에 지대한 영향을 줄 수 있다. 수업 중 좋은 질문은 호기심을 유발하고 사고를 촉진시키며 토론을 시작하게 할 수 있고, 새롭거나 더 깊은 이해로 이끄는 활동의 기반이 될 수 있다. 차시별 수업 계획에 대한 개요를 설명할 때, 학생들이 제시된 자료에 대해 깊이 생각하고 복잡한 기술을 연습하며 자신의 이해도를 확인할 수 있는 몇 가지 질문과 활동을 넣는 것을 고려한다.

다음은 무수한 가능성 중 선택된 몇 가지 유형의 질문을 보여준다(Felder, 1994). 강의 중 질문으로 사용할 수 있고, 수업 활동을 위한 기초 자료로 사용하거나, 혹은 과제 및 시험에 포함시킬 수도 있다.

- **자신의 말로 용어나 개념을 정의한다** 예 : 똑똑한 고 3 학생(혹은 이 수업을 막 시작한 학생, 과학을 잘 모르는 조부모)이 이해할 수 있는 용어를 사용하여 공유 결합(혹은 점성, 미분, 판 구조, 영의 계수, 백혈구)을 간단히 정의한다. 주의 : 학생들에게 엔트로피, 관성 모멘트, 온도 또는 질량과 같은 용어에 이해할 수 있는 의미를 부여하라고 요구하지 않는다. 단 학생들이 잘할 수 있다는 확신이 있으면 괜찮다.

- **문제 해결 혹은 유도 과정을 시작하거나 다음 단계로 넘어간다** 수업에서 복잡한 유도 과정이나 문제 해법을 설명할 때 실력 있는 교수라면 모든 것이 분명하고 논리적으로 보일 수 있다. 여기에는 교수가 배우는 데 오랜 시간이 걸린, 매우 어렵고 까다로운 부분을 포함할 수 있다. 학생들이 집에 가서 비슷한 작업을 시도 할 때, 그들은 교수가 가르친 것을 많이 이해하지 못했음을 알게 된다. 수업 활동을 통해 짧게라도 어려운 부분을 해결하려 노력하도록 하고, 그 후에 몇 분의 피드백을 준다면 학생들은 과제를 하는 데 필요한 것을 좀 더 이해하고 수업을 마칠 수 있을 것이다.

- **과목에서 다루는 개념과 관련된 익숙한 현상을 설명한다** 예 :
  - 에스프레소 커피 위에는 안정된 거품이 있는 반면 내린 커피에는 거품이 없는 이유는 무엇인가?
  - 오래 열심히 뛴 후 다리 근육이 떨리는 이유는 무엇인가?
  - 18°C의 정지된 공기 중에서는 편안한 반면 18°C의 바람이 불면 춥고, 18°C의 물에서는 얼어붙고, 그 물에서 나올 때는 더 춥게 느껴지는 이유는 무엇인가?

- **시스템 거동을 예측한다** 예 :
  - 컨트롤러의 적분 동작을 증가시켰을 때 예상되는 동적 시스템의 응답을 스케치 한다.
  - 토양에서 칼륨에 대한 인의 비율을 증가시키면 작물 수확량이 어떻게 변할 것으로 예상하는가?
  - 아래에 표시된 값과 공식은 엑셀 스프레드 시트의 지정된 셀에 입력된다. 공

식 대신에 어떤 수치가 나타나는가?

- 찻주전자의 모든 물이 끓어 없어질 때까지 걸리는 시간을 [커패시터가 전체 충전량의 99%에 도달하는 시간, 혹은 아이빔을 붕괴시키기 위해 필요한 중앙 부하를] 계산한다.

가능하면 이러한 연습 이후에 예측치를 시험할 수 있는 물리적 시연이나 시뮬레이션 데모를 수행한다.

- **방금 계산된 것에 대해 생각해본다** 예 :
- 중간 작동 온도가 이 시스템의 최적인 이유는 무엇인가? 다른 말로 하면, 매우 낮은 온도와 매우 높은 온도의 단점은 무엇인가?
- 컴퓨터 계산에 의하면 $3.657924 \times 10^6 \ m^3$의 저장 탱크가 필요하다. 이 답에 문제가 있는가?
- 방금 얻은 문제의 답이 맞는지(방금 만든 장치, 디자인 또는 코드가 의도한 대로 작동하는지)를 어떻게 확인할 수 있는가?

- **브레인스토밍으로 목록을 만든다** 예 :
- 방금 설계한 프로세스(제품, 절차, 실험)가 실패할 수 있는 목록을 가능한 길게 만든다. 가장 긴 목록을 만든 학생은 다음 시험에서 2점 보너스를 받는다. 주어진 시간은 2분이다. 시작!
- 대기의 상대습도(강 유속, 토양 시료의 pH, 유정의 깊이)를 측정하는 방법을 몇 개까지 생각해낼 수 있는가? 봉제 인형 곰을 사용할 수 있다면 두 배의 점수를 받는다.
- 설계한 것과 똑같은 앰프(AVA 코드, 혈액 투석기, 스택 가스 스크러버)를 제작한다고 가정하자. 그런데 출력 신호(스크린 디스플레이, 요산 제거율, 이산화황 방출 속도)는 예측한 것과 다르다. 그럴 수 있는 이유를 열거하라.
- 다음 중간시험에서 점수를 올리기 위해 다르게 할 수 있는 것은 무엇인가?

- **질문을 만든다** 예 :
- 오늘 다룬 내용에 관련된 좋은 질문을 세 가지 만들라.
- 다음 시험에서 문제는 다음과 같이 시작된다(다음 시험에 출제될 수 있는 것으로 어느 정도 난이도를 가지며, 여러 질문으로 나눠진 문제를 위한 준비를 한다). 주어진 문장 다음에 올 일련의 질문을 도출한다. 이 질문은 질적 및 양

적이어야 하며 시험 범위와 관련된 모든 주제를 포함해야 한다.

이는 시험 전 복습 세션에서도 사용할 수 있는 훌륭한 연습이다. 학생들에게(소그룹으로) 시스템이나 프로세스 혹은 주어진 시작 문장에서 묘사된 것과 관련된 질문을 만들고, 그 질문에 대한 답을 소그룹 활동에서 요약하게 한다.

4.6 수업을 슬라이드 쇼와 언어의 눈사태로 만들지 않는다

풀라노 교수는 일주일에 세 번의 수업에서 50분짜리 슬라이드 쇼를 진행한다. 대부분의 경우, 슬라이드의 검은 글머리 기호로 나열된 목록과 유도식을 낭독하고, 간혹 몇 가지 설명을 추가한다. 인쇄된 자료를 원하는 학생들을 위해 수업 웹사이트에 전체 파워포인트 파일을 게시한다. 그녀는 주기적으로 모든 것이 명확한지 또는 질문이 있는지를 묻는다. 보통 2~3명의 동일한 학생만 질문을 한다. 학생들은 거의 메모를 하지 않는다. 처음에 70명의 학생이 수업에 출석하였지만 첫 주 이후에 출석률은 현저히 줄고, 그 후 계속 하락하여 학기 중반의 평균 출석률은 약 15명 정도이고, 중간시험 직전 수업에는 20~30명이 시험에 유용한 팁을 얻기를 바라면서 나타난다. 풀라노 교수는 낮은 출석률은 학생들의 게으름과 무관심 때문이라고 생각한다.

풀라노 교수는 틀렸다. 학생들은 게으르거나 무감각하지 않다. 오히려 합리적이다. 교수가 슬라이드를 낭독하는 속도보다 학생들이 읽는 속도가 더 빠르다. 따라서 교수가 슬라이드를 낭독하는 모습을 보는 것은 시간 낭비이다. 학생들은 수업에 오지 않아도 슬라이드를 내려받을 수 있고 아무것도 놓치지 않는다는 것을 알고 있다. 그러니 왜 수업에 참석해야 하는가? 핵심은 슬라이드가 과목에 가치를 추가하지 않는다는 것이 아니라(일반적으로 가치를 추가한다) 다른 방법으로는 더 잘 설명할 수 없는 정보를 설명할 때만 사용해야 하는 것이다(Felder & Brent, 2004a, Garber, 2001).

슬라이드를 거의 말하는 형태의 문장, 기호화된 목록, 방정식으로 채우는 경우, 슬라이드 쇼로만 구성된 수업의 문제점은 더 심각해진다. 슬라이드를 사용하지 않는 수업 방식에도 동일한 주의가 적용된다. 수업 세션이 50분 또는 75분 동안 눈사태처럼 말과 문장으로 단어를 쏟아내고, 간혹 다이어그램으로 끝내는 수식으로 구성되어 있는 경우, 학습은 거의 이루어지지 않을 수 있다. 대부분의 학생들에게 사진은 실제로 천 단어의 가치가 있다.

정보의 시각적 표현이 왜 학생들의 학습을 용이하게 하는지에 대한 실마리는 인지과학에서 찾을 수 있다.

미술, 건축 때로는 생명과학 과목을 제외한 대부분의 강의는 구두로 이루어지는 경향이 압도적이다. 따라서 수업의 시각적 내용을 증가시키는 것이 과제이며, 이를 위한 좋은 방법과 비효율적인 방법이 있다. 비효율적인 접근 방법은 주로 설명 중심의 강의노트를 여러 색의 배경과 플래시 전환으로 구성된 슬라이드로 만드는 것이다. 이런 방식으로 학생들은 짧은 시간 동안 수업에 집중할 수 있지만, 발표 자료에 빨리 싫증을 내고, 강의가 길어지면 짜증을 낸다. 더 나은 몇 가지 방식은 다음과 같다.

두뇌활동 : 두 채널이 하나보다 우수하다

감각으로 지각된 정보의 매우 작은 부분만이 작업기억으로 전달되고, 그 후 일정 조건이 충족되면 장기기억에 저장된다. 시각적 이미지를 처리하여 작업기억에 넣기 위해 2개의 독립된 뇌 기관이 필요하다. 하나는 시각적 이미지를 처리하는 *시각공간 스케치패드*와 단어를 반복적으로 연습하는 음운론 고리이다. 정보를 구두로 또한 시각적으로 동시에 표현하면 정보가 부호화되어 저장될 가능성이 높아진다(Baars & Gage, 2007, p. 284).

가르치고자 하는 핵심 요소를 설명하기 위해 다이어그램, 계통도, 사진, 비디오, 애니메이션 및 데모를 사용한다

시각 자료를 직접 만드는 것은 상당한 시간과 기술이 필요할 수 있다. 하지만 일반적으로 설명하고 싶은 내용에 적합한 자료를 찾을 수 있다. 가장 먼저 찾아볼 수 있는 곳은 과목 교과서와 함께 제공되는 DVD 혹은 CD이다. 키워드를 입력하여 자료를 찾고 다운로드 가능한 시각적 이미지 및 비디오를 구할 수 있는 출처는 3.2절에서 볼 수 있다.

슬라이드에는 시각적 자료와 간단한 헤드라인으로 주요 포인트를 전달한다. 세부 사항은 설명을 하거나 유인물에 넣는다

연구 결과에 따르면 슬라이드에 단어와 수식을 많이 넣을수록 학생이 슬라이드의 내용을 흡수하고 기억할 가능성이 낮아진다. 이와 관련하여 인지과학자들은 슬라이드의 글자를 보는 것이 작업기억에서 시각적 이미지를 처리하는 과정에 방해가 될 수 있다고 하였다(Clark & Mayer, 2003; Mayer, 2003). 따라서 대부분의 슬라이드를 시각적인 부분과 주요 사항을 요약하는 간단한 헤드 라인으로 제한하는 것이 좋다(Alley, 2013). 슬라이드의 내용에 관련된 상세한 설명과 수식은 구두로 전달하거나 유인물로 제공해야 한다.

주제, 읽은 자료, 교과목 또는 프로그램의 구조를 보여주는 그래픽 조직도나 중요한 개념의 상호관계를 선으로 연결하여 시각적으로 보여주는 개념도를 사용한다

그래픽 구성도와 개념도는 주로 단어로 구성되어 있지만 선으로 연결된 상자에 단어를 배치하면 단어로만 구성된 목록 또는 개요보다 훨씬 효과적으로 정보 구조가 전달된다. 1장과 이 책의 1부부터 3부의 소개에는 그 부에 속한 각 장의 내용을 보여주는 그래픽 조직도가 포함되어 있다. 다양한 주제에 대한 설명형 구성도와 개념도는 Kiewra(2012) 및 Nilson(2007)을 참조한다. 학생들에게 수업 활동이나 과제에서 자신만의 개념도를 만들도록 하는 것도 그들의 이해를 돕는 매우 효과적인 방법이다(Ellis et al., 2004; Kiewra, 2012; Nilson, 2007; Novak & Cañas, 2008).

4.7 공란이 있는 유인물을 사용한다

이 절의 제목은 교수법 워크숍에서 흔히 받는 두 가지 질문에 대한 답을 제공한다.

- 수업에서 활동을 시작하면 이 수업계획서에 있는 모든 내용을 어떻게 다룰 수 있는가?
- 진도가 한 주 혹은 더 뒤쳐졌을 때 어떻게 진도를 맞출 수 있을까?

여기에 방법이 있다. 그것은 공란이 있는 유인물을 사용하는 것이다. 강의 자료를 유인물 혹은 강의 자료집(모든 자료가 준비되어 있는 경우)에 넣되 완전한 자료를 넣지 않는다. 강의의 간단하고 단순한 부분, 즉 정의, 기정 사실, 간단한 수학, 다이어그램 및 플롯 등은 보여주고, 질문에 대한 답, 문제 해법과 유도 과정에서 누락된 부

정상상태 층류 : 수평 원형 파이프에서의 비압축성 뉴턴 유체
교과서의 2.9절, 78-80쪽 필독.

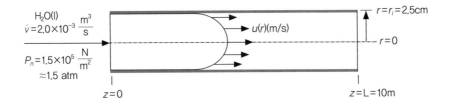

물이 부피유량 $\dot{v}=2.0\times10^{-3}$ m³/s 과 압력 $P=1.5\times10^{5}$ N/m² (150 kPa ~ 1.5atm)에서 5.0cm 내경×10.0m 길이의 파이프에 유입된다. 정상 상태에서 시스템 변수들 간의 관계에 대해 최대한 알아보는 것이 우리의 목적이다.

$u(r,z)$ – 국부 속도분포
$\dot{v}(z)$ – 부피유량
$P(r,z)$ – 국부 유체 압력

• 속도 프로파일 $u(r)$을 이용하여 입구에서의 질량 유량 $\dot{m}$(kg/s)에 대한 식을 유도하라(힌트 : 먼저 부피유량에 대한 식을 유도한다).

• $\dot{m}$은 z에 따라 변하는가? 설명하라.

• $\dot{v}$는 z에 따라 변하는가? 설명하라.

자료 4.7-1 공란이 있는 유인물에서 발췌

분, 분자적 · 물리적 · 생물학적 시각 자료, 자유 물체도와 회로도, 프로세스 및 알고리즘 흐름 차트 등을 학생들이 삽입할 수 있도록 빈 공간이나 공란을 넣는다. 수업 시간에 학생들에게 간단하고 직설적인 부분을 직접 읽게 하고 강의 혹은 능동 학습을 통해 부족한 부분을 채우게 한다.

자료 4.7-1은 물리학, 생물물리학, 기계공학, 토목공학 또는 화학공학의 유체역학 과목의 유인물에서 발췌한 내용을 보여준다. 문서 처리된 세션 계획에 공백을 추가하거나 유인물의 일부에 빈 사각형을 붙여서 공백을 만들었다. 이 수업을 진행했다면, 가장 먼저 할 일은 학생들에게 유인물이나 강의 자료집 ○○쪽의 상단 부분을 읽도록 하는 것이다. 여기에는 파이프 내에서의 유체 흐름에 대한 간단한 설명이 있다. 학생들이 충분한 시간을 가졌다고 생각될 때 멈추고, 질문이 있는지를 물어본다 (일반적으로 질문은 없을 것이다). 학생들은 말하고 쓰는 것보다 훨씬 빨리 읽을 수 있기 때문에 전통적인 강의와 비교하여 시간을 절약할 수 있다.

그다음 문장은 "질량 흐름 속도를 나타내는 수식을 유도하라."이며, 답을 위한 공란이 있다. 여기서 할 수 있는 일은 다음의 세 가지가 있다.

옵션 1. 공란에 들어갈 내용에 대해 강의를 한다

학생들에게 방금 읽은 것은 간단해 보이지만 유도 과정은 까다롭고 학생들이 종종 어려움을 겪는다고 말한다. 그런 다음 전통적인 강의에서와 마찬가지로 유도 과정을 보여주고 학생들은 이를 공란에 넣을 수 있다. 여기서의 개념은 학생들이 스스로 읽을 수 있는 정의와 스스로 할 수 있는 간단한 계산에 많은 시간을 소비하는 것보다는 학생들이 실제로 도움이 필요한 부분에 대부분의 수업 시간을 집중하는 것이다.

옵션 2. 공란을 채우기 위해 능동 학습(4.4절)을 활용한다

옵션 1보다 효과적인 전략은 학생들을 2~3명씩 그룹으로 나누고, 정해진 짧은 시간 동안 그들이 할 수 있는 만큼 유도 과정을 진행하도록 한다. 그리고 여러 그룹을 무작위로 지목하여 수행한 단계에 대해 보고하도록 한다. 그 후 칠판에 정답을 적어 학생 모두가 정답을 알게 한다. 어떤 학생들은 유도 과정을 스스로 해결하여 완벽하게 배울 수 있게 된다. 왜냐하면 교수가 나열한 풀이를 보고 이해했다고 생각하는 것이 아니라 본인들이 직접 풀었기 때문이다(강의에 수동적으로 귀를 기울이는 것만으로 복잡한 자료를 이해하는 학생은 거의 없다). 다른 학생들은 시도는 하지만 주어진 시간에 답을 얻지 못한다. 그러나 답이 칠판에 쓰여질 때, 대부분의 학생들은 관심을 갖고 주의를 기울이게 되고, 필요하다면 질문을 하고, 수업 세션이 끝날 때쯤은 이해를 할 것이다.

옵션 3. 공란을 채우는 것은 수업 후 연습문제로 하도록 한다

학생들에게 수업 중에 공란의 일정 부분을 다룰 계획은 없지만 다음 시험 전까지 그 내용을 알아야 한다는 것을 알린다. 혼자서 답을 해결할 수 없으면 여러 명이 함께 작업을 할 수 있고, 수업 시간이나 상담 시간에 질문할 수도 있다. 강의 진도가 늦어지는 경우, 쉽고 덜 중요한 내용에 이 옵션을 사용한다.

저자인 Felder 교수는 지난 20년간 현직 교수로서 강의하면서 공란이 있는 유인물을 사용했다. 능동 학습을 광범위하게 사용했음에도 불구하고 그의 수업계획서는 모든 단어를 말하고 모든 다이어그램을 그리며 문제 해결과 유도 과정의 모든 단계를 수업에서 다루어야 한다고 생각할 때보다 더 많은 내용을 포함하게 되었다. 학생들이 수업에서 경험한 짧은 어려움과 즉각적인 피드백은 과제를 할 때 비슷한 문제와 씨름하는 많은 시간을 절약할 수 있게 한다.

연구 결과에 따르면 공란이 있는 유인물은 과제와 시험의 성과와 학습에 많은 영향을 미친다는 것이 확인되었다. 여러 연구에서 미완성된 수업 자료를 받는 학생들이 완성된 강의 자료를 받는 학생들보다 높은 시험 성적, 과목 성적 그리고 개념적 질문에 높은 점수를 받는 것을 보여주었다(Cornelius & Owen-DeSchryver, 2008; Hartley & Davies, 1978; Kiewra, 1989).

교수들은 때때로 공란이 있는 유인물의 개념에 이의를 제기한다.

이의 제기 1 : 학생들은 수업 시간에 내용을 적으면서 많은 것을 배운다. 유인물에 강의 내용의 대부분을 주면, 학생들은 강의 내용을 필기하지 않을 것이며 배움도 그만큼 감소할 것이다.

응답 : 연구 결과는 달리 말한다. 학생들이 정의, 표, 그림, 방정식을 복사하는 데 바쁠 때는 강의에서의 주요한 설명에 주의를 기울일 수 없기 때문에 결과적으로 중요한 자료를 놓치게 되어 그 과목의 성적이 떨어지게 된다.

이의 제기 2 : 전체 강의노트를 공란이 있는 유인물로 준비하는 것은 내가 쓸 수 있는 것보다 훨씬 많은 시간을 필요로 한다.

응답 : 처음에는 강의노트를 준비하는 데 상당한 시간이 걸린다. 강의노트가 준비가 된 다음에는 수식, 그림, 혹은 질문에 대해 학생들에게 원하는 응답 위에 물리적으로 혹은 컴퓨터로 빈 사각형을 붙이면 공백을 추가하는 데 많은 시간이 걸리지 않는다.

이의 제기 3 : 우리 학생들은 그들이 알아야 할 모든 것을 교수가 알려줄 의무가 있다고 생각한다. 과목 유인물에 공란을 남겨두면 불평할 것이고, 그들 스스로 공란을 채우게 하면 완전히 반발할 것이다.

응답 : 능동 학습에 대해 불평하는 것처럼 일부 학생은 공란에 대해서 불평할 수 있지만 완전히 반발할 가능성은 낮다. 다행스럽게도 대부분의 학생이 이 방식이 자신의 최대 이익에 부합하는지 알 때까지 충분히 저항을 진정시키는 조치를 취할 수 있다(www.ncsu.edu/felder-public/Student-Centered.html#Publications-Resistance 참조). 이 시점에서 불만은 일반적으로 멈추게 된다.

4.8 학부 실험 수업 계획

2002년에 슬론 파운데이션이 후원하는 간담회에 참여한 약 50명의 교육자들은 공학 실험 과정이 어떤 기능을 수행해야 하는지를 제정하였다(Feisel & Rosa, 2005). 이 연구는 과학 및 공학 실험에서 학생들이 배양해야 하는 능력의 목록과 이와 관련된 학습 목표의 기초를 제공한다(표 4.8–1). 모든 실험 과목에서 이 표의 모든 목표를 통합하여 반영할 수는 없지만, 이 중 일부로 구성된 합리적인 집합을 채택하면 훌륭한 교육 경험을 얻을 수 있다.

전통적인 요리 책 같은 실험 과목은(14주 혹은 그에 상응하는 기간 동안 꼼꼼히 짜인 각본을 따르는 14개의 실험은) 표 4.8–1의 목표를 의미 있는 방식으로 달성하기에 부적합하며 학생들이 과학자, 엔지니어 또는 대학원생으로 일하게 될 실험실과 매우 다르다. 실제 실험실에서는 수행해야 할 모든 작업, 수집해야 하는 데이터, 어떻게 데이터를 분석하고 해석하는가를 알려주는 지침서로 시작하지 않는다. 오히려 해결해야 할 도전적인 문제가 주어지며, 문제를 해결하는 방법은 스스로 결정해야 한다. 일반적으로 문제는 완전히 정의되지 않으며 개방적이다 예를 들면, '_____은/는 _____에 따라 어떻게 다릅니까? 이 제품이 설계 사양을 충족하지 않는 이유는 무엇입니까? 이 배양물에서 세포를 죽이는 것은 무엇입니까? 왜 원자로가 폭발했습니까? 해커가 시스템의 보안벽을 어떻게 침범했습니까?' 등이다. 이러한 것들이 미래의 직장에서 학생들이 직면할 문제 유형이기 때문에 비슷한 유형의 문제가 우리 실험실 과정의 핵심이 되어야 하지 않을까?

표 4.8-1 실험 수업에서의 역량 및 학습 목표

1. **실험** 명시된 목표를 달성하고, 실험을 수행하고, 데이터를 분석하고(통계적 오류 분석을 포함), 관련된 과학적 원리를 고려하여 결과를 해석하도록 실험을 설계한다.

2. **실험 기기** 적절한 센서, 기기 및 소프트웨어 도구를 선택하고, 이를 이용하여 물리적 양 및 공정 변수를 측정한다.

3. **문제 해결** 실험 결과와 예측치의 차이에 대한 원인을 알아내고 실험 혹은 예측에 기반한 이론 또는 모델을 수정한다.

4. **모델링** 물리적·화학적·생물학적 시스템 거동의 예측 도구로서 모델의 강점, 한계 및 적용 범위를 확인한다.

5. **자기주도적이며 창의적인 사고** 실험 시스템 설계 및 작동에서 독립적인 사고와 창의력을 보여준다(10장 참조).

6. **책임감** 실험 시스템과 관련된 건강, 안전 및 환경 문제를 파악하고 책임감 있게 대응한다.

7. **의사소통** 간략한 요약에서 포괄적인 기술 보고서까지 다양한 수준의 영역에서 구두 및 서면으로 실험실 작업에 대해 효과적으로 의사를 전달한다(10장 참조).

8. **팀워크** 책임 분담, 진행 상황 모니터링, 문제 해결, 최종 기한까지 개별 보고서를 최종 보고서로 통합하기까지의 모든 단계에서 팀 단위로 효과적으로 작업한다(11장 참조).

9. **윤리적 인식** 기대에 부합하지 않는 것을 포함한 모든 결과를 보고하고 실험 설계, 데이터 분석과 해석에 사용된 모든 정보의 출처를 기입한다.

당연히 답은 '그렇게 해야 한다.'이다. 학생들이 표 4.8-1에 열거된 기술을 배양하고 졸업 후 직면할 문제에 대비할 수 있도록 한 학기 동안 각 실험에 2~4주가 걸리는 3~4개의 실험을 배정하는 것을 고려한다. 각 실험마다 실험 목표를 주고, 학생들이 장비를 손상시키거나 자신이 위험에 처하지 않도록 교육을 제공한다. 실험 설계, 수행, 데이터 분석과 해석은 최소한의 지침으로 수행하도록 요구한다. 최종 결과물로 초록, 포괄적이고 적절한 형식으로 인용된 문헌을 포함한 배경 부분, 연구 가설, 자세한 작업 계획, 원데이터 및 데이터 분석, 결과에 대한 토론, 결론, 요약, 향후 작업에 대한 제언을 갖춘 실험 보고서를 요구한다. 다른 결과물로 배경 및 작업계획의 초안, 최종 보고서의 요약, 구두 보고서를 요구할 수 있다.

이 방식을 이용하여 가르친 실험 과목의 설명은 Brownell 등(2012)(생물학)의 연구, Etkina, Brooks 등(2006)의 연구, Etkina와 Murthy 등(2006)(물리학)의 연구, Felder와 Peretti(1998)(공학)의 연구에서 찾을 수 있다. 이러한 교과목은 기존의 요리책 형태의 실험에서보다는 적은 수의 실험 절차와 장비를 다루지만 학생들은 졸업 후 직면하게 될 문제를 처리할 수 있는 능력을 훨씬 잘 갖추게 되므로 좋은 개선안이다.

4.9 알아두기

- 수업 준비에 소요되는 시간은 한 시간 수업당 2시간 이하로 제한한다(이것은 새로운 과목 준비에서 달성하기 어렵지만 목표가 되어야 한다). 2시간보다 훨씬 더 많은 시간을 보내는 교수는 아마도 차시별 수업 계획에 학습 목표와 직접적으로 관련이 적은, 그저 알면 좋은 내용을 너무 많이 넣었을 것이다. 이는 수업의 효율성을 줄이고 교수의 시간을 너무 많이 빼앗는다.

- 학생들이 새로운 주제를 본인의 관심 분야, 목표 및 사전 지식과 관련시킬 수 있다면 학습이 강화된다. 이론과 유도 과정을 자세히 설명하기 전에 서로 다른 맥락에서 새로운 내용이 적용되는 것을 보여주는 것이 관련성을 보여주는 데 도움이 된다.

- **능동 학습** : 주기적으로 학생들에게 개별적으로 또는 소그룹으로 차시별 내용과 관련된 것을 직접 하게 하는 것은 학생들이 새로운 정보를 장기기억에 저장하고 나중에 그것을 인출하여 다른 맥락에 적용할 수 있는 가능성을 크게 증가시킨다. 차시별 수업 계획에 모든 활동을 포함시킨다.

- 수업 내용 중 가장 중요하거나 어려운 부분에 공란을 둔 유인물을 활용하여 가르치면 학습은 향상된다. 능동 학습이 광범위하게 사용되는 경우에도 더 많은 자료를 다룰 수 있다. 학생들은 단순하고 간단한 부분을 읽을 수 있으며, 강의, 능동 학습, 혹은 수업 후 연습문제로 공란을 채울 수 있다.

- 요리 책 형태의 실험 수업은 높은 수준의 역량을 키우지 않는다. 더 나은 대안은 실험 과목에 몇 가지의 개방형 실험을 할당하고, 실험 목표 및 최소한의 지침만을 제공하여 학생들이 스스로 실험 설계 및 수행, 데이터 분석과 해석, 그리고 전체 과정을 보고하도록 하는 것이다.

4.10 수업에서 시도해보기

- 학생들이 공통적으로 관련성이 없다고 느끼고, 지루해하거나 배우기 어려운 주제를 찾아낸다. 다음 번에 그 주제를 가르치기 위한 준비를 할 때, 학생들이 이 분야에서 일을 하게 될 때 이 내용이 왜 필요한지에 대해 몇 가지 예를 소개하

고, 학생들에게 추가 예제를 제시하도록 한다. 이후의 관심 수준에 차이가 있는
지 확인한다.

- 현재 가르치고 있는 교재 중 거의 문장과 수식으로만 구성된 슬라이드를 보여
주는 자료를 찾는다. 이 슬라이드를 시각 자료(그림, 다이어그램, 애니메이션,
플롯 등)로 구성된 새 슬라이드로 바꾸고, 요점을 보여주는 간단한 헤드라인을
사용한다. 유인물과 강의로 세부 사항을 알려준다.

- 수업 전에 차시별 수업 계획을 살펴보고 가르치려는 현상이나 방법에 대해
심층 사고를 요구하는 좋은 질문이 몇 개 있는지 확인한다. 그렇지 않다면,
좋은 질문을 추가한다(4.5절 참조). 소그룹 활동에 이러한 질문 중 일부를 사
용한다.

- 수업 내용 중 특별히 어렵거나 시간이 많이 걸리는 부분을 위해 공란이 있는 유
인물을 준비한다. 유인물은 가장 까다로운 부분(도전적인 질문에 대한 답변, 유
도 과정의 어려운 부분, 문제 해결 방안, 그려야 하는 도표 등)을 위해 공란이
있는 자료 4.7-1과 유사해야 한다. 수업 시간에 유인물을 통해 학생들이 스스
로 단순한 부분(예 : 용어 정의 및 간단한 계산)을 읽게 하고, 강의나 그룹을 구
성하여 공란을 채우게 한다.

수업하기

이 책의 1부(2~4장)에서는 학습 목표의 수립부터 시작하여 학습 목표를 달성하기 위한 학습 내용 및 교수 전략을 선택하는 방법을 설명했다. 2부(5~8장)에서는 설계된 수업을 실행에 옮기고, 학습 목표가 얼마나 잘 달성되고 있는지 평가하는 방법을 다룬다. 그래픽 구성도는 그림 Ⅱ-1에 있다.

5장은 4장의 차시별 수업 계획을 최대한 효과적으로 실행하기 위해 가르친 것에 대한 학생들의 이해도를 지속적으로 모니터하고, 필요한 경우 수정을 하며, 지속적으로 교수법을 향상시키는 방법을 다룬다. 6장은 능동 학습(수업 중 학생들의 능동적인 참여)에 초점을 맞추어 구조화하는 방법, 실행 시 발생할 수 있는 문제, 문제 발생을 최소화하는 방법, 그리고 문제 발생 시 해결법을 다루게 된다. 7장에서는 테크놀로지를 활용하는 교육에 대해 논의한다. 즉 효과적인 것과 비효율적인 테크놀로지 도구 및 방법, 면대면 교육과 온라인 교육의 융합, 거꾸로 교실 및 MOOC(대규모 공개 온라인 강좌)에 대해 설명한다. 8장에서는 내용에 대한 지식 및 분석적 문제 해결 능력을 효과적으로 평가할 수 있는 시험 설계에 대한 지침과 개념적 이해와 실험 및 프로젝트 보고서, 사례 연구 분석 등의 작문 및 발표 과제 평가에 대한 지침을 제공한다.

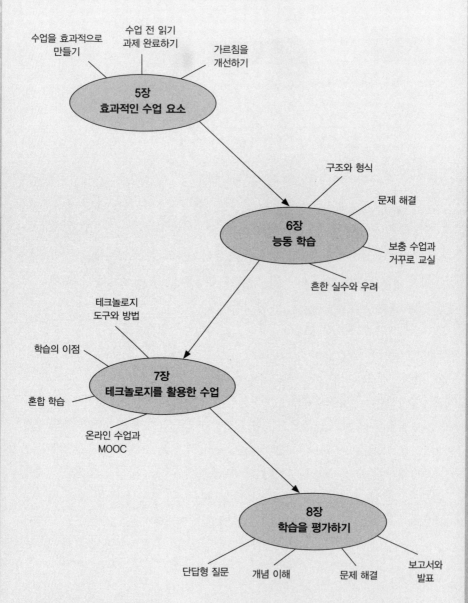

그림 II-1 2부의 그래픽 조직도

05

효과적인 수업 요소

5.0 들어가기

이제 각 교과목에서 학생들이 어떤 지식과 역량을 습득할 수 있는지를 이해했고 (2장), 수업에 대한 기대치를 세웠으며 첫 주 수업에서(3장) 좋은 시작을 할 수 있었고, 나머지 학기 동안의 차시별 수업 계획을 작성하거나 수정하기 시작했다(4장). 이제 실제 교실이나 온라인에서 일주일에 한 번에서 다섯 번씩 수업 계획을 실행해야 한다. 이제 문제는 '어떻게 효과적으로 실행할 수 있는가?'이다. 좀 더 정확히 말하면, 학습 목표에 나열되고 수업 계획에서 목표로 한 지식과 능력을 학생들이 습득하도록 어떻게 도울 수 있을까? 이것이 5장의 내용이다. 다음은 5장에서 다루는 질문 목록이다.

- 내가 가르친 내용에 대한 학생들의 이해를 극대화하기 위해 수업에서는 무엇을 할 수 있을까? 지식의 장기적인 파지 및 차후의 인출과 전이[1]를 최대화하기 위해 할 수 있는 일은 무엇인가?
- 수업에서 학생들에게 질문하는 좋은 (나쁜) 방법은 무엇인가?
- 수업의 기초로 필요한 수업 전 과제를 완료하도록 학생들을 동기화하려면 어떻게 해야 하는가? 이 과제들에 대한 이해를 높이기 위해 할 수 있는 것은 무엇일까?

---

[1] 앞 장에서와 같이 파지(retention), 인출(retrieve), 전이(transfer)는 인지과학 용어를 사용하여 번역하였다-역주

- 교수법과 학생의 학습을 지속적으로 개선하기 위해 어떻게 형성 평가(formative assessment)를 사용해야 하는가?

이 질문들에 대한 답변의 대부분은 실제 수업과 온라인 교육에서 똑같이 잘 적용되지만, 어떤 것은 온라인에 적용되지 않을 수 있다. 7장에서 온라인 수업을 가르치는 것을 포함하여, 교육에서 테크놀로지를 효과적으로 사용하기 위한 추가적인 아이디어를 제공할 것이다.

5.1 차시별 수업을 효과적으로 만들기

효과적인 강의에 대한 세미나, 워크숍 또는 강좌에 참여한 적이 있다면, 아마도 유용한 팁을 많이 얻었을 것이다 — 천천히 그리고 분명하게 말한다. 앞 줄에 있는 학생들뿐만 아니라 방 전체의 학생들과 눈을 맞춘다. 청중의 주의를 집중시키기 위해 음색, 성량, 위치를 변경한다. 언어적 군더더기 표현("음", "어", "그래" 등)을 최소화한다. 틀린 답을 비웃지 말라. 가끔 도넛을 가져가라.

아마도 워크숍의 리더는 마지막 말은 하지 않았겠지만 우리를 믿으라. 좋은 생각이다.

위의 제안을 무시하자는 것은 아니다. 이 제안을 따르면 수업은 분명히 좋아질 것이다. 이들 외에도 자주 언급되지는 않지만 똑같이 중요한 것들이 있다. 특히 STEM 교육에서는 매우 중요하다. 전처럼 인지과학은 효과적인 교수법의 많은 토대를 제공한다.

두뇌활동 : 청킹, 작업기억, 그리고 인지 과부하

청크(chunk)는 마음이 하나의 단위로 보유할 수 있는 정보의 모음이다. 예를 들어, 'mzqifwun'은 8개의 정보 청크이다. 읽고 잠깐 후에 그것을 기억하기 위해서는 문자와 그 순서를 암기하는 데 몇 초를 보내야 한다. 1~2분 후에 그것을 기억하려면 연습을 해야 한다. 반복적으로 소리 내어 읽거나 머리 속에서 계속 읽어 작업기억에서 활성화되도록 한다. 그러나 'painting'은 하나의 청크로 간주된다. 필요할 때 8개의 문자 순서를 암송할 수 있도록 한 단어만 기억하면 된다.

주어진 시간에 작업기억에 보유할 수 있는 지식의 양은 제한되어 있고[약 4개의 분리된 청크 (Cowan, 2010)], 그 정보에서 수행할 수 있는 작업의 수도 제한되어 있다. 현재 작업기억에서 작업 중인 정보를 처리하는 데 필요한 작업량을 인지 부하라고 한다. 주어진 시간에 사람들의 인지 부하가 작업기억의 처리 용량을 초과하면 사람들은 인지 과부하 상태에 있게 되며 작업기억에 이미 존재하는 정보를 잃지 않고는 새로 받은 정보를 처리할 수 없다. 인지 과부하는 정보가 너무 빠른 속도로 작업기억으로 전송되거나, 복잡하거나 어려운 작업, 동시 다중 작업, 혹은 주의가 산만하여 작업기억이 모두 사용되고 있는 경우 발생한다. 어떤 이유로든 작업기억에서 정보가 적절하게 처리되지 않으면 장기기억에 저장할 수 없으므로 정보는 학습될 수 없다(Ambrose et al., 2010, pp. 103-107; Mastascusa et al., 2011, pp. 205-207).

학생들이 수업에서 자신의 감각기관이 일상적으로 과다하게 노출되었을 때, 정보의 작은 부분을 수용하는 것조차도 가능하지 않다. 교수는 칠판이나 스크린에 이미지를 보여주면서 말을 하고 있을지도 모른다. 셀 수 없는 수많은 이미지, 소리, 물리적 감각, 그리고 사고가 동시에 학생들의 의식적인 관심을 끌기 위해 경쟁하고 있다. 이 모든 입력 정보의 극히 일부만이 제한된 작업기억에 도달할 것이며, 이 중 장기기억에 저장되어 오래 남을 것은 거의 없다. 교수가 해야 하는 일은 가르치려는 것의 핵심이 엄격한 여과 과정에서 생존할 수 있도록 가능한 모든 조치를 취하는 것이다. 다음 목록은 이를 위한 몇 가지 방법을 보여준다.

학습 목표와 요점을 분명히 한다

수업 중에 수업 목표와 요점을 명확히 말하고 반복하면, 장기기억에 저장되고 나중에 필요할 때 인출될 가능성이 높아진다. 처음 들었을 때, 요점이 작업기억에 도달하지 못하고 장기기억에 저장되지 않더라도 반복하면 또 다른 기회를 얻게 된다. 일단 저장되면 반복을 통해 정보를 갖고 있는 신경회로가 강화된다. 이 과정을 촉진하기 위해 다음 단계를 고려한다.

1. 수업에 일찍 가서 그 수업의 학습 목표를 칠판에 쓰거나 화면으로 보여준다. 수업에서 해당 부분이 다루어졌을 때, 학습 목표 목록에 확인 표시를 한다.
2. 수업의 요점을 명확히 말하고 칠판에 적어 더 확실하게 한다. 중요함을 강조하는 문구를 사용한다. 예를 들면 "이것은 중요한 포인트입니다.", "다음 과제를

하려면 이것이 필요할 것입니다." 또는 "시험에 나올 가능성이 높습니다."와 같은 문구이다(마지막 문구는 자주 사용하지 않는다. 너무 많이 반복하면 효과가 없다).

3. 수업 마지막에 주요 내용을 요약한다. 더 좋은 방법은 학생들에게 요약을 하게 하는 것이다. 예를 들어, "오늘 여러분의 강의노트에 무엇이 있어야 합니까?" 라고 물을 수 있다.

능동 학습을 사용한다

정보의 끊임없는 흐름으로 인해 학생들이 인지 과부하 상태에 빠지게 하는 것을 방지하기 위해 때로는 그 흐름을 멈추어야 한다. 강의를 일시 중지하고 학생들에게 개별적으로 또는 소그룹으로 방금 논의되었던 내용이나 시연했던 것과 관련된 활동을 할 수 있는 시간을 짧게 준다. 이제 계속 언급되었던 능동 학습으로 돌아가보자. 4장이 능동 학습을 시도해보는 것에 대해 확신을 주지 못했다면 6장에서 한 번 더 설명할 것이다. 6장에서는 각 활동에서 학생들에게 무엇을 하도록 요구할 것인지, 능동 학습을 하면서 일어날 수 있는 문제점(학생들의 반발 포함)과 문제 해결을 위한 전략을 설명하고, 이 방법의 효과에 대한 연구 결과를 요약한다. 그 후에도 여전히 설득되지 않는다면 우리는 당신의 신념의 힘을 칭찬하고 다른 주제로 나아갈 것이다.

방해 요소를 최소화한다

너무 많은 정보가 학생들을 인지 과부하 상태로 만들 수 있는 것처럼, 수업에서 주의가 산만해지면 중요한 정보가 처리되고 저장되기 전에 작업기억에서 제거될 수 있다. 예를 들어, 문제 해결을 위해 노력할 때 학생들에게 휴대전화를 놓고 노트북 화면을 내려 놓게 한다[연구 결과는 오늘날의 학생들은 자신이 생각하는 것처럼 다중작업 능력이 좋지 않다는 것을 보여준다. 사실상 효과적인 다중작업이라는 것은 없다(Rosen, 2008)]. 학생들에게 들려주고 싶은 재미있는 이야기가 있다면, 식을 유도하는 중에는 하지 않는다. 칠판을 이용하여 중요한 내용을 설명하는 경우, 다른 정보를 가진 슬라이드를 보여주지 않는다. 일관된 전체 내용을 설명한 후, 이야기를 들려주거나 원하는 것을 다 할 수 있다.

방금 다룬 내용을 학생들이 얼마나 이해했는지 정기적으로 점검한다

아무리 청중을 사로잡는 교수라도, 때로는 학생들을 혼란스럽게 하는 내용을 제시할 것이다. 또한 인간이기 때문에 때로는 주의 집중이 안 되는 경험을 할 수 있다. 주기적으로 학생들이 이해했는지 확인하지 않고, 강의자료의 진도만 나가는 데 주력한다면, 수업의 상당 부분에서 교수뿐만 아니라 학생들의 시간을 낭비하게 될 것이다.

그러니 그렇게 하지 말라. 강의를 하면서 학생들의 눈을 확인하라. 대부분의 눈이 주위를 둘러보고 있거나, 아래를 보거나 눈을 감고 있으면, 하던 일을 멈추고, 상황 파악을 한다. 흔히 하는 "질문 있어요?"는 쓸모가 없다. 학생들이 갈피를 못 잡거나, 공상에 빠졌을 때 무엇을 질문해야 하는지 모를 것이며 많은 학생은 질문이 있어도 질문하지 않을 것이다. 질문을 하고, 대답할 학생이 있는지 물어보는 것도 별로 나은 방법은 아니다. 교수를 따르는 학생들이 주로 답을 할 것이고, 그 부류에 속하는 학생들이 얼마나 될지는 알 수 없다. 더 나은 대안은 다음과 같다.

- **혼란스러워하는 학생이 보이면, "혼동이 되는 것 같은데 무엇을 좀 더 자세히 설명해줄까요?"라고 말한다** 그런 다음 혼란스러워 하는 학생들 방향을 보고 잠시 기다린다. 보통 자발적으로 질문을 하지 않는 많은 학생도 이렇게 하면 질문을 하게 된다.
- **방금 가르친 내용에 대한 이해도를 테스트하는 객관식 질문을 하나 혹은 여러 개를 물어본다. 학생들에게 투표를 하게 하여 대부분의 학생들이 제대로 따라오고 있는지를 확인한다** 클리커(clicker, 개인응답 시스템)[2]를 사용하거나 "Poll Everywhere"(www.polleverywhere.com)와 같은 온라인 도구와 스마트폰을 사용하여 응답하게 할 수 있다.
- **학생들을 그룹으로 묶어 그날에 다룬 내용에 관해 질문을 만들도록 한다** 몇 개의 그룹을 만들어 질문을 공유하게 한 후, 다른 그룹이 자원해서 질문을 추가하게 한다.
- **수업 끝에 학생들이 수업의 요점과 가장 헷갈렸던 점을 적은 일분 쪽지(3.6.5 절)를 모은다.** 많은 학생이 요점을 놓친 경우, 다음 수업에서 요점을 다시 언급하고, 공통

---

[2] 수업에서 학생들의 참여를 독려하기 위해 고안된 응답기. 예를 들어, 개념 이해를 위한 객관식 문제에 답을 고르고 분포를 보는 데 쓰일 수 있다. -역주

되게 혼동했던 부분을 설명한다.

어려운 질문을 하고 학생들이 자진해서 대답을 하기를 기다리거나 즉시 학생을 선택하여 답을 요구하지 않는다

4.5절에서는 차시별 계획에 상위 수준의 질문을 포함시키고, 몇 가지 예를 제시할 것을 권장하였다. 여기서는 질문을 어떻게 해야 하며, 어떻게 하지 말아야 하는지에 대해 몇 가지 언급할 것이다.

학생들은 종종 급우들 앞에서 어리석게 보이는 것을 두려워한다(Fassinger, 1995). 학생들은 수업 중 질문을 틀렸거나 어리석은 말을 하게 하는 설정으로 생각한다. 실제로 질문에 대해 많은 생각을 해야 하면 학생들이 두려움을 갖는 것은 당연하다. 결과적으로 질문을 던지면 수업 중 대부분의 학생은 침묵을 유지하고 눈맞춤을 피할 가능성이 높다. 교수가 질문을 한 후 하는 일이 누군가가 자발적으로 대답할 것을 기다리는 것밖에 없다는 것을 알면, 학생들은 그 질문에 대해 생각할 아무런 의욕이 없다. 앞 줄에 있는 2~3명의 학생 중 한 명이 답을 할 것이며, 만약 그렇지 않다면, 교수가 답을 줄 거니까. 그러나 교수가 질문을 하고, 학생이 생각할 겨를도 없이 한 학생을 지적하여 답을 요구하면(cold-calling), 학생들은 질문에 대한 두려움을 갖게 되고 교수가 질문의 대상을 선택하자마자 대부분의 다른 학생들은 안도의 한숨을 쉬며 사고를 멈춘다.

교수가 질문을 통해 학생들에게 원하는 것을 학생들이 실제로 생각하게 하는 방식도 능동 학습이다. 질문을 하고, 학생들에게 개별적으로 성찰을 하게 하거나, 짧은 시간 동안 소그룹으로 답을 도출하도록 한 다음, 개별 학생이나 그룹을 지목하여 답을 공유하도록 한다. 개인을 지목하더라도 위협 수준은 상대적으로 낮다. 먼저 생각할 시간 없이 응답하도록 요청하지 않기 때문이며, 그룹으로 작업을 하였다면 개인이 아니라 그룹을 대표해서 말하기 때문이다.

모든 질문에 능동 학습을 할 필요는 없다. 때로는 자원해서 응답하도록 하는 것이 좋다. 대부분의 학생들이 교수의 질문에 대해 생각하게 하는 한 가지 방법은 질문 후에 기다리는 시간을 늘리는 것이다. Rowe(1986)는 대부분의 교수들이 누군가를 지적하거나 스스로 대답하는 데 단 1초가 걸렸다고 밝혔다. 최대 5초를 기다리면 더 많은 응답을 얻을 수 있다. 처음에는 기다리는 시간을 늘리는 것은 쉽지 않다. 학생들 앞에서 5초의 침묵은 영원처럼 느껴질 수 있기 때문이다. 그러나 교수와 학생들이 5초에 익숙해지기까지는 오래 걸리지 않을 것이다.

학생들의 질문 및 질문에 대한 오답에도 정중히 응대한다

어떤 학생이 어리석거나 잘못된 말을 하더라도 정중한 대응이 토론 분위기를 조성하는 데 도움이 된다. 학생이 말한 것에 조금이라도 합리성이 있다면 인정해준다 (**"좋아요, 아마도 ___(이)라고 생각하고 있는 것 같은데 좋습니다. 하지만 ___을/를 고려해 보세요."**). 그리고 아무렇지도 않은 듯이 계속 수업을 진행한다. 질문에 대한 대답이 전혀 타당하지 않으면 "아니오, 그렇지 않습니다."라고 말하고 다른 학생에게 대답을 요청한다. 때로는 정답을 알려주기 전에 여러 학생의 답변을 듣는 것이 좋다. 당신이 찾고 있는 대답을 얻었을 때 멈추는 것보다 더 넓은 범위의 답을 얻게 될 것이고 오해나 잘못된 추론을 발견할 가능성이 높아진다.

5.2 수업 전 과제를 효과적으로 만들기

수업에 오기 전에 읽어야 할 것들을 과제로 주고, 그 내용을 기초로 다음 수업을 진행할 계획을 세운다. 수업에서 읽은 내용에 대해 질문을 하면 대부분의 학생들은 보지도 못했거나 단어 하나도 이해하지 못한 것처럼 행동한다. 이 게으르고 글을 읽지 못하는 것처럼 행동하는 학생들에게 화가 나지만 계획된 수업을 진행할 수 있도록 읽었어야 하는 내용을 다루게 된다.

방금 여러분의 경험이 묘사되었다면 생각해야 할 세 가지 질문이 있다. 첫째, 학생들에게 특정 수업 전에 먼저 읽게 하는 것이 얼마나 중요한가? 둘째, 그것이 중요하다면, 어떻게 학생들을 읽도록 할 수 있을까? 셋째, 학생들이 이 단계까지 올 수 있었으면 글은 읽을 수 있을 것이다. 그런데 왜 그렇게 많은 학생이 읽도록 요청받은 내용을 이해할 수 없는가?

첫 번째와 두 번째 질문을 잠시 보류하고 세 번째 질문에 대해 고려해보자. 학생들이 왜 읽을 수 없었는지/읽지 않았는지/읽지 않을 것인지에 대해 가능한 몇 가지 답이 있다. 일부 학생은 실제로 읽기 과제를 하기에 너무 게으를 수 있고, 문장이 어설프게 작성되었을 수도 있다. 그러나 가장 가능성 있는 대답은 읽기 과제를 무시하는 것이 큰 문제가 되지 않는다는 것이다. 다른 모든 수업에서 그러했는데 왜 이 수업은 다르겠는가?

수업 전 과제의 가치는 그 과제가 무엇인지에 따라 달라진다. 가장 효과적인 과제는 학생들에게 상호작용이 가능한 온라인 자습서를 통해 공부하게 하는 것이다. 온라인 자습서는 질문 및 연습문제를 곳곳에 포함하고 있는 멀티미디어 프레젠테이션이다. 덜 효과적이지만 여전히 가치가 있는 것은 풍부한 양의 시각적 내용, 데모 및 예제를 포함하고 있는 잘 짜인 스크린캐스트이다. 학생들이 이와 같은 과제를 완료하면, 과제를 기반으로 수업을 구성할 수 있고, 과제를 토대로 전체 수업을 문제 해결 연습에 사용하는 '거꾸로 교실'을 시도할 수 있다(자세한 내용은 7장 참조).

반면에 새로운 내용을 소개하기 위해 단순히 교과서 읽기 과제를 주는 것은 일반적으로 비생산적이다. 읽고 있는 것의 많은 부분을 이해하지 못하는 학생들에게 STEM 교과서는 종종 무겁고 건조하며 해독이 거의 안 된다. 모호한 일반적인 아이디어보다 나은 어떤 것을 얻으려면 학생들은 진지하게 신경 써서 글을 읽어야 하고 모든 정의, 설명, 유도 단계 및 도표와 플롯의 의미를 이해하면서 다음 단계로 나가야 한다. 대부분의 학생들은 그런 식으로 읽는 법을 알지 못한다. 그냥 알 수 있는 것도 아니며, 아무도 가르쳐준 적도 없다. 이성적인 사람들이기 때문에 글을 이해할 수 없으면 무시하게 된다. Hobson(2004)은 모든 과목에서 70% 이상의 학생들이 읽기 과제를 무시하고, STEM 과정에서는 그 비율이 더 높을 수 있다는 연구 결과를 인용한다.

그러나 학생들에게 읽도록 요구하는 것을 포기해야 한다는 것은 아니다. 전문가로서 새로운 일을 시작할 때 서면 자료를 통해 정보를 얻지, 수업을 듣거나 온라인 튜토리얼을 수행하지 않는다. 학생들에게 과제를 읽게 하고, 읽는 방법을 배우도록 돕기 위한 몇 가지 아이디어는 다음과 같다.

과제를 중요 내용으로 줄인다

읽기 과제는 학습 목표와 명확히 연결되어야 한다. 50쪽의 읽기 분량 중 5쪽만 학습 목표에 직접적으로 관련이 있고 다른 45쪽은 '알면 유용한 내용'을 포함하고 있다면, 학생들이 과제를 무시해도 놀라지 말자. 대신, 5쪽을 과제로 주고, 나머지는 필수가 아니라고 제안한다.

읽기 과제에 온라인 퀴즈를 포함한다

읽기 과제에 제시된 중요한 아이디어에 대한 한두 개의 퀴즈는 수업 관리 소프트웨어를 사용하면 관리가 용이하고 처리하기 쉽다. 이 전략의 두 가지 변형이 성공적으로 사용되고 있다.

- **자기 테스트** 학생들이 답을 입력하면 즉각적으로 정답인지 혹은 수정이 필요한지 피드백을 받게 되며, 수정이 필요한 경우 또 다시 시도할 수 있도록 한다. 전체 문제의 정답이 제출될 때까지 과제는 완료된 것으로 간주되지 않는다.
- **적시교육법**(Just in-Time Teaching) 학생들은 과제 제출 기한 하루 전 저녁(또는 2시간 전)에 답변을 제출한다. 교수는 답을 검토하고 공통적으로 혼동하고 있는 점을 다루기 위해 차시별 수업 계획을 조정한다. 수업 관리 소프트웨어를 사용하지 않는 경우도 전자메일이나 온라인 설문도구를 통해 답변을 제출할 수 있다.

퀴즈를 완료하는 것이 과목의 최종 학점에 큰 부분을 차지해도 안 되지만 어떤 방식으로든 고려되어야 한다. 최종 학점에 영향을 미치게 하는 것이 학생들이 실제로 읽고 주요 내용을 이해하려고 노력할 가능성을 상당히 높일 수 있다.

학생들에게 읽기 과제에 대해 질문을 만들어 제출하게 한다

사전 과제 퀴즈의 대안으로 학생들에게 읽기 과제에 대한 자신만의 질문을 만들고, 그 질문을 수업 중 활동의 기반으로 사용하게 하는 것이다. 상당한 개념적 내용이 읽기 과제에 포함된 경우 이 방식의 흥미로운 변형은 **안내된 동료 상호 간 질문하기**(guided reciprocal peer questioning, King, 1993)이다. 학생들은 주어진 질문의 빈칸에 읽은 내용과 관련된 것을 넣는다. 예를 들면 "_____의 주요 아이디어는 무엇입니까?", "_____와/과 _____의 차이점은 무엇입니까?". "_____한다면?" "_____에서 어떤 가정이 이루어졌습니까?", "_____의 실제 적용은?"이다. 다음 수업을 시작할 때 학생들은 소그룹으로 서로의 질문에 대답하려고 노력하며, 전체 수업에서는 특히 흥미롭고 논란의 여지가 있는 질문에 대해 논의한다. 교수는 질문과 답변을 모아 과제의 일부로 채점을 하거나, 진중한 읽기와 토론을 활발히 하기 위해 사용할 수 있다. 이 기술은 비판적 사고와 독해 능력을 촉진한다.

학생들에게 읽기 과제의 개념도를 그려보게 한다

개념도는 지식 체계의 핵심 아이디어 사이의 상호 관계를 보여주는 블록 다이어그램 또는 흐름 차트이다. 학생들이 개념도를 처음부터 모두 또는 교수가 만든 골격에서 준비하게 하면 정보 구조에 대한 깊은 이해를 촉진할 수 있다(Ellis et al., 2004). 4.6 절에서는 개념도를 사용하는 것에 대한 몇 가지 세부 사항을 제공하고, 다양한 분야의 참고문헌을 인용한다.

읽기 과제에 대해 수업 중 퀴즈를 볼 것을 고려한 다음, 그렇게 하지 않을 것을 고려한다

학생들이 수업 전에 과제를 읽게 하는 일반적인 전략은 수업 시간 초반에 읽은 내용에 관한 짧은 퀴즈를 주는 것이다. 이 방법은 학생들을 읽게 하는 목적을 달성할 수 있지만 단점이 있다. 퀴즈는 수업 중에 시험지를 배포하고, 문제를 풀게 하고, 다시 수집하는 데 많이 시간이 소요되며, 또한 퀴즈를 준비하고 채점하는 데 (특히 수강생이 많은 경우) 더 많은 시간이 걸린다. 짧은 퀴즈는 일반적으로 주로 낮은 수준의 사실에 기반한 정보를 테스트하기 때문에 여기서 얻어지는 학습 효과는 투자된 시간과 노력에 비해 가치가 없을 수 있다. 또한 학생들은 이 강좌 이외에도 해야 하는 일이 무척 많음을 명심해야 한다. 교수가 어떤 방식으로든 매일 읽기 과제를 강요하면 학생들은 그들이 꼭 해야 하는 다른 중요한 일들을 소홀히 할 수 있다. 즉, 퀴즈가 갖는 장점이 단점을 보완하기에 충분하지 않을 수 있다.

5.3 차시별 계획에 얽매이지 않는다

완벽한 세상에서는 당신이 작성한 각 차시별 수업 계획은 한 번의 수업에서 완벽하게 진행되고 다음 수업에서는 다음 차시의 수업 계획으로 넘어가면 된다. 하지만 우리가 살고 있는 세상에서는 진도가 늦어지는 사건이 자주 발생한다. 다음은 진도가 계획보다 뒤처질 수 있는 상황을 보여주고 이러한 상황을 다루는 방법을 제안한다. 여기의 모든 제안이 (마지막 권고를 제외하고) 진도를 더 늦출 수도 있다. 하지만 반드시 시도해보아야 한다. 마지막 제안이 진도를 따라 잡는 것을 도와줄 것이다.

사건 : 과제가 학생들에게 많은 혼란과 어려움을 주거나 수업 시간 중 학생들의 질문과 교수의 응답에서 학생들이 중요한 내용을 파악하지 못한 것이 분명하다.

응답 : 많은 학생이 어디서 어려움을 겪었는지를 알아냈다면 그 부분을 다룬다. 앞으로 진도만 계속 나가면, 더 많은 학생이 수업을 따라오지 못할 것이다.

사건 : 예상하지 못했던 흥미로운 주제가 수업 시간에 제기된다. 한 학생이 정말 좋은 질문을 할 수도 있고, 흥미로운 토론이나 논쟁이 시작될 수 있으며, 어려운 개념을 명확하게 만드는 기발한 예 또는 이야기를 생각할 수 있다.

응답 : 수업을 좋은 방향으로 끌고 갈 수 있는 가능성이 보이면, 그대로 따라 가라. 때때로 즉흥적인 사건이 수업을 보다 교육적으로 만들고, 스위스 시계처럼 정확히 실행되는 수업보다 즐겁게 진행할 수 있다. 그러나 학생이 그 자리에서 다룰 수 없는 어려운 질문이나, 교수가 쓰고 싶은 시간보다 더 많은 시간이 걸리는 질문을 하면, 가장 괜찮은 답은 "좋은 질문입니다. 지금 당장 답을 할 수 없지만 확인하고 알려줄게요."라고 한 다음, 답을 다음 수업에 가져 오거나 수업 웹사이트에 올린다.

사건 : 수업이 5분 남았는데 아직도 다루어야 할 내용이 많다.

응답 : 무엇을 하든지, 수업이 끝날 때쯤 발동을 걸어 계획된 수업을 서둘러 끝내지 말라. 그 마지막 순간 공세에서 학생들은 거의 배우지 못하며, 학생들을 짜증 나게 한다. 특히 예정된 수업 종료 시간을 일상적으로 초과하는 경우는 더욱 그렇다. 다음 수업에서 그 내용을 끝내는 것이 훨씬 좋다.

사건 : 수업에서 어긋난 모든 것들 때문에 계획된 일정보다 한 주가 늦어졌다.

응답 : 4.7절에서 수업 시간에 자료를 모두 다루기 위해 공란 있는 유인물을 사용하는 방법을 소개하였다. 학생들이 단순하고 간단한 부분을 읽고, 강의나 수업 중 활동을 통해 공란을 채우도록 하였다. 일상적으로 이 방법을 사용하지 않더라도, 뒤쳐졌을 때 다음 일주일 혹은 그 이상 걸릴 내용들을 공란을 가진 유인물로 준비한다. 모든 자료를 전통적 방식으로 강의하는 것 대신에 수업 시간에 유인물을 통해 작업하고, 상대적으로 쉬운 내용의 공란은 수업 후 연습문제로 남겨두면, 상당히 **빠르게** 진도를 따라 잡을 수 있다.

5.4 가르치는 방식을 계속 개선한다

학생의 교수평가에서 최고점이나 거의 최고점을 받았다고 해도 가르치는 방식은 더 좋아질 수 있다. 이를 위한 몇 가지 방법은 다음과 같다.

수업 후 고찰

수업 직후에 연구실에서 몇 분 동안 그 수업의 차시별 계획을 훑어보고 강의 내용, 질문 및 활동이 생각했던 대로 진행되었는지, 그렇지 못했던 것은 어떤 부분인지, 또 다음에 가르칠 때는 어떤 변화를 주어야 하는지에 대해 생각해본다. 차시별 계획에 변경할 사항을 적어두고 과제를 다시 가르치기 전에 계획을 수정한다. 같은 과목에 이 과정을 2~3번 거치고 나면 원하는 것에 상당히 가까운 차시별 계획이 될 것이다. 그 후에는 교과목의 학습 목표나 학생들의 배경에 큰 변화가 없다면 단지 간단한 수정만 필요할 것이다.

학기 말 학생들의 강의평가

대부분의 대학과 단과대학에서는 모든 과목의 종료 시점에 학생들에 의한 강의평가를 시행한다. 모든 교수가 강의 평가에 우호적인 것은 아니다. 일부 교수는 학생들에 의한 평가는 가치가 없고 단지 쉽게 학점을 주는 교수가 높은 평점을 받는 인기 대회라고 주장하기도 한다. 많은 교수가 이렇게 믿을 수 있지만, 수천 건의 연구가 그렇지 않다는 것을 증명하였다(Benton & Cashin; Felder & Brent, 2008; Hattie, 2009, pp. 115-118). 실제로 학생은 교수가 접근하기 쉬운지, 학생들의 관심을 이끌어내는지, 명확한지, 수업 시간 외에도 쉽게 만날 수 있는지와 같은 측면을 평가할 유일무이한 위치에 있다. 학생들의 의견이 반영되지 않은 어떤 총괄 평가 혹은 형성 평가만으로는 불충분하다.

그러나 학생의 평가만으로는 포괄적인 강의평가를 할 수 없다. 편견이 있을 수 있기 때문이다. 예를 들어 평균적으로 필수 과목은 선택 과목보다 낮은 평점을 얻는 경향이 있고 STEM 과정은 비 STEM 과정보다 낮은 평점을 얻으며 STEM 과정의 여성 교수는 남성 교수보다 낮은 평점을 받는다[Felder와 Brent(2008)에 인용된 자료 참조]. 또한 학생들은 수업의 특정 측면을 평가할 수 있는 능력이 없다. 예를 들면 이 과목의 수업이 인증 기준을 충족시키고 후속 필수 과목을 적절히 준비시켰는지 등이다. 간단히 말해서, 학생 평가가 가르치는 방법을 향상시키는 데 도움이 되는 꼭 필요한 정보를 제공하지만, 다른 방식의 평가로 보완되어야 한다.

강의의 동료 상호 검토

학생들과 달리 동료 교수는 그 수업에서 다루어야 하는 내용이 다루어지고 있는지를 평가할 수 있다. 그 동료가 훌륭한 교수인 경우 당신의 강의에 대해 학생이 알아내지 못한 부분에 대한 개선 방안을 제안할 수 있다. 많은 학교와 개별 학과에서 학생의 평가를 보완하기 위해 상호 검토를 사용한다. 어떤 학과는 모든 교수들의 재임용, 종신재직, 승진 결정 전에 포괄적인 상호 검토를 위한 공식 절차를 사용하며, 같은 절차의 초기 강사 형성적 버전을 초기 2년 동안 모든 교수에 적용하고 있다(Felder & Brent, 2004d).

학과 차원의 상호 검토가 수행되지 않는 경우 (또는 그렇다고 하더라도) 동료 중 최고의 교수 한두 명에게 당신의 수업에 참석하여 수업을 관찰해줄 수 있는지 부탁한다(그들에게 최고의 찬사가 될 것이다). 각 관찰 수업 후에 커피 또는 점심 식사를 하면서 수업을 점검하고, 잘된 점과 개선해야 할 사항(해당 차시 수업에 대해)에 대한 아이디어를 교환한다. 탁월한 교수가 아니더라도 강의를 열심히 준비하는 동료와도 서로의 수업을 참관할 수 있다(Sorcinelli & Yun, 2007).

학생들에 의한 평점 및 상호 검토는 형성적 · 총괄적일 수 있다. 일분 쪽지(3장에서 소개됨)와 그 후 방법은 순수하게 형성적이다.

학기 중간 평가

학기 시작 후 4주 이상이 지났을 때, 강의가 끝날 무렵 개방형 설문지를 배포하여, 학생들이 교실을 떠나기 전에 익명으로 작성하고 제출하게 한다. 설문지는 다음 중 일부 또는 전부를 조금 바꾼 형태의 질문을 포함하며, 세 번째 질문을 제외한 모든 질문 아래에는 답을 삽입할 공백이 있어야 한다.

1. 이 수업의 어떤 특정한 부분과 강의가 학습에 도움이 되나요?
2. 이 수업의 어떤 특정한 부분과 강의가 학습에 방해가 되나요?
3. [교수가 피드백을 원하는 수업의 특정 부분을 삽입]은/는 학습에 도움이 된다, 방해가 된다, 도움도 방해도 되지 않는다.

4. 이 과목의 남은 기간 동안 학업 성과를 향상시키기 위해 당신이 할 수 있는 일
은 무엇인가요?

5. 이 과목이나 강의에 대해 다른 의견이 있나요?

첫 세 질문은 학습과 관계 있음을 주목한다. 학생들이 좋아하는 것과 싫어하는 것
을 묻는 것보다 위와 같은 방식으로 구조화하는 것이 매일 도넛을 주지 않는 것, 너
무 이른 수업, 교수의 옷 취향에 대한 불만을 완전히 없애지는 않지만 얻을 수 있는
유용한 피드백의 양을 최대화할 것이다.

여기서의 핵심은 수집된 모든 의견을 주의 깊게 읽고, 개별적인 피드백을 제공하
는 것이 아니다. 평가를 훑어보고 공통적인 답변을 기록한 후, 다음 수업에서 답을
주는 것이다. 학생들이 요청한 것이 적절하다고 생각되고, 또 기꺼이 받아줄 용의가
있는 것(예 : 수업에서 더 많은 예를 제시하는 것)은 그렇게 할 것이라고 발표하고,
원하지 않거나 할 수 없는 일(예 : 과제를 줄여 주는 것)은 학생들의 요청은 인정하
되 왜 그것을 못 받아들이는지를 설명한다. 학생들이 교수가 자신의 학습에 관심이
있고, 자신의 말을 들어주고, 자신의 요청을 진지하게 고려하는 것을 안다면 대부분
은 당신의 결정을 불평 없이 받아들일 것이다.

이 책에서 우리가 하는 다른 제안을 받아들이지 않을 거라면, 이 제안만은 수용하길 바란
다. 그것은 학기 말까지 기다리지 말고 아직 시정할 시간이 있을 때 문제를 확인해야 한다
는 것이다.

교실 평가 기법

교실 평가 기법(classroom assessment techniques, 종종 CAT라고 함)은 수업 중 할 수
있는 짧은 형성평가를 하는 것으로, 학생들이 교수가 제시한 내용을 얼마나 잘 파악
했는지를 신속하게 알려준다. 가장 잘 알려진 CAT는 일분 쪽지(3.6.5절)이며, 많은
다른 것들은 Angelo와 Cross(1993)에 의해 기술되어 있다.

전문가 컨설팅

대부분의 캠퍼스에는 교수–학습 센터가 있으며 교수진의 강의를 향상시킬 수 있도
록 도와주는 것을 목적으로 한다. 수업의 여러 측면에 대한 프로그램을 제공하는 것
외에도 일부 센터의 컨설턴트가 수업을 관찰하고 비디오를 제작하고 학생 평가를

검토하며 조언을 줄 수 있다. 이와 같은 서비스를 활용할 수 있다면 센터의 혜택을 누리는 것이 좋다.

비디오로 자신이 가르치는 모습을 보는 것은 스스로를 겸허하게 하는 경험이 될 수 있다("맙소사. 내가 정말로 그렇게 합니까?"). 그러나 초기 충격 후에 당신은 잘하고 있는 것들과 향상시킬 수 있는 부분을 보게 될 것이다. 교실 구석에 카메라를 설치하고 수업 중에 촬영을 하게 하면, 나중에 컨설턴트가 혹은 직접 검토할 수 있다.

학기를 마친 후 교과목 성찰

한 학기의 수업이 끝나고, 과제와 프로젝트 및 시험도 완료되었으며, 학점이 부여되고, 학생 평가와 상호 검토가 종료되었을 때, 한 학기를 되돌아보고, 스스로 수업이 어떻게 진행되었다고 생각하는지를 한 시간 동안 깊이 생각해본다. 그런 후 다음 번에 다르게 해야 할 일을 강의 자료에 적어놓고 또 같은 과목 강의를 해야 할 때가 되면 변경하여 수행한다.

스스로 공부하기

수십 권의 저서와 수백 권의 저널 및 뉴스레터[JIHE(Journals in Higher Education), n.d.]는 효과적인 STEM 교수법에 대한 훌륭한 정보를 얻을 수 있는 곳이다. 처음부터 끝까지 읽을 시간이나 의도가 없더라도, 책 한 권을 열어서 임의의 섹션이나 기사를 읽는 것은 가치가 있다고 확신한다. 또한 교내에서 열리는 교육 워크숍 및 전문 학회의 교육 관련 세션에 참석하는 것도 고려한다.

> **생각해볼 문제**
>
> 다음 질문에 대한 답을 얻기 위해 지금 당신은 무엇을 하고 있는가?
>
> - 학생들이 수업에서 혼란스러워 하는 것은 무엇인가?
> - 학생들은 당신의 강의에 대해 무엇이 효과적이고 무엇이 비효과적이라고 생각하는가?
> - 당신의 분야에서 개발되어 있는 새로운 교육 기술과 자료는 무엇인가?
>
> 당신은 무엇을 더 하기를 원하는가?

5.5 알아두기

- 끊임없이 진행되는 논스톱 강의는 과목 내용의 대부분이 학생의 장기기억 속에 남지 않을 것이라고 장담한다. 수업 중이나 수업 밖에서도 학생이 중요한 내용을 기억하고 성찰하며 계속해서 작업할 수 있는 반복적인 기회를 제공하면 장기기억에 저장되고 나중에 필요할 때 인출될 가능성이 높다.

- 수업 중에 질문을 함으로써 학생의 이해도를 지속적으로 모니터해야 한다. 질문을 주자마자 학생이 질문에 대해 생각할 시간도 주지 않고 답을 요구하는 것과 모든 질문 후에 자발적으로 대답할 학생을 찾는 것은 일반적으로 효과적이지 못하다. 개별적으로 성찰 혹은 소그룹 토론을 위한 시간을 제공한 후 학생을 지적하는 것이 좋다.

- 수업 전 과제는 가능한 상호작용형으로 부과되어야 한다. 온라인 멀티미디어 자습서, 스크린캐스트, 짧은 강의 클립 및 짧은 필수 읽기 과제를 내용에 관련된 온라인 퀴즈와 학생의 답에 대한 피드백과 함께 사용한다. 긴 읽기 과제나 비디오 테이프로 녹화된 긴 강의를 과제로 부과하지 말라.

- 학기 중간과 끝의 강의 평가, 동료 관찰, 일분 쪽지 및 기타 교실 평가 기법, 전문가와의 상담, 수업 후 및 교과목 종료 후 성찰, 교육 관련 서적 및 정기 간행물을 규칙적으로 읽기 등이 모두 합쳐져서 지속적으로 당신의 가르치는 방식을 개선할 것이다.

5.6 수업에서 시도해보기

- 다가오는 수업의 차시별 계획을 살펴보고 수업 계획이 몇 가지 좋은 질문을 포함하는지 확인한다. 4.5절의 샘플 질문을 살펴보고 아이디어를 얻는다.

- 수업을 한두 번 실시한 후 일분 쪽지를 거두고, 학기 시작 후 몇 주 후에는 중간 평가를 실시한다. 후속 수업에서는 각각의 형성 평가에 대응한다. 중간 평가를 하기 전에 많은 학생이 어떻게 대답할지 예측해보라. 예측한 것과 학생들의 실제 답을 비교해본다.

- 뛰어난 교사로 명성을 쌓은 동료에게 수업을 참관해도 되는지 물어본다. 대답

이 "예"(거의 확실히 그럴 것이다)인 경우 교실 뒤에 앉아서 주목할 만한 모든 것을 적어둔다.

● 학과의 동료나 교내 교수 학습센터의 컨설턴트에게 당신의 강의를 관찰하고 잘하는 것과 개선해야 할 점에 대해 알려달라고 부탁한다. 수업을 마친 후 커피와 함께 관찰 결과에 대해 논의한다.

이 장면은 두 명의 컴퓨터과학 전공 학생이 거주하는 기숙사 방이다. 아이샤가 빠른 걸음으로 들어왔을 때, 레이첼은 그녀의 컴퓨터 위로 등을 구부리고 앉아 키보드 옆에 열려 있는 매뉴얼을 보고 있다.

아이샤 (A) : 안녕, 레이첼. 책 그만 보고 가자. 파티 갈 시간이야!

레이첼 (R) : (침묵)

A : 이봐, 우리가 이 방에서 나가기도 전에 모두가 거기에 도착했을걸.

R : 진정해, 아이샤, 이 코드를 돌리려는 중이야. 먼저 가. 나는 나중에 갈게.

A : 그래, 지난주에도 15분 안에 온다고 하고는 오지 않았어.

R : 인공지능 과제에 푹 빠져서 시간 가는 줄 몰랐다고 했잖아… 어쨌든 내가 이런 파티 싫어하는 거 너도 알잖아.

A : 이봐, 장담하는데 내가 알아낼 수 있어. 여기에 명령어 몇 줄 넣고, 저기에 몇 번 클릭하면 우린 밝은 빛을 향해…

R : 아이샤, 내 컴퓨터에서 손 떼! 설명서를 다시 살펴보고 제대로 할 거야. 지난주에 그래미 상을 녹화할 때 내 DVR을 프로그래밍하는 것을 어떻게 도와주었는지 기억해? 네가 "이 빌어먹을 지침서 필요 없어."라면서 2시간짜리 공영방송 간 이식 특집을 녹화했잖아.

A : 그 이유는 내가…

R : 그리고 건물 전체를 정전시킨 하드웨어 연구소는 어떻고? 폭발시키기 직전에 "그냥 하자. 실험실 매뉴얼은 겁쟁이를 위한 것"이라고 하지 않았어?

A : 그래, 하지만 누구의 미친 아이디어가 여름 일자리에서 특허 출원을 했는지 잊지 마. 네 문제는 하고 싶은 일에 대해 생각만 하고 왜 안 될지 걱정하느라 너무 많은 시간을 보내면서 실제로 하지 못하는 거야…. 하지만 괜찮아. 네가 참을 수 있으면, 밤새도록 생각해. 나는 여기서 나가… 아, 그리고 잊지 마. 내가 제이크, 마티, 에이미, 그리고 다른 몇 명에게 내일 여기서 함께 인공지능 시험 공부하자고 했어.

R : 아이샤, 나한테 계속 왜 이러는 거야? 나는 혼자 공부하는 게 더 잘되는 거 알고 있잖아. 게다가 네 주의 집중 시간은 20초 정도인데 그 농담쟁이들이 있으면 공부뿐만 아니라 다른 모든 것도 잊어버릴 거야.

A : 아니야. 이번엔 정말 진지해. 나는 사람들이 주변에 있는 것이 좋아. 지루하지 않잖아.

R : 지루해? 너…

A : 나중에 봐, 레이첼. 네 몫의 맥주를 남겨 놓을게….

아이샤와 레이첼은 초등학교 때부터 가장 친한 친구였고, 같은 대학에 입학하여 룸메이트가 되었을 때 아무도 놀라지 않았다. 놀라운 것은 그들이 처음 만났을 때 친구가 된 것이다. 그들의 성격이 극과 극이었기 때문이다. 아이샤는 파티나 공부할 때도 많은 사람이 있는 것을 좋아하며 레이첼은 자신이 잘 알고 있는 사람들로 구성된 작고 조용한 모임을 제외하고는 싫어한다. 아이샤는 익숙하지 않은 과제를 시작할 때 "일단 시도하고 어떤 일이 일어나는지 보자."라고 하면서 물속으로 뛰어든다. 레이첼은 발가락을 담그면서 "잠깐만, 먼저 생각해보자."라고 한다. 레이첼은 혼자 일하기를 좋아하며 아이샤는 기회가 있을 때마다 다른 사람들과 함께한다.

아이샤는 능동적 학습자(active learner)이고 레이첼은 성찰적 학습자(reflective learner)이다. 두 가지 범주는 상호 배타적인 범주가 아닌 학습 유형 선호도(Felder & Brent, 2005)를 나타낸다. 선호도는 강하거나 약할 수 있으며, 모든 사람들은 두 유형의 특성을 각기 다른 정도로 갖고 있다. 능동적 학습자는 이해하기 위해 경험을 하려는 경향이 있다. 성찰적 학습자는 경험하기 전에 이해하길 원한다. STEM 분야의 학생과 전문가는 두 유형의 강점의 덕을 본다. 성찰적 학습자의 사려 깊음, 지속적으로 집중하는 능력, 이해를 하려는 욕구와 능동 학습자의 빠른 생각, 실험하고자 하는 의지, 팀워크에 대한 편안함 등이다. 능동적 학습자와 성찰적 학습자가 모두 우수한 전문가가 될 수 있지만, 불행하게도 일반적으로 STEM 과목을 가르치는 방식, 즉 논스톱 강의, 개별적으로 수행하는 과제, 아주 적은 실제 체험 기회는 능동적 학습자에게 불리한 상황을 만든다.

여러 교육 기법이 능동적 학습자 또는 성찰적 학습자 또는 둘 다에게 수업을 보다 효과적이고 즐겁게 만들 수 있다. 능동적 학습자를 위해 전통적인 강의 수업에서 실험을 시연하고(체험형 선호), 성찰적 학습자를 위해 실험 시간에 실험 결과 해석에 대한 짧은 강의를 제공할 수 있다. 상호 작용하는 컴퓨터 자습서 및 시뮬레이션을 사용하면 능동적 학습자는 제공되는 활동을 즐길 수 있으며, 성찰적 학습자는 상대적으로 위험이 없는 환경에서 시행 착오 분석을 연습하게 된다. 3 ~ 4명의 능동적 학습자에게 팀 과제를 줄 수 있고 성찰적 학습자에게는 개인 과제를 줄 수 있다. 능동 학습(4장과 6장)은 능동 학습자에게 상호 작용의 기회를 제공하고 성찰적 학습자에게는 생각할 수 있는 기회를 제공한다(활동 중에 모두가 동시에 이야기하는 것은 아니다).

참고 : 학습 유형은 모든 분야의 교수 설계를 돕기 위해 광범위하게 사용되었다(Felder & Brent, 2005). 요점은 각 학생에게 그들이 선호하는 방식으로 가르치는 것이 아니라, 하나의 선호도 또는 그 반대에 지나치게 편향되어 있지 않도록 균형을 이루는 것이다. 학습 유형은 학습 심리학계의 논쟁을 포함하여 12장에서 보다 자세히 논의된다.

능동 학습

6.0 들어가기

이 책에서 우리가 자주 강조한 점은 (그리고 앞으로도 멈추지 않을 것은) 학습은 여러 가지를 실제로 경험하고 그 결과를 고찰함으로써 이루어지며, 수동적으로 정보를 받는 것으로는 진행되지 않는다는 것이다. 학생들의 학습을 극대화하기 위해, 우리는 학습 목표에 열거된 과업에 대해 교실 안과 밖에서 할 수 있는 연습과 피드백을 제공해야 한다. 3장부터 5장까지는 학생들이 적극적으로 수업에 참여할 수 있도록 하는 몇 가지 방법을 제안하였다. 이 장에서는 능동 학습, 즉 교수로부터 보고, 듣고, 받아 적는 것 이외에 학생들이 수업에서 할 수 있는 모든 것을 포함하는 교수법을 좀 더 체계적으로 살펴본다. 수백 건의 연구 및 메타 분석 결과에 따르면, 능동 학습은 조사된 거의 모든 학습 성과를 증진하는 데 있어서 기존의 강의 위주 방식을 능가하는 것으로 나타났다(Freeman et al., 2014; Prince, 2004; Wieman, 2014).

능동 학습은 어려운 방법은 아니지만 학습자 중심이다. 즉, 교사 중심의 전통적인 방법보다 자신의 학습에 대한 더 많은 책임을 학생들에게 부여한다(Weimer, 2013). 이 책에서 여러 번 제안했듯이, 모든 학생이 그 같은 추가 책임을 지는 것을 미칠 듯 기뻐하지는 않는다. 이 장 앞의 엿보기에서 일부 학생(아이샤와 같은)은 능동 학습 그룹에서 매우 행복하고 편안하지만, 다른 학생(레이첼과 같은)은 그렇지 않을 수도 있음을 보여준다. 능동 학습을 진행하는 교수는 일부 학생들의 거부 반응을 예상해야 하며 이를 대처할 준비가 되어 있어야 한다.

이 장은 다음의 질문을 다룬다.

- 능동 학습 활동에서 학생들에게 무엇을 하도록 해야 하는가? 어떤 실수를 피해야 하는가?

- 능동 학습을 할 때 나는 다음과 같은 걱정을 한다. (a) 활동을 고안하는 데 많은 시간을 보내야 한다, (b) 다루어야 하는 내용을 줄여야 한다. (c) 수업을 통제할 수 없을 것이라 생각한다, 또한 학생들이 (d) 불만을 제기하고, (e) 참여를 거부하고, (f) 학기 말 수업평가를 부정적으로 할 것이다. 어떻게 이러한 결과를 피할 수 있을까?

- 보충 수업(개인교습 혹은 문제 풀이 세션) 및 거꾸로 교실에서 능동 학습을 어떻게 사용해야 하는가?

6.1 능동 학습은 무엇인가?

최근 수십 년간의 훌륭한 연구 덕분에 우리는 학습이 어떻게 이루어지고, 대부분의 전통적인 강의에서 얼마나 적은 양의 학습이 일어나는지에 대해 많이 알게 되었다 (Ambrose et al., 2010; Bransford et al., 2000; Freeman et al., 2014; Mastascusa et al., 2011; Prince, 2004; Svinicki & McKeachie, 2014; Weimer, 2013). 지루하고 혼란스러운 강의의 비효율성은 명백하다. 그러나 모든 캠퍼스에는 지식을 갖추고, 명확히 의사를 전달하며, 카리스마가 있고 때로는 재미있는 교수가 있다. 학생들은 매년 최고 평점을 주고 그 수업에 등록하기 위해 줄을 선다. 이러한 교수에 의한 전통적인 강의는 효과적인 학습 경험이 될 수 없는가?

그것은 '효과적'이라는 것이 의미하는 바에 달려 있다. 훌륭한 전통적 강의는 강의 주제에 대한 관심을 불러일으키고, 질문을 끌어내며 후속 토론을 유발하고, 이미 강의 내용의 대부분을 이해하는 사람의 부족한 지식을 채우는 등 몇 가지 유용한 목적을 확실하게 달성할 수 있다. 그러나 복잡하고 상대적으로 익숙하지 않은 내용에 대해서는 훌륭한 전통적 강의에서조차도 학생들이 교수가 설명하는 것을 실행 하는 것은 10미터 높이의 플랫폼에서 세 개 반의 공중회전 다이빙에 대해 강의하는 것과 같을 것이다. 절차는 꼼꼼하게 강의에서 나열할 수 있지만, 실행하는 것은 잘되지 않을 것이다.

다이빙, 글쓰기, 비판적 사고, 생화학적 경로의 추론, 역학 문제 해결 등의 능력이

표 6.1-1 능동 학습 과제

- 이전 자료(예 : 이전 수업 시간에서 다루었던 내용)에 대해 논의한다.
- 질문에 답한다.
- [문제 해결, 유도]를 시작하거나 다음 단계로 넘어간다.
- [자유물체도, 회로도, 플롯, 흐름도, 제품 수명 주기]를 그린다.
- [방금 다룬 내용, 유도한 공식]의 실세계 적용 분야를 생각해본다.
- [결함 있는 제품, 일련의 증상, 컴퓨터 오류 메시지]를 진단한다.
- [실험 결과, 입력 값의 변화에 대한 시스템 반응]을 예측한다.
- [복잡한 수학 함수, 미분 방정식의 해답]의 형태를 계산을 하지 않고 스케치한다.
- [작문 샘플, 구두 발표, 데이터 해석, 컴퓨터 코드, 임상 절차, 공정 설계, 제품 설계]를 비평한다.
- 계산된 양이 측정된 양과 틀리거나 다를 수 있는 이유를 찾아낸다.
- 어떤 일을 하는 방법의 목록을 브레인스토밍한다.
- 방금 수업에서 다룬 내용에 대한 질문을 생각해본다.
- 전체 강의 또는 강의의 일부를 요약한다.

개발되는 유일한 방법은 연습을 통해 무언가를 시도하고 그것이 어떻게 되어가는지를 보고, 가능하다면 피드백을 얻고, 더 나은 방법을 생각하고 또 다시 시도하는 것이다. 그런 종류의 연습은 과제를 통해 하고 또한 해야 한다. 전형적인 한 학기 과정에서 교수가 학생들과 직접 만나는 시간은 대략 40시간이다. 왜 이 시간의 일부를, 즉 나중에 과제와 시험에서 수행해야 할 작업을 교수의 지도를 받으면서 연습하는데 사용하지 않을까? 즉, 능동 학습을 사용하지 않는 이유는 무엇일까?

능동 학습에 대한 많은 다른 정의들이 교육계에서 사용되고 있다. 우리의 정의는 다음과 같다. 능동 학습은 단순히 강의를 보고, 듣고, 메모하는 것 이외에 학생이 주도하도록 요구하는 수업과 관계된 모든 것이다. 일부 능동 학습 과제는 표 6.1-1에 제시되어 있으며 나머지는 책 전체의 여기 저기에서 설명하였다.

지금부터 이 장에서는 수업 활동을 구성하는 여러 방법을 제시하고, 능동 학습의 효과를 확인하는 연구를 간략히 소개하며, 이 방법을 사용할 때 일어날 수 있는 문제에 대처하는 방법을 논의한다.

6.2 활동의 구조와 형식

학생들에게 요청할 활동을 결정하면(예 : 표 6.1-1에 제시된 작업 중 하나), 다음 세 가지 기본 학습 형식 중에서 선택할 수 있다.

개별 연습

학생들에게 과제를 주고 일반적으로 5초에서 3분 사이의 짧은 시간을 주어 과제를 개별적으로 해결하도록 한다. 학생들 모두가 과제를 끝내기에 충분한 시간이 아닐 수 있지만 괜찮다. 이 과제 관련 모든 활동이 완료될 때, 모두 다 같이 끝나게 될 것이다. 할당된 시간이 경과하면 한 명 혹은 여러 학생들을 불러 답을 발표하게 한다. 과제가 개방형이라면(즉 하나 이상의 답이 있을 수 있다면) 더 많은 답을 얻기 위해 자발적으로 발표하게 한다. 답에 대해 토의한 후, 다음 차시별 계획으로 진행한다.

소규모 그룹 연습

개별 연습과 유사하나 주어진 과제의 작업을 위해 학생들에게 소그룹(일반적으로 2~4명)을 만들게 한다. 과제에 기록이 필요한 경우 각 그룹은 한 명을 임의로 서기로 정한다(예 : 교수의 왼쪽에서 가장 먼 학생, 교실에서 가장 가까운 곳에서 태어난 학생, 또는 그날 아직 기록 업무를 하지 않은 그룹 구성원). 할당된 시간이 경과하면 한 번 혹은 여러 번 무작위로 선택된 개인이나 그룹으로부터 답을 공유하도록 한다.

생각하고 짝을 이루어 공유하기

학생들이 개별적으로 과제를 작업한 후, 두 명씩 짝을 지어 각자의 답을 비교하고 개선하게 한다. 개인을 무작위로 지목하여 각 쌍의 답을 전체와 공유하게 한다. 생각하고 짝을 이루어 공유하기(Think-pair-share, Lyman, 1981)는 바로 그룹으로 시작하는 것보다 시간이 오래 걸릴 수 있지만, 개별적인 숙고는 더 많이, 깊이 있는 학습을 할 수 있다.

교수진이 능동 학습이라는 아이디어를 처음 접하게 되면 학생들이 그룹을 구성하고 또 재구성하는 데 너무 많은 시간을 낭비할 것이라고 걱정한다. 그룹을 구성하는 것은 그렇게 중요하지 않다. 학생들이 앉은 곳에서 그룹을 만들게 한다. 그러면 학생들은 몸을 기울이거나, 돌아서고, 최악의 경우 몇 자리를 옮겨 그룹에 참여할 것

표 6.2-1 특정 성과와 역량 배양을 위한 능동 학습의 구조

- **교과목의 첫 강의를 잘 시작하기** 몇 가지 방안이 3장에 제시되었다.
- **기술적 문제 해결 및 수학적 분석 능력** *공란 있는 유인물*(4장), *의미 있는 단위로 나누어 분석* : 문제의 해법이나 유도 과정을 비교적 작은 부분으로 나누고 학생들이 활동에 참여하여 해결하도록 한다(6장과 9장). TAPPS(think-aloud pair problem solving, *소리 내어 생각하고 짝으로 문제 해결*) : 짝을 이루어 분석하고, 번갈아 가면서 설명 단계(둘 중 한 명)와 질문에 대한 설명과 필요한 경우 힌트를 제공하는(둘 중 다른 한 명) 단계를 수행한다(6장과 9장).
- **컴퓨팅과 프로그래밍 능력** *짝을 이루어 프로그래밍* : 학생들이 짝을 이루어 조종사(키보드 입력, 전술적 사고)와 항해사(점검, 전략적 사고)의 역할을 번갈아 하며 컴퓨터 작업을 한다(6장).
- **의사소통 능력** *작문, 말하기 및 비평 연습*(10장).
- **개념 이해** *개념 시험*(8장).
- **이해를 위한 읽기** *안내된 동료 상호 간 질문하기* : 학생들은 부과된 읽기 과제에 대해 질문을 만들고 수업 시간에 서로에게 질문을 한다. 질문은 높은 수준의 사고를 촉진해야 한다(5장).
- **창의적 사고능력** *브레인스토밍, 문제 만들기 연습*(10장).
- **비판적 사고능력** *의사 결정, 비평 연습*(10장).
- **높은 성과의 팀워크 능력** *위기 클리닉* : 가상의 팀원 행동과 팀 기능 장애를 평가하고 다루기(11장).

이다. 학생들은 대부분의 시간을 같은 학우들과 활동하는 경향이 있다. 하지만 여기에서 고려하는 짧은 시간의 경우 옆 사람과의 활동에는 문제가 되지 않는다. 학생들이 보다 다양한 사고와 문제 해결 스타일에 노출되기 위해 때때로 수업 초반에 학생들에게 그날은 다른 학생들과 앉으라고 요청할 수도 있다. 하지만 강요하지는 않는 것이 좋다(그러나 학생들이 주요 프로젝트에서 팀으로 활동할 때, 그룹 구성은 매우 중요하며 팀 구성을 우연에 맡겨서는 안 된다. 이 문제는 11장에서 논의한다).

　많은 종류의 구조화된 활동이 특정한 학습 성과와 역량을 위해 개발되었다(Barkley, 2009; Felder & Brent, 2009; Johnson et al., 2006). 이 책에 특히 효과적인 몇 가지를 설명하였다(표 6.2-1 참조).

6.3 능동 학습은 얼마나 효과가 있는가? 왜 효과가 있을까?

Prince(2004)는 능동 학습에 대한 많은 양의 연구를 검토하고 수업에서의 활동이 정보의 단기 및 장기 기억을 향상시킨다고 결론지었다. 특히 STEM 과정에 대한 보다 최근의 메타 분석에 따르면 능동 학습을 사용하면 시험 점수가 평균 6% 증가하고,

개념적 이해에 대한 시험 문제의 점수는 훨씬 더 올랐으며, 낙제를 하는 사례는 33%나 감소하는 것으로 나타났다(Freeman et al., 2014).

　왜 수업 내 활동은 정보의 학습, 보존 및 개념적 이해에 큰 영향을 미치는가? 우리는 인지적 인출(장기기억으로부터의 정보를 회상)과 관련된 주요한 핵심 요인을 포함해서 몇 가지 이유를 제안한다.

두뇌활동 : 인출 연습은 학습을 촉진한다

학생들은 교과목 내용을 공부하는 데 몇 가지 다른 접근 방식을 취할 수 있다. 학생들은 교과서와 읽기 과제를 다시 읽고, 중요하다고 생각하는 부분을 강조하고, 전에 한 과제를 살펴볼 수 있다. 그들은 학습 내용의 개요를 정리하거나, 개념지도 또는 학습 지침을 준비할 수 있으며, 자료를 찾지 않고 내용을 회상할 수 있다.

　최근의 한 인상적인 연구 결과는 인출 연습과 시험으로 강화되는 학습으로 불리는 마지막 접근법(기억에서 회상)이 다른 흔한 공부 방식보다 이전에 습득한 정보를 더 길고 오래 유지하며 더 잘 적용할 수 있음을 명확하게 보여준다. 회상 활동이 도전적이고, 반응에 대한 신속한 피드백이 제공되며, 인출이 짧은 시간에 집중적으로 일어나는 것보다는 상대적으로 오랜 시간에 걸쳐 일어날 때 효과는 더 크다(Brown et al., 2014; Karpicke & Blunt, 2011; Pyc et al., 2014; Roediger & Butler, 2011).

　이 인출 연습 효과는 가르치고 공부하는 데 중요한 의미를 가지며, 이 책의 나머지 부분에서도 여러 차례 언급할 것이다. 우선 여기서는 기존의 강의 방식에 비해 능동 학습 연구에 의해 검증된 효과의 일부분은 인출 연습에 기인한다는 것을 짚고 넘어가고자 한다. 강의에서는 문제 해결 방법을 개략적으로 설명하고 예제를 제시할 수 있다. 만약 당신이 괜찮은 교수라면 학생에게 모든 것이 분명한 것처럼 보일 수 있다. 과제를 하면서 좌절하는 시간을 보낸 후에야 학생은 강의의 중요한 부분을 이해하지 못했다는 것을 알게 된다. 능동 학습에서는 문제 해결 방법을 작은 단계로 가르치고, 활동을 통해 방금 배운 내용을 기억하고 이전에 학습한 내용도 인출하여 함께 통합하도록 한다. 그 후 그들만의 독자적인 방식을 사용할 가능성이 인출 연습을 하지 않았을 때보다 훨씬 더 높아진다.

　능동 학습이 효과적인 다른 많은 이유가 있다. 그중 주목할만한 두 가지는 다음과 같다.

능동 학습은 새로운 정보의 파지와 저장의 가능성을 높여 작업기억에 대한 인지적 부하를 줄여준다

우리 뇌가 작업기억에서 새로운 정보를 검사하는 데는 시간이 걸린다. 즉 개인의 관심사, 목표, 사전 지식에 대한 관련성을 평가하고 장기기억에 그것을 저장할지 여부를 결정하는 데 시간이 걸리기 때문이다. 작업기억은 정보에 대한 용량이 극히 제한되어 있기 때문에 교수가 학생에게 중요한 내용으로 꽉 채운 논스톱 강의를 하게 되면, 학생은 작업기억이 처리할 수 있는 속도보다 빠른 속도로 쏟아지는 새로운 정보의 홍수를 겪게 된다. 결과는 교수가 제시한 내용의 비교적 작은 부분만이 흡수될 가능성이 있다. 그러나 주기적으로 최근 제시된 정보를 사용하여 학생들이 수행할 무엇인가를 제공하면 작업기억은 정보를 연습할 기회를 가지며 장기기억에 저장될 가능성을 높인다.

학습은 주의 집중이 필요하다. 학생들이 수동적일 때, 매우 오랫동안 주의 집중하는 것은 어렵거나 불가능하다

몇몇 연구자들은 강의 중 다른 시점에 교수에게 주의를 기울이는 학생들의 비율을 측정했다(Bligh, 1998, Ch. 2; Bunce et al., 2010; Middendorf & Kalish, 1996; Penner, 1984; Stuart & Rutherford, 1978). 활동이 없는 일반적인 수업의 그래프는 그림 6.3-1과 같다. y축의 값은 교수에 따라 크게 다를 수 있지만, 많은 연구에서 곡선의 최댓값은 약 70%, 최솟값은 약 20% 정도였다.

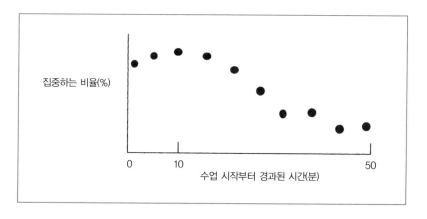

그림 6.3-1 주의집중력 대 수업 경과 시간(활동 없음)

　　그림 6.3-1의 반응 형태를 초래하는 것이 무엇인지는 정확하지 않지만 추측할
수 있다. 수업 시작과 동시에 많은 학생은 과목 노트와 교과서를 꺼내고 칠판이나
슬라이드에서 과제를 적고, 옆자리 학생과 이야기를 나누는 등 분주한 활동을 한
다. 학생이 수업에 자리를 잡으면 그들의 교수에 대한 집중도는 올라가기 시작하여
약 10분 후에 최댓값에 도달한다. 그런 다음 학생들이 수동적인 상태에서 어떤 것
에 매우 오랫동안 관심을 집중시킬 수 없는 자연스러운 인간의 무능력에 굴복하면
서 곡선은 급감한다(의심스러우면, 잠시 앉아서 약 1분간 어떤 것에 집중한 다음 생
각이 다른 곳으로 옮겨가는 데 걸린 시간을 확인해보라). 처음부터 학생의 뇌에 도
달하지도 못한 정보가 유지될 수 없기 때문에 강의 마지막 부분은 학생과 교수에게
시간 낭비가 된다. 그러나 학생들이 수업 중에 주기적으로 수업과 관련하여 무엇인
가 해야 된다면, 주의집중력 데이터는 그림 6.3-2와 같게 될 것이다(Middendorf &
Kalish, 1996).

　　물론 수업에 활동을 포함시켜도 일부 학생들은 여전히 집중하지 못할 수 있다. 그
러나 연구 결과에서 명확히 볼 수 있듯이, 전통적인 강의보다 이탈이 훨씬 적으며
학습의 양이 그에 따라 더 커진다.

　　능동 학습은 전통적인 강의보다 교실에서 훨씬 많은 에너지를 생성한다. 가끔은
문자 그대로 학생들을 깨운다. 또한 앞줄에 가까이 앉아 있는 소수의 학생들만이 아
니라 거의 모든 학생들을 학습에 능동적으로 참여시킨다. 또한 소그룹 능동 학습이
제대로 수행되면(그 의미를 곧 알려줄 것이다), 공부를 잘 못하는 학생은 공부를 잘

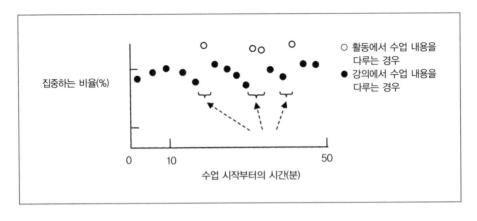

그림 6.3-2 주의집중력 대 수업 경과 시간(활동이 간격을 두고 배치됨)

하는 학생들로부터 배울 수 있는 혜택을 얻는다. 그리고 잘하는 학생도 누군가를 가르치면서 깊이 이해하게 된다. 과제를 성공적으로 완료한 학생은 단지 강의를 눈으로 보는 것으로는 결코 얻을 수 없는 방식으로 내용을 이해하고, 그렇지 않은 학생들은 그들이 알아야 할 것을 알지 못한다는 것을 깨닫게 된다. 활동 후 답이 빠르게 제공되면 후자의 학생들은 전통적인 강의에서 거의 볼 수 없는 수준의 주의 집중을 할 것이다.

능동 학습을 수행하는 방법을 자세히 설명하기 전에 한 가지를 명확히 하길 원한다. 우리는 강의를 포기하고 모든 수업을 끊임없는 활동의 축제로 만들라고 말하는 것은 아니다. 핵심 개념은 강의와 활동의 균형이다. Maryellen Weimer(2013)가 제안했듯이 "교수는 학생을 위한 많은 학습 과제 수행을 중단해야 한다. 항상 내용을 정리하고, 예제를 생성하고, 질문을 하고, 질문에 답하고, 토론을 요약하고, 문제를 해결하고, 다이어그램을 구성하지 않아도 된다. 여기서 핵심 단어는 '항상'이다. 때로(어떤 수업에서는 상당히 자주) 교수는 학생들을 위해 이 모든 것을 해야 하겠지만 원칙은 점점 줄여가는 것이다"(p. 72).

6.4 문제 해결을 위한 능동 학습

능동 학습에 익숙하지 않은 STEM 교수가 능동 학습에 대해 들으면, 대부분 그 개념에 대해 즉시 거부한다. 쉬멘드릭 교수를 예로 들어 보겠다. 동료 교수가 능동 학습에 관한 워크숍에 참여하도록 설득하였다. 워크숍 시작 몇 분 후 그는 일어나서 나갔다. 나중에 물어보니, 그는 코웃음 치면서 다음과 같이 말했다. "오, 그 방식은 교양 과목에는 적합하지만 나는 과학을 가르칩니다! 질량보존의 법칙이 바로 그것입니다. 이상 끝. 내 일은 학생에게 그것이 무엇인지를 말해주는 것이지, 토론하고 논쟁을 하거나 그것에 대한 내 감정을 공유하는 것이 아닙니다."

그렇게 큰 소리로 불평한 직후에 쉬멘드릭 교수는 다른 익숙한 이야기를 한다. "이 학생들은 나와 학교를 같이 다녔던 학생들과는 정말 다릅니다. 지난 수요일에 간단한 경곗값 문제를 수업 중에 풀었고 금요일에 제출해야 하는 똑같은 문제를 과제로 주었습니다. 전체 학생 중 단 2명 만이 그 문제를 어떻게 풀어야 하는가에 대한 최소한의 단서를 갖고 있었습니다. 내가 학점을 조정하지 않으면 이 모든 학생들은 F학점을 받을 수밖에 없습니다.”

　쉬멘드릭 교수에 대해 말할 수 있는 한 가지는 그가 일관성이 있다는 것이다. 그가 말하는 모든 것은 틀렸다. 질량 보존의 법칙은 20세기 초반부터 토론과 해석의 주제였으며, 철학 수업에서 듣는 것과 같은 강렬한 논쟁을 듣고 싶다면 이공계 학술대회에 참석하여 몇몇의 학술 세션에 앉아 있으면 된다. 쉬멘드릭 교수는 학생들에 대해서도 똑같이 잘못 생각하고 있다. 거의 모든 학생들이 수업을 무난히 수강하고, 졸업하며 성공적인 커리어를 쌓을 것이다. 자신의 직업에서 경곗값 문제를 풀어야 한다면 (그럴 일은 거의 없겠지만), 그들은 그것을 하는 법을 배울 것이다.

　능동 학습은 다른 어떤 과목에서처럼 STEM 과목과 관련된 주제를 가르치는 데도 효과적이다. 가장 잘 알려진 능동 학습 형식 중 하나는 **동료 학습법**(peer instruction) 이다. 이 방법은 하버드대학교의 물리학자인 Eric Mazur(1997)가 개발하고 대중화한 클리커 기반 전략으로, 물리 및 기타 모든 STEM 분야에서 널리 사용되고 있다. 동료 학습법과 클리커는 7장의 테크놀로지를 활용한 수업에서 더 논의될 것이며, 8장에서는 학생들이 잘못 이해한 부분을 알아내고 수정하는 데 이들 기기를 어떻게 사용하는지 논의할 것이다. 이 절의 나머지 부분에서는 기술적 문제 해결에 특히 효과적인 다른 능동 학습 전략을 설명한다.

작은 덩어리로 나누어진 문제 분석

하나의 연속적인 묶음으로 완벽하게 정리된 해답이나 유도 과정을 제시하는 대신에 작은 덩어리로 나눈다[복잡한 구조나 과정을 상대적으로 단순한 부분으로 나누는 것을 나타내기 위해 ‘작은 덩어리(chunk)’라는 용어를 사용하는 것이 일반적이며 작업 또는 장기기억에서 코드화된 단위를 나타내기 위한 신경인지의 ‘청크(chunk)’와 혼동해서는 안 된다[1]. 일부 덩어리는 단순하고 간단한 대수 및 수치 계산이 될 것이고 일부는 개념적으로 어렵거나 까다로울 것이다. 학생들이 강의에서 이해한다고 생각할 수 있지만 스스로 해보려 할 때 완전히 당황하는 그런 종류의 일이다. 간단하고 수월한 부분은 빠르게 강의로 다루고(혹은 유인물로 읽게 한다) 어려운 부분은 능동 학습의 연습문제로 공부하게 한다. 어떤 부분이 너무 길어서 대부분의 학생들이 3분 혹은 그 이내에 끝내지 못하면 더 작은 덩어리로 나누라. 이 방식이 어떻게,

---

[1] 신경인지의 chunk는 ‘청크’로 표기하였고, 이 문단에서의 chunk는 ‘작은 덩어리’로 번역하였다. – 역주

그리고 왜 작동하는지에 대한 세부 사항은 4.7절('공란 있는 유인물 사용')과 공학 수업에서의 사용법을 보여주는 비디오에서 자세히 설명되었다(Active Learning, 1998).

정리된 예제를 통한 작업

대부분의 STEM 교수는 문제 해결 방법을 가르친 후, 그 방법을 사용하는 예를 보여주고, 학생들이 과제에서 비슷한 문제를 풀도록 하는 패턴을 따른다. 과제 문제가 예제와 거의 동일하면 학생들은 수업에서 본 내용을 복사하여 문제를 풀 수 있지만 문제가 약간 다를 경우 학생은 속수무책으로 허둥될 수 있다. 이 방식의 단점은 복잡한 방법과 그 적용의 예를 너무 빠르게 보여주어 학생들이 각 단계에 대해 깊이 생각할 기회를 갖지 못하는 것이다. 따라서 그들의 작업기억은 인지 과부화 상태가 되어, 새로운 정보를 장기기억에 통합하는 데 필요한 모든 지각과 처리 과정을 수행할 수 없게 된다.

대안으로, 문제 해결을 시작할 때 잘 정리된 유도 과정과 문제 해결 방법을 유인물로 나누어주고, 학생들이 각 단계를 먼저 서로에게 그리고 교수에게 설명하도록 한다. 풀이가 정리된 예제를 공부하는 것은 인지 부하를 상당히 줄여줄 수 있다. 모든 단계의 어떻게를 이해하는 대신, 학생들은 왜에 집중할 수 있다. 특히 새로운 문제 해결 방법을 배우는 초기 단계에서 이 접근법은 학습 시간을 줄이고 학습 성과를 향상시키며 다른 문제나 상황으로 방법의 전이를 촉진시키는 것으로 나타났다(Ambrose et al., 2010, p. 106; Renkl, 2014; Sweller, 2006; Sweller et al., 2011).

다음의 능동 학습 구조는 학생들이 해답을 단계적으로 검토하는 데 이상적이다.

TAPPS

TAPPS(소리 내어 생각하고 짝으로 문제 해결하기)는 어려운 문제의 해답, 유도 과정 또는 논문이나 사례 연구의 분석 등, 복잡한 문제에 대한 깊은 이해를 가능하게 하는 강력한 방식이다(Lochhead & Whimbey, 1987). 학생들은 **설명자**(만약 그들이 해결된 문제의 답 또는 분석을 통해 진행될 경우) 또는 **문제 해결자**(문제를 해결하거나 분석 자체를 수행하는 경우)와 질문자의 역할을 번갈아 가며 수행한다. 설명자는 해결 방법이나 논문 혹은 사례 분석의 작은 부분을 질문자에게 한 줄씩 설명한다. 질문자는 설명자가 명확히 설명하지 않았을 때 질문을 하고, 어떤 부분에서 막혔을 때 도움을 줄 수 있는 힌트를 제공하며, 설명자가 너무 오랫동안 조용히 있으면 이야기를 계속하도록 촉구한다. 1~3분 동안 두 사람이 토론하게 한 후에 여러 학생을 무작위로 지적하여 방금 수행한 분석을 요약하게 하고, 분석에 대해 토론하게 하고, 반 전체에서 나온 질문에 교수가 답한 다음, 두 학생의 역할을 바꾸고 그 문제 또는 교재의 다음 부분을 진행한다. 이 과정을 전체 분석이 완료될 때까지 계속한다.

이 연습을 하는 동안 교수는 교실을 돌면서 문제 해결 방법에 대한 질문을 한다 (왜 이 방정식을 사용하였습니까? 당신은 이 결과를 어떻게 검증할 수 있을까요? 당신이 __ 대신 __을/를 사용했다면 어떻게 되었을까요? 왜 ____? 만약에 ___?). 학생들은 설명자 – 질문자 역할을 교대로 수행하면서 질문을 다루게 한다. 각 수업이 끝날 때쯤 대부분의 학생들은 다른 교수법으로는 거의 달성할 수 없었던 깊이의 문제 해결 방법, 유도 과정 또는 분석을 이해할 수 있다.

둘이 하는 프로그래밍

TAPPS의 변형인 둘이 하는 프로그래밍은 코드 작성이나 소프트웨어 혹은 시뮬레이션을 사용하는 과제에 매우 효과적이다(Williams & Kessler, 2002). 학생들은 같은 컴퓨터에서 두 명이 함께 작업한다. 각 조의 한 학생은 조종사로 입력을 담당하고, 다른 한 명은 조종사가 하는 일을 지켜보고 과제에 접근하기 위한 전략을 제안하고 오류를 감시한다. 주기적으로 학생들은 역할을 바꾼다. 컴퓨터 실습 환경에서 교수는 교실을 순회하면서 학생들이 다음 단계로 진행을 할 수 없을 때 도움을 주고, 간간히 짧은 강의도 하고 과제에 관한 질문을 받는다. 이 방법으로 작업하는 학생들은 개별적으로 작업하는 것보다 시간이 약간 더 걸릴 수도 있지만 일반적으로 실수를 줄일 수 있다.

6.5 능동 학습의 흔한 실수

능동 학습은 생각할 수 있는 모든 학습 환경에 잘 적용되는 쉽고 놀랄 만큼 강력한 교수법이다. 이러한 주장은 수많은 연구에서 증명되었다. 그러나 처음 이 방법을 사용하는 교수는 몇몇 실수로 효과를 제한하는 경우가 있으며, 결과에 실망하거나 학생들의 저항이 심할 때 이 방법의 사용을 중단하는 경우가 있다. 표 6.5-1에는 능동 학습과 전략을 사용할 때 범하기 쉬운 여섯 가지 실수와 이 실수를 피하는 전략을

표 6.5-1 능동 학습의 여섯 가지 흔한 실수

실수	실수를 피하는 법
1. 설명 없이 능동 학습으로 돌진한다.	먼저 무엇을 할 것인가를 설명하고, 왜 이 방식이 학생들에게 가장 득이 되는지를 알려준다.
2. 모든 학생들이 처음부터 기꺼이 그룹에 참여할 것을 기대한다.	수행하는 몇 가지 그룹 활동에 참여하기를 꺼리는 학생에게 적극적으로 대처한다.
3. 활동을 너무 쉽게 만든다.	능동 학습 과제를 수행하는 데 걸리는 시간을 정당화하도록 충분히 도전적으로 만든다.
4. 단일 활동에서 전체 문제를 할당하는 등 활동을 너무 길게 만든다.	활동을 짧고 한 가지로 집중되게 만든다(5초~3분). 커다란 문제를 작은 덩어리로 나눈다.
5. 모든 활동 후에 자원해서 발표하게 한다	일부 활동 후에 개인이나 그룹을 무작위로 지목하여 결과를 보고하게 한다.
6. 예측 가능한 순서로 진행한다.	활동의 형식과 길이, 그리고 활동 사이의 간격을 변화시킨다.

나열한다. 표 아래 문단에서는 이 전략들을 상세히 설명한다.

능동 학습을 시작하기 전에 준비를 한다

많은 학생들이 이 수업에 들어오기 전에 전통적인 강의만 경험했을 수 있다. 준비가 안 된 상태에서 갑자기 능동 학습으로 돌진하면, 학생들은 교수가 그들과 어떤 종류의 게임을 하거나 기니피그처럼 그들을 대상으로 실험을 한다고 생각할 수 있다. 학생들은 둘 다 좋아하지 않으며 심하게 반발할 수 있다.

수업 첫날, 약간의 시간을 할애하여 무엇을 할 것인지, 왜 하는지, 그리고 학생들에게는 무엇이 좋은지를 설명함으로써 능동 학습에 대한 학생들의 저항을 최소화하고 심지어는 없앨 수 있다. 11장 전의 '불평꾼을 위한 잔소리'라는 제목의 엿보기가 도움이 될 수 있다. Felder와 Brent(1996), Felder(2011a), Seidel과 Tanner(2013)는 학습자 중심의 교수 방법에 대한 학생의 저항, 즉 왜 발생하는지, 어떤 형태가 될지, 발생했을 때 교수가 어떻게 대처할 수 있는지에 대해 논의한다.

첫 몇 개의 그룹 활동에 적극적으로 대처한다

수업 시간에 처음으로 소그룹을 만들어 무엇인가를 할 것을 요구할 때, 능동적 학습자이거나(6장 앞의 엿보기 참조) 그룹 활동에 익숙하다면, 바로 수행할 가능성이 있다. 그러나 그들이 성찰적 학습자이거나 초보자 또는 좋지 않은 그룹 활동의 경험을 가진 베테랑이라면 교수의 요청을 무시하고 혼자 활동할 수 있다. 이런 행동에 직면했을 때 교수는 낙담하는 경향이 있으며, 능동 학습을 포기하려는 유혹을 느낄 수 있다.

이러한 상황에 처하더라도 포기해서는 안 된다. 처음 활동을 배정할 때, 모든 학생들이 당신의 요구를 따를 것을 기대하는 것처럼 차분하고 자신감 있는 태도로 지시한다. 어떤 학생이 개별적으로 작업을 시작하면, 그들에게 자연스럽게 다가가서 다른 학생과 함께 활동하도록 말한다. 거의 대부분의 학생은 당신의 말을 따를 것이다. 두 번째로 활동을 요청하면, 대부분의 학생들은 즉시 참여할 것이며, 세 번째는 최대 한두 명의 학생이 고립되어 있는 것을 볼 것이다. 그들에 대해 걱정하지 말라 ─그것은 그들의 손해다(이 장의 뒷부분에서 이 진술을 설명할 것이다).

그룹 활동을 도전적으로 만든다

학생들은 성인으로 대우받을 것을 기대하며 사소한 것으로 생각되는 일을 하도록 요청받는 것을 불쾌하게 여긴다. 능동 학습의 흔한 실수는 뻔한 답을 가진 질문에 답하기 위해 그룹을 형성하는 것이다. 교수는 학생의 시간을 낭비하고 있고, 학생은 그것을 좋아하지 않는다. 그룹으로 답을 찾아내는 데 걸리는 시간을 합리화할 수 있는 어려운 질문과 문제를 만들어야 한다.

활동을 짧게 한다

일반적으로 학생들에게 문제를 풀기 위해 예컨대 10분을 주면 두 가지 문제가 발생한다. 일부 학생들은 2분 안에 끝내고 다음 8분을 스마트폰을 보거나 옆 학생들과 축구 경기에 대해 이야기하는 것으로 시간을 보낸다. 소중한 수업 시간의 낭비이다. 다른 학생들은 10분 동안 고생하고 결국은 문제를 풀지도 못한다. 이 과정에서 학생들은 매우 좌절할 수 있으며 일반적으로 처음 몇 분을 제외하고는 시간 낭비가 된다. 활동을 짧고 집중적으로 유지하면(5초~3분 사이) 이 두 가지 문제를 피할 수 있다.

대부분의 기술적인 문제를 해결하는 데 3분 이상 소요된다. 따라서 대부분의 학생들이 완벽한 답을 얻을 수 있는 충분한 시간을 주기보다는 문제를 작은 덩어리로 나누어 준다. 학생들은 피드백과 추가 설명을 받기 전의 짧은 시간 동안만 어려움을 겪고, 다음 단계로 진행할 수 있다.

때로는 활동 후 개인을 지목한다

아마도 가장 흔한 능동 학습 실수는 모든 활동 후에 학생들에게 자발적으로 발표를 요청하는 것이다. 그렇게 하면 많은 학생은 다른 사람이 결국 답을 할 것을 알기 때문에 요청된 활동에 대해 생각조차 안 할 것이고 소수 학생들만이 능동 학습의 이점을 얻게 될 것이다.

그러나 대부분의 학생들은 개별적으로 또는 다른 사람들과 함께 작업할 시간을 가진 후 지목되는 데 할 말이 없는 난처한 입장에 처하기를 원하지 않는다. 어떤 활동을 한 후에 교수가 그들을 지목할 것을 알고 있다면 학생들의 대부분 또는 모두는 요구된 활동을 수행하기 위해 진지한 노력을 기울일 것이다. 모든 활동 후에 개인을 지목하여 답을 요청하지 않아도 된다. 학생들이 본인이 지목될 수 있다는 사실을 깨닫고 있을 정도로만 자주하면 된다. 그러면 원하는 효과를 얻을 것이다.

예측하기 어렵게 한다

능동 학습은 역동적이고 교육적인 교실 환경을 조성할 수 있는 잠재력을 가지고 있다. 그러나 뻐꾸기 시계의 단조로운 규칙으로(10분 강의, 1분 짝 활동, 10분 강의, 1분 짝 활동 등) 진행하면 강의만 하는 것처럼 단조로워질 수 있다. 핵심은 여러 형태를 섞는 것이다. 활동 유형(질문에 답하기, 문제 해결 시작, 문제 해결 또는 유도 과정의 다음 단계로 가기, 브레인스토밍 등), 활동 지속 시간(5초~3분), 활동 간격(1~5분 사이), 그룹의 크기(1~4명)를 변화시켜야 한다. 학생들이 다음에 무엇을 할 것인지 확신할 수 없다면, 전체 수업 시간 동안 주의를 기울일 가능성이 높아진다.

생각해볼 문제

능동 학습에 경험이 없고, 당신이 대부분의 교수와 같다면, 능동 학습을 시도하지 못하는 걱정거리가 있을 것이다. 무엇이 있을까? 가장 흔히 듣는 우려 사항을 정리하고 이것을 다루는 다음 절을 읽기 전에 당신만의 목록을 작성한다. 우리는 가장 자주 듣는 우려 사항을 검토하고 다룬다. 당신이 걱정하는 것 중 몇 개나 다음 절의 목록에 나타나는지 확인한 다음, 안심시키는 우리의 말이 설득력이 있는지 알아본다.

6.6 일반적인 능동 학습에 대한 우려

능동 학습을 시도한 적이 없는 교수들 그리고 일부 시도해본 교수들이 우려를 표명하는 일반적인 사항이 있다. 표 6.6-1은 우리가 가장 자주 듣는 다섯 가지 우려를 보여준다. 다음은 그들에 대한 우리의 답변이다.

모든 시간을 활동에 써야 한다면 강의계획서의 내용을 다룰 수 없을 것이다

아니다, 모두 다룰 수 있다. 첫째, 강의를 능동 학습으로 완전히 대체하는 것이 아니라 강의에 간단한 활동을 포함시키는 것임을 기억한다. 일반적인 수업 시간에는 활동에 단지 몇 분만 사용하고 평상시처럼 강의를 할 수 있다. 더 많은 것을 하고 싶다면, 강의노트를 공란 있는 유인물에 넣고(4.7절), 모든 것에 대해 강의하는 대신 학생들에게 단순한 부분을 빠르게 읽게 하고 활동 중에 일부 또는 전체 공란을 채우게 한다. 당신은 원하는 만큼의 능동 학습을 할 수 있을 것이며, 전체 강의계획서의 내용을 다룰 수 있고, 더 확대할 수도 있다.

능동 학습을 사용하면 활동 설계에 많은 시간을 할애해야 한다

활동을 설계하기 위해 원하는 만큼의 적은 시간을 투자할 수 있고, 혹은 전혀 시간을 쓰지 않아도 된다. 교수는 이미 수업 중에 학생들이 강의 내용을 잘 따라 오고 있는지 알아보기 위해 질문을 하고 있다. 이 질문을 교수가 전체 학생들에게 던지기보다는 때때로 질문을 하고, 학생들에게 몸을 돌려 한두 명의 옆에 앉은 학생들이 함께 답을 도출하도록 한다. 그다음 평소와 같이 답을 처리한다. 이 방식은 준비 시간을 필요로 하지 않는다.

그러나 차시별 계획에 몇 가지 활동을 미리 준비하고, 수업 후 몇 분 동안 활동이

표 6.6-1 능동 학습에 대한 다섯 가지 공통적 우려

1. 강의계획서의 내용을 모두 다룰 수 없을 것이다.
2. 활동을 계획하는 데 많은 시간을 할애해야 한다.
3. 소음 수준이 과도해져서 학생들의 주의를 다시 환기시키는 데 많은 시간을 낭비하게 된다.
4. 일부 학생들은 그룹으로 활동하기를 거부한다.
5. 학생들은 교수가 해야 할 일을 하지 않는다고 불평할 것이고, 학생들의 수업평가는 낮아질 것이다.

어떻게 진행되었는지를 검토하고, 필요한 경우 수정한다면, 훨씬 더 나은 능동 학습을 수행할 수 있다. 이러한 과정을 한두 번 반복한 후에는 활동이 자리를 잡아 더 이상의 추가 준비 시간은 필요하지 않다.

소음 수준이 과도해져서 학생들의 주의를 다시 환기시키는 데 많은 시간을 낭비하게 된다

학생이 마지막 문장을 완성하고 교수에게 다시 주목하라는 것을 알리는 신호가 필요하다(예 : 큰 박수, 벨 또는 휴대전화의 타이머). 처음 몇 번의 활동 이후에는, 수업에 수백 명의 학생이 있더라도 이들의 주의를 다시 교수에 집중시키는 데 5초 이상 걸리지 않는다.

일부 학생들은 그룹으로 활동하기를 거부한다

이 장의 앞 절에서도 논의했듯이 그룹으로 능동 학습을 수행해본 적이 없는 학생들에게 처음으로 활동을 시작할 것을 요청하면, 많은 학생들이 앞만 바라보고 혼자서 활동하기 시작한다. 우리의 충고는 적극적으로 대응하는 것이다. 자연스럽게 그리고 자신감 있는 태도로 저항하는 학생들에게 서로 협력하도록 지시한다. 2~3회를 반복한 후에는 그룹으로 활동할 것을 요청받았을 때 모든 학생들이 그룹을 형성하거나 또는 일부 소수 학생만 혼자서 활동하는 것을 고집할 수 있다.

일부 교수는 몇 명의 비참여자에 너무 신경을 쓰면서 능동 학습이 효과가 없고 다시 강의만 계속하는 형태로 돌아가야 한다고 결론을 내린다. 같은 현상을 바라보는 더 좋은 시각이 있다. 능동 학습을 실시할 때, 처음 몇 번 해본 후에 학생들의 90%가 적극적으로 참여하고 10%만 혼자 고립된 상태라고 상상해본다(처음 일주일 후에 10%에 가까이 간 적은 없었지만 최악의 시나리오를 상상하자). 이제 강의할 때 일어나는 일에 대해 생각해보자. 예를 들어, 20분 동안 계속해서 강의를 했다고 가정한다. 그 시점에서 학생의 10%가 강의에 적극적으로 참여하고 있다면 매우 잘하고 있는 것이다.

요점은 어떤 교수법도 모든 학생들에게 항상 효과가 있다는 보장을 할 수 없다는 것이다. 우리가 교수로서 할 수 있는 최선은 최대한 많은 학생에게 다가가는 것이며, 90%의 참여도는 분명히 10%보다 훨씬 낮다. 잘 설계된 활동은 학생들이 과제 및 시험에 필요한 전략과 기술에 대한 연습과 신속한 피드백을 제공한다. 소수가 교수의 격려에도 불구하고 그러한 이점을 이용하지 않기로 결정한 경우, 너무 고민할 필요가 없다. 그건 그들의 손해이다.

학생들은 교수가 해야 할 일을 안 한다고 불평할 것이고, 학생들의 수업평가는 낮아질 것이다

학생들은 종종 전통적인 강의보다 더 많은 책임을 학생에게 넘기는 학습자 중심 교수법에 대해 꺼림직하게 여긴다. 이미 익숙하지 않은 수업에서 당신이 능동 학습을 시작하면 처음에는 일부 학생들로부터 불만을 듣게 될 것이다.

그러한 불만을 다루는 효과적인 방법은 수업 첫날부터 능동 학습을 위한 준비를 하는 것이다(6.5절 참조). 학기 중간의 수업평가에 능동 학습에 관한 질문을 포함할 수도 있다. 예를 들면 수업 중 활동이 (1) 학습에 도움이 된다, (2) 학습에 방해가 된다, (3) 도움도 방해도 되지 않는다고 생각하는가를 질문할 수 있다. 특히 6.5절에 설명된 실수를 피한다면 대부분의 학생들은 긍정적이거나 중립적일 것이며 소수만이 여전히 부정적일 수 있다. 이러한 결과가 실제로 나타났다면, 다음 수업 시간에 응답 분포를 발표한다. 부정적인 범주의 학생들은 종종 그들이 대다수에 속해 있다고 상상한다. 그들이 본인 같은 학생이 수업에 소수만 있다는 사실을 알게 되면 불만은 중단되고, 학기말 수업평가에는 불이익이 없을 것이다(Felder, 1995; Koretsky & Brooks, 2012).

6.7 보충 수업과 거꾸로 교실에서의 능동 학습

STEM 교과목은 흔히 교과목 담당 교수가 진행하는 수업과 교수 또는 조교가 이끄는 보충 수업(여기서 사용할 용어), 문제 풀이 세션, 혹은 개인 교습의 조합으로 구성된다. 적어도 원칙적으로 보충 수업은 공식적인 수업 세션에서 가르치는 방법에 대한 연습과 교수와의 상호 작용을 할 수 있는 더 많은 기회를 제공한다.

보충 수업과 공통된 요소가 있는 수업 유형은 거꾸로(flipped 혹은 inverted) 교실이다. 이 접근법에서 학생들은 강의실 밖에서 온라인 수업을 듣고 강의실 수업을 통해 온라인 자료를 기반으로 하는 활동을 하게 된다. 보충 수업이 강의실 수업의 내용을 기반으로 하는 것과 같다. 7장에서 '거꾸로' 부분, 특히 온라인 부분에 대해 자세히 논의할 것이며, 이 절에서는 보충 수업에 대해서 언급할 것이지만 우리가 말하는 모든 내용은 거꾸로 교실의 수업 구성 요소에도 똑같이 적용된다.

　능동 학습은 보충 수업에 사용되는 기본적인 교수법이어야 한다. 정규 수업 시간에서의 능동 학습을 위해 제공한 대부분의 기술적 방법 및 권장 사항은 활동에 할당된 시간의 중요한 차이를 제외하고는 보충 수업에 완벽하게 적용된다. 수업 시간에는 상한선을 3분으로 권장하지만, 활동으로 대부분의 시간을 보내는 보충 수업에는 엄격한 제한이 필요하지 않다. 학생들이 활동하는 동안 교실을 순회하면서 학생들이 하고 있는 일을 관찰하는 것이 좋다. 어떤 학생이 잘못된 방향으로 나아가거나 만족스러운 진도를 보이지 않으면, 그들을 제대로 된 궤도로 돌려 놓을 수 있는 힌트를 제공한다. 여러 개인이나 그룹이 동일한 문제를 갖고 있다면 활동을 중단하고 문제를 해결할 수 있는 짧은 강의 혹은 간략한 질의 응답 세션을 갖거나, 어려움을 피해 갔거나 극복한 그룹에게 어떻게 하였는지를 설명하도록 한다. 그런 다음 활동을 재개한다.

6.8 알아두기

- 능동 학습은 단순히 강의를 듣고 받아 적는 것 이외에 학생들이 수업에서 개별적으로 또는 소그룹으로 수행하는 수업과 관련된 모든 활동을 포함한다. 연구 결과에 따르면 강의와 활동의 결합은 강의로만 수업을 하는 것보다 훨씬 효과적으로 학습을 촉진한다.
- 학생들이 수업에서 수동적으로 오래 앉아 있을수록, 강의에서 제시된 내용에 대한 집중력은 더욱 더 분산되고, 그 상태가 오래 지속된다. 활동 없이 15분 이상이 지나면, 학생의 절반 이상이 강의를 듣지 않고 있을 수 있다.
- 학생들에게 강의를 통해 기술적 문제를 해결하는 방법이나 예제를 이용하여 복잡한 수식을 유도하는 방법을 보여주는 것은 그 교육적 가치가 매우 제한적이다. 문제나 유도 과정을 작은 덩어리로 나누고, 단순한 부분에 대해 강의를 하거나 학생들에게 유인물의 일부분을 직접 읽게 하고, 능동 학습을 통해 어려운 부분을 학생들이 직접 수행하도록 지도하는 것이 훨씬 더 나은 접근 방법이다.
- 특히 학생들이 문제 해결 방법을 처음 배우는 경우, 완전한 솔루션을 직접 도출하는 것보다 정리된 예제의 답을 단계별로 설명해봄으로써 더 많은 것을 배울

수 있다.

- 능동 학습의 효과를 최대화하기 위해서 교수는 (1) 이 방식이 어떻게 작동하고 왜 학생들에게 최선의 이익이 되는지 설명하고, (2) 첫 번째 또는 두 번째 해야 하는 활동에서 모든 학생이 그룹에 참여하도록 강력히 요구하고, (3) 사소한 활동을 피하고, (4) 활동을 짧게 유지하며(일반적으로 3분 미만), (5) 활동 후 자원해서 발표하는 것을 항상 요구하지 않으며, (6) 활동의 구성과 길이, 그들 사이의 간격을 다양하게 변화한다.

6.9 수업에서 시도해보기

- 수업 차시가 시작될 때, 앞 차시의 내용을 능동적으로 검토한다. 학생들에게 1분을 주고, 이전 수업에서의 주요 내용을 기억하여 개별적으로 나열할 수 있게 한다(그 수업에서 다룬 주제를 상기시켜주는 것도 좋다). 개별적으로 목록 만들기를 멈추고, 또 1분 동안 짝을 이루어 그들의 목록을 확장시킨다. 그리고 그들 중 몇 명을 불러, 기억한 한두 가지를 발표하도록 한다.

- 수업 중, 문제 해법이나 유도 과정을 도출할 때, 어려운 단계에 도달했을 때 멈추고 학생들을 2~3명 그룹으로 묶어 짧은 시간을 주고 답을 향해 얼마나 나아갈 수 있는지를 보게 한다. 할당된 시간이 끝나면 그룹 활동을 중지시키고 여러 그룹에게 그들의 수행 결과를 발표하게 한다(올바른 답이 발표되는 대로 칠판에 쓴다). 단계가 만족스럽게 완료되면 토론하거나 다음 단계로 진행한다.

- 복잡하거나 어려운 내용을 다룬 후에 질문이 있는지 묻는 대신 학생들을 둘씩 묶어 30초를 주고 한두 개의 좋은 질문을 생각하게 한다. 그다음 무작위로 학생을 불러 만든 질문을 공유하게 한다. 원하는 만큼의 많은 질문을 얻게 될 것이다.

- 학생들에게 완료되지 않은 문제 해법이나 유도 과정이 포함된 유인물을 제공하고 TAPPS를 사용하여 문제를 해결하도록 한다.

교육 테크놀로지는 학습의 친구인가 적인가?

혼합 학습, 원격교육, 거꾸로 교실, MOOC 등과 같이 첨단 기술을 활용한 수업이 증가하고 있다. 이러한 흐름이 기존 고등교육의 종말을 의미하는 것인지 아닌지에 대해서는 교육과 관련하여 자주 논의되는 주제 중 하나이다. 우리는 이러한 논의를 긍정적으로 받아들이며, 나쁜 소식이 아닌 좋은 소식이라고 생각한다. 다음의 세 가지 시나리오를 생각해보자.

시나리오 1

노리코는 오전 8시에 생물학개론 수업에 들어가서 앞자리에 과제를 내고 자리에 앉아서 하품을 하며 '9시 15분까지 깨어 있을 수 있을까.'라고 생각한다. 등록한 학생의 4분의 1만이 수업에 참석한다. 맥스웰 박사는 학생들에게 인사하고 질문이 있는지 묻는다. 학생들은 질문을 하지 않는다. 이전 시간의 강의 내용을 다시 복습하기 위해 그녀는 완두콩 교배에 대한 멘델의 실험에 대해 질문을 한다. 결국 맨 앞줄에 앉아 있는 몇몇 학생들이 자진해서 대답한다. 맥스웰 박사는 나머지 복습을 마치고 유사분열과 감수분열의 차이를 구별하고, 일련의 과정들이 멘델의 상속원칙과 어떤 관련이 있는지 개괄하여 설명하는 긴 슬라이드 자료를 보여주기 시작한다. 노리코는 자주 시계를 보다가, 9시 13분이 되면 노트를 즉시 덮어버린다. 맥스웰 박사는 바로 강의를 끝내고, 노리코는 옆 친구를 깨워 교실을 나선다.

시나리오 2

안젤라는 컴퓨터를 부팅하고 노리코의 대학에서 관리하는 웹사이트에 로그인한 다음 노리코가 듣는 강의의 화면 캡처를 본다. 그 후 그녀는 다음 시간 과제를 다운로드하고 그녀의 직장으로 향한다. 그녀는 앞으로 며칠 이내에 채점될 수 있게 과제를 완성하여 업로드할 것이다.

시나리오 3

조시는 거의 매일 컴퓨터를 켜고 자신의 과목 웹사이트에 연결하여 과제 일정을 검토하고 1~2시간 동안 작업을 한다. 이번 주 그는 다음과 같은 일을 한다.

- 지난주에 게시된 멘델의 실험에 대한 유인물을 읽고 그 주제에 대한 7분짜리 교수의 강의 스크린캐스트를 본다.
- 멘델의 실험을 시뮬레이션하고 반복할 수 있는 가상 유전학 실험 세션을 수행한다.
- 실험에 대한 짧은 퀴즈를 푼다. 그가 놓친 질문이 있을 때는 힌트가 주어지고 다시 풀도록 하며, 또 다시 잘못 풀 경우 다시 힌트를 주고 풀게 한다. 그래도 풀지 못할 경우 해답을 알려준다.
- 수업 관련 웹사이트에 있는 댓글 토론에 로그인하여 혼동되는 과제 문제와 관련된 내용을

검토한 후에 이제까지 언급되지 않았던 문제에 관한 질문을 올린다.

- 세포 유사분열 및 감수분열을 설명하는 애니메이션을 시청하고 멘델의 유전법칙과 관련된 다른 스크린캐스트를 본다. 그는 감수분열에 대하여 한 부분이 이해가 되지 않아 그 부분을 다시 돌려보면서 이해한다. 그다음 그 스크린캐스트 내용과 관련된 퀴즈를 제출한 후에 그 것에 대한 즉각적인 피드백을 받는다.
- 초파리 실험 결과에 대해서 예측을 요구하는 과제를 시작한다. 그리고 나서 가상의 유전학 실험실을 활용하여 실험을 시뮬레이션 하고 그의 예측이 맞는지 시험해본다.
- 메시지를 체크하면서 지난밤에 그가 질문했던 질문에 대한 교수의 답을 발견한다. 수업 프로젝트 그룹의 다가올 가상 모임을 주지시키는 메시지를 보내고 로그오프한다.

시나리오 1은 전통적인 교실을 있는 그대로 보여주며, 이 책이 쓰여져 읽혀지고 있는 이 순간에도 대학교육을 지배하고 있는 전통적인 교실의 수업 방법을 보여주고 있다. 이해하지 못한 것들을 질문하는 몇몇의 학생을 제외하고는 대부분 학생들은 정보의 수동적 수용자이다. 시나리오 2는 인터넷을 통해 수업을 방영하는 테크놀로지를 사용한다는 점을 제외하면, 시나리오 1과 다를 바가 없다. 안젤라는 여전히 질문할 기회를 갖지 못한다. 시나리오 3의 수업은 학생들을 능동적으로 참여시키는 테크놀로지의 힘을 온전히 활용한다. 모든 교육 기자재들이 수업에 사용된다. 스크린캐스트, 시각화, 가상 실험실, 온라인 토론 포럼, 가상 프로젝트팀, 정정 피드백 기능을 가진 온라인 퀴즈와 같이 수업에서 사용되는 모든 종류의 교육 기자재들은 많은 STEM 주제에서 점점 더 많이 사용되고 있다.

이러한 시나리오들은 중요한 질문들을 제기한다. 노리코, 안젤라 그리고 조시가 비슷한 지능과 배경을 가지고 있다면, 그들 중 누가 더 많이 배울 것인가/전통적인 상황에서 참여한 사람과 온라인 강의를 수동적으로 듣는 사람 그리고 상호작용이 잘되는 테크놀로지를 가지고 교육을 받는 사람들 중에 누가 더 많이 배울 것인가? 물론 확신할 수 있는 방법은 없다. 학생들이 얼마나 많이 배우는가는 굉장히 다양한 요소들에 의해서 좌우되기 때문에 확신할 수 있는 방법은 없다. 하지만 두말할 것 없이 상호작용이 가능한 테크놀로지가 많이 배울 것이라는 것은 의문의 여지가 없다. 시나리오 3과 7장에서 자세하게 설명하고 있는 시각적·언어적 표현 그리고 테크놀로지를 활용한 지식의 인출 연습 등이 아주 풍부하게 혼용된 교육 방식은 기존의 교실 수업이나 단순한 온라인 강의보다 학습을 촉진할 가능성이 훨씬 높다. 조시가 그의 강좌가 송출되는 대학으로부터 750마일이나 떨어진 곳에 살고 있다는 것이나 교수를 한 번도 만난 적 없다는 사실은 교육의 효과를 감소시키지 않는다.

07

테크놀로지를
활용한 수업

7.0 들어가기

1장부터 6장까지 이야기했던 대부분의 교수학습의 원리는 면대면 수업, 온전한 온라인 수업, 면대면과 온라인을 혼합한 수업 등, 앞에서 언급한 세 종류의 수업 환경모두에 적용된다. 이 장의 목적은 그와 같은 원리들을 테크놀로지를 활용한 수업에 적용하고 어떠한 결론과 제안이 도출되는지를 보는 것이다. 이 장에서 다루고자 하는 질문은 다음과 같다.

- 교육용 테크놀로지는 학습을 어떻게 향상시킬 수 있을까? 또는 어떻게 학습을 방해할 수 있을까? 테크놀로지를 활용한 도구나 방법이 학습을 향상시키거나 방해를 하는 것은 무엇인가?
- 거꾸로 교실은 무엇인가? 거꾸로 학습의 잠재적 유익은 무엇인가? 그것을 하고자 할 때 어떤 주의가 필요한가?
- 온라인 수업에서 능동 학습은 어떻게 할 수 있을까? MOOC란 무엇인가? 면대면 수업에서 교수는 어떻게 MOOC를 활용할 수 있을까?

7.1 교육에 활용되는 테크놀로지 도구

교육에 활용되는 테크놀로지란 광범위하면서도 지속적으로 늘어나고 있는 도구와

표 7.1-1 학습 테크놀로지 도구

리소스	설명	용도	출처
교과목관리시스템(블랙보드, 캔버스, 무들 등)	교과목 관리에서 다양한 기능을 수행할 수 있는 온라인 리소스	• 출석부, 강의계획서, 학습지침서, 유인물, 과제 및 시험 등 수업 관련 자료 보관 • 과제 및 퀴즈, 시험 관리, 성적 기록 및 제출, 평균 산출	• 대부분의 대학에서 적어도 하나 이상의 시스템을 지원함
프레젠테이션 하드웨어 및 소프트웨어	슬라이드, 비디오, 동영상	• 수업 내용 전달	• 디지털 리소스 도서관
개인응답 시스템	학생들은 클리커, 스마트폰, 태블릿, 노트북 컴퓨터 등을 이용해 설문에 응답함(선다형 질문)	• 수업 내용을 상기하는 훈련, 개념 이해 시험 제공, 학생들이 공통적으로 잘못 이해하고 있는 것 찾아내기	• 무료 또는 유료 설문 소프트웨어나 수업 관리 시스템
시뮬레이션, 가상 실험실	학생들은 입력변수 및 시스템 매개변수를 변화시키고 시스템 반응에 대해 관찰하면서 시스템이나 실험의 컴퓨터 모델과 상호 작용함	• 실제 실험실에서 직접, 안전하게, 경제적으로 할 수 없는 시스템을 탐색 • 직접 할 수 있는 실험을 좀 더 심층 탐색하게 함	• 무료 또는 유료 시뮬레이션 소프트웨어 • '[주제] 시뮬레이션' 또는 '[주제] 가상실험실'을 검색
쌍방향 멀티미디어 개별 지도	주기적 퀴즈 및 즉각적 피드백을 동반한 위의 모든 것	• 학생의 지식과 능력에 대한 평가와 함께 대안 내용 제공 • 확인 및 정확한 피드백, 상위 수준 교육 혹은 보충 교육 제공	• 교과서, 디지털 리소스 도서관, 미디어 공급자 • '[주제] 튜토리얼'을 검색

방법의 범위를 포괄하는 것으로(Hart, 2015), 대부분의 것들은 면대면 교육과 온라인 교육에서 모두 사용된다. 표 7.1-1은 일반적인 교육 기자재들을 조사한 것으로, 이 장의 후반부에서 수업에 필요한 적절한 도구를 찾아 그것을 효과적으로 사용할 수 있도록 돕는 지침을 제공할 것이다.

7.2 테크놀로지를 활용한 교육의 이점

3~6장까지 우리는 학습을 촉진하기 위해 반복적으로 사용된 교수 전략에 대해서 조사하고 토론하였다. 수업에 활용되는 테크놀로지들은 그 전략의 많은 부분을 효과적으로 구현하는 데 사용될 수 있다. 표 7.2-1은 그것을 실행하는 여러 가지 방법을 정리한 것이고, 다른 방법은 Svinicki와 McKeachie(2014)에 의해서 제안되었으며, 새로운 방법에 대한 설명은 온라인 교육과 테크놀로지를 활용한 교육에 대한 문헌에 계속 소개된다.

당신은 교육과 연구에 대한 다른 의무는 차치하고라도, 표 7.2-1에 제시된 모든 기법을 구현하고, 시각 이미지나 시뮬레이션, 쌍방향적 개인 지도, 온라인 커뮤니케이션과 평가 도구 등을 만들어낼 시간이 어디에 있냐고 걱정할지 모르겠다. 다행히도 목록에 있는 모든 것을 할 필요는 없고, 당신이 하기로 정한 것을 한 번에 다 할

표 7.2-1 학습을 촉진시키는 교육 테크놀로지의 응용

잘 설계된 교육 테크놀로지는 여러 가지 방법으로 학습을 촉진할 수 있다.

- **강의 내용과 적용 분야에 대한 개괄** 수업에서 다룰 주제와 구성을 보여주는 온라인 그래픽 구성도나 개념지도 보여주기, 교과목에 대한 학생들의 흥미를 자극할 수 있는 각 주제에 대한 중요 적용 분야에 하이퍼링크 넣기
- **다양한 프레젠테이션 형식의 활용** 수업과 관련된 현상 및 사건과 관련된 스크린캐스트, 사진, 비디오 및 애니메이션 보여주기(예 : 결정 성장, 박테리아 증식, 다리 붕괴 등)
- **능동적인 학생 참여 촉진** 개인 응답 시스템을 사용하여 전통적 강의 방식에 능동적 참여를 더하기, 학생들 스스로 시스템 변수를 조정하고 응답을 관찰하고 해석하게 하는 시스템 시뮬레이션 사용하기, 학생들에게 학습 방법에 대한 정보를 제공하고 그것을 적용하는 연습을 시키고 결과를 피드백해주는 쌍방향 온라인 튜토리얼 사용하기
- **학생과 교수, 학생과 학생 간 상호작용 향상시키기** 대화형 게시판과 댓글 토론방 만들기, 게시글, 온라인 상담 시간, 원격 화상회의를 통해 학생들과 의사소통하기, 온라인 수업의 경우 가상 공간의 학생 그룹과 학습공동체를 만들어 능동 학습 활동과 집단 과제 및 프로젝트에 참여시키기
- **지식과 기술 평가하기** 온라인 퀴즈를 부여하고 평가하기(평가는 학생들이 무엇을 알고 무엇을 해야 하는지에 대한 피드백을 제공하는 형성 평가와 수업 성적으로 평가하는 총괄 평가 중 하나 혹은 둘 모두가 가능), 동료가 수행한 결과나 팀원으로서 수행한 내용에 대해 형성 평가 형식의 동료 평가도 실시
- **맞춤형의 개별적이며 자기 지도에 맞는 교육 제공하기** 학생들마다 각각의 배경, 관심사, 강점, 약점이 다르므로 학습 요구 또한 다름, 온라인 교육 관련 신생 기업은 학생들의 요구를 평가하고 이러한 요구를 수용하는 수업에 맞는(수업이 가능한) 교육 모듈을 개발하기 시작함(Kolowich, 2013)

필요도 없으며, 많은 자료는 표 7.1-1과 Shank(2014)에서 제시한 출처에서 버튼 한 번만 클릭하면 사용 가능하다.

7.3 의사소통 설정하기

고등교육에 대한 폭넓은 연구를 다루는, *What Matters in College*(1993)라는 저서에서, Astin은 학생과 교수의 상호작용의 질이 학생의 평균 성적, 학위 취득, 일반대학원 및 전문대학원 진학, 지적·개인적 성장에 대한 자기평가의 모든 분야, 교육의 질에 대한 만족도, 직업으로서 대학 교원 선호도 등, 여러 분야와 밀접한 관계를 갖는다는 것을 발견했다. 이와 같은 발견은 건물 안에서 이루어지는 전통적인 면대면 코스에 기반을 둔 연구로 온라인 교육에서도 적용될 수 있는지 궁금하다. 온라인 교육에 대한 최근 연구들을 살펴보면 온라인 교육에서도 그렇다는 것을 알 수 있다. Boettcher와 Conrad(2010, p. 75)는 온라인 수업에 대한 학생들의 만족도가 온라인에서의 교수의 존재와 직접적으로 관련되어 있음을 발견했으며 Croxton(2014, p. 318)은 "학생 만족도를 예측하는 가장 큰 요인 중 하나가 학생과 교수 간의 상호 작용의 빈도와 질 그리고 적시성"이라고 결론지었다. 이러한 결론은 학부 학생, 대학원생, 직업훈련생 등 모든 유형의 학생들에게서 동일하게 적용된다. 학생 만족도가 높아졌다고 자동적으로 학생들의 학습이 향상된다고는 할 수 없지만, 온라인 경험에 만족한 학생은 그렇지 못한 학생보다 수강을 포기할 가능성이 낮고 학습 목표에 도달할 가능성이 높다.

　Astin(1993)은 학생과 교수 관계가 중요한 만큼 또래집단과의 관계도 중요하다는 점에 주목했다. 그는 "또래집단은 대학 4년 동안의 성장과 발전에 가장 강력한 영향을 미치는 집단이다."라고 말한다(p. 398). 학생 간 상호 작용의 질은 학업 성적과 관련되어 있으며, 우등으로 졸업, 분석 및 문제해결 능력, 리더십 능력, 연설 능력, 대인관계 능력, 대학원 및 전문학교 준비 과정, 상식 등과 밀접한 관계가 있으며 심지어 우울감 같은 부정적 감성과도 관계가 있다. Croxton(2014)은 온라인 상호 작용이 온라인 과정에 대한 학부생 만족도 및 과정을 끝까지 마치는 것에도 매우 중요한 부분이라는 것을 발견하였다(대학원생 및 전문 연수생에게는 상대적으로 중요성이 덜하다).

　테크놀로지는 대면 수업과 하이브리드 수업에서 교수와 학생, 학생과 학생 사이의 상호 작용을 용이하게 하며 온라인 과정에서 거의 모든 의사소통을 가능하게 한다. 학생들과의 좋은 상호 작용을 위해 취할 수 있는 몇 가지 단계는 다음과 같다.

수업 시작 전에 '친해지기'라는 글을 올리거나 자기를 소개하는 비디오 준비하기

어떤 방식의 전자 인사를 준비하든 학생들이 당신과 개인적인 유대감을 가질 수 있게 하는 정보들, 즉 당신의 연구 관심사, 개인적인 관심사, 가족 등과 같은 일반적인 배경 정보와 함께 포함시키도록 한다.

온라인 상담 시간 정하기

교수 연구실로 가는 것을 두려워하는 많은 학생은 온라인 의사소통을 훨씬 편하게 생각한다. 문자나 이메일, 비디오 채팅에 응답할 온라인 상담 시간을 매주 몇 시간씩 지정한다. 가능한 경우 언제든지 학생들의 메시지에 응답하거나 지정된 시간 안에 응답하도록 정할 수 있다. 온라인 수업을 하고 있다면 온라인 상담 시간은 유일한 종류의 상담 시간이 될 것이다.

학생들에게 중요한 과제, 활동 및 자료를 정기적으로 알리는 공지 도구를 사용하기

짧은 게시물을 자주 올리는 것은 학생들에게 당신의 존재를 잊지 않게 하는 좋은 방법이다. 공지 도구는 다음에 제안할 내용을 구현하기 위한 도구인 동시에 가장 일반적인 수업 관리 시스템이다.

댓글 토론 방식의 포럼 구성하기

학생들은 다른 학생이나 교수가 올려놓은 질문에 의해 시작되는 다양한 주제에 대해 댓글을 달면서 댓글 토론(threaded) 포럼에 참여한다. 이러한 포럼은 학생과 교수, 학생과 학생 간의 의사소통을 효과적으로 촉진한다. 학생들이 코스 내용에 대해 비판적으로 성찰하고 교수와 동료들로부터 형성되는 피드백의 빈도와 효율성이 높아질 수 있도록 동기를 부여한다. Croxton(2014)과 Gikandi 등(2011)은 포럼을 원활하고 효과적으로 만드는 데 도움이 되는 제안을 제공한다.

적절한 시기에 피드백 주기

교과 수업에서 의사소통의 중요한 기능은 학생들에게 교수의 학습 목표를 얼마나 잘 습득했는지 피드백을 제공하는 것이다. 전통적인 수업에서 학생들의 오래된 불만은 교수가 몇 주 동안 성적 처리한 과제와 시험지를 돌려주지 않는다는 것이다. 온라인 교육도 마찬가지다. Croxton(2014)에 의해 인용된 여러 연구에서 학생들의 만족도와 성적은 자신의 작업에 대해 얼마나 빨리 피드백을 받았는지와 유의미한 상관관계가 있었다.

테크놀로지는 여러 가지 방식으로 형성 평가와 총괄 평가 결과를 제공하는 데 사용될 수 있다. 학생들이 대면 수업에서 객관식 질문에 답을 고르게 하고 클리커를 사용하여 응답을 제출하면 설문 조사가 끝나자마자 모든 응답을 막대그래프로 볼 수 있다. 그런 다음 짝을 지어 서로 논의를 하고 재투표하고 나면 학생들은 자신들의 의견이 정답으로 공개된 답에 가깝게 혹은 동떨어지게 흘러가는지 볼 수 있다. 온라인 토론 포럼이나 가상 상담 시간에 질문을 제기하는 학생들은 실시간 혹은 빠른 시간 내에 답을 받을 수 있다. 온라인 퀴즈는 독서, 스크린캐스트 및 온라인 자습서에 제시된 내용을 시험해보고 올바른 답을 확인하고 오류를 수정하는 데 사용할 수 있다. 순전히 온라인 과정에서, 과제 및 시험에 대한 학생들의 성적은 채점하는 즉시 알려줄 수 있다.

면대면, 혼합형, 온라인 강의를 통해 학생들을 능동적으로 참여시키기

논란의 여지가 있지만, 능동 학습은 온라인 강의에서 흔치 않지만 가장 필요로 하면서도 가장 힘든 학습 전략이다. 우리는 이미 학생 상호 작용을 온라인으로 홍보하기 위한 수단으로 토론 포럼을 활용할 것을 제안했었다. 좀 더 광범위하게 추천하고 싶은 것은 6장에서 이미 기술한 바와 같이 능동학습을 온라인 교육에 통합하라는 것이다. 7.6절에서 이를 수행하는 방법에 대해 논의하고자 한다.

7.4 수업에 테크놀로지를 결합하기

면대면 수업과 온라인 수업, 그리고 이 두 가지 방식이 혼합된 하이브리드 수업에 테크놀로지를 사용할 계획이라면 다음의 제안 사항을 고려해보는 것이 좋다.

학습 목표에 맞게 활용한다

학생들이 학습 목표에 맞는 역량을 연습할 수 있게 해주는 테크놀로지, 학생의 학습 목표 달성도에 대해 학생과 교수 모두에게 피드백을 제공하는 도구를 찾는다.

자신만의 수업 자료를 만들기 전에, 수업에 적합한 테크놀로지 기반 자료가 있는지 찾아본다

3.2절, 표 7.1-1 및 Shank(2014)는 온라인에서 리소스를 찾는 것을 제안한 바 있다. 여기에 덧붙여 당신이 하고자 하는 수업을 위한 거꾸로 학습이나 온라인 버전에 대해 해당 분야의 교육 학회지나 학회 자료집을 찾아볼 수도 있고 그들에 제시하는 리소스들에 대해서도 찾아볼 수 있다.

온라인 프레젠테이션은 짧게 한 주제에 집중한다

학습 과정에 관한 세 가지 중요한 사실을 검토해보자. (1) 학생들이 수동적인 채로 있는 시간이 길수록 학생들의 주의는 산만해지고 받아들이는 정보의 양은 줄어든다, (2) 학생들에게 긴 시간 동안 끊임없이 긴 프레젠테이션을 제공할 경우, 인지 과부하가 걸려 대부분의 발표 내용을 흡수할 수 없다, (3) 주기적으로 연습할 수 있는 작은 덩어리로 나누어 자료를 제시할 경우, 자료를 장기 저장 장치에 저장하면 인출과 전이의 확률이 극대화된다. 이러한 관찰은 이미 정설로 받아들여지고 있는 가이드라인, 즉 온라인 강의나 하이브리드 강의에서 강의 클립이나 스크린캐스트는 10분 이상이 되면 안 된다는 것을 지지해준다. 어떤 연구들은 최대의 효과를 얻기 위해서는 6분 내외가 적당하다고 말하기도 한다(Guo et al, 2014). 만약 당신이 그것보다 긴 프레젠테이션을 갖고 있다면 활동이나 평가를 사이사이에 넣어 그것을 더 작은 단위로 나눈다. 만약 그것이 불가능하다면 학생 스스로가 그 내용을 평가해보는 데 사용할 질문 목록을 주도록 한다.

능동 학습 활동에서 비디오 및 시뮬레이션(가상 실험실 포함)을 사용한다

현상과 실험에 대한 비디오와 시뮬레이션은 훌륭한 활동 주제를 제공한다. 동영상을 보여주기 전에 동영상에 대해 설명하고 학생들이 개별적으로 또는 소그룹으로 작업하게 하여 그들이 보게 될 것을 예상해보도록 한다. 혼합 학습이나 동시간 온라인 교육에서 개별 응답을 수집하거나 개인 응답 시스템을 사용하여 예측 내용을 수집한다. 그런 다음 비디오를 보여주고 학생들에게 그들이 예상한 결과와 실제 결과를 비교하게 한다. 그들의 예측 중 많은 부분이 잘못되어 있다면, 그것은 학생의 일반적인 오해를 바로 잡을 좋은 기회를 제공한다. Tucker(2013)는 수업에서 동영상을 효과적으로 사용하기 위한 온라인 지침을 개발했다.

시스템의 동적 시뮬레이션을 사용하는 경우, 학생들이 선택한 변수의 변화에 대한 시스템의 반응을 예측한 다음, 시뮬레이션된 결과와 예측을 비교하거나 변수를 조정하고 시뮬레이션된 응답을 관찰하여 시스템 성능을 최적화하게 한다. Koretsky 등(2011a, 2011b)에 의한 좋은 예에는 학생들이 화학 및 생물학적 과정에서 생산을 최적화하고, 위험 폐기물 처리장을 청소하고, 지진에 대한 다중층 구조의 반응을 연구하는 가상 실험실에 대해 설명한다.

7.5 혼합 학습 및 거꾸로 교실

면대면 수업과 온라인 수업의 장점이 다르다는 것을 감안할 때, 두 방식의 수업을 혼합하여 잘 설계한 수업이 한 가지 방식만 사용하는 수업보다 더 큰 학습 결과를 가져올 것이라고 추측할 수 있다. 평균적으로 그러한 추측이 옳다(Means at al., 2010; Singh, 2003; Velegol et al., 2015). 그러나 여기서 중요한 것은 잘 설계되어야 한다는 것이다. 면대면 수업은 강의, 시연, 개인 및 그룹 활동을 포함해야 하며, 온라인 수업은 멀티미디어 강의 클립, 스크린캐스트 비디오와 같은 자료 및 시뮬레이션, 쌍방향 지도 및 (특히) 온라인 평가와 같은 적극적인 학생 참여를 제공하는 리소스를 포함해야 한다. 이러한 요소 중 다수가 수업 과정에 있는 경우, Means 등(2010)에서 인용한 수많은 연구에서 입증된 혼합형 교육의 이점들이 실현될 것으로 보인다.

거꾸로 교실은 최근 몇 년 동안 교수들의 많은 관심을 끌어온 혼합 학습의 한 형태이다. 전통적인 수업에서 학생들은 먼저, 수업에서 새로운 수업 자료를 접한 후, 교실 밖 과제에서 문제를 푸는 데 그것을 사용하곤 했다. 거꾸로 교실에서는 반대로 교실 밖에서 새로운 수업 자료를 공부하고 교실에서는 문제를 푼다. 다른 모든 교수법과 마찬가지로 거꾸로 학습을 구현하는 좋은 방법과 나쁜 방법이 있다. 다음의 두 가지는 일반적인 나쁜 방법들이다.

이러한 전략은 무엇이 문제일까? 학생들에게 전공 관련 읽을거리를 부과하고 다음 수업 시간에 학생들이 그 내용을 활용해 문제를 풀길 기대했다면 곧 실망하게 될

바람직하지 않은 거꾸로 학습법

1. 학생들이 수업에 오기 전에 강의 교재나 슬라이드 또는 강의 전체를 담은 비디오를 보고 오게 한다.
2. 수업 전에 새로운 자료를 제공한 다음, 강의에서 더 많은 새로운 자료를 제시한다.

것이다. 학생들이 녹음된 전체 강의를 듣게 하는 것도 좋지 않다. 내용에 대해 질문하거나 적용해보려는 첫 시도에 대한 피드백 없이 콘텐츠를 이해하는 것은 거의 불가능하다. 수업 전에 읽기 자료나 온라인 강의를 부과한 다음 수업 시간에 강의를 더 많이 하는 것은 아무 것도 달라진 것이 없이 학생들에게 쏟아붓는 정보의 양만 두 배로 높이는 것이다.

이러한 전략이 효과가 없다면 무엇이 가능할까? 잘 구현된 거꾸로 교실은 다음의 두 가지 구성 요소를 갖는다. 즉, 수업 전 쌍방향 온라인 프레젠테이션과 수업에서 잘 구현된 능동 학습이다(Means et al, 2010). 온라인 자료에는 짧은 비디오, 강의 클립 및 동영상이 포함될 것이다. 가상 실험실, 제어실 및 공장에 대한 실제 경험, 그리고 게시된 수업 자료에 대한 퀴즈도 포함한다. 학생들이 수동 관찰자가 될 때, 주의를 다시 집중시키기 위해 프레젠테이션 단위는 6분을 넘지 않아야 한다(Guo et.al, 2014).

교실 수업은 온라인 수업에서 소개된 개념과 방법을 배우고 강화하기 위해 고안된 활동으로 구성되어야 하며 적극적인 학습 지침을 통합하고 6장에서 설명한 함정을 피하도록 한다.

거꾸로 교실에 대한 여러 개별 연구는 이 방법이 학생들의 태도에 긍정적인 영향을 미쳤으며, 소수의 연구는 학생들의 학습에도 긍정적 효과를 나타냈음을 보여준다(예 : Deslauriers et al, 2011). 이러한 긍정적 효과를 지지하는 더 많은 연구가 부족한 이유는 많은 연구에서 거꾸로 학습이 특정 조건(양질의 양방향 온라인 자료와 면대면 수업 세션에서 잘 구현된 능동 학습)을 충족시키지 못한 것에서 찾을 수 있다. 또한 대부분의 연구에는 학습자 중심의 방법으로 가장 잘 받아들여지는 수준 높은 사고와 문제 해결에 대한 평가는 포함되지 않았을 것이다. 우리는 거꾸로 교실의 디자인, 구현 및 평가가 모두 지속적으로 개선됨에 따라 많은 연구가 거꾸로 학습에 대한 긍정적인 영향이 학습에 나타남을 보여줄 것이다.

다음은 거꾸로 수업을 시작하기 전에 고려해야 할 몇 가지 제안 사항이다.

능동 학습에 익숙해지고 그것에 대한 학생의 저항에 대처하는 방법을 알기까지는 거꾸로 학습법을 쓰지 않는다

거꾸로 학습은 학생들에게 모든 능동적인 학습이 그러하듯, 자신의 학습에 대한 책임을 부여하며, 수업에 오기 전에 스스로 학습해야 한다는 부담을 준다. 많은 학생들은 이 교수법의 특징에 대해 기뻐하지 않으며, 일부 학생들은 교수에게 이러한 점을 주저없이 말한다. 대응책을 준비하지 않는다면 처음으로 뒤집힌 교실 환경이 교수와 학생들에게 끔찍할 수 있다. 가능한 경우, 거꾸로 수업을 만들기 전에 능동 학습을 사용하여 여러 학기를 가르친다. 학생의 저항이 불편해지면 6장에서 간략히 설명한대로 불만을 완화시키고 능동 학습을 효과적으로 감당할 수 있다는 확신이 들 때, 아직도 거꾸로 학습을 원한다면 (모든 교사가 해야 하는 건 아니다) 다시 해보도록 한다.

거꾸로 학습을 하기로 결정하였다면 가능한 한 도움을 받고 점차적으로 시작한다

성공적으로 거꾸로 학습을 시행한 동료 교수나 이에 대한 컨설팅을 지원하는 학내 교수학습센터가 있는 경우 도움을 요청한다. 전체 과정을 모두 거꾸로 학습으로 진행하는 대신, 자신이 열정을 가지고 있고 좋은 온라인 자료가 있는 부분에 대해서만 부분적으로 시도해본다. 그 경험을 통해 방법을 배우고 그 방법을 조금씩 적용하면서 서서히 범위를 늘려간다.

거꾸로 학습을 하려는 수업의 모든 단원에 대해 통합된 평가 체계를 갖추고 온라인 수업을 진행한다

슬라이드쇼나 강의 녹음 정도만 준비되어 있다면 앞서 언급한 상호 작용을 위한 다양한 교육 도구들을 모을 수 있을 때까지 거꾸로 학습을 자제한다. 대부분의 핵심 STEM 과정에 적합한 스크린캐스트, 시뮬레이션 및 대화형 자습서 등은 표 7.1-1 및 Shank(2014)에 인용된 출처에서 찾을 수 있다. Koretsky(2015), Silverthorn(2006), Velegol 등(2015)도 온라인 자료 및 과제에 대한 훌륭한 예를 제공한다.

온라인 교육의 강력한 구성 요소는 학생들의 응답에 대한 즉각적인 확인이나 정정 피드백 등을 동반한 수시시험이다(Gikandi et al., 2011; Szpunar et al., 2013). 수시시험은 단순한 사실 정보에 대한 시험이 아니라 온라인 자료에 대한 깊은 이해를 평가해야 한다. 8장에서 개념 이해를 평가하는 것에 대해 더 이야기할 것이다.

수시시험이 온라인 교육에 통합되면 교수가 학생들의 답변에 접속하여 여러 학생이 대체로 잘못 이해한 부분에 대해 미니 특강이나 기타 여러 활동을 기획하여 학생들과의 면대면 교육으로 이어지도록 한다. 이러한 기법은 적시교육법(Just-in-time-teaching, JiTT)으로 알려진 교육 방법(Simkins & Maier, 2009)에 기초한 것이다. 수시시험 제출 기록은 온라인 과제를 책임감 있게 완료하였는지를 평가하는 기준이 된다.

면대면 수업 세션은 주로 이전 온라인 수업을 토대로 한 활동이 되게 한다

복잡한 문제 해결을 위한 TAPPS(소리 내어 생각하고 짝으로 문제 해결하기, 6.4절에서 다루었던) 등과 같이 면대면 수업은 능동 학습의 실제적 활동에 집중한다.

거꾸로 학습을 거꾸로 하는 것을 고려해본다

거꾸로 수업에서는 기본 자료가 온라인 모듈로 제공되고 일부 또는 모든 응용 프로그램은 후속 수업에서 수행된다. 그러나 수업에서 능동적 탐구를 통해 새로운 자료를 소개한 후, 온라인에서 새로운 스크린캐스트 자료를 보고 자습서를 통해 작업을 하도록 하는 새로운 시도도 가능하다. 스탠퍼드대학교의 연구원들은 이러한 방법을 '거꾸로 거꾸로 학습'이라고 표현했는데, 이러한 접근이 단순한 거꾸로 학습보다 여러 면에서 장점을 갖는다는 것을 발견했다(Schneider et al, 2013).

Jensen 등(2015)은 거꾸로 학습과 '거꾸로 거꾸로 학습'이 이루어지는 두 교실에서의 학생들의 활동과 태도를 비교하는 연구를 하였는데, 학생의 학습 습관이나 지시에 대한 태도에서 유의미한 차이가 발견되지 않았다. 두 가지 접근법의 효과성의 핵

생각해볼 문제

당신이 가르치는 수업 중 어느 것이 거꾸로 학습을 하기에 좋다고 생각합니까?
거꾸로 학습을 하게 되면 얻게 되는 장점은 무엇입니까?
당신이 우려하는 사항은 무엇이며 어떻게 해결할 수 있습니까?
그 수업에서 어떤 주제를 가지고 시작해보는 것이 좋을까요?

심은 온라인 및 학급 수업에서 활발한 학생 참여를 광범위하게 사용한다는 점이다.

간단히 말해서, 거꾸로 학습을 하고 싶으면 앞서 이야기한 내용에 주의하면서 거꾸로 학습을 시도해보고, 또 만약에 거꾸로 학습을 원치 않는다면 하지 않아도 된다. 거꾸로 학습을 하든 안하든 중요한 것은 학생들을 능동적으로 참여시키는 것이며, 그렇게 하기 위해 찾고 있는 학습법에 대한 이해가 필요하다.

7.6 온라인 수업

7.6.1 온라인 수업에서의 능동 학습

많은 교수들, 심지어 면대면 수업에서 능동 학습을 하는 교수들조차도 온라인 수업에서 적극적인 학생 참여가 가능하다고 생각하지 않는다. 그러나 그것은 가능하고, 비교적 쉽게 달성할 수 있으며, 전통적인 수업과 마찬가지로 학습을 효과적으로 촉진할 수 있다. 온라인 수업의 학생들은 문제와 프로젝트를 함께 하기 위해 회의 및 화면 공유 프로그램을 사용하여 동시간대에 할 수 있고 각자의 시간에 맞게 토론 포럼에도 참여할 수 있다. 또한 과제나 프로젝트 및 시험 대비 스터디 그룹 활동에 동시간대에 참여할 수 있다.

그러나 3장 이후부터 우리가 논의해온 교실에서 이루어졌던 생생한 능동 학습 활동은 어떤가? 같은 장소에 학생들과 있지 않으면서도 학생들에게 온라인 세션에서 할 수 있는 일을 부여하고 그것을 할 시간을 주거나 중지시키고 결과를 걷어 답을 확인하는 과정 등을 수행하는 것이 가능할까?

그것에 대한 답은 (응답을 수집하는 부분에 대한 몇 가지 경우를 제외하고) '그렇다'이다. 면대면 수업 교실에서와 똑같이 수업 활동을 부과해보라. 그때, 당신이 하는 일은 온라인 수업을 듣는 학생들이 당신이 가르치고 있는 시간과 같은 시간에 그 수업을 보고 있느냐 아니면 학생들이 수업을 나중에 보게 되어 다른 시간대에 행해지느냐에 따라 달라질 뿐이다. 학습 활동들은 다음과 같이 진행될 수 있다.

어떤 학생들과는 면대면으로, 또 다른 학생들과는 온라인으로

활동이 이루어지는 동안 활동에 대한 지침을 담은 슬라이드를 함께 보여주면서 방안에서 활동을 하고 있는 학생들의 비디오를 틀어 둔다. 할당된 시간이 지난 후 활동을 중지한다. 방 안에 있는 한 명 혹은 여러 명의 학생으로부터 개별적으로 또는 객관적 문제의 경우 개인 응답 시스템 및 폴링 소프트웨어를 사용하여 수집하고 이를 확인한다. 만약 온라인 강의가 동시간대에 이루어지고 테크놀로지를 이용하여 온라인 수업에 참여하는 학생들이 당신과 소통하는 것이 가능하다면, 그들의 답도 함께 걷는다. 답을 설명할 때는 반드시 올바른 답이 명확하게 제시되었는지 왜 여러 사람의 틀린 답이 잘못된 것인지를 자세히 설명한다.

동시간대 온라인 강의만 할 경우

면대면 수업에서와 같이, 할당된 시간 동안 활동 지침에 대한 슬라이드만 보여주면서 활동을 지시한다. 기술적으로 가능한 경우, 객관식 질문에 대해서 모든 학생이 응답하도록 하고 다른 종류의 질문에 대해서는 쌍방향 의사소통 방식을 이용하여 개별적인 응답을 모아 처리한다. 이러한 것이 모두 불가능한 경우에는 정답을 제시하고 공통적으로 자주 틀리는 답에 대해 자세히 설명한다.

시간차가 있는 온라인 강의를 할 경우

활동을 부여한 후 학생들에게 전송을 일시 중지하게 하고, 지정된 시간 후 혹은 학생들이 작업을 마친 후 다시 시작하도록 한다. 잠시 쉬었다가 정답을 제시하고, 일반적인 실수에 대해 설명한다.

면대면 교육처럼 온라인 교육에서도 능동 학습법을 사용할 계획임을 수업 초기부터 말하고 그 이유를 설명한 후, 온라인 수업의 학생들이 적극적으로 활동하도록 격려한다. 첫 수업에서 6장에 설명한 바 있는 동기 부여를 위한 당부의 말을 전하고, 활동을 시작할 때, 학생들에게 선택의 여지가 있음을 말한다. 첫 번째 선택은 교수가 요구하는 활동을 해보는 것이다. 두 번째 선택은 아무것도 하지 않으면서 화면을 응시하는 것이며(동시간대 온라인 수업의 경우), 세 번째 선택은 활동 부분을 그냥 넘어가고 바로 정답을 확인하는 것이다(동시간대 온라인 수업이 아닌 경우). 내가 강력하게 추천하는 것은 첫 번째 선택인데, 더 많은 학습을 하게 하고 수업을 더욱 흥미롭게 하기 때문이다. 첫 시험의 성적을 받고 난 후, 학생들 중 자신의 성적에 실망한 사람이 있다면 앞으로의 수업에서는 활동을 충실히 하는 것이 성적을 받는 데 도움이 될 것임을 제안하면서 활동의 중요성에 대해 다시 한번 확인시킨다.

7.6.2 MOOC

MOOC(massive open online courses, 대규모 공개 온라인 강좌)는 사람들이 무제한으로 무료 혹은 약간의 비용을 지불하고 들을 수 있는 온라인 강좌이다. 강좌들은 전체 강좌와 강의 클립, 스크린캐스트, 슬라이드, 비디오, 토론 포럼, 퀴즈 등으로 이루어진 온라인 수업 시리즈로 구성되어 있다. MOOC를 수료한 학생들은 수업료를 지불하고 수료 인증서를 받을 수도 있다(수료증을 주는 후자의 경우는 더 이상 모든 사람에게 '공개'된 과정이 아니며, 어떤 경우 이러한 과정을 MOC라고 부르기도 한다).

MOOC의 장점은 부인할 수 없다. 그들은 무료이거나 전통적인 교육 기관에서 제공하는 강좌보다 훨씬 적은 비용만을 지불하면 된다. 그들은 기존의 캠퍼스에 쉽게 접근이 어려운 곳에 살고 있는 사람들을 포함하여 인터넷에 연결될 수 있는 사람이라면 모두 접속할 수 있게 되어 있다. 다양한 멀티미디어 도구를 사용하면서 세계 최고의 교수들에 의해 제공된다. 게다가 학생들은 고정된 스케줄에 매이지 않고 자신에게 편한 시간에 수업에 참여할 수 있으며, 원하는 만큼 수업을 반복해서 들을 수 있다. 2014년 조지아공과대학교는 컴퓨터공학부에 MOOC를 기반으로 한 석사 학위 과정을 시작하였고 다음 해에 애리조나주립대학교는 신입생들이 온라인 교육 과정으로 첫해의 교육과정을 이수할 수 있을 것이라고 발표했다. 학생들이 전통적인 교육과정을 위해 지불하는 것보다 훨씬 적은 비용으로 그들의 학위 요건의 대부분을 MOOC를 이용하여 마칠 수 있게 되는 것은 시간 문제이며 많은 사람이 그 길을 택할 것이다.

그렇다면, MOOC는 교수들의 교육을 보완하는 것 외에 교수들을 위해 무엇을 할 수 있을까? 자신이 수업에서 다루고자 하는 주제를 다루고 있는 MOOC에 주목해보자. 그 주제와 관련된 수업의 샘플 수업을 검토해보고 그 수업에서 발췌한 것을 '거꾸로 학습'의 온라인 학습의 일부분으로, 교재를 읽어 오는 대신 과제로 부여하는 것도 고려해볼 수 있다(그렇게 하는 것에 있어 법적으로 요구되는 것이 무엇인지 확인해보라. 문제에 대한 사안은 내년쯤이면 빠르게 변화될 것이다). 스스로 온라인 강좌를 준비하느라 시간을 쓰는 대신 온라인 교육에서는 좀처럼 제공하기 어려운 학생들과의 개별적 상호 작용 시간으로 시간을 활용해보자.

7.7 알아두기

- 온라인 교육은 정보의 쌍방향 멀티미디어 프레젠테이션을 가능하게 하고 학생들 스스로 연습할 수 있고 피드백을 받을 수 있으며 원하는 만큼 수업을 반복하여 학습할 수 있는 기회를 제공한다. 면대면 강의에서 교수는 온라인 강의에서 제공할 수 없는 방식으로 학생들의 역할 모델과 멘토 역할을 할 수 있으며, 면대면 수업 환경에서는 수업 중과 수업 외 시간에 학생들과의 상호 작용에서 오는 학습 혜택을 극대화할 수 있다. 가장 좋은 교육은 각 방법의 장점을 최대한 살려 혼합하여 제공하는 것이다.

- 학생들을 적극적으로 참여하게 하는 교육용 테크놀로지 리소스들, 예를 들어 개인 응답 시스템, 상호적 다중 매체 튜토리얼, 시뮬레이션, 응답에 대한 즉각적인 피드백이 있는 온라인 퀴즈 그리고 토론 포럼을 포함한 커뮤니케이션 도구들은 학습을 향상시킨다. 학생들을 그저 수동적인 구경꾼으로 만드는 테크놀로지의 사용, 예를 들어 연장된 슬라이드쇼와 완전히 녹음된 강의들은 그다지 효과적이지는 않다. 강의 클립과 다른 발표 부분들은 교육적일 수 있지만, 완전한 효과를 위해서는 길이를 6분 이내로 하고 길어도 10분을 넘지 않게 한다.

- 테크놀로지를 기반으로 한 도구와 발표 자료를 만드는 것은 특별히 시간이 오래 걸릴 수 있다. 당신 스스로의 자료를 만들기 전에 이미 존재하는 자료를 미리 찾아본다.

- 온라인 교육을 통해 새 내용을 소개하고 그다음에 직접 얼굴을 대면하고 가르치는 거꾸로 수업은 온라인 교육이 상호적으로 이루어지고, 이후의 단계가 주로 능동 학습으로 이루어진다면 효과적일 수 있다. 일반적으로, 학생들에게 수업 밖에서 글을 읽게 하거나 강의 전체를 듣게 하는 것이나 온라인 학습 후에 전통적인 면대면 강의를 하는 것은 효과가 없다.

- 면대면 강의, 온라인 강의, 아니면 혼합형 강의 등 어떤 강의든 상관하지 말고 MOOC의 자료를 수업에 접목하는 것을 탐색해본다.

7.8 수업에서 시도해보기

- 과제의 일환으로, 학생들에게 각각 인터넷에서 교수가 가르치는 특정 주제를 보여주는 동영상, 스크린캐스트 혹은 자습서를 찾게 한다. 다음 시험에서 좋은 자료를 찾은 학생들에게 약간의 점수를 준다. 그중에서 제일 나은 것들을 당신의 수업 자료에 포함시키고 미래의 수업에서 사용한다.

- 온라인 회의 도구(예 : 구글 행아웃이나 수업 운영 시스템에 있는 비슷한 도구)를 사용하는 가상 면담시간을 가져본다. 가상 세션들이 연구실을 방문하는 학생보다 일반적으로 더 많거나 다른 학생들을 불러오는지 확인하기 위해 학생들의 방문 빈도를 확인한다.

- 수업을 위해 수업 운영 소프트웨어를 사용하여 토론 포럼을 마련한다.

- 수업의 일부분을 거꾸로 학습으로 바꿔본다. 수업 주제와 관련된 온라인 교육용 자료들을 찾아 넣는다. 그리고 다음 수업 세션에 온라인 수업에서 가르친 정보와 방법을 활용할 수 있는 능동 학습을 시행한다. 전체 수업 과정에서 교수와 학생이 익숙해질 때까지 이를 반복한다. 만약 학습에 대한 동기 부여와 수행에 효과가 있다고 판단되면 거꾸로 학습을 교과목의 다른 부분으로 확장하는 것을 고려해본다.

대학교 학생 라운지에서의 한 장면이다. 3학년인 세 명의 학생, 미셸, 라이언, 그리고 알렉스는 그들의 생체유체역학 수업의 두 번째 시험을 위해 공부하고 있다. 알렉스는 첫 번째 시험에서 높은 성적을 받았고, 미셸은 그를 따라붙는 정도였고, 라이언은 반 평균보다 15점 낮은 점수를 받았다. 그들은 한 시간 정도 이야기를 나누고 있었다.

미셸 : 여기 비뉴턴 흐름에 관련된 부분 있잖아. 난 사실 이게 이해가 잘 안 돼.

알렉스 : 그냥 넘어가도 될 것 같은데. 스내블리 교수가 지난 5년 동안 내준 시험들을 내가 한번 봤는데, 한 번도 이 내용을 물어본 적이 없었어.

미셸 : 그럴 수도 있지만, 실제로 중요한 내용이잖아…. 실제 피의 흐름을 분석할 때에 뉴턴 역학은 적용될 수 없어.

알렉스 : 그럼 뭐 어때…. 시험 볼 때 스내블리 교수가 낸 문제를 몰랐을 때 우리 혈액순환이나 걱정하셔.

미셸 : 그렇지만, 우리가 이걸 모르면….

라이언 : 야 알렉스, 이번 퀴즈에도 그 나비에-스토크스 나부랭이가 나오냐?

알렉스 : 응, 주로 나오긴 하는데, 유도 과정은 안 나올걸. 그냥 방정식을 단순화하는 방법만 알면 돼.

미셸 : 지금 교과서를 둘러보고 있어…. 여기 온갖 종류의 나비에-스토크스 문제들이 있는데 그중에 몇 개를 골라보자.

라이언 : 에이, 너무 많아. 난 그저 C 성적, 내 학위, 그리고 내 80인치 TV가 필요할 뿐이야…. 옛날 시험들을 꺼내서 해답이나 외우자고.

알렉스 : 그래, 그래도 그건…. 어, 이 문제를 봐. 교수님이 3년 연속으로 냈잖아…. (a)와 (b) 파트는 그저 맞는 숫자만 대입하면 되는 건데 (c) 파트는 커브볼을 날리셨어. 어떻게 풀어야 되는지 모르겠어.

미셸 : 내가 한번 볼게…. 좋아, 이 부분은 유속 분포 발달을 물어보고 있네. 투입구 길이와의 상관관계를 사용하기만 하면 돼.

알렉스 : 무슨 소리를 하는 거야, 처음 들어보는 얘긴데?

미셸 : 교수님이 수업 중에 얘기한 적은 없지만, 책에는 나와 있어. 넌 레이놀즈 상수를 계산하고 그 다음에 이 무차원적 상관관계에서 이걸 치환하면 돼, 그리고 그 수는….

알렉스 : 그래서 상관관계 하나라 이거네. 이 내용이 나오는 데를 더 파고들어야 할 필요가 있는 거야?

미셸 : 시험을 위해서는 아니겠지만, 나는 네가 왜 투입구 길이를 알고 싶은지 생각해봤는데, 네가 모세혈관에서 피의 흐름이나 인공 콩팥의 투석유체의 흐름을 분석하는 것 같아서….

알렉스 : 됐어, 그런 거는 시험에 안 나올 거야… 아무리 스내블리 교수라도 그렇게 까다롭지는 않을걸…. 이제 이 문제를 한번 보자….

이 세 명의 학생들은 학습에 대한 세 가지의 다른 접근(Felder & Brent, 2005; Ramsden, 2003)을 보여준다.

1. 미셸은 그녀의 흥미를 불러일으키는 학습 내용에 대해 '심층 접근(deep approach)'을 하는 경향이 있다. 같은 의미로 그녀는 사실들을 그저 배우려 하지 않고 그것들이 무슨 의미를 갖는지, 어떻게 연결되어 있는지, 그리고 그녀의 경험과 어떻게 연결되는지 이해하려고 한다. 심층 접근은 사실적 정보를 외우고 판에 박힌 절차를 실행하는 것에 비해 최대의 학습 성과를 성취하는 것과 상관이 있는 것으로 밝혀졌다.

2. 라이언은 주로 사실을 외우지만 이를 일관성 있는 지식의 체계로 맞추려 하지 않고 판에 박힌 해결 절차를 따르며, 그것이 어디로부터 오는지는 이해하려 하지 않는 '피상적 접근(surface approach)'을 취한다.

3. 알렉스의 주목표는 어떤 대가를 치르더라도 이 수업에서 A를 받는 것이다. 그는 교수가 무엇을 원하는지 찾고 이를 전달하는 것을 포함하는, 될 수 있으면 피상적으로 내버려두고 필요할 때 깊게 파고드는 '전략적 접근(strategic approach)'을 사용한다.

교수들은 많은 학생들이 라이언과 같고 아주 소수의 학생만이 미셸과 같다고 불만을 터트린다. 교수는 지금은 익숙해진 다음의 전략들을 활용해 학생들이 좀 더 깊이 있는 접근을 할 수 있게 동기를 부여할 수 있다(Ramsden, 2003).

학생의 관심과 목적이 관련성을 갖도록 수업 내용을 구성한다
미셸이나 라이언 둘 다 그들에게 필요 없다고 여기는 내용을 깊이 이해하려고 애쓰지는 않을 것이다. 내용에 관한 관심이 미셸이 깊이 있는 접근을 하게 하는 데 충분한 것이었다면, 라이언도 관심이 많아지면 심층적 접근을 하고자 하는 동기를 갖게 할 수 있다.

높은 수준의 학습 목표를 명확하게 제시하고 그것에 맞는 평가 방식을 실행한다
만약 모든 평가 방식이 오직 암기와 판에 박힌 계산만 요구한다면, 알렉스와 라이언은 공부에 표면적 접근을 할 것이다. 만약 약간 높은 수준의 도전적 문제들이 평가에 나온다는 것이 확실해지면, 알렉스, 그리고 어쩌면 라이언까지 깊이 있는 접근을 하도록 동기 부여가 될 것이다.

앞 장들에서 학생들이 자신들과 관련이 있다고 인지하면 새 정보를 장기기억에 저장할 가능성이 높다는 것을 관찰했다. 인지된 관련성이 깊이 있는 접근을 선택하도록 동기를 부여한다는 사실은 첫 번째 제안을 받아들이는 또 다른 이유가 된다. 두 번째 제안은 높은 수준의 학습 목표 성취를 효과적으로 평가하는 시험들과 과제들을 설계할 것을 요구한다. 우리는 이를 어떻게 할 것인지 다음 장에서 논의할 것이다.

08

지식, 역량, 이해에 대해 평가하기

8.0 들어가기

우리는 앞에서 서로 다른 학습에 대한 접근 방식을 보이는 세 명의 학생을 보았다. 미셸은 주로 좋은 성적을 받기보다는 그녀가 배우는 것들을 제대로 이해하기 위해 그녀가 중요하고 흥미롭다고 생각하는 주제들을 깊게 학습한다. 라이언은 시험 통과에 필요한 최소의 성적을 받기 위해 최소의 노력을 하는 암기 위주의 피상적 학습을 하는 경향이 있다. 알렉스는 최고의 성적을 받기 위해 필요할 때 깊이 학습하고 그 외에는 피상적으로 학습하는 전략적인 방식을 취한다. 지금까지의 광범위한 연구 결과들은 학생들이 깊이 있는 학습 방식을 선택하는 과정은 특정한 교육 방식과의 연관성이 있음을 보여준다(Biggs & Tang, 2011; Case & Marshall, 2009; Felder & Brent, 2005; Marton et al. 1997; Ramsden, 2003; Trigwell et al. 1999). 그러한 교육 전략들은 심층 학습을 요구하는 학습 목표를 세우고 공유하는 것과 학생들이 그러한 목표들을 성취했는지 적절히 평가할 수 있는 과제와 시험을 작성하고 학점을 부여하는 것을 포함한다.

우리는 3장에서 자주 비슷한 의미로 쓰이는 두 단어를 정의하고 구분하였다.

사정(assessment) : 지식, 기술, 태도, 그리고 학습을 측정하기 위해 수집할 데이터를 정하고 그러한 데이터를 모으기 위한 도구들을 선택하거나 만들고 관리하는 것.

평가(evaluation) : 사정된 데이터를 분석하고 결과들을 통해 결론을 도출해내는 것. 평가는 강사의 가르침과 학생의 배움의 질을 높이고(형성적) 점수를 할당하고 통과/낙제 여부를 결정하기 위해 (총괄적) 쓰일 수 있다.

이 장에서는 학습의 심층적 접근을 포함한 형성적 기능과 총괄적 기능을 가진 평가(assessment와 evaluation) 전략들을 설명하고 다룰 것이다. 우리는 먼저 학생들의 내용 지식을 평가하는 방식들을 살펴보고 그 이후에 개념적 이해, 문제 해결 능력, 직업 기초 능력의 평가 방식에 대해 다룰 것이다. 이 장에서 다루고자 하는 질문은 다음과 같다.

- 높은 수준의 사고력과 문제 해결 능력을 객관식과 단답형 문제들로 어떻게 평가할 것인가?
- 어떻게 학생들의 개념적 이해를 평가하고 촉진할 것인가?
- 학생들의 형성적 이점을 위해 어떻게 문제 해결 관련 과제들과 시험들을 설계하고, 실시하며, 성적을 매길 수 있을까?
- 시험 전에 문제 해결 관련 시험이 너무 긴지 아닌지를 알 수 있을까?
- 학생들의 시험 성적 평균이 비정상적으로 낮을 때 취할 행동은 무엇인가?
- 나는 어떻게 학생들이 문제 해결 관련 시험을 준비하는 과정을 도울 수 있을까?
- 학생들의 구두 발표와 서면 결과물(예 : 실험과 프로젝트 리포트)을 어떻게 객관적이면서도 효과적으로 평가할 것인가? 학생들이 좋은 평가를 받기 위한 능력을 향상시키기 위해 어떠한 도움을 줄 수 있을까?

8.1 객관식과 단답형 문제

객관식과 단답형 문제들을 포함한 일반 시험(closed-book)은 학생이 알고 있는 사실적 지식을 떠올리고 설명할 수 있는 능력을 평가하는 데 보편적으로 쓰이지만 더 높은 단계의 지식을 평가하기 위해서도 쓰일 수 있다.

8.1.1 객관식 문제

채점을 하기 쉽다는 특성 때문에 객관식 문제는 조교의 수가 적고 학생 수가 많은 수업들에서 쓰이곤 한다. 다수의 교수진들은 그들이 작성한 객관식 문제들이 높은 수준의 사고력을 시험하기에도 적합하다고 하지만 여러 분석 결과들은 대부분의 질문들이 낮은 수준에 머물러 있음을 보여준다. 다음 문단들은 Bloom의 여섯 수준 중 수준 1~5에 해당하는 객관식 문제들을 예로 나타낸 것이다.

수준 1 : 기억하기

답이 하나밖에 없는 사실적 질문을 한다.

DNA 분자의 두 가닥을 결합하는 힘은?

(a) 약한 공유결합 (b) 강한 공유결합 (c) 강한 수소 결합 (d) 강한 이온결합

수준 2 : 이해하기

다른 식으로 표현된 단어의 정의, 관찰 혹은 실험 결과의 또 다른 해석, 개념이나 이론에 대한 다른 예들을 제시하고 응답자에게 최선의 답을 고르게 한다.

당신은 이층집에 들어가 쾌적함을 느끼지만 위층으로 올라가자 온도가 불쾌한 수준으로 더운 것을 느끼게 됩니다. 그 원인으로 가장 가능성이 높은 것은?

(a) 열의 전도 (b) 열의 대류 (c) a와 b의 동시 발생 (d) 태양의 흑점

수준 3 : 적용하기

특정한 문제점을 제시하고 응답자에게 그 문제에 대한 정답, 가장 좋은 해결 방법, 또는 정답을 얻기 위한 첫 번째 단계를 찾게 한다.

한 차량의 속도와 움직인 시간을 x와 y축 그래프로 나타내면 직선으로 비례하여 차가 움직이기 시작한 2초 후의 속도는 12ft/s, 그 후의 1초 후의 속도는 18ft/s 이다. 차량이 움직이기 시작한 후 5초와 10초 사이의 기간 동안 이동한 거리는?

(a) 45ft (b) 75ft (c) 150ft (d) 225ft

수준 4 : 분석하기

시스템 하나를 묘사하고 응답자에게 그 시스템의 거동을 가장 잘 예측한 것을 선택하게 하거나 시스템의 거동을 묘사하고 응답자에게 최고의 진단, 해석, 추론 혹은 결론을 선택하게 한다.

다음 중 이 C++코드[코드를 제시]에서 나올 수 있는 결과 혹은 오류를 고르시오.

(a) …

수준 5 : 평가하기

의사결정을 필요로 하는 상황을 제시하고 응답자에게 가장 적절한 것 혹은 명시된 선택 중 제일 타당성이 있는 것을 고르게 한다.

어떤 환자가 다음과 같은 증상을 보이며 병원 응급실에 들어온다[증상을 나열].

(1) 다음의 선택지 중 어떤 것이 환자의 질병일 가능성이 제일 높은가?

(a) …

(2) 당신이 가장 먼저 내릴 처치나 검사는 무엇인가?

수준 6 : 창조하기

객관식 문제로 창의성을 제대로 평가할 수 있는 방법은 없다.

다지선다형 문제들은 특별히 학생들의 개념적 이해를 평가하기 위해 설계될 수도 있다(8.2절). 주의할 점은 수준 높은 문제들을 시험에 내기 위해서는 미리 수업 활동과 과제로 학생들이 그 부분을 연습하였는지 확인해야 한다는 것이다.

다음은 Bloom의 수준 1의 목표들을 평가하고 전반적인 상황에서 선다형 문제들과 시험들을 최대한 효과적으로 만들 수 있는 아이디어들이다. 몇몇의 아이디어들은 여러 참고 자료에서 제시된 내용들을 변형시킨 것이다(University of Oregon, 2014; Zimarro, 2004). 우리는 이것들을 설명하면서 선다형 시험 문제들에 관련된 전통적인 용어들을 사용할 것이다. 시험 문제들은 문항으로 부르는데 각각의 문항은 질문과 몇몇의 번호 혹은 글자가 붙은 **선택지**로 이루어지며 선택지들은 하나의 정답과 2~4개의 오답으로 구성된다.

좋은 객관식 문제를 만들기 위한 지침

- 질문과 선택지들을 될 수 있으면 간단하게 만든다(특히 선택지를). 만약 선택지가 두세 개 이상의 단어로 구성되어 있다면 선으로 분리하여 제시한다.
- 정답은 나머지 선택지들 중에서 무작위로 배열하고 정답지가 가장 긴 답이 되지 않게 하며 나머지 오답들도 비슷한 문장 구조와 길이로 구성하며 타당성 있는 것처럼 만든다.
- '위에 모든 것'을 선택지 항목에 넣을 때 주의하고, '위에 어떤 것도 아님'을 넣을 경우 더 주의하도록 하며, '항상'과 '절대 아님'은 쓰지 않도록 한다. 이런 종류의 선택지는 학생들, 특히 출제자

가 의도하지 않았던 다양한 가능성을 생각하는 똑똑한 학생들을 혼란스럽게 할 수 있다.
- 질문에서 부정문, 특히 이중 부정문을 쓰는 것을 피한다. 많은 수의 학생들을 괴롭게 하는 확실한 방법 중 하나가 '다음 중 어떤 것이 엔트로피의 부적절한 정의가 아닌가?'와 같은 문제를 내는 것이다. 그 문제를 간신히 이해한 학생들을 더 괴롭힐 수 있는 방법은 선택지 중 '위의 모든 답이 아님'을 넣는 것이다.
- 짧은 문단, 차트, 혹은 데이터 표와 관련된 몇 가지의 문항을 제시하는 것도 좋은 방법이다. 이러한 구조는 높은 수준의 능력을 평가하는 데 적합하다.
- 학생들에게 시험을 내기 전에 동료 교수나 대학원생에게 검토를 부탁한다. 내가 빠뜨린 항목 혹은 모호한 부분에 관해서 피드백을 받도록 한다.
- 다시 같은 과목을 가르칠 때 같은 문제를 쓰고자 한다면 결과에 대한 문항 분석을 더한다.

높은 수준의 객관식 문제들을 구성하고 유효성을 검증하는 일은 간단한 문제가 아니다(여기서 유효성을 검증한다는 것은 실제로 평가하고자 하는 특정 지식과 기술들이 문제를 통해 진짜로 평가되는지 확인하는 것이다). 차후의 교과목 개설을 위해 방대한 문제은행을 만들고자 한다면 거기에 투입되는 노력은 일반적으로 헛되지 않을 것이다. 그렇게 할 경우, 문제들을 평가하고 보강하기 위해 문항 분석(DeMars, 2010)을 쓰는 것을 고려해보는 것이 좋다. 흔하게 쓰이는 문항 분석 절차는 상위 25%와 하위 25%의 평균 성과를 비교하고, 시험 항목들과 삭제나 수정이 필요한 오답지들을 찾는 것이다. 불완전한 항목들은 너무 쉽거나(대부분 문제들을 다 맞힌다), 너무 어렵거나(아무도 맞히지 못한다, 평소에 높은 점수를 받는 학생들까지도 포함해서), 변별력이 낮다(높은 실력의 학생들이 낮은 실력의 학생들보다 문제를 덜 맞힐 수 있다. 학생들의 오해를 불러일으킬 수 있는 부분이 있음을 암시한다). 부적절한 오답지들은 아무도 선택하지 않는 오답과 높은 실력의 학생들이 낮은 실력의 학생들보다 더 많이 선택하는 오답들을 포함한다. 문항 분석의 통상적 순서와 방법들은 보통의 강의 운영 프로그램과 통계 분석 패키지들에 포함되어 있으며 엑셀 같은 스프레드시트 프로그램의 추가 기능에서도 찾아볼 수 있다.

8.1.2 단답형 문제

객관식 문제와 유사하게 단답형 답을 요구하는 문제는 주로 낮은 수준의 내용 지식

을 평가하는 데 쓰이지만, 높은 수준의 지식과 이해를 평가하기 위해 설계될 수 있
다. 아래에 제시된 높은 수준의 객관식 문제의 예시는 모두 단답형 문제로 바뀔 수
있는 것들이다. 추가된 예들은 다음과 같다.

- 48℃에서 벤젠의 증기압은 251mmHg이다. 한두 개의 문장으로 이 값의 물리
  적 중요성을 비과학자들이 이해할 수 있도록 설명하라.
- 다음의 수학적 증명은 부정확한 결론을 도출한다[증명 제시]. 이 증명의 허점을
  서술하라.
- 다음의 강 사이를 가로지르는 다리의 설계가 당신의 검토를 받기 위해 제출되
  었다[설계 제시]. 당신이 시도할 3개의 계산과 각 계산에서 수용 가능성에 대한
  당신의 평가 기준을 서술하라.
- 당신이 작성할 다음의 처방이 주어졌다[처방 제시]. 어떤 권고나 경고를 상담
  중에 있는 환자에게 내릴 것인가?
- "설문조사 응답자들의 80%는 자노블릭스를 복용한 후 두통이 완화되었다고 응
  답했고 70%만이 아스피린을 복용한 후 완화되었다고 응답하였다."라는 광고
  를 본 후, 바로 자노블릭스 한 상자를 모두 사지 않을 열 가지 통계적 이유를 서
  술하라.
- 다음에 첨부된 곰팡이의 사진과 밑의 설명을 주의 깊게 검토하라[사진과 설명
  제시]. 사진의 곰팡이를 *Hymenomycetes*와 *Gasteromycetes*들 중 하나로 분류하고
  그 이유를 서술하라.
- 다음의 초록은 작년에 이 수업에서 프로젝트로 제출된 것이다[초록 제시]. 우리
  가 수업에서 상의한 루브릭으로 점수를 매기고 몇 개의 짧은 문장으로 이유를
  설명하라.

여기에 몇 가지 객관적이고 공평한 수준 높은 단답형 질문들을 만드는 방법들이
있다.

좋은 단답형 문제를 만들기 위한 지침

- 한 문제당 한두 개 이상의 내용을 묻지 않는다.
- 동료 교수나 조교에게 명료성을 위해 각각의 질문들을 읽어봐 달라고 부탁한다.
- 각 질문의 점수값과 예상되는 응답 길이를 표시한다.
- 한 문장 이상의 답을 요구하는 질문에 대해 2분 정도의 시간을 허용한다.
- 채점 도중에는 학생의 익명성을 유지한다.
- 모든 답을 미리 훑어보고 채점 기준을 조절한다.
- 논의를 요하는 질문들을 시험에 추가하기 전에 명확히 채점 기준을 밝히고, 구체적인 질문의 예와 그에 따른 적절한 답과 부적절한 답의 예시, 그리고 어떻게 답을 채점할지 명시한다.

출처 : Jacobs (2002); Svinicki and McKeachie (2014, pp. 102–104).

8.2 개념 이해를 평가하고 촉진하기

STEM 분야의 전통적인 수업은 대부분 개념 이해를 크게 향상시키지 않는다 (Ambrose et al., 2010; Taylor & Kowalski, 2014). 널리 인용된 예(Lightman & Sadler, 1993)에 따르면 천문학 입문강좌를 들은 학생들의 약 30%가 중력의 개념 이해를 묻는 예비 시험을 통과했고 강좌의 끝에 가서는 학생들의 15%만 같은 시험을 통과했다고 한다. 전통적인 화학 공학 강의를 듣는 344명의 학생들을 대상으로 열전도 개념의 이해를 강의의 시작과 끝에 평가했을 때에는 더 전형적인 결과가 얻어졌다 ((Prince et al., 2012). 네 가지의 개념을 다룬 이 시험에서 학생들의 점수의 적당한 상승이 기록되었으나(온도와 에너지는 53%에서 55%, 온도와 차가움과 뜨거움의 지각은 61%에서 69%, 반응 속도와 양은 37%에서 43%, 열복사는 44%에서 49%까지 점수가 올랐다) 이마저도 보통의 교수가 기대하는 한 학기 이후의 점수 향상에 비하면 현저히 낮은 편이었다. 강의에서 개념 이해를 못하면서도 학생들이 — 어쩌면 높은 성적을 받으며 — 수업에 통과할 수 있는 세 가지 이유가 있다.

1. 각 교과목의 수업은 개념들을 효과적으로 다루지 못했다.
2. 시험은 개념의 이해를 요구하지 않았다.

3. 학생들이 설명을 통해서도 정정할 수 없을 만큼 확고한 잘못된 개념을 갖고 있다.

위의 처음 두 가지 이유에 대해서는 해결할 수 있는 쉬운 방법이 있다. 우리는 먼저 뚜렷한 오해에서 비롯된 더 복잡한 문제들을 다루고 이후에 쉬운 방법들을 간략하게 다룰 것이다.

8.2.1 개념 가르치기

모든 STEM 관련 학과는 중요한 기본 개념들을 기초로 한다. 강좌 및 강좌 주제가 소개될 때 교수들은 개념들을 언급하고 논의하며 이를 이용해 특정한 공식이나 문제 해결 방법을 도출하는 데 쓰고는 한다. 그 이후 사실의 암기와 특정 공식과 방법의 응용이 강의, 과제, 그리고 시험의 중심에 자리 잡게 되면 개념 자체는 점점 잊혀지게 된다. 학생들은 자신이 익숙한 주제로 돌아온 사실에 안도의 한숨을 쉬고 새로운 주제를 배우기 전까지 익숙한 개념에 대해 다시 생각도 하지 않고 이런 과정을 계속 반복한다. 만약 학생들이 스스로 개념적 이해를 위한 학습에 참여한다 해도 학기말의 성적은 원래의 성적과 별 차이가 없게 된다. 교수들은 혼란스러운 반응을 보이지만 실제로 그럴 필요는 없다. 개념을 제대로 가르치지 않았기 때문이다.

깊은 수준으로 파고드는 복잡한 개념을 이해하기 위해서는 상당한 노력과 몇 년의 시간이 걸릴 수 있다. 당신이 학생들을 이 방향으로 오랫동안 지도하기 위해 사용할 수 있는 하나의 쉬운 전략은 수업 활동, 과제, 그리고 시험 등에 개념적 이해를 불러일으키는 질문들을 끼워넣는 것이다. 여기에 그 예들이 있다.

- 이 수업을 한 번도 들어보지 못한 사람, 예를 들면 10살 아이 혹은 과학을 배우지 않은 조부모가 이해할 수 있도록 자신의 말로 _____을/를 정의해보라.
- 다음 조건에 처했을 때 다음[시스템, 장치, 환자]이/가 보일 거동을 예측하라 : _____
- 다음[시스템, 장치, 환자]이/가 예측된 방식으로 행동하지 못할 가능성에 대한 이유들을 생각해보라 : _____
- 다음의 [익숙한 현상, 실험 결과]을/를 이 강좌에서 가르친 개념을 반영해 설명

하라 : _____

학생들이 수업 활동과 과제에서 이러한 문제에 대답하도록 도전을 주고 그들의 답에 피드백을 주는 것은 그들의 개념적 이해를 깊게 한다, 특히 시험에 비슷한 질문들을 포함시킬 계획을 확실히 밝힌다면 더욱 그렇다(실제로 포함시키면 좋고!).

8.2.2 잘못된 개념 이해와 개념 테스트

학생들은 종종 세상에 관한 잘못된 상식을 가지고 있다. 예를 들어, 많은 학생들은 겨울에 여름보다 날씨가 더 추운 이유는 겨울 중에 지구가 태양과 더 멀리 떨어져 있기 때문이라고 생각한다. 이러한 오해들은 특히 학생들의 생각에 견고히 자리 잡고 있어 이를 바꾸려는 교수들의 노력에도 불구하고 쉽게 바뀌지 않는다. 학생들은 계절이 지구의 기울어짐으로 인해 발생한다는 사실을 강의를 통해 듣고 암기하며 같은 질문이 시험에 나온다면 내용 그대로 답을 한다. 그러나 추후에 같은 주제의 이해를 요구하는 질문을 받으면 원래의 생각으로 돌아가기 쉽다.

유사하게, 물리를 공부하는 학생들은 한 물체에 아무 힘도 가해지지 않으면 가속도가 더해지지 않는다고 배우고 뉴턴의 제2법칙의 당연한 결과를 시험에서 답할 수 있다. 그러나 여러 번 돌린 후 놓은 수평 로프의 끝에 있는 물체의 운동 궤적을 그리게 지시받았을 때는 대부분 수평 곡선을 그린다. 수정 과정이 학생들이 직접적으로 체험할 수 없는 추상적인 현상, 예를 들어 원자력, 전자기력, 중력 등과 관련될 때 오해들이 더 견고히 자리 잡는 경향이 있다(Chi, 2005).

견고히 자리 잡은 오해들을 뒤집는 비결은 (1) 특정한 오해를 확인하고, (2) 학생들이 확실히 느끼게 하며, (3) 그 오해가 틀린 이유를 명확한 설명을 통해 직접적으로 확인하게 하면서, (4) 정확한 개념과 그 타당성을 설명하는 것이다(Taylor & Kowalski, 2014). 개념 시험이란(Mazur, 1997) 위의 네 단계를 모두 수행할 수 있는 선다형 문제다. 이상적인 **개념 시험** 문제는 학생들의 흔한 오해를 반영하는 오답을 적어도 하나 이상 포함해야 한다. 다음 페이지의 다음 중 진화의 과정을 가장 잘 묘사한 문구는 무엇인가?' 문제는 진화 생물학 혹은 거의 모든 생물학 강좌에서 쓰일 수 있는 개념 시험의 한 예다(Rutledge & Warden, 2000).

만약 대부분의 학생들이 개념 시험에서 맞는 답을 고른다면 수업 도중에 이에 관

다음 중 진화의 과정을 가장 잘 묘사한 문구는 무엇인가?

(a) 유인원으로부터 발달된 인간
(b) 단순함에서 복잡함으로 바뀐 생물체들
(c) 필요에 반응하여 발달된 신체적 특징
(d) 시간에 따라 바뀌는 개체 수
(e) 자연 도태에 대응한 개체 수 변화

해 많은 시간을 쓸 필요는 없다. 그러나 많은 오답이 나올 경우 수업 중 더 많은 설명이 필요하다.

학생들의 잘못된 개념 이해를 확인하고 교정할 수 있는 검증되고 유효한 하나의 방법은 **동료 학습법**이다(Mazur, 1997). 교수는 수업 중 개념 시험 문제를 제시하고 학생들은 스마트폰 혹은 클리커를 통해 응답을 선택한다. 그들의 응답은 자동적으로 시스템에 기록되고 통계화되고 마지막으로 히스토그램을 통해 응답 분포가 드러난다. 만약 학생들의 응답이 거의 만장일치가 되지 않는다면 그들은 두세 개의 그룹으로 나눠져 서로의 응답을 비교하고 하나의 정답을 통일한 다음 다시 개별적으로 투표한다. 교수는 그다음에 정확한 답을 보여주고 왜 그 답이 맞고 왜 다른 답이 틀린지 논의하며 학생들을 지도한다. 지금까지의 광범위한 연구는 이 기술의 체계적인 사용이 개념적 이해를 촉진하기 위한 전통적인 강의보다 훨씬 효과적이라는 것을 보여주었다(Lasry et al., 2008).

좋은 개념 시험을 설계하는 것은 만만치 않다. 운 좋게도, 몇몇의 STEM 교수들은 이를 개발하여 자료를 구축해놓았다. AIChE concept warehouse(American Institute of Chemical Engineers, n.d)는 모든 필수 화학공학 코스 커리큘럼을 보관하며, 브리티시컬럼비아대학교의 Carl Wieman Science Education Initiative도 비슷한 예 중 하나다. 특정 주제에 관련된 개념 시험을 찾으려면 검색 엔진에 'concept tests [   ]' [주제 입력]를 입력하면 된다.

개념적 이해를 촉진하는 다른 효과적인 방법은 학생들에게 흔하게 나타나는 잘못된 개념 이해를 없앨 수 있는 물리적 혹은 모의실험을 실시하게 하는 것이다. 학생들은 먼저 결과를 예측하고, 실험을 하고, 만약 처음의 예측이 틀리면 그 이유와 그 문제의 개념에 연관된 결론을 내리게 된다. 그런 다음 교수는 대부분의 학생들의 올바른 이해를 위해 개념을 명시한다.

8.2.3 개념 인벤토리

개념 인벤토리는 중요한 개념과 어떤 주제에 관해 흔하게 발견되는 잘못된 개념 오류를 다루는 개념 시험의 모음집이다. 만약 당신이 개강 때 인벤토리를 사용하고(예비시험) 종강 때 다시 사용하면(사후시험) 예비-사후의 평균 점수의 증강 여부는 강좌가 학생들의 대상 개념의 이해를 얼마나 개선시켰는가의 척도로 쓸 수 있다. 인벤토리가 널리 쓰이면서 획득한 데이터가 축적되고 출판된다면 당신의 학생들을 교육적 수준이 비슷한 외부의 다른 학생들과 비교했을 때 순위도 알 수 있다.

개념 인벤토리를 새로 설계하고 그 유효성을 검증하는 과정은 매우 길고 힘든 일이다(Streveler et al., 2011). 당신에게 이를 위해 투자할 몇 년의 시간이 주어지지 않았다면 기존의 인벤토리를 사용하는 것이 좋다. 최근 몇 년 동안 대부분의 STEM 분야에서 인벤토리들이 개발되었고 그 속도는 다른 어떤 아카이브보다도 더 빠르다. 하나의 특정한 STEM 주제에 관련된 전체 인벤토리를 찾고 싶다면, 검색엔진에 'concept inventory [   ]'[주제 입력]를 입력하면 된다. 특히 출판될 저작물에 쓰일 목록을 찾는다면 검증된 것을 찾도록 해야 한다.

개념 인벤토리에 관한 한 가지 요청사항이 있다. 수업에서 쓰기 위해 개념 시험을 찾는 교수들은 출판된 인벤토리를 찾아 원하는 문세들을 가져오곤 하는데, 이것은 절대 추천하지 않는다. 목록의 타당도는 학생들이 특정한 인벤토리의 문제 유형에 얼마나 훈련이 되어 있지 않은지에 달려 있다. 당신이 만약 타당도가 입증된 목록에서 문제를 가져와 다른 강의 활동에서 쓴다면, 스스로 또는 다른 교수들에게 인벤토리의 효력을 떨어뜨리게 할 수도 있다, 만약 문제가 널리 퍼진다면 말이다.

8.3 문제 해결 능력 평가하기

이 절에서는 효과적인 총괄 평가와 형성 평가를 위한 문제 해결 과제와 시험을 만들 때 필요한 조언을 제공한다. 9장에서는 학생들이 문제 해결 능력을 향상시킬 수 있는 방법에 대해 개괄할 것이다.

8.3.1 문제 해결 과제 설계하기

대부분의 문제 해결 능력은 학생들이 잘 구성된 문제들을 해결할 때 발달된다. 다음은 과제를 만들고 채점할 때 유용한 제안들이다.

목적하는 문제 해결 방법의 적절한 연습과 피드백을 위해 충분한 양의 문제들을 부여하되 과도하게 하지는 않는다

문제 해결에 집중하는 대부분의 강좌에서는 적어도 일주일에 하나 이상의 과제를 내야 한다. 학생들에게 과제가 주어지는 시간차가 이보다 더 크다면 중요한 내용을 놓치고, 과제가 너무 길거나, 피드백을 받는 시간이 너무 연기될 수 있다. 지난 시험에 포함된 내용들을 다시 복습하는 질문과(4장과 9장의 두뇌활동에서 인출 연습의 중요성에 대해 논의한다) 학생들이 배운 내용을 다른 상황에 전이할 수 있도록 하기 위해, 유사하게 보이지만 해결 방법은 다른 질문들을 추가한다.

일반적인 지침에 따르면 과제의 길이는 평균 수업 시간 한 시간당 수업 외에 두 시간 정도 걸리는 것이 좋다. 만약 당신이 자주 이 한도를 초과한다면 학생들로 하여금 당신의 수업에 맞추기 위해 다른 수업 활동을 게을리 하게 하고 다른 동급생들의 답이나 온라인상에 나와 있는 해답들을 찾도록 강요하는 꼴이 된다.

아무리 적은 양이라도 과제 점수가 최종 성적에 포함되게 한다

STEM 학생들은 바쁜 사람들이다. 그들은 한꺼번에 대여섯 개의 강의를 듣고 교과 외 활동에 참여하거나 아르바이트를 하기도 한다. 그런 학생들은 최종 성적에 포함되지 않는 과제들을 받았을 때 대부분은 하지 않는다. 학생들이 연습과 피드백을 통해 배운다고 생각한다면(실제로도 그렇지만), 과제와 프로젝트는 그것을 위한 가장 중요한 수단이 된다(실제로 그렇다). 이때 당신의 목표는 학생들이 배울 수 있을 만큼 최대한 배우게 돕고(당연하지만), 과제를 내주고, 채점하여 결과를 최종 성적에 포함시키는 것이다.

만약 대형 강의에서 채점할 사람이 적으면 어떻게 할까? 채점 과제들을 없애려 하지 말고, 그 대신에 채점하는 양을 줄이는 일에 착수하라. 먼저, 제출된 과제의 일부 문제만 선택하거나 무작위로 선택해 채점을 하는 방법이 있다. 또 다른 방법은 학생들에게 명확하고 자세한 채점 기준을 제공하고, 연습 시험을 통해 주어진 기준을 이용하여 채점을 연습하게 하고, 그 후 무작위로 채점 과정을 확인하는 동료 평가를 실시하는 것이다.

교과서에서 직접 문제들을 뽑아서 쓰는 것을 조심한다

교과서들 대부분의 해답지들은 온라인상에서 찾기 쉽고 학생들의 일부는 해답들을 찾고 쉽게 베끼고는 한다. 만약 당신이 공용으로 쓰는 교과서에서 문제를 바로 뽑아 쓴다면 그런 학생들에게 불공평한 이점을 제공하는 꼴이 된다. 만약 당신이 같은 문제들에서 숫자들을 조금씩 바꾼다면 학생들은 다른 숫자를 가지고 같은 해답을 다시 쓰게 되며, 이는 아무것도 안 하는 것보다는 낫다. 어떤 교과서들은 학생들마다 다른 변수 값을 제공하는 온라인 보충문제들이 딸려오는데, 이는 학생들이 해답지에서 답을 글자 그대로 베끼는 것을 방지한다.

8.3.2 문제 해결 시험 설계하기

효과적인 시험은 포괄적이고 엄밀하며(높은 인지력을 요구하는 부분을 포함하는 넓은 스펙트럼의 학습 목표를 다루는), 공평하고(적절하게 가르친 지식, 기술과 적절히 시행된 과제들만을 평가하는), 형성적이다(여러 평가 방식에서 점수를 개선할 수 있는 지침을 학생들에게 제공하는). 다음은 이러한 조건을 만족하는 문제 해결 시험을 설계할 때 필요한 전략에 대한 설명이다.

중간시험과 기말시험을 위해 학습지침서를 제공한다

이 장의 서론에서, 학생들에게 당신이 기대하는 바를 명확히 말하는 것이 학생들이 그저 암기에 의존하지 않고 당신이 가르치는 것을 진정으로 이해하려고 노력함으로써 배움에 대한 깊은 접근을 하게 될 확률을 높이는 것임을 확인했다. 당신의 기대를 명확히 하는 완벽한 방법 하나는 학생들에게 2.1.3절에서 설명하고 권했던 대로 시험 전에 학습지침서를 제공하는 것이다. 당신이 만약 학습지침서에서 학습 목표를 명백히 한다면 학생들이 당신의 목표에 응할 가능성이 더 높아지고 평소에 겁내는 "다음 시험을 위해 _____도 공부해야 하나요?"라는 질문에서 자유로워진다(답 : "만약 학습지침서에 있었다면 우리 책임이지만, 없다면 우리 책임이 아니다."). 학습지침서가 배움에 끼치는 긍정적인 효과를 더 강하게 하고 싶다면 중간시험 일주일 전에 학생들이 서로 협동하며 그들만의 스터디 가이드를 만들게 한다. 학생들이 예상하지 못한 내용을 당신의 목록에서 찾는 것도 그들이 평소에 가볍게 넘어갔던 수업 내용을 공부하게 하는 동기 부여가 될 것이다.

당신의 시험 문제에 높은 수준의 내용을 추가한다. 미리 가르쳤을 경우에만 그렇게 한다

당신이 만약 학생들이 높은 수준의 수학적 분석을 수행하고, 불완전하게 정의된 문제를 해결하며, 비판적/창의적 사고를 하기 원한다면 당신의 학습지침서에 이러한 역량들을 포함하고, 이를 위한 연습과 피드백을 수업 중에, 그리고 과제를 통해 제공한 다음, 그것들을 시험 문제에 포함시킨다. 다음 지침을 참고해보라.

학부 시험의 설계 목표 : 시험의 10~20% 정도는 높은 수준의 학습 목표를 다루도록 설계한다. 그 이상도 그 이하도 필요 없다.

왜 높은 수준의 내용에 대해 최소 비율을 유지해야 할까(지침에 따르면 10%)? 최고의 성적을 받기 위해 필요한 최소한의 노력을 쓰는 전략적인 학생 알렉스를 기억하는가? 많은 STEM 학생들이 그와 같다. 다른 학생이 기초적인 내용만으로 시험 준비를 하고 여전히 높은 성적을 받을 수 있음을 알게 될 때, 높은 수준의 과제를 수행할 수 있는 능력을 가지고 있는 많은 학생들이 필요한 준비를 해야 할 동기는 점점 줄어든다. 왜 최대 20%인가? 높은 수준의 학습 목표를 다루는 문제가 시험의 20%를 넘을 때, 그 시험은 학생들의 숙달 정도를 구별할 수 있는 변별력을 잃게 된다. 보다 구체적으로, B 학생에서 A 학생들을 구별하는 능력 말이다. 등급 분포는 높은 성적의 작고 좁은 피크와 훨씬 크고 넓은 낮은 성적의 두 가지의 분포만을 보여준다. 권장되는 10~20%의 범위는 이러한 문제들을 모두 방지할 수 있다.

시험 범위를 누적시키며 학생들이 기말시험을 필수로 보게 한다

6장에서 언급한 인출 연습에 대한 두뇌활동에서, 인출 연습과 피드백이 더 긴 간격을 두고 배치되었을 때 더 오래 지속되고, 전이 가능한 학습이 더 잘 일어난다는 사실을 이야기했다. 이는 중간과 최종 시험이 학생들이 강좌 초기의 내용을 다시 떠올리게 하는 역할을 한다는 것을 암시한다. 이것은 모든 시험에서 각각의 학습 목표에 대해 일일이 시험을 봐야 한다는 말은 아니다. 학습 목표의 부분 집합을 시험하고 학생들에게 무언가가 시험에 나왔다고 해서 나머지 학기 동안 그것을 완전히 잊어 버려도 되는 것은 아니라는 것을 주지시키기 위한 것이다.

종합 기말시험을 준비하는 기간은 학생들이 전체 수업 내용을 검토하고 다른 수업들의 개념과 방법들 사이의 상호 연결을 이해하게 하는 유일한 시간이 될 가능성이 높다. 중간시험 잘 치른 학생들이 기말을 거르게 허락하는 것은 그들에게 아무런 도움도 주지 못한다. 학생들이 당신의 수업에서 가장 강력한 학습 경험을 누릴 기회를 빼앗기보다는 이를 보상할 더 나은 방법을 찾아본다.

일반 시험, 오픈북 시험, 아님 그 중간?

일반 시험(closed-book test)과 오픈북 시험(open-book test)은 평가 방식의 양끝을 보여준다. 첫 번째의 끝에서 학생은 그 어떤 글자, 전자식의 글이라도 참조를 할 수 없다. 또 다른 쪽 끝에서는 교과서 텍스트, 다른 책들, 채점된 과제와 시험문제들, 스마트폰과 컴퓨터 및 인터넷에서 찾을 수 있는 모든 내용을 참고할 수 있다. 그 극단 사이에는 많은 가능성이 존재한다. 예를 들어, 학생들은 교과서 또는 교수가 나눠준 필기 자료 또는 전자 유인물을 참조하거나 시험 전에 스스로 쓴 노트를 참조하는 것이 허용될 수 있다.

당신이 제공해야 할 시험의 종류는 교과 내용의 성격, 학습 목표, 그리고 교육 철학에 따라 달라진다. 학생들이 지식을 정확히 기억하는 것이 당신에게 중요한 경우에는 일반 시험이 좋다. 그러나 지식을 기억하는지가 중요하지 않을 경우, 그들이 교과서 본문 또는 당신이 준비한 유인물(시험 전에 보여줄 것)을 시험 중에 참조하게 한다. 두 가지 유형을 쓰고 싶은 경우, 처음에는 일반 시험으로 학생들이 그 부분을 제출한 후, 오픈북 시험을 보게 하면 된다.

오픈북 시험일 경우, 학생들이 이러한 형식에 익숙하지 않다면 특히 유의해야 할 것이 하나 있다. 처음 오픈북 시험을 공지할 때, 많은 학생은 시험이 쉬울 것이라 결론을 내린다. 알아야 할 내용이 있으면 그저 찾아보면 되니까. 그들은 피상적으로 공부한 후 시험 문제와 유사한 일례를 찾기 위해, 미친 듯이 페이지를 넘기며 시험 중 대부분의 시간을 보낼 것이다. 당신이 참고 자료에 있는 글자 그대로 문제를 낼 일은 없을테니(맞지요?) 학생들이 시험을 잘 보지 못하는 것은 당연하다. 그들을 조금만 도와주자. 첫 번째 시험 일주일 전 즈음에, 방금 설명한 사례에 대해 학생들에게 경고하고, 채점된 시험지를 돌려줄 때 다시 기억나게 한다(나중에 이 장에서 학생들이 문제 해결 시험을 준비하고 잘 치를 수 있게 도울 수 있는 다른 아이디어를 제공할 것이다).

수업에서 문제를 빨리 푸는 학생들만 끝마칠 수 있는 시험은 내지 않는다

학생들이 작성한 교육 평가에서 가장 흔히 나타나는 불만 중 하나는 시험 문제가 너무 길다는 것이다. 만약 학생들이 시험을 위해 충분히 공부하고, 개념들을 이해하고, 문제들을 풀 줄 알지만 단순히 충분한 시간이 주어지지 않아 시험에 낙제한다면 그들이 분노하는 것은 당연하다.

시험을 볼 때 1시간만 걸리는 학생이 90분에서 두 시간 걸리는 학생보다 미래에 STEM과 관련된 산업현장 업무, 연구, 소프트웨어 개발, 의료업 혹은 그 어떤 전문 직업에 종사하든 더 성공적일 것이라는 증거는 없다. 엔지니어, 과학자, 수학자들 중에서도 꼼꼼하고 조심스럽지만 문제 해결 속도가 느린 사람은 그렇지 않고 부주의한 실수를 저지르는 사람보다 더 성공할 가능성이 높다. 시험 문제가 너무 길 때, 빠르고 부주의한 학생들은 몇 가지 실수를 해도 시험을 끝마치기 때문에 시험을 끝까지 마치지 못한 느리고 조심성 있는 학생들보다 더 높은 점수를 얻는다. 전문적인 성공에 필요한 자신의 잠재력과는 아무 상관이 없는 사유로 학생들을 걸러내는 셈이다.

문제와 질문들이 사소하지 않는 한, 학생들은 잠시 멈춰 문제를 해결하는 방법에 대해 생각할 시간이 필요하지만 문제를 출제한 사람은 그럴 필요가 없다. 우리는 널리 인정되고 있는 다음의 지침을 추천한다.

주어진 시간에 시험 문제 길이에 대한 지침 : 당신이 학생들에게 주는 시간의 3분의 1 미만에 문제 해결 시험을 다 풀 수 있어야 하고 만약 특별히 복잡하거나 계산 과정이 많은 문제들을 포함하면 4분의 1 혹은 5분의 1 미만이어야 한다.

학생들에게 시험을 시행하기 전에 당신이 직접 풀어본다

처음 만들었을 때 완벽해 보이는 시험은 사실 완벽함과는 거리가 멀기 마련이다.

당신이 학생의 입장이 되어 문제를 풀어보면 시험 문제가 너무 길고, 문제들이 너무 과하게, 혹은 미흡하게 정의되고, 잘못 해석될 가능성이 높고, 시험이 당신이 평가하고자 하는 기술들을 다루지 않는 긴 계산을 포함하는 문제를 냈다는 문제점을 알게 된다.

다음은 우리가 추천하는 시험 준비 방법들이다.

시험 준비 절차

1. 시험 며칠 전에 시험 초안을 작성하고 당신이 완벽하다고 생각할 때까지 편집한다.
2. 약간의 시간이 지난 다음, 스스로 시간을 재서 당신이 학생인 것처럼 시험을 본다. 시간의 3분의 1(또는 4분의 1, 5분의 1) 규칙을 만족하는지 확인한다. 조교가 있을 경우 같은 과정을 실행하게 한다.
3. 이 시간 규칙을 만족하지 못하면 2단계를 수행한 후에 나타나는 결함을 수정하고 시험을 단축한다 (어떻게 할지 다음에서 설명할 것이다). 당신이 시험에 만족할 때까지 이 과정을 반복한다.
4. 시험을 보게 한다.

당신이 대부분의 교수들과 같다면, 이러한 번거로운 수고를 굳이 거치고 싶지 않을 것이다. 하지만 선택의 여지는 없다. 눈 딱 감고 이런 모든 노력을 거치든지, 아니면 시험 20분 후에 학생이 빠진 내용에 관해서 물어보거나, 혼란을 겪거나, 당신이 의도했던 것과 다른 문제를 풀고, 학생 대부분이 시험이 끝나갈 때가 되었는데도 문제를 거의 풀지 못하는 그러한 골치 아픈 싱황에 직면하든지 둘 중 하나다. 시험 전에 이렇게 문제들을 미리 확인하고 고치는 게 교수와 학생 모두에게 이익이다.

시험 초안이 너무 길면 줄인다

시험 초안을 단축하는 두 가지 방법은 질문 자체나 질문의 일부분들을 삭제하는 것과, 모든 질문의 전체 유도 과정을 요구하는 대신에 몇 가지 공식을 제공하는 것이다. 특히 문제 해결 시험을 위한 효과적인 기술 중 하나는 완전한 계산보다는 해법 개요만 작성하게 하는 것이다. 양적인 문제를 완전히 풀기 위해서는 몇 시간의 긴 시간이 필요하다. 당연히 50분짜리 시험에 이러한 문제 중 하나를 넣을 수는 없지만, 당신은 여전히 이런 문제를 해결할 수 있는 학생들의 능력을 평가하고 싶을 것이다. 이러한 문제는 다음의 원형적인 문제 형태를 사용하여 수행할 수 있다.

원형적 수식 문제

[분석될 과정이나 시스템과 알려진 값들]이 주어졌을 때, 당신이 이 문제 해결을 위해 계산할 모든 식을 세워라[계산되어야 하는 수량을 명시]. 대수학, 미적분, 그리고 수치 계산을 하지 말라(단순화와 계산을 배재한 방정식들만 나열하면 된다).

　만약 학생들이 문제 안에서 n개의 방정식을 n개의 미지의 변수를 가지고 정확히 쓸 수 있다면, 당신은 그들이 수동으로 또는 방정식 해결 소프트웨어를 가지고 충분한 시간이 주어졌을 때 전체 문제를 해결할 수 있음을 확신할 수 있다. 주로 시간이 오래 걸리게 하는 요인은 대수 계산이나 산술 계산들이기 때문에 당신이 가장 기본적인 수학 강좌를 가르치는 것이 아니라면 그러한 역량들은 당신이 정한 실제 학습목표와는 동떨어져 있을 것이다. 실제로 그러한 경우에는 시험에 짧은 수학 문제들을 넣고, 더욱 복잡한 문제에 포괄적인 문제 형식을 사용하면 된다.

　그러나 주의사항이 있다. 만약 학생들이 이런 방식으로 틀이 잡힌 문제들을 풀어본 적이 없고, 그런 문제 하나가 갑자기 시험에 나오면 많은 학생들이 혼란을 겪고 모든 계산을 직접 해야 하는 문제를 풀 때보다 더 못할 수 있다. 이 방법을 사용하려면, 미리 수업에서 비슷한 문제를 같이 풀어보고 과제에 포함시키고, 그다음에 시험에 내야 한다.

8.3.3 학생들이 문제 해결형 시험을 준비하고 잘 볼 수 있게 돕는 법

"교수님, 저는 제가 방금 돌려받은 시험에 낙제했다는 것을 알지만, 저는 이걸 위해 공부를 열심히 했고 정말로 내용을 알고 과제에 나온 문제들도 다 풀 수 있어요. 전 단지 시험을 잘 못보는 것뿐이에요."

　경험이 풍부한 대부분의 STEM 교수진은 자질구레한 변명을 셀 수도 없을 만큼 들어봤고, 신임 교수들도 이 말을 들을 때까지 오랜 시간이 걸리지 않는다. 몇몇 학생들은 시험 불안을 갖고 있고 훈련된 상담사로부터 도움을 받을 수 있다. 하지만 실제 원인은 STEM 학생들이 문제 해결 시험을 준비하는 방법에 대해 거의 배우지 못했고 이 때문에 매우 비효율적인 전략에 노력을 기울이는 것이 원인이 될 때가 많다는 것이다(Brown et al., 2014; Oakley, 2014). 그들은 수업 중에 작성한 노트와 교과서에 밑줄을 치고, 과거 시험과 과제들을 다시 살펴보고 스스로에게 다 알고 있다는 환상을 주입하지만 이것이 다음 시험에 도움이 되지는 않는다. STEM 학생들이 어떻게 시험을 치러야 하는지에 대해 교육을 받는 경우도 매우 드물다. 조만간 그들은 문제 하나에 막혀 소중한 시간이 흘러가게 내버려두다 다른 문제들을 놓치고 시험을 망치게 된다.

지금까지 여러 시험 공부 방법과 시험 전략들이 효과적이라고 밝혀졌지만, 교수가 직접 학생들과 공유하지 않는 한 학생들은 영원히 그것들을 알지 못할 수 있다. 당신의 수업계획서나 교육과정 사이트에 도움이 될 만한 자료들의 링크를 넣는 것을 고려해보라. 문제 해결 시험에 초점을 두는 두 자료는 '시험을 볼 때 유용한 팁들'(Felder & Stice, 2014, 첫 번째 시험 전에 나눠준다)과 '지난 시험 결과에 실망한 학생들을 위한 메모'(Felder, 1999, 첫 번째 시험이 끝나고 채점된 시험지를 돌려줄 때 나눠준다)가 있고, 인터넷 검색도 여러 가능성을 열어준다. 또 다른 좋은 지원 도구는 시험 마무리 설문이다. 당신이 채점한 시험지를 돌려줄 때, 학생들이 어떻게 이 시험에 접근했는지, 얼마나 효과가 있었는지, 다음에 어떻게 다르게 할 것인지 묻는 설문지를 첨부한다. 시험 표지의 구체적인 예는 시험 마무리 설문(n.d.)과 Ambrose 등에 의한 참고문헌(2010, pp. 253-254)에서 찾을 수 있다.

또한 학생들이 이번에 볼 시험에서 무엇을 기대할지 알 수 있도록 지난 2~3년 동안 당신이 작성한 시험들을 게시하는 것을 고려해보라. 그러나 실제로 그렇게 할 경우, 학생들에게 실제 시험 문제는 기출문제와 다르기 때문에 문제만 공부하면(실제로 많이 그렇게 한다) 시험을 잘 보지 못할 수 있다는 사실을 알려주어야 한다. 그리고 최대한 여러 가지 문제들(여러 교과서나 스터디 가이드에서 찾을 수 있는)을 푸는 것에 초점을 맞추면 시험을 훨씬 더 잘 볼 수 있을 것이라는 점을 추가한다(너무 많은 양의 숫자를 계산하게 하지 말라. 너무 오래 걸리기 때문이다).

우리가 설명한 방법으로 도와줘도 학생들이 여전히 어려움을 겪는다면, 그들에게 공부 방법을 제공하고 시험에 대한 불안을 극복할 수 있도록 학습지원센터나 상담센터를 찾아가 보게 하는 것도 좋은 방법이다.

8.3.4 문제 해결 시험 성적 매기기

당신이 시험을 공정하게 하고 학생들이 준비를 잘할 수 있도록 우리의 제안을 받아들여도 채점을 할 때 특정한 주의사항을 준수하지 않으면 여전히 학생들의 불만을 솟구치게 만들 수 있다. 학생들은 자신들의 채점된 시험지를 보고 그들이 푼 각각의 문제에서 왜 특정 점수를 받았는지 이해할 수 있어야 하고, 그렇지 않은 경우 당신은 그들에게 이에 대해 명확한 설명을 제공할 수 있어야 한다. 두 학생이 같은 문제에서 동일한 실수를 했을 때 다른 점수를 받는 일은 절대 있어선 안 된다(그 규칙의 한 예외는 한 학생이 마술처럼 풀이 과정을 쓰지 않고 답만 썼을 때다). 다음의 제안들은 당신이 그 조건을 충족하는 데 도움이 될 것이다.

시험 문제를 마무리 짓고 학생들에게 나누어주기 전에, 각 문제의 각 부분에 몇 점씩 배당되는지 설명하는 자세한 해답지를 만든다

점수를 할당할 때 개념 이해와 올바른 해법 과정을 강조하고, 시간이 제한된 시험에서는 대수학적, 산술적 실수를 가지고 감점을 너무 많이 하지 말라(학생들이 자기의 답을 검토할 수 있는 충분한 시간이 주어지는 과제들을 채점할 때는 부주의한 실수에 대해 더 엄격해도 된다). 일관성을 위해 시험의 각 부분을 한 사람이 채점한다.

과제와 시험은 최대한 빨리 채점하여 돌려준다

평가와 피드백 사이의 시간이 더 길어질수록, 평가의 형성적인 효과는 줄어든다. 다음 수업 세션에서 채점된 과제나 시험을 돌려줄 수 있다면, 그렇게 하려고 노력하고 그다음 세션 이후로 넘기지 않기 위해 특히 노력한다.

시험 성적이 예상보다 훨씬 낮고 당신이 그 책임의 일부를 받아들일 경우, 성적을 조정할 것을 고려한다

70~75점의 범위로 평균 성적을 기대하다 52점이 나오고, 우등생들이 형편없는 점수를 받았다고 가정하자. 당신이 상대평가로 성적을 조정하지 않고(3장에서 우리는 당신이 그렇게 하지 않도록 설득하기 위해 최선을 다했다) 여러 명의 학생들이 그들이 받을만한 성적보다 낮은 성적을 받는 상황을 감수하고 싶지 않다면 어떤 선택이 남았을까.

여러 가지가 있다. 당신이 스스로 물어봐야 할 첫 번째 질문은, "왜 이렇게 시험 성적들이 과도하게 낮은 것인가?"이다. 두 가지 가능성은 시험에 무언가 잘못된 것이 있다던가(예 : 혼란스럽고, 너무 길고 또는 의도하지 않게 까다로운) 당신이 대부분의 학생들이 잘 풀지 못하는 문제 유형에 관한 충분한 연습과 피드백을 제공하지 않았다는 것이다. 학생들이 충분한 지도와 연습을 제공받은 것을 확신하고 시험이 공정하다고 생각한 경우, 성적을 변경하지 않아도 되지만 다음과 같은 경우 수정을 할 수는 있다.

1. 최고 점수가 100점이거나 평균이 70점이 되도록(아니면 당신이 원하는 다른 목표에 맞춰서) 점수를 더해 **등급을 조정한다.** 평균 점수 조정을 목표로 한다면, 어떤 학생은 110점을 받을 수도 있는데 이건 큰 문제는 없다. 이것은 상대평가가 아니다. 시험 성적을 조정하는 것은 모든 학생들을 도울 수 있지만 상대평가로 조정하는 것은 불공정하게 몇몇 학생을 돕거나 불이익을 줄 수 있다.
2. **재시험을 실시하고,** 더 높게 나온 점수만 인정하거나 성적 향상 비율을(향상이 되었다면) 처음 점수에 추가한다.
3. **퀴즈를 내고 학생들이 여기서 얻는 점수를 원래 시험 성적에 더한다.** 거의 모든 학생들이 특정 문제를 놓쳤기 때문에 시험 성적이 낮다면 퀴즈가 그 문제의 변형된 버전이라고 학생들에게 알려준다. 대부분의 학생들은 그 문제를 해결하는 방법을 배울 것이고, 당신은 골칫거리 하나를 학습 기회로 바꿀 수 있다.

두 번째와 세 번째 방법은 추가 수업 시간과 교수와 학생들의 추가 준비 시간을 필요로 하는 단점이 있으나, 대부분의 학생들이 원래 시험 전에 배우지 못한 내용을 배우게 되기 때문에 좋은 거래라고 할 수 있다.

채점에 관한 이의 제기를 합리적으로 허용한다
학생들이 더 많은 점수를 받을 만하다고 생각하는 경우, 일부 교수들은 그러기 위해 그들이 의아해 하는 특정 문제뿐만 아니라 전체 시험이 재채점되어야 한다는 전제를 단다. 우리는 당신이 그 정책을 채택하지 않을 것을 권유한다. 학생들은 다른 부분에서 점수를 잃는 도박을 하지 않아도 그들이 진정으로 받을 자격이 있는 점수를 요구할 권한이 있어야 한다. 시험이 공정하게 채점되도록 최선을 다하고, 만약 채점자가 학생에게 이득이 되는 실수를 했다면 그대로 내버려두라. 혹시나 채점자가 실수로 잘못 생각한 것 때문에 여러 학생들이 점수를 잃게 되는 피해를 보았다면 그 점수들을 주기 위해 뭐든지 하라.

채점에 관한 이의 제기에 시간 제한을 두고, 더 많은 점수를 받을 만한 이유를 서면으로 제출하게 한다

다음은 당신이 이미 직면했거나, 만약 그렇지 않으면 미래에 경험하게 될 시나리오다. 학기 마지막 주에, 학생들은 학기 초부터 본 시험들과 과제들을 움켜쥐고 자신들이 깎인 점수 중 일부를 다시 받을 자격이 있음을 설득하길 기대하며 연구실 문밖에 긴 줄을 선다. 기말시험 준비를 포함하여 이미 학기 마지막 주에 할 일이 많은 와중에 이 모든 요청들을 처리하는 데 상당한 시간이 걸릴 수 있기 때문에 당신은 달갑지 않을 것이다.

이 상황에 말려드는 것을 방지하기 위해, 수업 첫날에 나눠주는 수업 지침 중에서 학생들은 채점된 시험지를 돌려받은 후 일주일 안에만 추가 점수를 요청할 수 있다고 알린다. 점수가 잘못 합산되었다면, 학생들이 단순히 당신에게(또는 조교에게) 채점된 종이를 보여주면 될 일이지만 그들이 하나 이상의 질문이나 문제에 더 많은 점수를 받을 자격이 있다고 생각하면, 그 내용을 스스로 써서 제출해야 한다. 이러한 서면 요청들을 심각하게 고려해보고 당신이 동의하는 부분에서 성적을 조정한다. 이 지침을 따르면, 마지막 주에 처리해야 할 항의가 크게 줄어들 가능성이 높다.

생각해볼 문제

이 장에서는 문제 해결 시험을 공정하고 효과적으로 만들기 위한 몇 가지 제안을 제공한다. 당신은 이러한 전략들 중 어떤 것이 미래의 시험을 개선시킬 수 있다고 생각하는가? 시도해보고 싶은 몇 가지 전략들이 있는가?

8.4 보고서 및 발표 평가

이 장에서는 지금까지 객관식 및 단답형 질문과 전형적 수식 문제 과제와 시험으로 평가될 수 있는 지식과 기술을 다루었다. 스스로도 잘 알고 있겠지만 그러한 평가들은 사소하지 않다. 하지만 적어도 데이터를 객관적이고 공정하게 평가하는 일은 어려운 일이 아니다. 학생들은 일부 객관식 및 단답형 문제의 정답에 관해 반박하려고 할 수 있지만, 당신이 한번 정답을 정한 이후에는 채점 과정은 기계적으로 바뀌고 모든 학생들이 같은 답에 동일한 점수를 받을 것이다. 전형적 수식 문제 시험의 성적을 매기는 것은 좀 더 까다롭다. 부분 점수를 받기 위한 치열한 논쟁에 휘말릴 수도 있다. 하지만 당신은 완전한 해답지를 준비하고 충분히 상세하게 점수 배당을 정하는 것을 통해 어느 정도 합리적 수준의 객관성에 도달할 수 있다.

그러나 실험 보고서, 필기 혹은 구두 프로젝트 보고서, 사례연구와 윤리적 딜레마에 관한 분석, 제안서, 논문, 필기 또는 구두 의사소통이 필요한 다른 과제들을 평가하고자 할 때는 완전히 다른 이야기가 펼쳐진다(지금부터 우리는 이러한 모든 형식을 보고서로 통일할 것이다). 서로 다른 학생들이 제출한 보고서들 중 그 어떤 것도 서로 베끼지 않은 이상 동일하지 않다. 따라서 개인적 판단이 평가 과정을 지배할 수 있고, 불공정한 채점에 대한 학생들의 불만은 눈덩이같이 불어날 수 있다. 또한 보고서를 읽고 상세한 논평을 제공하기 위해선 많은 시간이 걸릴 수 있다. 그 시간의 대부분이 낭비될 가능성이 있다. 학생들이 채점된 보고서를 돌려받을 때 성적만 확인하고 나머지 논평을 무시하기 때문이다(Crooks, 1988; Gibbs & Simpson, 2004~2005; Jackson, 1996). 학생들은 보고서를 수정하고 다시 제출할 수 있는 기회가 주어지면 피드백에 주의를 기울이고는 하는데, 이는 이미 무거운 교수의 채점 부담을 더 무겁게 한다.

이에 시도해야 할 도전은 네 가지 기준을 만족시키는 평가 방식을 찾는 것이다.

타당도

성적은 학생들이 의도된 학습 목표를 얼마나 잘 충족했는지를 반영하고 학생들의 사전 성적, 개인 특성, 그리고 결과물 자체의 질 이외의 요인을 배제해야 한다.

신뢰도

하나의 결과물에 대해 두 명 이상의 독립적인 채점자에 의해 평가된 경우, 그리고 같은 평가자가 다른 시간대에 평가한 경우에도 거의 동일한 성적을 받아야 한다.

공정성

평가되는 지식과 역량들을 적절히 가르쳐야 하고, 학생들은 사전에 그들의 노력을 평가하기 위해 사용되는 기준을 알고 있어야 한다.

효율성

교수는 시간을 과도하게 쓰지 않고 모든 결과물을 채점할 수 있어야 하며 학생들에게 좋은 건설적 피드백을 제공할 수 있어야 한다.

이 네 가지 기준을 충족하기 위한 열쇠는 평가 기준을 명확하게 구성하고(무엇이 얼마나 중요한가?) 평가가 수행되기 전에 학생들과 채점자들이 기준을 이해하도록 확인하는 것이다. 불행하게도, 첫 번째 단계(기준 형성하기)가 분명하고 명확하게 보이는 만큼, 어떤 개체나 행위를 우수하게 만드는 요소는 무형적이며 말로 표현하기 어렵다고 주장하는 학자들에 의해 자주 회피된다(일부는 "하지만 난 우수성을 판별할 수 있다!"라고 덧붙이기도 한다). 이 주장은 몇 가지 장점을 가지고 있지만 학생들의 결과물을 평가하는 데 있어서는 심각한 문제점들을 가지고 있다. 어떻게 효과적으로 소통하고, 창의적 또는 비판적으로 생각하고, 윤리적 결정을 내리는 방법을 교수들이 이러한 단어들의 의미를 명확하게 설명하지 않을 때 학생들은 어떻게 배울 것인가? 좋고 나쁜 보고서의 예를 소개하는 것이 도움이 될 수 있지만, 그것은 단지 학생들이 자신들의 결과물을 제출하기 전에 그것이 우리의 기대에 맞는지 그리고 다음번에 그들이 얼마나 개선될 수 있는지 정도까지만 가늠할 수 있게 할 뿐이다.

8.4.1 평가 형식 : 체크리스트와 루브릭

채점 형식의 두 가지 유형인 체크리스트와 루브릭은 교수가 학생들에게 자신의 기대를 명확하게 하고 성적을 매기는 과정을 타당하고, 신뢰할만하고, 공정하고, 효율적으로 만든다(Felder & Brent, 2010). 성적을 매기기 위한 체크리스트는 평가 기준과 각 기준에 할당되는 최대 점수를 나열하는 양식이다. 자료 8.4-1은 서면 보고서

자료 8.4-1 서면 보고서 채점을 위한 체크리스트

팀 이름 : 날짜 :		프로젝트 단계 : 평가자 :	
기준	**최대 점수**	**점수**	**코멘트**
기술적 내용(60%)			
주제의 숙달도, 기술의 정확도	20		
모든 요구 사항 포함	15		
적절한 수준의 상세하고 빠짐없는 기록	15		
데이터 분석과 해석의 완성도	10		
구성(15%)	15		
명확히 정의된 목적과 접근 방법			
잘 정돈되고, 목적을 뒷받침함			
주제 사이의 적절한 전환			
서론과 결론이 독자에게 적절히 맞춰짐			
발표(5%)	15		
읽기 쉬움			
적절한 문법과 문체			
균일한 문체			
배치/시각적 효과(10%)	10		
그래픽의 질			
일관성 있는 문서 디자인과 배치			
전체 점수	100		

자료 8.4-1은 노스캐롤라이나주립대학교 화학생명공학과의 Lisa Bullard 박사의 허락을 받아 재출판된 것임.

를 위한 구체적인 체크리스트를 보여준다. 루브릭 또한 평가 기준을 나열하지만, 이 때는 교수가 주로 3점으로 나누어진 각각의 문항에 각 기준별 점수를 준다. 3점(예 : 1-나쁨 2-만족, 3-뛰어남), 4점(예 : 1-나쁨, 2-평균 이하, 3-평균 이상, 4-우수) 또는 5점(예 : 1-나쁨, 2-미미함, 3-만족, 4-좋음, 5-우수함). 3점과 4점 척도에서 는 각 평가들을 형성하는 속성에 대한 설명이 주어지고, 5점 척도에서는 모든 등급

자료 8.4-2 실험 보고서 채점을 위한 루브릭

팀 이름 : _____   실험 : _____   평가자 : _____   날짜 : _____

범주	점수(S)=4	S=3	S=2	S=1	w	S	wS
초록	실험과 결과에 대한 간결하고, 명확하고, 정확한 초록	실험과 결과에 대한 명확하고 간결하지만 불완전한 초록	불분명하거나 불완전하거나 너무 김	부정확하고 부적절함	5		
배경	학생 자신의 말로 명확하게 여악된 관련 배경, 적절한 출처가 제대로 인용됨	학생 자신의 말로 배경이 적절히 요약됨, 적절한 출처가 대부분 제대로 인용	부적절하지만 스스로 작성한 배경 요약 또는 이상되는 출처 혹은 잘못된 인용	부적절하거나 그대로 배껴온 배경 요약과 적거나 거의 없는 인용	10		
실험 가설	가설이 명확하게 언급되고 논리적으로 정당화됨	가설은 명확히 언급되지만, 정당화 과정이 부적절함	가설을 언급하지만 정당화되지는 않음	어떤 가설도 언급하지 않음	5		
실험 장치 및 절차	장치와 절차를 명확하게 설명	장치와 절차를 적절하게 설명	장치와 절차에 대한 부족한 설명	부적절하거나 읽기 힘든 설명	10		
데이터	축과 데이터 정보가 명시된 그래프와 표를 통해 전문적으로 보이며, 정확한 데이터 제시	축과 데이터 정보가 명시된 그래프와 표를 통해 정확한 데이터 제시	표와 그래프 없이 필기된 형태의 정확한 데이터 제시	부적절한 데이터 제시	10		
데이터 분석	정확한 데이터 분석(오류 분석 포함)	몇 가지 사소한 실수를 포함한 데이터 분석	중요 오류를 다수 포함한 데이터 분석	부정확하거나 읽을 수 없는 데이터 분석	20		

데이터 해석	모든 관련된 과학적 개념이 올바르게 적용	대부분의 관련된 과학적 개념이 제대로 적용	관련된 과학적 개념의 제한된 적용	관련 개념의 어떤 응용도 없음	15		
결론	배운 모든 것을 정확히 언급, 가설을 설득력 있게 지지 또는 거부	배운 모든 것을 정확하게 요약, 가설은 부적절하게 다루어짐	결론이 결과에서 명확하게 나타나지 않음	결론 없음	5		
요약	실험, 데이터 분석과 해석, 결론을 완전하고 명확하게 설명	실험, 데이터 분석과 해석, 그리고 결론에서 사소한 부분을 생략하면서 설명	중요 정보가 잘못 설명되거나 생략됨	요약 없음	5		
작성	올바른 문법과 구문, 명확하고 간결한 문체	올바른 문법과 구문, 어색하거나 명확하지 않은 서술	문법과 구문 안의 수많은 실수	거의 읽을 수 없음	10		
형식과 조직	타이핑하고 잘 정리됨(제목과 부제목 포함)	깔끔하게 필기되고 잘 정리됨	깔끔하게 타자로 입력되었거나 필기되었으나 형편없이 구성됨	엉성함	5		
총점					100		

보고서 성적 : $20 + \dfrac{1}{5}\sum(w_i S_i) = $ (최대 = 100, 최소 = 40)

에 또는 하나씩 건너서(예 : 1, 3, 5) 설명이 주어진다. 후자의 경우 3점과 5점의 성격을 동시에 가지고 있는 결과물에는 4점을 부여할 수 있다. 만약 전체의 양적 평가(성적)가 주어지면, 그것은 각각의 기준에서 가중된 점수의 합으로 표현된다. 자료 8.4-2는 실험 보고서를 평가할 때 쓰이는 4점 기반 루브릭의 구체적인 예다.

체크리스트와 비교해봤을 때, 루브릭은 학생들에게 채점 기준을 더욱 명확하게 하고 다음 과제를 어떻게 하면 더 잘할 수 있을지를 알려준다. 루브릭의 단점은 각각의 기준마다 설명을 첨부해야 하기 때문에 만드는 데 시간이 더 걸린다는 점이다. 완성된 체크리스트와 루브릭들은 특히 부족하거나 뛰어났던 결과물의 평가를 참조하여 보강될 수 있지만 너무 자세한 피드백이 제공될 필요는 없다. 만약 학생들이 특정 항목이 왜 낮은 평가를 받았는지 명확하지 않다고 느낀다면 말로 상세한 설명을 해줄 수 있는 교수를 찾아갈 수도 있다(찾아가야 한다).

8.4.2 수업의 채점 형식 구성하기

명료한 성적 기준을 구성하는 것은 쉬운 일이 아니지만 명료한 성적 기준을 마련하는 일은 채점 과정의 객관성을 확보하는 유일한 방법이다. 처음부터 새로 시작하는 것보다는 내고자 하는 과제의 유형에 맞는 기존의 루브릭을 찾아 수정하는 것이 훨씬 쉽다. 인터넷에 'rubric [   ][주제 입력]'을 검색하면 여러 링크를 찾을 수 있을 것이다. 고등교육 학습평가협회(Association for the Assessment of Learning in Higher Education, AALHE)에서 운영하는 매우 유익한 사이트에서 사례연구 분석, 비판적 사고, 여러 종류의 에세이, 실험 보고서, 수학적 증명, 멀티미디어 프로젝트, 필기/구두 프로젝트 보고서, 그리고 팀워크를 평가할 수 있는 루브릭들을 찾을 수 있다.

당신은 루브릭을 따와서 글자 그대로 쓰거나, 기준 몇 가지를 바꾸고 삭제하거나, 새 기준과 설명을 추가할 수 있다. 그다음 당신의 선호도에 따라 수정된 루브릭을 체크리스트로 변형해 쓸 수도 있다. Allen과 Tanner(2006)는 생명과학에 쓰일 루브릭을 설계하고 사용하는 법에 대해 제안한다. 이들의 제안들은 다른 STEM 분야에도 쉽게 적용될 수 있다.

8.4.3 역량 계발을 촉진하기 위한 채점표 사용하기

과목의 채점 양식을 갖췄다면, 학생들이 평가 기준을 이해하고 그 기준을 충족시킬 수 있게 하는 데 그것을 사용할 수 있다. 표 8.4-1은 그 과정을 보여준다. 학생들이 이 목록을 숙지한 후 , 교수의 기대에 대한 명확한 생각을 갖게 되고 자신의 보고서를 작성할 때 피해야 할 실수들을 알 수 있게 될 것이다. 첫 보고서의 평균 질은 일반적으로 훈련을 받지 않은 경우보다 상당히 높을 것이다.

학생들의 구두 발표에 필요한 역량을 계발하게 할 때도 비슷한 과정을 활용할 수 있다. 학생들에게 체크리스트 또는 루브릭를 주고 짧게 설명한 후, 학생들이 자주 저지르는 실수에 관한 영상을 보여주거나 짧은 발표를 한다(노트를 글자 그대로 읽기, 눈 마주치지 않기, 화려한 색깔의 슬라이드 안에 작은 글꼴의 글자로 채워 넣기). 그들이 개별적으로 루브릭 또는 체크리스트를 완성하게 한 다음 짝을 이루어 평가를 서로 조정하게 하고, 방금 한 혹은 보여준 발표에 대한 당신의 평점을 보여주고 논의한다. 10장에서는 학생들의 의사소통 능력뿐만 아니라 창의적 · 비판적 사고 능력 개발 지원에 대한 자세한 지침을 제공한다.

표 8.4-1 글쓰기 기술을 가르치기 위해 채점 양식 사용하기

1. 완성된 보고서 혹은 긴 보고서의 일부분인 하나 혹은 두 가지(선택사항)의 짧은 샘플 결과물을 찾거나 만든다. 첫 번째는 학생들이 처음으로 보고시를 쓸 때 저지르는 실수들을 포함하는 것으로, 질적으로 낮아야 한다(기술적 오류, 난삽함, 낮은 질의 시각 자료, 자료의 부적절한 인용 등을 포함). 두 번째는 이보다 좋아야 하지만, 여전히 결함이 있어야 한다.

2. 첫 번째 프로젝트 또는 실험 시작 전의 수업 세션에서, 학생들을 둘씩 짝을 짓고 첫 번째 샘플 보고서와 세 가지의 채점 양식을 준다. 짧게 평가 기준을 검토한다.

3. 학생들이 개별적으로 샘플을 읽고 채점 양식을 채우게 한다. 그리고 각자의 평가를 파트너와 협의하고 결과를 별도의 양식에 쓰게 한다. 각 기준에 동의한다면 다음 기준으로 넘어간다. 만약 서로 동의하지 않는다면 각자의 평점에 대한 이유를 짧게 설명하고 합의를 보도록 노력한다. 합의를 볼 수 없다면 각자의 점수의 평균을 내고 다음 기준으로 넘어간다.

4. 각 조의 성적을 전체 학생들과 논의한 다음 당신의 평가를 공개한다. 당신의 평가가 학생들의 것과 크게 다르다면 당신의 논리를 설명한다. 이 과정을 두 번째 샘플을 가지고 반복한다(선택사항).

출처 : Felder & Brent (2010).

8.4.4 동료평가

동료평가에서, 학생들은 서로의 보고서 초안을 평가한다. 평가 과정은 총괄 평가의 성격을 띨 수 있지만, 교수가 성적을 매기기 전에 학생들이 스스로 보고서를 향상시킬 수 있게 도움을 주고자 할 때 더 많이 쓰인다. 루브릭이나 체크리스트는 동료평가를 위한 좋은 기초를 제공한다. 특히 학생들이 처음 훈련을 받을 때 말이다.

동료평가를 수행할 때, 먼저 개별 학생 혹은 팀들을 한 쌍으로 구성한다. 상호 비평을 위해, 각 쌍의 구성원이 자신의 파트너에게 자신의 첫 번째 초안 또는 발표를 보여주고, 비평에 따라 자신의 과제나 발표 자료를 수정하게 한 다음, 점수를 받기 위해 수정본을 교수에게 제출하게 한다. 여러 연구 결과들이 교수 평가와 동료 평가 사이에 높은 일관성이 나타난다는 것을 보여주고(Arnold et al., 1981; Orpen, 1982; Sadler & Good, 2006), 조와 맥아더는 여러 동료들로부터 피드백을 받는 것이 한 명의 동료나 교수로부터 받는 것보다 더 높은 수준의 수정 과정으로 이어진다는 사실을 발견했다. 학생들의 비판적 사고 능력을 연마하기 위해, 그들의 첫 번째 초안과 비평을 모두 받아 채점한다.

학생들이 보고서를 제출하기 전에 서로 비평하게 하는 것은 학생과 교수에게 상당한 이점을 제공한다. 동료들의 보고서를 평가할 때, 자신의 보고서의 강점과 약점을 발견하고 평가에 대한 또 다른 접근 방법들을 배운다. 학생들이 그 이후 교수에게 제출하는 수정본은 대부분 그들의 초안보다 훨씬 더 좋고, 교수에게도 채점 과정이 훨씬 쉽고 효율적이게 될 것이다.

8.5 알아두기

- 시험을 위해 학습지침서로서 학습 목표(특히 높은 수준의 사고와 문제 해결 능력을 포함하는)를 공유하는 것은 학생들이 그러한 목표를 충족할 기회를 최대화한다.
- 시험에서 평가될 역량에 대한 적절한 연습과 피드백을 제공하기 위해 충분한 과제와 문제들이 주어져야 하지만, 학생들이 당신의 수업을 따라가기 위해 다른 과목을 소홀히 할 정도가 된다면 그것은 과하다. 과제 점수들은 성적에 반영

해야 한다.

- 수업 내용에 대한 학생들의 오해를 확인하고 이를 정정하기 위한 노력의 효과를 평가하기 위해 개념 시험과 검증된 개념 인벤토리를 사용한다.

- 첫 시험 전 혹은 바로 다음에 학생들이 문제 해결 시험을 준비하고 잘 보기 위해 지침을 제공해야 한다.

- 문제 해결 시험을 실시하기 전에 교수들은 직접 시험 문제를 풀어봐야 한다. 당신은 학생들에게 주어진 시간의 3분의 1 미만에 문제 해결 시험을 다 풀 수 있어야 하고 만약 특별히 복잡하거나 계산 과정이 많은 문제들이 포함된다면 4분의 1 혹은 5분의 1 미만으로 조정해야 한다. 이 한도를 초과한다는 것은 시험 문제가 너무 길다는 것을 의미한다.

- 서면 보고서와 구두 발표를 평가하기 위해 체크리스트와 루브릭을 만들고 사용해야 한다. 학생들은 그들의 첫 보고서를 제출하기 전에 이것을 이용해서 샘플 보고서를 먼저 채점해볼 수 있다.

- 우리는 이 장에서 과제 및 시험 부정행위는 논의하지 않았지만, 당신이 이 문제에 관해 궁금해 하는 것을 알고 있다. 부정행위를 최소화하고, 감지하고, 이를 발견했을 때 처리하는 법에 관해 조언이 필요하면 56~57쪽을 참고한다.

8.6 수업에서 시도해보기

- 당신이 내준 지난 몇 가지의 시험들을 보고 이 장에서 언급한 제안들(특히 시험 문제 길이에 관련된)을 반영해 개선할 수 있는지 확인한다. 그리고 당신이 그 제안들을 미래에 시험을 설계할 때 어떻게 포함시킬지 계획한다.

- 다음 시험을 설계할 때, 하나 이상의 높은 사고 능력과 개념적 이해를 다루는 객관식 문제나 짧은 서술형 문제를 포함시킨다.

- 첫 시험이 끝난 후 학생들이 자신의 시험 준비 과정을 돌아보고 앞으로 어떻게 시험을 더 잘 치를 수 있을지 생각하게 하기 위해 시험 마무리 설문을 준비한다. 만약 시험이 전형적인 수식시험에 집중한다면, 대안으로 채점된 시험지와 Felder(1999)의 질문지를 나눠주고 다음 시험을 위해 공부하기 전에 이를 작성하도록 해본다.

- 당신이 만약 학생들이 프로젝트 보고서를 쓰거나 발표하는 수업을 가르친다면, AALHE 사이트를 이용하거나 인터넷에 'Rubric [   ][주제 입력]'을 검색하여 채점 루브릭을 찾는다. 당신만의 평가 기준에 맞추기 위해 변형시킨 다음, 보고서들을 채점하기 위해 사용한다. 상세한 개별적 피드백을 제공할 필요는 없다. 학생들이 그들의 첫 보고서들을 제출하기 전에, 당신의 채점 양식으로 먼저 2개의 샘플 보고서를 채점하게 하여 당신이 어떻게 보고서들을 채점하는지 보여준다.

- 학생들은 일주일 안에 채점받은 시험지와 과제들의 성적에 이의를 제기할 수 있고, 부정확한 점수 합산을 제외한 이의 제기는 글로 작성된 설명을 첨부해야 한다는 수업 방침을 밝힌다. 이로 인해 학기말에 나타날 골칫거리가 거의 없어질 상황을 즐기라.

제3부

능력 계발 도와주기

9장에서 11장까지 이어지는 3부에서는 분석적 문제 해결 능력을 다루는 9장을 필두로, STEM 전문가들이 필요로 하는 능력들을 학생들이 갖추도록 하는 전략들을 알아보고자 한다. 9장에서 문제 해결 전문가들의 특성을 조망하여, 학생들이 이러한 특성들을 개발할 수 있도록 돕는 전략을 기술하고, 잘 알려진 문제 해결 모델을 개괄하고 문제 기반 학습에 대해 논의한다.

과거의 STEM 졸업자들도 항상 직업 기초 능력을 갖출 것을 요구받아왔다. 그러나 고용주를 대상으로 한 설문조사에 의하면, 최근 졸업생들은 직업 기초 능력, 특히 의사소통 능력이 부족한 것으로 나타났으며 앞으로 이러한 능력이 더욱 필요해질 것으로 전망된다. 10장에서는 의사소통 능력과 비판적이고 창의적인 사고, 자기주도 학습 능력과 프로젝트 기반 학습 능력 등을 개발하기 위한 기법에 대해 다룬다. 11장에서는 리더십, 시간 및 과제 관리, 갈등 조율과 같은 높은 성과를 내는 팀워크 능력을 갖추도록 하는 협동학습에 대해 논의한다. 마지막으로 12장은 학습자의 다양성에 대해 조사하고 일반적인 귀납적 교수법을 비교·대조한 후, 앞에서 논의했던 학습자 중심 교수법과 평가 전략을 다양한 학생들의 학습 요구와 어떻게 접목할 것인가를 요약해보고자 한다. 9장부터 12장까지의 구조는 그림 III-1과 같다.

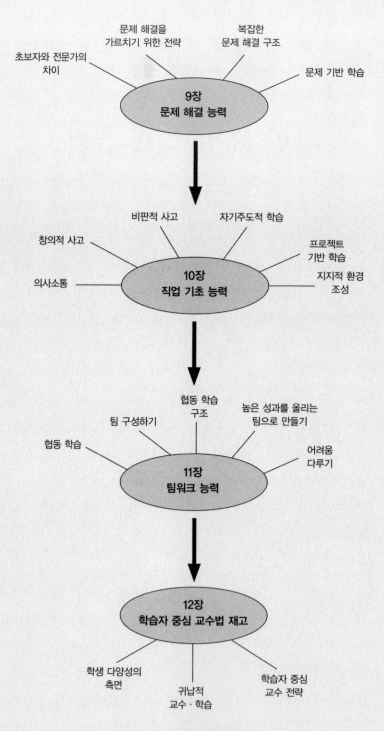

그림 III-1 3부의 그래픽 조직도

룸메이트이자 화학공학과 3학년 동기인 스탠과 네이선은 중서부의 어느 큰 대학에 재학 중이다. 이 두 학생은 꽤 많은 공통점을 가지고 있었는데 파티와 비디오 게임을 좋아하며, 야식으로 피자를 먹는 것을 즐긴다. 네이선의 성적이 항상 우수했지만, 둘은 모두 고등학교에서 수학과 과학에서 우수한 성적을 거두었다. 둘은 질량과 에너지 수지 수업을 어려워하였고(그러나 교과서는 매우 훌륭하다는 것에 동의했다), 열역학 강의는 이해가 잘되지 않았으며, 인문계열 수업은 쓸 데 없다고 생각했다. 공학을 전공하지 않는 친구 몇은 그들이 '심하게 논리적'이라고 자주 놀리곤 했다.

이러한 공통점에도 불구하고 스탠과 네이선은 기본적으로 다르다. 스탠은 친구들 사이에서 컴퓨터 수리공으로 통할 정도로 기계에 능통했지만, 네이선은 전구를 바꾸는 것조차 못할 정도로 기계치다. 항상 주변 상황을 의식하는 스탠은 휴대전화를 잃어버린 적이 없으며, 단 한 번 만난 사람까지 기억할 수 있다. 반면에 네이선은 주변 상황을 잘 의식하지 못하고 물건을 잘 잃어버리는 건 물론 오랜 지인들마저 못 알아보기도 한다. 네이선이 쉽게 이해하는 강의를 스탠은 어려워하지만 네이선은 오히려 교수들이 이미 이해하고 있는 유도과정과 문제 해결을 설명할 때면 지루해져서 집중력을 잃는다.

이들의 차이점은 시험 상황에서도 나타난다. 시험을 볼 때, 스탠은 문제를 먼저 읽은 뒤 지문을 검토하고, 조심스럽게 정답을 찾아낸다. 문제를 풀고 나면 스탠은 꼼꼼히 검산한 뒤, 다음 문제로 넘어간다. 이러한 철두철미한 습관 때문에 스탠은 종종 시간이 지나고도 시험을 마치지 못하고 심지어 학급 평균보다 낮은 점수를 받기도 했다. 반면에 네이선은 문제를 읽고 어떻게 풀어야 할지를 이해하면 문제를 풀고 시험을 일찍 끝낸다. 종종 계산 과정을 검토하는 것을 좋아하지 않아 계산 실수로 문제를 틀리지만 그럼에도 불구하고 네이선의 성적은 좋은 편이다.

스탠이 유일하게 네이선보다 학업적으로 우수한 부문은 실험이다. 세심하고 능숙한 스탠은 별다른 지시 없이도 능수능란하게 장치를 설치하고 실험에 대한 직관을 갖고 있지만, 네이선은 실험에 굉장히 서투르다. 네이선은 분석 화학에서 거의 신경쇠약에 걸릴 뻔 했는데, 실험을 했을 때, 정량분석을 다섯 번 하였으나 모든 결과가 완전히 다르게 나온 것이다. 결국 그나마 제일 비슷한 두 예측치의 평균을 내서 맞기만을 바랐다. 그러나 스탠은 같은 실험의 분석을 두 번만 하고도 일치되는 결과가 나와 네이선이 두 번째 실험을 위한 시약을 계량하는 동안 성공 기념 음료수를 마시러 가곤 한다.

스탠은 '감각적 학습자(sensing learner)'이고 네이선은 '직관적 학습자(intuitive learner)'이다(Felder & Silverman, 1988; Felder et al., 2002). 감각적 사람들은 주로 실용적이고 세부 사항에 집중하며, 추상적 이론이나 수학적 모델을 불편해 한다. 직관적 사람들은 추상적인 것을 잘 다루지만 때로는 세부적이고 반복적인 것들에 싫증을 낸다. 감각적 사람들은 명확하고 정석으로 풀 수 있는 문제들을 좋아하고 직관적 사람들은 조금 더 혁신적인 해결 방법이 필요한 문제들에 강하다. 실제 세상과 아무 관계가 없는 수업을 듣기 싫어하는 학생은 감각적인 사람이라고 볼 수 있다. 두 종류의 사람 다 훌륭한 STEM 전문가가 될 수 있다. 대부분의 꼼꼼하고 빈틈없는 감각적 사람들은 훌륭한 실험주의자이고 통찰력 있고 혁신적인 직관적 사람들은 대체로 훌륭한 이론가나 디자이너들이다.

기본 원리와 추상적 분석을 중시하는 STEM 교수들의 교육 스타일과 관찰 가능한 현상과 사실, 그리고 직접적인 경험을 좋아하는 감각적인 학부생들 사이에서 종종 부조화가 일어나기도 한다. 결과적으로, 직관적인 학생들이 STEM의 대부분의 커리큘럼에서 좀 더 많은 이점을 누릴 수 있을 것이며 사실에 입각한 지식과 실험을 강조하는 교과목 외에는 대체로 직관적인 학생들의 성적이 더 좋다(Felder et al., 2002에 기재된 논문 참조).

감각과 직관은 어떤 '학습 방식을 좋아하느냐 하는 선호의 문제'이다(Felder & Brent, 2005). 중요한 점은 교수들은 각 학생이 선호하는 방식으로 가르쳐선 안 된다는 것이다. 오히려 한 스타일에 치우치지 않은 균형 잡힌 수업이 필요하다. 9장과 12장에서 이러한 수업을 해낼 수 있는 방법에 대해 다룬다. 학습 유형에 대한 것은 심리학 분야에서 자주 논란이 되는 것으로, 우리도 12장에서 논의할 것이다.

09

문제 해결 능력

9.0 들어가기

우리는 엿보기에서 여러 면에서 차이가 나는 가상의 두 학생의 예를 보았다. 스탠은 실제적이고, 관찰력 있으며, 체계적이고, 실습을 좋아하지만 상대적으로 속도가 느린 문제 해결사이다. 네이선은 창의적이고, 과학 이론과 수학적 분석을 좋아하는, 속도가 빠른 문제 해결사이지만 상세한 부분을 성급히 넘기며 부주의한 실수를 하기 쉽다.

하나의 분야에 잘 맞고 잘 확립된 방법들로 해결될 수 있는 STEM 교육과정의 많은 문제들과 달리, 실제 과학과 공학 문제들은 다학제적이며, 많은 경우 정확히 정의되어 있지 않고, 스탠과 네이선이 가지고 있는 긍정적인 특성들인 창의성, 세부 사항에 대한 주의 집중, 실험, 수학적 분석, 계산, 설계, 문제의 원인 파악, 통찰력, 그리고 데이터를 재생하고 계산을 다시 확인하는 습관을 모두 요구한다. 몇몇의 재능 있는 개개인은 이러한 모든 특성을 가지고 있을 수 있지만, 산업계, 정부, 그리고 학계 요구에 부응하는 잘 훈련된 응용 과학자, 기술자, 공학자, 그리고 수학자는 충분하지 않다. 그러므로 STEM 분야에서는 스탠과 네이선 같은 사람들이 둘 다 필요하다.

불행하게도, 많은 STEM 교육과정들, 특히 수학, 물리학, 그리고 대부분의 공학 분야는 네이선 같은 사람들에게 더 유리하게 설정되어 있다. 이들은 학생들이 대학에 들어오자마자 미적분, 물리, 그리고 화학 같은 추상적인 개념들을 버거울 정도로 쏟아 부으며 이러한 경향은 나머지 4년 동안 계속된다. 수학자와 과학자들은 갈수록 더 추상적으로 변하는 고급 수학, 과학 문제들을 과제와 시험 등에서 꾸준히 마주치게 되며 공학자들은 거의 비슷한 수준으로 추상적인 '공학 과학(기계학, 회로공학, 열역학, 양자역학, 그리고 통계역학)'을 배우며, 때때로 실험실에 들어갈 기회를 갖는 것이 전부다.

STEM 교육자로서, 우리는 앞으로 가르치게 될 모든 스탠과 네이선들이 STEM 직종에서 요구하는 문제 해결 능력을 갖추도록 노력해야 한다. 여기서 어려운 점은 한쪽의 특성에 치우치기보다는 두 그룹의 학습 요구와 선호도의 균형을 맞추는 것이다. 이 장에서 우리는 그 균형을 맞출 수 있도록 도와줄 것이다. 다음의 질문들이 그 요점을 나타낸다.

- 어떤 특성들이 문제 해결 전문가와 초보자들을 구분 짓는가? 나는 어떻게 학생들이 그 특성들을 발달시킬 수 있게 도울 수 있을까?
- 상위인지가 왜 전문가적 문제 해결 과정의 중요한 요소인가? 나는 어떻게 학생들이 이를 실행하도록 동기화하고 준비할 수 있을까?
- **자기효능감**은 학습에서 어떤 역할을 하는가? 학생들이 문제 해결에서 이를 발달시킬 수 있도록 어떻게 도울 수 있을까?
- 어떻게 McMaster 문제 해결 전략이 학생들이 전문 직업인으로서 맞닥뜨리게 될 복잡하고, 개방형의 다학제적 현실 문제들을 해결하는 방법을 배우게 할 수 있을까?
- 언제 그리고 어떻게 문제 기반 학습법을 활용해야 하는가?

9.1 초보자에서 전문가로 성장하기 위한 길고 험한 길

처음으로 도로의 혼잡한 교통 상황에서 운전했던 때를 기억하는가? 몇 초 동안 그때의 기분을 떠올려보라. 그리고 다시 몇 초 동안 오늘 차 안에서 운전하는 당신을 떠올려보라.

그 둘은 완전히 다른 경험일 것이다. 처음에는 필사적으로 그 상황에서 발생하는 모든 일들을 관리하기 위해 기를 썼을 것이다. "너무 빨리 가는 걸까, 아니면 너무 느리게 가는 걸까? 내가 옆 차선으로 움직이는 건 아닐까? 반대쪽 차가 오기 전에 좌회전을 할 수 있을까?" 지금의 당신은 이러한 문제들을 거의 의식하지 않고 처리할 수 있다(아마도). 실제로, 다른 생각을 하면서 운전을 할 수도 있을 것이다. 만약 당신 앞에 차가 갑자기 급정거하는 것과 같이, 긴급하게 주의할 상황이 온다면, 당신은 즉시 의식적으로 주의하면서 운전하게 된다.

이러한 대조되는 행동들은 **초보자**와 **전문가**의 차이점을 보여준다. 초보자들은 그들이 앞으로 취해야 할 모든 단계에 대해 의식적으로 생각을 하지만, 전문가들은 여러 상황과 반응에 대해 머릿속에 이에 대처하는 방법들이 기록되어 있기 때문에 대부분의 단계를 자동적으로 행하고 의식적 주의는 의사결정과 행동이 필요한, 익숙하지 않은 상황에서만 기울인다. 다른 사람이 봤을 때, 전문가들은 부드럽고, 편안하고, 자신감 있어 보이는 반면에 초보자들은 서투르고, 긴장되고, 확신이 없어 보인다.

초보자와 전문가의 차이는 인간 활동의 모든 면에서 위와 같은 패턴을 따른다. 활동이 더 복잡하고 어려워질수록 초보자가 전문가로 성장하는 시간이 길어진다. STEM 과목에서의 기술적 문제들은 다른 인간 활동과 비교해보았을 때 난이도와 복잡성에서 상위 레벨을 차지하지만, 경험이 많은 STEM 교육자들은 그들이 현재 가지고 있는 전문성을 얻기 위해 길고도 험한 길을 지나왔다는 것을 망각하는 때가 많다. 그들은 수업 중에 가볍게 초보 학생들에게 몇 개의 예시 문제들을 보여주고 한두 개의 비슷한 문제들을 과제로 내주면서 학생들이 모든 반복 과정을 건너뛰고 내용을 완전히 통달한 모습을 보여주리라 기대한다. 이는 잘못된 것이다.

최고의 교수는 그와 학생 사이의 간극을 메울 수 있는 사람이다. 그들은 (거의 본능적으로) 어떤 학습 경험들이 학생을 실제 수학자, 생화학자, 컴퓨터 과학자, 아니면 공학자같이 사고하게 하는지 알고, 그 경험들을 수업에서 제공한다. 이 장은 전문적 기술을 높이는 경험과 그 경험이 어떻게 중요한 내용을 희생하지 않으면서 교육과정에 편입될 수 있는지 설명한다. 그 경험을 효과적으로 설계하기 위해서는, 초보자들은 못하지만 전문가들은 할 수 있는 것이 무엇인지 아는 것이 도움이 된다. 표 9.1-1의 두뇌활동에서는 전문가와 초보자의 네 가지의 중요한 차이점을 설명한다.

초보 학생들은 복잡하고 어려운 문제를 과제에서 맞닥뜨릴 때, 그중에 많은 수가 강의노트, 교과서, 인터넷 또는 과거의 시험 및 과제에서 비슷한 문제를 찾는 것으로 시작한다. 비슷한 문제를 찾으면, 그들은 먼저 이미 사용된 해법을 실제적 이

표 9.1-1 두뇌활동 – 전문가와 초보자의 문제 해결

속성	전문가	초보자
문제의 분류	근본적인 원리와 주요 특성들에 근거해 문제 유형을 분류한다. 새로운 문제들을 적절한 범주에 배치하고 이에 따른 해결 전략을 빠르게 선택한다.	문제의 피상적인 특징에 근거하여 해결 전략을 선택한다(예 : 화학 반응에 관련됐다면 3.5–2 예시와 비슷한 상황이 된다).
상위인지	인지적 과제 수행의 전과 중간에 습관적으로 자신의 사고 과정을 점검하고 되돌아보며 성공적인 경로를 찾아 그렇지 않은 부분을 신속히 바로잡는다.	자신의 사고과정에 대해 상대적으로 덜 생각한다. 한 접근방식을 선택하고 포기가 불가피할 때까지 고수한다.
자동성	일상적인 문제들을 적은 노력으로 해결한다.	모든 해결 단계를 의식적으로 생각해야 한다.
자기효능감	특정한 도전적 문제 또는 여러 가지 유형의 도전에 대응할 수 있는 자신의 능력에 대해 자신감을 가지고 있다(예 : 수학 문제나 구두시험 등).	특정한 도전적 문제를 해결 하는 능력에 대한 자신감이 떨어진다.

출처 : Ambrose et al.(2010, Ch. 2); Bransford et al. (2000, Ch. 2).

해 없이 그대로 따르다가 주어진 문제가 이전 것과 달라지는 점에서야 그 차이를 어떻게 조정할지 찾기 위해 애를 쓰거나 포기하고는 한다. 몇몇은 정확한 해법을 찾게 될 수도 있겠지만 나머지는 그저 혼란 속에서 속절없이 버둥댈 뿐이다.

위에서 설명한 접근 방식을 전문가들이 문제를 해결하는 방식과 비교해보자. 전문가들의 사전 경험은 그들의 문제 해결 능력에 대한 자신감을 부여한다(자기효능감). 그들은 문제를 꼼꼼히 살펴보고 분류한다–유동적인 것과 비유동적인 것으로, 선형과 비선형으로, 완전 혹은 불완전한 정의 등으로 분류한다. 이 분류에 근거하여, 그들은 해결 방식을 찾고 시행하지만 처음부터 끝까지 순탄하게 해내는 것은 아니다. 그들은 각각의 단계 후에 그들의 답을 검토할 수 있는 한두 개의 방식들을 생각해내고 스스로 그 방식들이 적절하다고 생각되어 만족할 때 다음 단계로 넘어간다(상위인지). 또한 필요하다면 접근 방식을 바꾸기도 하며, 그들의 진행 과정을 지속적으로 되돌아보고 스스로 해결 방식이 더 효율적이고 정확하게 얻어질 수 있는지 묻는다(상위인지). 중간에 막히게 되더라도, 그들은 전에 여러 번 막힌 경험이 있기 때문에 당황하지 않고 장애물을 피해 돌아서 가는 방법을 찾아낸다(자기효능감).

그들은 어떤 것이 특정 문제를 다르게 하는지를 찾고, 이것을 다루는 새로운 방식을 찾기 위해 그들이 가지고 있는 자산을 활용한다. 상대적으로 더 많은 상위인지 활동을 하지만, 남들이 보기에는 문제를 다루는 과정이 빠르고, 효율적이고, 수월해 보인다(자동성).

전문가로 거듭나기 위해 걸리는 몇 년의 반복적인 연습 없이 학생들이 위의 네 가지 특징을 갖도록 할 수 있을까? 몇몇 천재들에게는 가능할지도 모르지만 대부분은 아니다. 우리가 할 수 있는 일은 그들이 이 과정을 잘 시작할 수 있게 돕는 것이다. 어떻게 하면 좋을지 생각해보자.

9.2 전문적인 문제 해결 기술을 가르치는 전략

이 절에서 살펴볼 교육 기법들은 학생들이 전문적인 문제 해결에 관련된 기술과 특성을 발달시킬 수 있게 도울 것이다.

9.2.1 학생들에게 문제 분류 가르치기

Ambrose 등(2010, pp. 59-64)은 전문가들이 수년간의 경험을 통해 익힌 모든 종류의 문제 분류를 학생들이 할 수 있게 가르치는 전략들을 제시한다. 이에 근거한 절차는 다음과 같다.

- 서로 다른 종류의 문제들을 구분 짓는 특성들을 찾는다. [근본적인 과학 원리, 선형과 비선형, 개방형, 폐쇄형] 문제를 특징에 따라 구분하고 각 범주에 맞는 해결 전략을 찾는다. 교수가 새로운 문제를 수업에서 다룰 때마다 학생들이 먼저 범주들을 구분 짓고 해결 방법의 윤곽을 잡고, 다시 과제를 통해 반복하게 하라.
- 한 가지의 접근 방법으로 풀 수 있는 몇 개의 문제들을 (예 : 뉴턴의 법칙으로 풀 수 있는 역학 문제) 내고 같은 접근 방식으로 절대 풀 수 없지만 다른 접근으로 쉽게 풀 수 있는 또 다른 문제를 낸다(예 : 에너지 보존의 법칙을 이용한 문제). 학생들이 문제 분류 시스템에 필요한 수정을 하게 한다.

9.2.2 상위인지를 포함한 전체 문제 해결 과정 보여주기

복잡한 문제 해결 과정은 학생들에게 결과만 제시되었을 때 거의 불가능해 보이기 마련이다. Torrance(1962)의 구절은 "걸작을 볼 때의 경외감을 떨쳐라."라고 말한다. 수업 중에 예제를 다룰 때 항상 문제에 맞는 정확한 원리나 계산으로 시작해 처음부터 끝까지 완벽한 해결 과정을 보여주는 것에 집중하지 말라. 초보 학생들은 그들 자신도 똑같이 할 수 있으리라는 기대감을 갖고 스스로 시도해보고, 실패했을 때 좌절감을 느끼고 포기할 가능성이 높다. 대신에, 때때로 새 문제를 수업 중에 풀면서 어떻게 시작할지, 앞으로 어떤 접근을 취할지, 어떻게 상위인지 작용을 통해 해결 과정을 검토할지(지금 잘되고 있나? 이 방법이 효과가 있을까? 어떻게 확인할 수 있을까? 더 나은 접근 방법이 있지 않을까?), 그리고 중간에 막히거나 잘못한 부분을 인식할 때 어떻게 할지에 대한 생각들을 학생들에게 말하라. 때때로 학생들을 위해 전문가들이 밟는 과정을 모델로 만들어보는 것이 학생들이 스스로 할 수 있을 때까지 성장하는 과정을 가속시킨다(Weimer, 2013, p. 79).

상위인지를 촉진하는 또 다른 기법은 시험 후에 학생들이 시험을 어떻게 준비하고 보았는지, 어떤 부분을 놓치고 왜 놓쳤는지, 그리고 미래의 시험을 어떻게 준비할지 묻는 시험 마무리 설문(exam wrapper)이다(8장 참조). 학생들이 더 명쾌하게 그들의 실수와 비효과적인 전략을 시험에서 확인하면, 그들이 미래에 같은 실수를 반복할 확률은 더 낮아진다.

> **생각해볼 문제**
>
> 당신은 최근에 학생들의 상위인지를 촉진하기 위해 무엇인가 하고 있는가? 다음 주에는 무엇을 할 것인가?

9.2.3 상위인지를 촉진하기 위한 문제를 작은 단위로 나누기와 TAPPS 사용하기

6.4절에서 우리는 학생들의 문제 해결 기술 습득과 명확한 관련성이 있는 두 가지 학습 전략을 소개했다.

- 유도 과정과 문제 해결 과정을 여러 부분으로 나누기 간단한 부분들은 빠르게 강의하거나 학생들이 스스로 읽게 하고 분석적이고 어려운 개념을 포함한 부분들을 활동 중심으로 한다.
- 부분적 혹은 전체적 풀이 중심 예제를 다룰 때, TAPPS 기법 활용하기 학생들이 서로 짝을 짓게 하고 유도 과정과 문제 해결의 짧은 활동을 해보게 한다. 각 활동마다, 한 학생은 단계별 추론을 포함한 분석 결과를 설명하고 다른 학생은 설명이 분명하지 않다고 느낄 때 질문을 던지거나 필요하면 힌트를 제공한다. 다음 활동에서는 역할을 바꾼다.

(이 전략들에 대한 더 자세한 정보와 그 효과의 인지적 근거에 대해서는 6.4절 참조) 학생들이 분석 과정에서 위의 방법들 중에 하나라도 쓰게 되면, 절차에 대해 스스로 깊게 이해할 수 있고 새 문제에 적용할 수 있게 되어 상위인지 기술을 발달시킬 확률이 높아진다.

9.2.4 자동성 촉진을 위한 반복하기

대부분의 전문가들은 여러 번의 반복을 통해 전문가답게 그리고 수월하게 일을 할수 있는 능력을 얻는다(스윙을 연습하고, 곡을 연습하고, 수플레를 만들고, 주사를 놓고, 과정을 설계한다). 인지과학은 반복과 학습 사이의 관계에 대해 실마리를 제공한다.

두뇌활동 : 반복과 학습

자극이 주어지면 항상 하나의 뉴런에서 옆에 모여 있는 뉴런들로 옮겨가는 신호의 패턴이 작동된다. 그 후에, 활성화된 뉴런들은 여러 시간 혹은 며칠 동안 깨어 있게 된다. 그 기간 동안 만약 자극이 고립된 사건으로 남거나 패턴이 반복되지('연습되지') 않는다면 그 사건은 기억에서 잊혀질 가능성이 높다. 하지만 만약 그것이 되풀이된다면, 뉴런 집단은 더 큰 민감도와 함께 빠른 속도로 신호를 보내는 경향성이 발달되는 '장기강화작용(long-term potentiation, LTP)'을 겪는다. 충분한 반복은 뉴런들을 단결시켜 하나의 뉴런이 움직이면 나머지도 같이 활동하게 하여 새로운 기억의 흔적을 형성한다. 어떤 과정을 학습한다는 것(예 : 특정한 문제를 푸는 것)은 그러한 자취들을 형성하는 것을 포함하는데, 반복은 절차를 더 능숙하게 하고 점점 의식적 노력을 덜 필요로 하도록 뉴런들 사이의 연결을 계속 강화하여, 결국엔 전문적 작업을 특징짓는 자동성에 도달하게 한다(Sousa, 2011, Ch. 3).

위의 두뇌활동은 학생들에게 문제 해결 방식에 관해 한 번의 강의를 하는 것과 한 두 가지 예를 제시하는 것이 전문 지식은커녕 충분한 양의 학습으로 이어질 가능성이 낮다는 것을 암시한다. 만약 학생들이 강좌에서 같은 방식을 다시 보게 되지 않는다면 이어지는 이후의 강좌에서 같은 내용이 나왔을 때 한 번도 본적이 없는 것처럼 반응하는 것은 당연하다.

만약 학생들에게 자동성을 하나의 기술로 숙달시키기 원한다면, 당신의 교수 방법에 반복을 더한다. 강의, 수업 활동 그리고 과제에 그 기술의 적용을 보여주고 시험에 그 기술을 요구하는 문제를 넣는다. 만약 그 기술이 강좌를 수료한 모든 학생들이 갖춰야 할 학습 성과나 역량에 포함된다고 생각한다면, 그것을 그 각 학년의 교과과정 중 적어도 한 과목에서 가르치고 연습하게 하라.

9.2.5 인터리빙과 과잉 학습을 통해 반복 시행하기

반복을 제공하기 위한 두 가지의 대조적인 접근은 인터리빙(interleaving, 한 기술을 가르칠 때 2개의 다른 방식을 번갈아 쓰는 것)과 과잉학습(같은 방식을 계속적으로 되풀이하는 것)이다(Brown et al., 2014; Dunlosky et al., 2013, Section 10; Rohrer et al., 2014; Taylor & Rohrer, 2010). 문제 해결의 맥락에서 보자면, 두 접근은 교수가 한 종류의 문제를 푸는 방식을 대략적으로 소개하고, 이 방식을 실제로 보여주는 몇 가지 수업 활동과 설명을 제공한 후, 그 방식을 써야 하는 문제들을 과제로 내주는 것으로 시작한다. 그다음에 어떤 일이 벌어질지는 어떤 전략을 쓰느냐에 달려 있다.

과잉 학습에서는 첫 문제를 내준 이후에 동일한 방법을 적용해야 하는 더 많은 문제를 내줘야 한다. 반복은 전문가의 자동성을 특징짓는 방식을 학생이 매우 수월하게 실행할 수 있게 도움을 준다. 반복의 단점은(Rohrer et al. 2004) 그 효과가 긴 시간 사이에 걸쳐 분산된 연습의 효과와 비교해볼 때, 시간이 지나며 약해진다는 것이 있고, 새로운 문제들이 원래 연습하던 문제들과 조금만 달라도 학생들이 이를 해결하기 위해 정신적으로 적응하는 것이 불가능해질 수도 있다는 것이다. (Rohrer & Pashler, 2007). 과잉 학습은 결과적으로도 STEM 문제 해결 과정에 적합하지 않다.

인터리빙은 다양한 형태를 가지는데 각각의 특징으로 문제 해결의 전문성을 높인다.

각기 다른 맥락에 적용되는 문제 해결 방법들을 예로 들어 제시한다

예를 들어, 무색 액체 안에서의 염료 방울의 확산, 크로마토그래픽 칼럼에서의 혼합물의 성분 분리, 공기 또는 물에서의 오염 물질의 분산, 그리고 세포막을 통과하는 가스 혹은 약물의 수송 등 다양한 현상에 확산 방정식을 적용해본다. 우리는 4.3절에서 여러 다른 맥락에서 정보를 제시하는 것이 장기기억에서 유래한 정보의 연속된 회복력을 촉진한다는 것을 보여주었다. 다른 상황들에서 문제 해결 방법을 설명하는 것은 한 방법의 다른 유형의 문제에서의 적합성을 판단하는 학생들의 능력을 향상시키고(문제 분류), 그 방식을 사용할 때의 자신감도 북돋는다(자기효능감).

특정 유형의 문제에 따라 다른 방법을 적용하고 그 효과를 평가한다

예를 들어, 하나의 조건적인 수학적 진술을 증명하고 다시 모순을 이용하여 증명하기, 혈액 분석을 위해 여러 가지 다른 생체분리 기술공정을 비교·대조하기, 가격을 염두에 두어 각 방식이 어떤 조건에서 가장 적합한지 찾아보기 등이 있다. 이 형식의 간섭법은 문제 분류의 전문적 기술도 촉진한다.

이전에 배운 자료를 복습하는 문제와 현재의 교육과정 내용을 포함하는 과제 및 시험 문제를 섞어서 출제한다

수업에서 개념들이 처음 소개될 때는 개념을 광범위하게 파고들다(과잉 학습) 마지막 시험이 다가올 때쯤에 잊어버리는 것은 드문 일이 아니다. 한 개념을 나중에 시험과 과제에서 다시 불러오는 것(spaced repetition)은 장기기억에서의 회복력을 강화한다(Brown et al. 2014). 기억을 쉽게 할 수 있게 되면 학생들이 적은 노력으로 더 순조롭게 원래의 내용을 적용할 수 있게 되고(자동성) 이전에 배운 방법이 새로운 방법과 연관되는지 아닌지를 생각하게 할 수 있으며(상위인지, 문제 분류), 그 방법을 쓸 능력이 있다는 것에 대한 자신감을 높여준다(자기효능감)

그러나 주의하라. 당신이 중간시험에서 다시 이전 내용을 포함시킬 경우, 이전 장에서 언급한대로, 학습지침서를 통해 시험 내용을 미리 보게 하라는 조언이 동시에 적용된다. 시험 범위가 누적되지 않더라도, 학생들로 하여금 내용이 많은 시험에 대해 어떤 범위의 내용이 나올지 예측하게 하는 것은 그들에게 부당한 짐을 지우는 것이다. 만약 당신이 학생들에게 강좌에서 배운 모든 내용을 기억할 책임이 있다고 말한다면, 그것은 오히려 그들이 방법, 원리, 개념에 초점을 맞추게 하기보다는 공식과 사실적인 내용들의 피상적 암기에 의존하도록 강요하게 된다.

9.2.6 가르치는 기술이나 방법에서 학생들의 자기효능감 증진시키기

자기효능감은 특정 상황에서 성공할 수 있는 능력에 대한 자기 믿음을 나타내기 위해 심리학자 Albert Bandura(1977)에 의해 만들어진 용어이다. 초보자와 전문가 사이의 가장 두드러진 차이는 아마도 자신의 전문 영역에 대한 자기효능감에 대한 차이일 것이다. 새로운 도전에 직면할 때 전문가들은 과거에 비슷한 일을 성공적으로 해결했음을 알고 있으며, 그러한 생각이 다시 그 일을 할 수 있을 것이라는 믿음을 갖게 한다.

어떤 주제나 기술에 대한 학생들의 자기효능감은 학습 또는 학습 실패에 중요한 역할을 한다. Hutchison-Green 등(2008)은 STEM 학생들의 자기효능감에 대한 믿음과 자기 분야에서의 성취와 지속성을 연결하는 연구들을 인용한다. 인지과학은 다시 한 번 그러한 연관성의 이유에 대한 통찰을 제공한다.

두뇌활동 : 감정은 기억과 함께 저장된다

뇌는 중요하다고 여기는 감각 입력을 작업기억으로 암호화하는 동시에 나머지 입력은 폐기하고, 작업기억의 정보를 장기기억으로 저장하거나 다시 폐기하는 정보 필터로서 작용한다. 기쁨, 공포, 분노, 또는 다른 강한 감정과 관련된 경험은 유지될 가능성이 높고 그 경우에 편도(측두엽 안에 있는 작은 기관)는 그 경험과 감정을 암호화한다. 나중에 경험을 떠올릴 때, 기억은 그 감정도 함께 떠올린다 (Sousa, 2011, Ch. 1).

만약 학생이 나쁜 성적을 얻거나 교수 또는 급우에게 안 좋은 성적 혹은 '바보 같은 질문' 때문에 조롱을 받는 등의 부정적인 경험이 있는 경우, 그 사건과 그것이 불러일으키는 나쁜 감정이 장기기억에 저장될 가능성이 높다. 유사한 사건이 동일한 유형의 수업에서 발생하는 경우, 안 좋은 기억과 그 기억에 관련된 부정적인 감정들이 서로를 강화하고 그것이 결국 그 강좌 주제에 대한 낮은 자기효능감으로 병합될 수 있다('나는 원래 수학에 재능이 없는 것 같아.'). 반대로, 학생들이 어떤 종류의 수업에 관련된 긍정적인 경험을 한 과거가 있다면(좋은 성적을 얻거나 교수나 급우들

에게 인정받는 등) 그들의 기억과 그에 관련된 좋은 기분들은 높은 자기효능 신념으로 이어질 것이다.

　모든 사람들이 그렇듯이, 학생들은 스스로 좋은 감정과 연관 짓는 경험들을 추구하고 부정적인 연관성이 있는 경험들을 회피하는 경향이 있다. 만약 그들이 새로운 도전 주제에 대해 높은 자기효능에 대한 신념을 가지고 있는 경우, 그 주제와 관련된 좋은 기분을 다시 경험하고 싶은 욕구는 더 열심히 공부하고 여러 좌절에도 불구하고 이를 계속하게 만든다. 이와 유사하게, 낮은 자기효능감은 학생들이 한 과목에 투자하는 시간을 최소화하게 하고 좌절이 있을 때 쉽게 포기하게 하며 더 나아가 무능감을 강화한다.

　자기효능감의 개념은 때때로 그것이 무엇인지에 대한 오해 때문에 비판을 받기도 한다. 학생들의 자기효능감을 올리는 것은 그들의 자존감 또는 자기존재감을 개선하는 것을 의미하지 않는다. 그것은 단순히 그들이 특정 유형의 도전을 만났을 때 성공할 수 있다는 자신감을 얻게 돕는 것을 의미할 뿐이다. 당신이 학생들의 자기효능감을 높이기 위해 조치를 취할 경우, 실제로 성공할 수 있는 능력이 있는 학생들이 실제로 성공하게 될 확률을 높이고, 필요한 능력이나 직업윤리가 부족한 사람들은 당신이 같은 조치를 취해도 실패하게 된다(Dweck, 2006).

　당신이 가르치는 과목에서 학생들의 자기효능감을 증진하는 방법에는 여러 가지가 있고, 그것들 모두 우리가 이미 제공한 제안들에서 오기 때문에 당신에게 익숙할 것이다.

초기 성공을 제공한다

일반적인 교육 전략은 교과과정 초기에 난이도를 어렵게 하여 좋은 성적을 받기 위해 열심히 노력해야 한다는 메시지를 전달하고 교과가 진행됨에 따라 점점 쉽게 하는 것이다 . 그 아이디어는 나름의 논리를 가지고 있지만 쉽게 역풍을 만날 수 있다. 당신이 만약 교과목을 심하게 어려운 과제와 시험을 내주는 것으로 시작한다면, 많은 우수한 학생들이 그 수업에서 아무리 노력해도 좋은 성적을 받을 수 없다고 결론지어 수강을 취소하거나 노력하기를 포기할 수 있다. 그러나 초기에 과제와 시험의 난이도가 합리적이고, 대부분의 성적이 합격 수준 이상이 되고, 역량을 갖춘 학생들이 잘할 경우, 대부분의 학생들은 긍정적인 자기효능에 대한 신념을 발달시키며, 수업을 성공적으로 마치는 데 필요한 노력을 하도록 동기 부여가 된다(다시 말하지만, 그들 모두가 그럴 것이라는 의미는 아니다. 성공할 수 있는 능력이 부족하거나 충분히 공부하지 않는 학생들은 여전히 낙제할 것이다).

균형 잡힌 교육을 제공한다

학생들은 여러 면에서 차이가 난다. 강점과 약점, 좋아하는 것과 싫어하는 것, 근면성, 동기를 부여하는 것, 흥미를 잃게 하는 것, 공부에 접근하는 법, 서로 다른 교수 전략에 대응하는 법 그리고 당연히, 인종, 성 정체성과 표현, 성적 지향, 사회경제적 위치 등이 다르다. 교사들이 직면한 가장 중요한 과제 중 하나는 그렇게 다양성이 큰 학생들로 가득찬 수업을 어떻게 가르칠지 결정하는 것이다.

  각 학생을 위한 최적의 교육 전략을 결정하고 그 방식대로 개개인을 가르치는 것은 현실적으로 불가능하다. 핵심은 다양한 학생들의 학습 요구와 흥미, 즉 이론과 실천, 분석과 실험, 강의와 능동적 학습, 개인과 그룹 활동 등에서 균형을 잡는 것이다. 학생들의 다양성을 다룰 때 균형을 잡는 것의 중요성과 그 균형을 얻기 위한 전략들은 12장에서 광범위하게 논의될 것이다. 지금은 일단 다양성 안에서 한 측면으로 크게 치우는 것은(예 : 많은 STEM 교과과정 초기에 실험과 실세계의 적용을 무시하고 유일하게 이론적·수학적 분석만을 강조하는 것같이) 이론에 관심이 적은 그룹의 자기효능감에 심각하게 부정적인 영향을 미친다. 그 결과는 학생들이 STEM 분야에서 성공할 수 있는 그들의 잠재력과는 전혀 상관이 없는 이유로 STEM 교육 과정에서 탈락하게 되고(Felder et al., 2002; Seymour & Hewitt, 1997; Tobias, 1994), 이러한 현상은 그들에게는 물론, STEM 분야와 사회에도 큰 손실이 된다.

시험 성적을 결정하는 요인에서 속도가 차지하는 비율을 최소화한다

8장에서 우리는 문제 푸는 속도가 제일 빠른 학생들만 다 풀 수 있는 시험이 우수한 학생들에게 미치는 잠재적인 부정적 영향을 논의했다. 자기효능감 이론 역시 긴 시험에 대한 반론을 제기한다. 학생들은 자주 자신의 친구들과 자신을 비교하여 자신의 능력에 대한 신념을 형성한다. 그들이 일상적으로 많은 학생이 풀어낼 수 있는 시험을 풀 때 시간이 부족할 경우, 그 수업에서 성공할 수 있는 능력이 부족하다는 잘못된 결론을 내릴 수 있다. 이러한 문제를 최소화하려면 8장에서 제안된 양적 문제 해결 시험에 대한 지침(학생들이 시험을 풀 때 당신이 시험을 풀 때 걸리는 시간의 적어도 세 배의 시간을 부여하라)을 따르도록 한다.

자기효능감에 대한 부정적인 믿음을 없앤다

학부 STEM 수업의 첫날에, 낮은 자기효능감을 갖게 한 교육적 경험을 가진 몇몇의 유능한 학생들을 보게 될 것이다. 그러한 부정적 감정에 대처하는 몇 가지 시도를 해볼 수 있다. 그중 몇 가지를 제시하면 다음과 같다.

- 만약 당신이 높은 비율의 학생들을 낙제시킨다는 부당한 평판을 받고 있는 수업을 가르친다면, 수업 첫날에 당신이 그 평판에 대해서 들었다고 말하고, 당신이 그 수업을 가르쳤을 때의 성적 분포를 보여준다.
- 8.3.3절에서 언급한 바 있는 효과적인 시험 준비와 시험 치기에 대한 전략을 공유한다
- 학생들이 집단적 혹은 개인적으로 잘한 일에 대해 칭찬하라. 칭찬은 명확하고 구체적인 작업에 대한 것이 좋고("좋은 글이군.") 학생 자신에 대한 것은 피한다("너는 이것을 잘하는구나."), 실제로 합당한 칭찬을 하라. 왜냐하면 입에 발린 과장된 칭찬은 역효과를 낼 수 있기 때문이다.

9.3 복잡한 문제 해결을 위한 구조

앞 절에서 우리는 문제 해결을 가르치는 전통적인 방법의 비효율성에 대해 논의하였다(강의에서 한두 개의 예를 보여주고 몇 가지 비슷한 문제를 과제에 포함시키는 방식). 일반적인 문제 해결 전략들이 전통적 접근 방식에 대한 대안으로 개발되었는데, 많은 전략들은 수학자 George Pólya가 개발한 4단계 구조를 기반으로 하고 있다.[1] 이 모든 전략들은 반복(학생들이 어떤 절차를 더 연습하고 피드백을 받을수록 이를 전문적으로 실행할 가능성은 더 높아진다)과 상위인지(자신의 생각들을 되돌아보는 것은 전문지식의 더 빠른 습득으로 이어진다)의 원리들을 포함한다.

Pólya의 모델은 맥마스터대학교의 Donald Woods와 그의 동료에 의해 실제적이고

---

[1] 어떻게 문제를 풀 것인가(Pólya, 1945) : 문제를 정의하고, 계획을 세우고, 계획을 수행하고, 유효성을 검증하기 위해 되돌아보고, 가능한 해법을 확장한다.

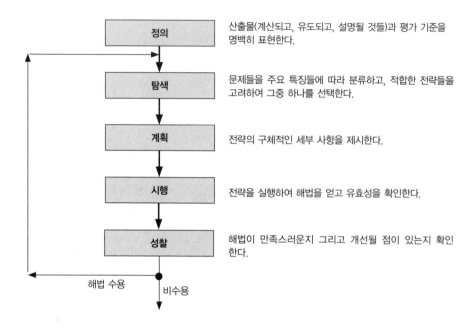

그림 9.3-1 McMaster의 문제해결구조

효과적인 방식으로 수정되었다(Woods, 1985, 1994, 2000). McMaster 전략의 5단계 버전은 그림 9.3-1과 같다. Fogler 등(2014)은 각 단계별 표시를 달리 하되, 본질적으로는 동일한 5단계의 모델을 사용한다. 알고리즘은 실제로 보이는 만큼 선형적이지는 않다. 최종 해결점에 도달하기 전에 각 단계가 상당히 오랫동안 반복될 가능성이 높다.

이 시점에서, 학생들에게 내줄 모든 문제에 이 다단계 전략을 써야 한다고 말하면 학생들이 어떻게 반응할지 걱정될 수도 있다. 걱정할 필요는 없다. 다단계를 모두 거치는 것은 과도한 것이 될 것이다. 이 전략은 Bloom의 분류체계(분석, 평가 및 생성)에 기반한 한두 개의 높은 고차원 사고 능력을 활용해야 하는 복잡한 개방형 문제에 가장 적합하다. 예를 들어, 만약 당신 미적분 입문 과정을 가르칠 때 문제 $\int(2x+x^2)dx$를 내주며, 학생들이 McMaster 전략 전체를 이에 적용하기를 기대하지는 않을 것이다. 그들은 단순히 적분을 풀고 답을 확인하면 된다.

이 절의 나머지 부분에서, 우리는 위의 전략을 설명하기 위해 다음과 같은 산업 폐기물 처리 문제를 사용할 것이다. 이 문제는 수학, 미적분, 미분 방정식, 물리 화학, 화학, 토목 또는 환경 공학 등의 교육과정에서 그대로 활용할 수 있다. 다른 과목에서의 동일한 수준의 문제들은 수학적 요소가 추가될 수도 있지만 기본적으로는 전통적인 서술형 문제("_____이/가 주어졌을 때, _____을/를 밝혀라.")로 시작하면서 다음 문제의 (b) 파트와 (c) 파트의 변형을 추가하여 쉽게 만들어질 수 있다

폐기물 처리 문제

일정 독성 물질(약칭 S)이 제약 제조 공장에서 배출하는 폐기물에 포함되어 있다. 폐기물에 포함된 S의 농도는 C_{sw}=0.425g S/L(리터당 S 그램)이다. 이 회사는 근처의 강으로 직접 폐기물을 버리고 있었지만, 최근에 제정된 환경 규제법은 강에 방출된 폐기물 안의 S 농도를 0.01g S/L 미만으로 규정한다. 최고 과학 책임자는 화학 저널에서 적은 양의 촉매(B)가 있을 때, S는 다음 식에 의해 주어진 속도로 분해된다는 내용의 논문을 찾았다.

$$r_d\left(\frac{g\ S\ decompose}{hr\cdot L\ reaction\ volume}\right)=2.05C_s$$

여기서 C_s (g S/L)은 반응혼합물 중 S의 농도이다.

책임자는 환경 보호국(EPA)에 다음과 같은 제안을 보낸다.

현재의 많은 수의 교반기가 장착된 오수 탱크들이 강에 인접하여 배치돼 있습니다. 공장의 폐기물은 빈 탱크에 공급됩니다. 탱크가 가득 차면 유입이 차단되고 배출 폐기물은 다른 빈 탱크로 옮겨갈 것입니다. 소량의 촉매 B를 가득 찬 탱크 안에 넣으면 교반기가 켜질 것입니다. 탱크 안 S의 농도가 0.005g S/L으로 떨어질 때(0.01 미만의 안전한 수준) 탱크 내용물은 강으로 배출될 것이고, 빈 탱크가 새로운 폐기물이 수용될 수 있게 준비될 것입니다. 공장에서 생산되는 모든 폐기물을 처리하기 위해 충분한 수의 탱크가 필요할 뿐입니다.

(a) (S의 농도가 탱크 안에 동일하도록) 탱크 안의 내용물이 완벽 혼입된 것으로 가정한다. C_S가 0.005g S/L로 떨어질 때까지의 시간을 구하라.

(b) EPA는 회사가 하나의 탱크를 사용하여 제안된 과정을 먼저 시험해야 한다고 응답한다. 시험을 실시하였더니, (a)에서 계산한 시간 이후에 S의 농도는 여전히 0.005g 이상이어서 탱크들 중 몇몇이 공장에서 배출되는 폐기물의 양을 처리하기에 부적합하다고 판명되었다. 예측된 분해 시간의 값과 측정된 분해 시간이 차이가 난 세 가지 가능한 이유를 나열하라. 가능성이 큰 순서대로 나열하고 당신의 추론을 설명하라.

(c) 예측된 분해 시간이 측정된 값과 거의 같다고 가정하자. 제안된 방식이 여전히 실패할 수 있는 이유를 30개까지 브레인스토밍하라.

이 문제의 (a)는 서술형 문제를 미분 방정식으로 전환하고 푸는 과정을 필요로 한다. 수업을 듣는 학생들의 수학적 능력에 따라, 이 해법은 Bloom 분류체계(2장)의 수준 3(적용) 혹은 수준 4(분석)의 생각을 포함한다. (b)는 비판적 사고를(Bloom 수준 5) 필요로 하고 (c)는 창의적 사고(Bloom 수준 6)를 필요로 한다(우리는 10장에서 비판적·창의적 사고능력을 가르치는 것에 대해 논의할 것이다).

다음의 하위 절들은 McMaster 전략의 각 단계를 다루고, 네모 칸들은 단계들이 어떻게 예제 문제에 적용될 수 있는지 설명한다. 당신은 각 부분들을 순서대로 읽거나 전체 해법 절차의 개요를 얻기 위해 먼저 모든 칸을 훑어볼 수 있다(4단계와 5단계 관련 내용은 이 장의 끝에 수록된 부록에 있다). 모범 답안에 나타난 다섯 가지의 예들을 취하지 말라. 그것은 단순히 서로 비슷비슷한 무한 가지의 가능한 해법에서 따온 예들일 뿐이다.

9.3.1 문제를 정의하기

학생들은 알고 있는 것과 문제 정의가 명확하지 않은 경우 질문받는 것이 무엇인지 알 수 있어야 한다("_____이/가 주어졌을 때, _____을/를 계산하라"라고 하는 것처럼). 특정 종류의 문제에서는, 알려진 정보를 시각적으로 나타내는 것(자유 물체도, 회로도, 혹은 처리순서도) 등의 다른 단계들을 추천한다. 많은 학생이 문제 정의를 하라는 요구를 명확하게 받은 경험이 없을 경우가 있을 수 있기 때문에, 과제로 내주기 전에 수업에서 설명과 연습문제를 제공하는 것을 고려해본다.

그림 9.3-2는 폐기물 처리 문제의 해결 모델로 보여주기 위해 준비한 그림 시리즈 중 첫 번째 것이다.

9.3.2 문제 탐색하기

새로운 문제를 직면한 전문가들은 그것의 중요한 속성들을 기존의 문제 분류와 일치시키기 위해 노력하고 그 분류에 따라 절차를 확인하려 한다. 폐기물 처리 문제에 대한 가능한 탐색 단계는 다음과 같다.

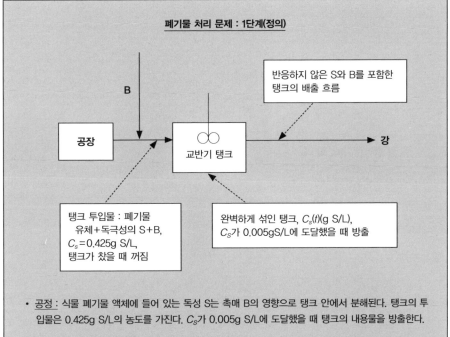

폐기물 처리 문제 : 1단계(정의)

B

반응하지 않은 S와 B를 포함한
탱크의 배출 흐름

공장

교반기 탱크

강

탱크 투입물 : 폐기물
유체+독극성의 S+B,
C_s=0.425g S/L,
탱크가 찼을 때 꺼짐

완벽하게 섞인 탱크, $C_s(t)$(g S/L),
C_s가 0.005gS/L에 도달했을 때 방출

- 공정 : 식물 폐기물 액체에 들어 있는 독성 S는 촉매 B의 영향으로 탱크 안에서 분해된다. 탱크의 투입물은 0.425g S/L의 농도를 가진다. C_s가 0.005g S/L에 도달했을 때 탱크의 내용물을 방출한다.

- 과제 : (a) $C_s(t)$를 나타내는 식을 유도하고, C_s=0.005일 때 t를 찾아라. (b) 측정된 $t_{0.005}$의 값이 (a)에서 계산한 값과 다를 수 있는 세 가지 가능한 이유를 찾고 우선순위를 정하라. (c) (b)와 (c)의 값들이 서로 맞는다 해도 이 과정이 실패할 수 있는 이유를 30개까지 브레인스토밍하라. 성찰 단계로, 폐기물 처리문제에 대한 대안적인 접근 방법들을 나열하라(명확히 문제 문항에서 요구되는 것이 아니지만 예상되는 것으로).

그림 9.3-2 폐기물 처리 해결의 정의 단계

폐기물 처리 문제 : 2단계(탐색)

이 시스템은 S에 적용된 질량 보존의 법칙에 의해 작동한다. 과도 시스템이고($C_s(t)$에 대한 미분방정식이 유도되어야 함) 공간적으로 균일하다(상미분방정식). (a)는 고유한 해답이 있다. (b)와 (c)는 여러 답을 요구하고 (b)는 우선순위 설정이 요구된다.

만약 (a)가 McMaster 전략을 요구하는 문제(예 : 강이 S로 오염되는 것을 막기 위한 공정을 설계하라)들이 주로 그러하듯이 더 광범위하고 개방형이라면, 탐색 단계는 성찰 단계 이전에 더 넓은 범위 안에 존재하는 가능한 접근들을 심도 있게 찾아보아야 한다.

정의 단계와 마찬가지로, 문제 탐구의 과정은 많은 학생에게 새로울 수 있으며 이 때문에 과제로 내기 전에 강의와 수업 활동에서 설명되어야 한다. 또한 문제를 분류하는 것은 뭔가 전문적 문제 해결사들이 일상적으로 수행하는 일이므로 초보자도 될 수 있으면 일찍 배우는 것이 좋다는 것을 설명해주면 도움이 될 것이다.

9.3.3 해결 방안 계획하기

다음은 폐기물 처리 문제에 대한 가능한 해결 계획이다.

폐기물 처리 문제 : 3단계(계획)

(a) 미분방정식($dC_s/dt = \cdots$, $C_s(0) = 0.425$g S/L)을 유도하기 위해 탱크 안의 물질 S에 대한 질량 보존의 법칙을 세운다(S의 양의 변화율 = -분해속도). $C_s(t)$에 대한 식을 유도하기 위해 방정식을 푼다. 답이 맞는지 확인하기 위해 초기 조건에 부합하는지 확인하고, 다시 원래의 미분방정식으로 돌아가기 위해 미분한다. 마지막으로, $C_s = 0.005$g S/L일 때 t를 계산한다.

(b) 공표된 분해 속도 상관식이 정확하지 않거나 공장의 상태들에 적용되지 않을 수 있는 이유들, 계산 중에 만들어진 가정을 충족시키지 못하거나, 오염원 농도와 폐기물의 양의 변화, 그리고 측정 과정에서 발생할 수 있는 기기 혹은 인적 오류들을 고려한다.

(c) 잔류된 S와 S의 분해 물질, 혹은 폐기물 안의 다른 구성물, 인적 오류, 고의적 방해 행위, 폐기물의 성분 혹은 양의 변화, 탱크 안의 조건의 변화, 공장에서의 사고, 그리고 자연재해(지진, 허리케인 등)로 인해 발생 가능한 환경 문제를 고려한다. 성찰 단계에서는 대안적인 폐기물 처리 공정 및 S가 공정에서 배출되지 않도록 S를 제조공정에서 제거할 수 있는 가능한 방법을 고려한다.

9.3.4 계획 실현하기

해결안에 대한 계획이 공식화되면, 다음 단계는 이를 수행하는 것이다. 하지만 수행 과정은 전략에서 보이는 것처럼 선형적이지 않다, 왜냐하면 복잡한 문제를 풀 때 탐색과 계획 과정, 때로는 문제 정의 단계까지도 수정이 요구되는 예상치 못한 일들이 거의 항상 일어나기 때문이다. 그럼에도 불구하고 초기의 정의, 탐사, 계획을 수행하는 것은 이 단계들을 무시하고 해답으로 바로 옮겨가는 과정에서 놓치는 잘못된 시작과 해결할 수 없는 상황을 사전에 방지한다는 의미에서 매우 중요하다.

폐기물 처리 문제의 구체적인 해법은 이 장의 부록에 수록되어 있다.

9.3.5 해결 결과에 대한 성찰

학생들이 복잡한 문제의 해답을 제출하면, 그 문제의 맥락에서 표 9.3-1의 모든 질문에 답을 하도록 한다.

초보 문제 해결사들은 MATLAB이나 엑셀 같은 프로그램에서 산출된 계산 결과나 식들을 아무 의심 없이 받아들이는 반면, 전문가들은 이를 일상적으로 검토한다. 학생들이 질문 2와 3을 자주 묻는 습관을 들인다면, 문제 해결의 전문성이 배양되고 있는 것이다(이러한 질문들을 묻지 못하거나 심각한 문제들을 찾지 못할 때 감점을 하는 것도 질문하는 습관을 가지게 하기 위한 좋은 동기 부여가 될 수 있다). 5번 질문도 학생을 간단한 기계적 계산에서 멀어지게 하고 전문적 문제 해결의 중요 특징 중 하나인 상위인지 단계로 옮겨가게 한다. 이 장의 부록에 구체적인 성찰 과정이 묘사되어 있다.

9.4 문제 기반 학습

McMaster 전략은 학생들이 높은 수준의 사고 능력을 연습하도록 요구하는 크고, 현실 세계에서 발견되는 실제적이면서도 답이 정해져 있지 않은 문제를 다룰 때 가장 적합하다. 전적으로 이러한 문제들의 해결을 위해 구축된 교육 방법이 문제 기반 학습(problem-based learnig, PBL)이다(Barrett & Moore, 2011; Boud & C Felerti 1997;. Duch et al., 2001;. Eberlein et al., 2008; Prince & Felder, 2006). 문제 기반 학습의 문제를 해결하는 것은 문헌 검색, 실험 실습, 공정 또는 제품 디자인, 컴퓨터 프로그래밍 또는 연구 등을 필요로 할 가능성이 많고(며칠에서 전체 학기까지) 상당한 시

표 9.3-1 성찰을 위한 질문

1. 해결 방안은 모든 조건과 제약을 만족하고 문제 진술에서 전달하고자 하는 상세한 내용들을 포함하고 있는가?
2. 계산한 모든 값이 실제로 들어맞는가?
3. 유도한 수학함수들은 독립변수들이 극한값에 가까워질 때 예상한 대로 작동하는가(예 : $t = 0$이거나 $t \rightarrow \infty$)? 함수들의 유효성을 입증하기 위해 어떤 다른 증거들을 찾을 수 있을까?
4. 더 나은 해법이 있을 수 있을까? 그렇다면, 어떻게 그것을 찾을 수 있을까?
5. 이 문제를 통해 무엇을 배웠는가?

간이 걸릴 가능성이 높다. 일반적으로, 학생들은 해결책을 찾기 위해 팀으로 일하고, 그들 스스로가 그 일에 대해 일차적인 책임을 진다. 그들은 해결책의 가설을 세우고, 실험하고, 교수가 제공할 수도, 않을 수도 있는 정보들의 필요성을 확인하고, 이전의 방법들이 수용할 수 없다면 다른 해법을 시도해본다. 이 과정은 최종적으로 해법이 수렴되고, 최종보고서를 작성하고 제출할 때까지 반복된다. 교수는 필요에 따라 지도와 피드백을 제공한다.

PBL은 매우 효과적이며, 지식의 장기적 저장과 폭넓은 사고와 주제에 관련된 문제 해결 능력을 촉진한다는 사실을 보여주는 많은 증거가 존재한다(Albanese & Dast, 2014; Prince & Felder, 2006; Severiens & Schmitdt, 2009; Strobel & van Barneveld, 2009). 그렇다고 결점이 없다는 뜻은 아니다. PBL을 처음 접하는 학생들은 이에 대해 겁을 먹는 경향이 있다. 그중 많은 수가 교수가 가르쳐야 할 책임을 버리고 모든 것을 그들이 스스로 하게 시킨다고 생각하여 분개하고, 이를 학기말의 강의평가에 반영할 수 있다. 만약 교수들이 이에 낙담하지 않고 계속 PBL을 쓴다면, 그들의 평가 점수는 다시 오를 것이고 PBL에 대한 학생들의 태도도 긍정적으로 바뀔 것이지만, 처음에 겪게 되는 것은 쉽지 않을 것이다.

당신이 문제 기반 학습을 시도하고 싶다면, 시도해보라. 그러나 학습자 중심의 교육 방법에 많은 경험이 없는 경우 점진적인 접근 방식을 선택할 것을 권한다. 처음엔 능동적 학습을 시도하고(6장) 교수 스스로 그 방식에 편안함을 느끼고 학생들의 반발을 최소화하거나 없앨 수 있을 때까지 사용한다. 그런 다음 협동 학습(11장)을 수업에 도입하고 학생 프로젝트 팀들이 자주 당면하게 되는 실행상의 문제와 대인관계 문제를 성공적으로 해결할 수 있게 되면 PBL을 시도해보라.

PBL을 시도하기로 결정하면, 처음부터 모든 것을 스스로 만들어내야 한다고 생각하지 말라. Marra 등(2014)과 이 절의 시작 부분에 인용된 참고문헌은 문제 기반 학습을 구현하는 방법과 그 과정에서 종종 발생하는 문제를 다루는 방법들을 풍부히 제공한다. 화학, 물리, 공학, 그리고 다른 많은 분야에 걸친 PBL 문제들과 이들을 어떻게 사용할지에 대한 지침을 Duch 등(2001)과 University of Delaware PBL Clearing 하우스에서 지원하는 사이트에서 제공받을 수 있다.

9.5 알아두기

- 전문적 문제 해결사는 네 가지 방식에서 초보자와 차이를 보인다. 그들은 일상적으로 (1) 자신의 기본 원칙과 주요 특성이 내재된 문제를 분류하고 신속하게 적절한 해결 전략을 선택하고 (2) 상위인지를 해결 과정에서 실행하며 (3) 적은 노력으로 통상적인 문제들을 해결하는 자동성을 보이고 (4) 자신의 문제 해결 능력에 대한 자기효능감을 갖는다.

- 교수는 (a) 문제 분류와 상위인지를 위한 모델, 연습문제, 피드백을 제공하며 (b) 충분한 간격과 빈도로 해결 방법을 반복하게 함으로써 자동성을 갖도록 하고 (c) 문제 해결을 위한 유연성을 발달시키기 위해 인터리빙(다른 상황에서 해결 전략들을 번갈아 쓰기)을 제공해야 한다. 교수는 또한 문제 해결 속도가 전체 성적에서 차지하는 비율을 최소화시켜 학생들이 배운 방식과 능력에 대해 자기효능감을 갖도록 촉진시켜야 한다.

- 답이 정해져 있지 않은 복잡한 현실 세계의 문제들을 자신의 강좌에 포함시킬 계획이 있는 교수는 학생들이 McMaster 문제 해결 전략(정의, 탐색, 계획, 실행, 성찰)을 사용하도록 가르치는 것을 고려해야 한다. 연습과 피드백을 탐색과 성찰 단계에 제공하여 전문적 문제 해결을 특징짓는 상위인지 사고가 발달할 수 있게 해야 한다.

- 문제 기반 학습은 학생들이 높은 수준의 문제 해결과 자기주도적 학습 능력의 개발을 도울 수 있는 강력한 기술이지만, 이것을 처음으로 사용하려고 계획한 교수들은 부담이 덜하고 정도가 낮은 학습자 중심 교육 방식, 예를 들어 능동적 · 협동적 학습에 먼저 익숙해져야 한다.

9.6 수업에서 시도해보기

- 문제 해결의 전략과 각 단계별 과정에 대해 계획하는 동시에 그러한 사고 과정을 말로 표현하면서 어려운 문제들을 수업에서 풀어나가고, 중간 과정에서 결과에 이르기까지 스스로를 점검한다(이것은 문제 해결을 위해 활용할 수 있는 다양한 사고의 형식에 대해서는 전혀 알려주지 않고 완벽한 해결 방안만을 제

공하는 일반적 방식과는 대조되는 접근 방법이다).

- 문제와 중요한 단계는 비워둔 풀이를 수업 자료로 준비한다. 6장에서 설명된 TAPPS(소리 내어 생각하고 짝으로 문제 해결하기) 능동적 학습 구조를 활용하여 문제를 풀게 한다. 특별히 중요한 해결 전략을 일반화시킨다("이러이러한 상황에서 이러한 유형의 문제를 해결하는 경우, 당신은 이러이러한 행동을 취할 것인가?").
- 앞서 소개한 두 가지 McMaster 문제 해결 전략에서 둘 중 하나 혹은 두 가지 모두를 활용해본다.

부록 : 폐기물 처리 문제 해답 4와 5단계

폐기물 처리 문제 : 4단계(계획을 실행하라)

(a)

$$\left[\begin{array}{c} V(\text{L}), \ C_s(t)(\text{g S/L}) \\[4pt] r_{ds}\left(\dfrac{\text{g S decompose}}{\text{L} \cdot \text{hr}} \right) = 2.05 C_s \\[4pt] C_s(0) = 0.425 \ \text{g S/L} \end{array} \right]$$

질량 보존의 법칙을 탱크의 S에 적용하면 다음 식이 얻어진다.

$$\left[\begin{array}{c} \dfrac{dC_s}{dt} = 2.05 C_s \\[6pt] t=0, \ C_s = 0.425 \ \text{g S/L} \end{array} \right]$$

변수들을 분리하고 적분하라.

$$\int_{0.425}^{C_s} \frac{dC_s}{C_s} = \int_0^t -2.05 dt \Rightarrow \ln\left(\frac{C_s}{0.425} \right) = -2.05t$$

$$\Rightarrow t(\text{hr}) = \left(\frac{\ln(0.425/C_s)}{2.05} \right) \tag{1}$$

$$\Rightarrow C_s(\text{g S/L}) = 0.425 \exp(-2.05t) \tag{2}$$

Check: $t=0 \xrightarrow{\text{Eq(2)}} C_s = 0.425 \text{gS/L} \ \checkmark$

Eq. (2) $\Rightarrow \dfrac{dC_s}{dt} = -2.05[0.425 \exp(-2.05t)] = -2.05 C_s \ \checkmark$

From Eq. (1), $C_s = 0.005 \ \text{g S/L} \Rightarrow [t_{.005} = 2.17\text{hr}]$

(b) (a)에서 계산한 분해 시간과 실제 공장에서의 시험를 통해 측정된 시간이 차이가 나는 세 가지 가능한 이유를 나열하라. 가능성의 순서대로 우선 순위를 정하고 논리를 설명하라.

1. 분해 속도는 이상적인 조건[초고순도의 화학약품, 깨끗한 반응 용기, 완벽히 제어된 온도]하에 화학 실험실에서 계산되었다. 공장에서의 화학 반응은 아마 그중에서 어느 것이라도 S 분해 반응을 방해할 수 있는 수백 가지의 다른 화학 물질들, 탱크의 벽에 존재하는 불순물(녹 같은)이 존재하는 곳에서 일어날 것이고, 탱크 안의 조건은 명백하게 실험실에서 완벽히 조절된 조건과 많이 다를 것이다. 같은 분해 속도를 기대할 근거가 없다.
2. C_s를 측정하기 위해 사용된 분석적 절차가 폐기물 안의 많은 화학 물질들로 인해 영향을 받을 수 있다.
3. 측정을 도맡은 기술자가 기계의 눈금을 조정하고, 반응 물질을 샘플링하고, 바로 측정된 데이터를 S로 전환하는 데 있어 실수를 했다.

(c) 계산되고 측정된 분해 시간들이 거의 같다고 가정하자. 제안된 시스템이 여전히 실패할 수 있는 경우들을 30개까지 브레인스토밍하라.

1. 흘러들어오는 폐기물의 부피와 구성은 날마다 많이 달라지고 하루 중에서도 한 교대마다 다르다.
2. 촉매는 공장 폐기물 안에서 분해되고 비활성화된다.
3. 탱크 안의 내용물이 완벽히 섞여 있다는 가정은 현실과 동떨어진 것이다.
4. 공장 안의 공정이 변경되거나 공장 안에 무언가가 잘못되어 폐기물 안에 더 많은 S가 포함된다.
5. S가 분해되어 나온 물질이 S만큼 독성이 있다.
6. 촉매는 S보다 더 많은 환경 피해를 끼친다.
7. 폐기물이 탱크를 부식하여 누출로 이어진다.
8. 과정을 운영하는 기술자가 실수를 하거나 공정 제어 컴퓨터가 미작동하여 심각한 양의 S가 방출될 수 있다.
9. 누군가가 과정을 일부러 방해하여(예 : 불만을 품은 직원이나 회사 정책에 반대하는 그룹들) 위와 비슷한 최악의 결과를 낳는다.
10. 폐기물 안의 S의 농도를 측정하는 기계가 결함이 있어 실제로 방출되는 농도는 사람들이 알고 있는 것보다 더 높다.
11. 공장 생산품들에 대한 수요가 늘어나 더 빠른 생산 속도를 필요로 하게 되고 탱크의 수가 생성되는 폐기물 양을 감당하지 못하게 된다.
12. 무언가가(트럭, 포크리프트, 비행기, 운석) 탱크에 충돌하여 내용물이 흘러나오게 하고 긴 시간의 정화 작업이 시행될 동안 공장이 가동을 중단해야 한다.
13. 지진이 탱크들을 파괴한다.
14. 강에서 홍수가 일어난다.
15. EPA가 또다시 허용 방출량을 10분의 1로 줄인다.
16. ⋯.

폐기물 처리 문제 : 5단계(성찰)

달성해야 하는 내용

최종 해답에 미분방정식($dC_s/d_t=...$)과 초기 조건, $C_s(t)$를 얻기 위한 해법과 두 번의 유효성 검사, $t_{0.005}$의 값, $t_{0.005}$ 측정값과 계산값이 차이가 나는 세 가지의 가능한 이유, 그리고 공정이 실패할 가능성이 있는 방식들의 리스트를 포함시킨다.

가능한 더 좋은 해결책

낡은 탱크 대신 반응 장치를 사용한다. 더 효과적인 촉매를 찾는다. 폐기물을 처리하는 대신 석호에 저장한다. S를 분리하고 회수하기 위한 분리 공정(흡수, 흡착, 결정 여과)을 고려하고, S를 버리는 대신 팔 수 있도록 S를 상업적으로 사용하는 방법을 찾도록 노력한다. 공정 중에 S를 반응시키거나 분리하여 폐기물 성분에 포함되지 않게 할 수 있는 방법을 찾는다.

이 과정에서 배운 것

아무리 공신력 있는 저널이라도 저널에서 읽은 공식이나 연관 수식을 자동적으로 믿지 않는다. 대규모 구조 설계나 시공의 기반으로 사용하기 전에 당신이 구상하고 있는 시스템에서 정한 조건들을 바탕으로 먼저 시험한다. 당신이 생각한 첫 번째 과정 설계를 수용하지 않는다. 그것이 실패할 가능성에 대해 생각하고 그것이 발생하는 것을 막기 위해 어떻게 할지 생각한다.

3명의 동급생이 인공장기 및 이식에 대한 시험 후에 점심을 먹으러 가고 있다. 메건과 로베르토는 시험에 대해서 이야기하고 데이브는 침울하고 말이 없다.

> 메건(M) : 알았어. 문제 1과 2는 확실히 교재 밖의 문제였고, 문제 3은 일반적인 브레너 교수의 문제여. 교수님은 혈액투석기를 설계하고 그것을 비평하라는 문제를 내셨어. 나는 설계가 너무 비싸질 수 있고 응고를 막기 위해 뭔가 추가할 필요가 있다고 말했지. 그러나 우리는 뭐든지 답할 수 있고, 교수님은 우리가 잘못되었다고 하실 수 없어.
>
> 로베르토(R) : 아니야, 교수님은 '그것은 터무니없는 설계였어.'라고 말하실 수 있어. 혈액을 매우 좁은 섬유 조직에 집어 넣어 네가 원하는 유량을 얻는 데 문제가 생겨서 아마 적혈구에 손상을 가져오고 투석액에 네가 혈액 속으로 확산되지 않기를 바라는 이온들이 들어가 있겠지. 그리고 ….
>
> M : 아마도. 그치만 정답이 없을지도 몰라. 이건 바로 그런 질문들에 대한 의견의 문제인 거야. 그건 마치 영어 선생님이 형편없는 표현 때문에 또는 반문이라도 내가 얘기하는 것을 정확하게 아는 어떤 것 때문에 점수를 깎는 것과 같은 거야.
>
> R : 제발 메건. 대부분의 실제 문제들은 단 한 가지의 해답을 가지지 않아. 그리고 교수님은 시도하고 있고….
>
> M : 그래, 그래. 교수님은 우리들이 비판적으로 사고하라고 시도하는 거야. 그리고 내 의견이 교수님 의견과 같지 않다고 점수를 깎지 않는 한 이런 시험 방식은 문제 없어. 데이브 어떻게 생각하니?
>
> 데이브(D) : 내 생각에 그 문제는 엉터리야. 그 문제에 대해서 무슨 공식을 사용하라는 거야?
>
> M : 이것은 그런 종류의 문제가 아니야. 모든 문제가 네가 사용할 수 있는 공식을 가지지는 않아.
>
> D : 알았어. 교수님이 언제 해답을 말해줬지? 내가 지난 시험을 망친 후, 교수님이 말한 모든 말을 외웠어. 어느 말도 문제와 아무 상관 없는데….
>
> R : 이것은 추론의 문제야. 가능한 한 많은 것을 찾으려고 노력해야 하는 거야.
>
> D : &%#%&! 나는 이미 어떻게 사고하는지 알아. 나는 의학 장비들을 배우러 여기 왔어.
>
> M : 데이브 이 세상 모든 것이 흑백으로 나눠지지 않아. 어떤 것들은 불분명해.
>
> D : 맞아. 어설픈 인문학 계열 과목에서는 그래. 그러나 의학에서는 아니지. 그런 문제들은 해답이 있지. 그리고 브레너 교수의 일은 그러한 것을 가르치는 것이지 추측 게임을 하는 것이 아니지. … 그리고 그것이 전부가 아니야. 월요일에, 로베르토가 최고 밸브대체물질에 관하여 질문을 했는데 그는 "~에 따라서 다른데"라고 얘기를 시작했지…. 나는 해답을 위해 등록금을 내고 있어. 만약 그 교수가 해답을 모른다면 그 자리에 있어서는 안 되지.

R : 봐라, 교수가 모든 것을 알지는 못하지…. 너는 가능한 한 모든 곳에서 정보를 얻어야 하고 그
것을 평가하고 스스로 결정해야 해. 그러고 나면 너는 할 수 있어….

D : 엉터리야….

M : 음, 너희들은 그 문제에서 이상한 문항 C는 어떻게 했어? 교수님이 투석 도중에 혈액 응고가
생기고 환자는 폐색전증을 가지고 있다는 것을 말해준 후 환자는 누구를 고소해야 하는 건지, 우
리는 왜 그렇게 생각하는지 물었어. 나는 병원이라고 답했어. 맞을 거라고 확신해. 왜냐하면 병
원은 항상 대충하면 안 되고, 직감적으로 그들이 결함 있는 장비를 사용했다는 것을 말하고 있
어. 그러나 내가 아는 브레너 교수는 아마 다른 어떤 것을 찾고 있었을 거야.

R : 나는 장비가 어떻게 테스트 됐는지 그리고 장비가 제대로 연결되었는지 그리고 투석을 하기 전
에 항응혈제를 투여했는지에 대한 추가 정보가 없는 한 판단을 할 수 없다고 말했어.

M : 와우~ 수업에서 그와 관련된 어떤 것도 얘기하지 않았어.

D : 당장 학장을 찾아가자….

이 세 명의 학생은 Perry의 지능발달 모델의 세 단계를 보여주고 있다. 이 모델은 여러 개의 넓
은 범주에 속하는 단계를 위계적으로 분류한다.

이분론
지식은 흑백이다. 모든 질문은 단지 1개의 해답을 가지고 있고, 모든 문제는 1개의 맞는 풀이만 있
다. 권위자(학교의 교수)는 정답과 풀이를 알고 있고 각 교수의 일은 그것을 암기시키고 반복시키
는 것이다.

다중성
어떤 질문이나 문제는 애매모호하다. 뒷받침하는 증거가 해답이나 풀이를 결정하는 데 사용될 수
있다. 그러나 선입관이나 직감도 증거로서 수용 가능하지만, 해답이나 풀이가 성적에 중요한 영향
을 주어서는 안 된다.

상대주의
지식은 객관적이거나 외적 기반보다는 주어진 맥락과 개인의 관점에 따라 좌우된다. 교수가 학생
들이 하기를 원하는 것만이 아니라 데이터, 증명된 이론, 결론에 도달하고 지지하는 논리를 사용하
는 것은 습관이 된다.

보다 높은 수준이 되면 확신이 없는 상황에서도 실행 과정에서 외부 권위보다는 비판적인 평가
에 대한 신념을 기초로 하여 그러한 신념의 필요를 깨닫게 된다. 많은 신입생들은 이분론적이며,
대부분의 졸업생은 다중적이고, 몇 명은 상대주의적이거나 그 이상의 단계에 있다(Felder & Brent,

2004b). 데이브는 이분론자이고 메건은 다중성을 보이며 로베르토는 상대주의자이다. 대부분의 성공적인 STEM 전문가들은 상대주의 또는 그 이상의 단계를 학습하였다.

10장에서는 학생들에게 의사소통, 창의적 사고 그리고 자기주도적 학습에서 아주 중요한 역량을 갖추도록 하는 방법들에 대하여 설명한다. STEM 학생들은, 특별히 Perry 단계의 하위에 속하는 학생은, 종종 이런 영역의 수업에 거부감을 갖는다. 10장은 이러한 저항을 극복하는 제안을 제공하고 12장은 Perry 이론 및 다른 몇 가지의 지능발달 단계를 자세히 기술하고 이러한 단계에서 학생의 지능발달을 높이는 교수법을 제안한다.

10

직업 기초 능력

10.0 들어가기

첫 번째 엿보기에서 언급한 바와 같이, 대부분의 STEM 교육은 학생들에게 빠르게 변하는 시대에 뒤쳐진 직업을 준비하게 하는 데 전념하고 있다. STEM 졸업생을 고용한 고용주에 대한 설문조사에서는 현장에서 필요한 역량과 신입사원이 가지고 있는 역량 사이에 상당한 간격이 있다고 지적한다. 어느 설문조사에서 11개의 지적 및 실무 능력에 대한 중요도의 순위를 요청하였는데 응답자들은 기술적 역량이나 양적 추론보다는 구두 소통능력, 팀워크, 서면 소통능력, 비판적 사고, 분석적 사고, 복합문제 해결, 정보 문해력, 혁신 및 창의성 등의 순위가 훨씬 높았다(Associations of American Colleges and Universities, 2015). 비슷한 결과가 Adecco Staffing USA(2013) 과 Prichard(2013)에서도 보고되었다.

교육 리더들은 이와 같은 상황을 수십 년 동안 알고 있었고 일부 사람들은 미래 졸업생들이 전문가로 성공하기 위해 필요한 학습 성과들을 규정해왔다[예를 들면 ABET(Accreditation Board for Engineering and Technology)]. 일부 학습 성과는 전통적으로 STEM과 관련된 기술지식과 방법을 포함시켰지만, 다른 학습 성과들은 지구적 및 사회적 이슈, 평생학습, 학습 방법, 팀워크, 그리고 무엇보다도 먼저 의사소통능력과 같은 보다 보편적인 주제를 다루고 있다. 학습 성과 뒷부분 중 성공을 위해 요구되는 역량을 소프트 스킬이라고 부르는데, 이것은 수학이나 과학을 하드 스킬이라 부르는 것과 비교하여 낮은 지적 요구가 필요한 것처럼 잘못 규정한 것으로, 이제는 직업 기초 능력(professional skills)이라고 부르는 것이 더 적절하다.

직업 기초 능력 교육이 학생들에게 영향력을 가지고 있지만 모든 교수나 학생이 직업 기초 능력을 STEM 교육과정, 특히 핵심 교과목과 통합하는 것에는 열성적이지 않다. STEM 교수들은 자기가 훈련받지 않은 역량을 가르치는 것을 꺼리는 경향이 있고 자신들이 잘 가르칠 수 있다고 생각하지 않는다. 또 교수들은 그러한 역량을 가르치려면 새로운 수업 방법을 배워야 하는데, 이는 너무 많은 시간이 걸리고 수업 시간에 중요한 기술적 내용을 가르치는 데 너무 많은 시간을 빼앗길 것을 두려워한다. 많은 이공계 학생들도 직업 기초 능력 수업에 호의적이지 않은데, 직업 기초 능력을 배우는 것이 대학에서 배우고자 했던 과학, 수학, 공학과 관련성이 거의 없다는 생각을 갖고 있기 때문이다(데이브가 앞장에서 이러한 학생들에 대하여 이야기했다).

모든 중요한 직업 기초 능력과 학생이 이들을 개발하게 하는 방법에 대해 토론하기에는 이 책보다 훨씬 두꺼운 책이 필요할 것이다. 그러나 우리 학생들을 고용할 미래의 고용주는 자기네 직원이 갖추어야 할 능력을 아우르는 다섯 가지 역량의 영역에 대하여 의사소통 능력, 창의적 사고(문제에 접근하는 기존의 방법이 적절치 않아 혁신적인 해결책을 찾는 것), 비판적 사고(증거를 기반으로 하는 판단이나 결정을 내리거나 지지하는 것), 자기주도 학습(학습의 필요성을 주도적으로 인지하고, 그 요구를 충족시킬 수 있는 자료를 찾고, 학습을 실행하는 것), 그리고 팀워크를 제안한다. 앞의 네 가지 영역에서의 학생의 역량 개발을 촉진시키는 방법에 대해서는 이 장에서 다루고, 팀워크 능력에 대해서는 다음 장인 11장에서 별도로 다룬다.

이 장에서는 다음과 같은 질문을 다룬다.

- 어떻게 하면 의사소통 능력, 창의적 사고, 비판적 사고, 자기주도적 학습 능력을 나의 교과목에 통합시킬 수 있을까? 어떻게 하면 다른 중요한 강의 내용을 희생시키지 않으면서 통합시킬 수 있을까?
- 학생들의 지적 발달(앞 장의 엿보기) 수준이 직업 기초 능력 수업에서의 그들의 반응에 어떻게 영향을 줄까? 어떻게 직업 기초 능력 개발을 위한 지지적 환경을 만들 수 있으며, 저항이 있는 경우 어떻게 다루어야 하는가?

10.1 어떻게 직업 기초 능력이 개발되는가?

역량은 단 한가지 방법으로 개발된다. 당신은 어떤 역량(걷기, 읽기, 자전거 타기, 새로운 언어 말하기, 대수학 문제 풀기, 미분 기하학, 양자물리학 또는 유전공학)을 가지고 있든지 다음과 같이 습득했다

1. 당신은 맨 처음에는 어떤 역량을 습득하려고 무언가를 했다. 아마 잘되지 않았을 것이다.
2. 당신은 경험에 대하여 성찰을 했고, 아마 다른 사람의 의견을 들었고, 그리고 다시 시도했다.

더 많이 반복할수록 더 능숙해졌겠지만 어느 시점에서 그 역량을 연습하는 것을 중단했거나 드물게는 당신의 능력의 한계에 도달했을 것이다. 따라서 당신이 수업에서 학생들의 직업 기초 능력 개발을 도와주기를 원한다면 좋은 출발점은 해당 역량이 요구되는 과제가 어떤 것인지 확인시켜주고 과제를 통해 연습시키고 피드백을 주는 것이다.

Elbow와 Socinelli(2014)는 과제를 줄 때 저부담(low stakes, 기본적으로 형성평가적이고 통상적으로 매우 짧음)와 고부담(high stakes, 과목 성적에 영향을 줌)를 구별해서 주는 것을 제안한다. 표 10.1-1은 해당 직업 기초 능력을 개발하는 데 적용된 활동과 과제들을 해당 학습 성과와 함께 목록화한 것이다.

표 10.1-1 직업 기초 능력 개발을 촉진시키는 활동과 과제

A-의사소통 능력(글쓰기와 말하기)을 개선
B-선행 지식의 인출과 강화를 자극
C-수업 내용에 대한 흥미 동기화
D-수업 내용의 폭과 깊이 더하기
E-상위인지 능력 향상
F-비판적 사고 능력 향상
G-창의적 사고 능력 향상

(계속)

표 10.1-1 직업 기초 능력 개발을 촉진시키는 활동과 과제(계속)

과제	학습 성과와의 관련성
저부담	
당신의 인생 또는 미래 직업에 있어서 언제 당신이 [어떤 식물을 구별함, 가설 검증을 적용함, 청중 앞에서 설득력 있게 말함]을 원하거나 필요로 하는지를 생각하라.	A, B, C
[연역법, 이 자바 코드, 이 과목에서 무엇을 부정행위로 간주하는지] 설명하라.	A, B, D
해를 도출하는 각 단계를 [왜 택했는지, 어떻게 검토하는지] 설명하라.	A, B, D, E
왜 같은 변수를 계산한 값이 측정된 값과 매우 다른지에 대하여 가능한 모든 이유를 열거하라.	D, E, F, G
[____설명, ____측정, ____수행]하기 위하여 [10개까지, 2분 안에 당신이 할 수 있는 한 많은 방법으로] 열거하라.	B, D, G
[____에 대하여 무엇을 알고 있는지, 지난번 과제에서 비디오를 보고 무엇을 배웠는지, 어떻게 다음 시험을 더 잘 준비할 수 있는지]에 대하여 [이메일에, 일지에] 성찰하라.	A, B, D, E
저부담 또는 고부담	
[짧은 단락, 2페이지] 내로, 당신이 아는 것[메신저 RNA, 빅뱅, 연역법에 의한 증명]을 요약하라.	A, B
[당신의 계산, 실험, 프로젝트]의 결과를 요약해서 [당신의 프로젝트 팀, 당신의 상관, 테크니션]에게 보내는 메시지 초안을 기안하라.	A, D, E
대안[공정, 생산물, 실험 설계, 절차, 컴퓨터 코드, 문제 접근 방법들, 실패의 원인들] 리스트를 예상하는 [품질, 효과, 시장 잠재성, 가능성]의 우선 순위를 매기고 당신의 추론 과정을 설명하라.	A, D, E, F
다음 시험에 적합한 현장의 문제를 [만들어라, 만들고 풀어라]	A, B, C, D, G
고부담	
당신이 이 수업에서 배운 것을 이용하여 다음의 [논쟁, 윤리적 딜레마, 기사, 사례 연구]에 대한 분석을 진술하라.	A, B, C, D, F
다음의 [문제 해답, 실험 보고서 잡지 기사]를 비판하라.	A, B, D, F
____에 관하여 [강의, 세미나, 워크숍]을 [기획하라, 기획하고 실시하라]	A, B, C, D, G
논쟁에서 특별한 관점에 대한 예를 준비하고 [좌담, 토론]에서 그것을 발표하라.	A, B, D, F, G
____을/를 위하여 [실험, 공정, 장치, 알고리즘, 프로토콜, 컴퓨터 코드]를 설계하라.	A, D, F, G

10.2 의사소통 능력

많은 기사와 서적에는 일관되고 설득력 있게 글쓰기, 효과적으로 말하기, 좋은 발표자료 준비하기에 대해 쓰여 있다(Alley, 1996, 2013; Aired et al., 2011; Markel, 2014; Pfeiffer, 2010). 좋은 의사소통 능력을 가르치고 글쓰기 및 말하기 과제물에 대한 채점 기준을 만들기 위하여 그러한 참고자료를 이용할 수 있다. 여기서는 당신의 STEM 과목에 의사소통 능력의 개발을 통합하는 방법을 제안하는 것에 국한할 것이다.

표 10.1-1을 다시 살펴보면, 직업 기초 능력 개발 촉진을 위한 모든 과제에 글쓰기 또는 말하기가 포함된다는 것과 그래서 연습과 공식적 또는 비공식적인 피드백을 제공함으로써 의사소통 능력을 향상시킬 수 있음을 알 수 있다. 다음은 몇 가지 추가적인 아이디어이다.

저부담 과제

저부담 과제는 수업 활동 또는 과제가 될 수 있다. 몇 가지 예가 표 10.1-1에 나와 있으며, 더 많은 제안은 Brent와 Felder(1992)에서 제공된다.

능동 학습(6장)은 실용적 말하기와 어쩌면 글쓰기에 대한 저부담의 훈련을 제공한다. 학생들이 급우에게 돌아서서 문제 해결안의 개념이나 그다음 단계를 설명할 때, 그들은 실용 구두 의사소통을 하는 것이고, 이해를 했는지 안 했는지는 모르는 상대방으로부터 즉각적인 피드백을 받는 것이다. 그런 다음 소그룹 활동을 한 후 수업에 보고하라고 학생들에게 요구하면 그들은 집단 앞에서 말하기 연습을 한다. 학생들은 각자가 용어나 개념 또는 문제 해결책에 대한 간단한 설명서를 작성한 다음 짝을 이루어 설명서를 비교하고 더 나은 안을 내기 위해 공동 작업을 하면서 실용적인 글쓰기 연습을 한다.

저부담의 글쓰기 과제는 과제에 별도의 문제 또는 기존의 문제에 추가하여 넣을 수 있다. 예를 들어 어떤 문제의 (a)파트는 통상적으로 "주어진 ___ (으)로, ___을/를 계산하라."와 같은 구조를 가진다. 여기에 (b)파트를 위한 몇 개의 저부담의 가능한 예가 있다

- (a)파트의 계산이 직무 과제의 일부라고 가정한다. 당신의 계산 및 결과를 프로

젝트 팀장에게 150개 단어 이내로 설명하는 메모를 작성하라(누가 엉터리 작문 때문에 화가 나는가).

- (a)파트의 결과의 의미를 평균 고등학생이 이해할 수 있는 용어로 설명하라.
- 시스템이 문제에 명시된 대로 구축되고 정확히 실행되는 데 측정된 ___ 값이 파트 (a)에서 계산된 값보다 35% 더 낮다고 가정해보자. 계산 및 측정 모두에서 발생 가능한 오류의 원인을 고려하여 불일치에 대한 최소한의 열 가지 가능한 이유를 나열하라.

저부담의 글쓰기 및 말하기 연습에 관해서 성적은 어떻게 매기는가? 만약 그것이 수업 내 활동으로 이루어지면 성적을 매길 필요가 없다. 단지 학생들이 학급 토론을 통해서나 소그룹 모임에서 친구들로부터 피드백을 받았는지만 확인한다. 글쓰기 및 말하기 연습이 더 큰 과제의 일부인 경우, 전체 과제 성적 중 적은 비율로 반영하고 상세한 피드백을 제공하느라 너무 많은 시간을 할애하지 않는다.

고부담 과제

대부분의 STEM 교육과정에서 어떤 종류의 프로젝트(실험, 사례 연구 분석, 연구 또는 인턴 과정에서 수행한 활동)에 대한 보고서가 과목의 성적 결정에 중요한 역할을 하는데, 정의에 의하면 이들은 고부담 과제에 해당된다. 학생들의 이해와 역량을 향상시키는 프로젝트의 능력은 프로젝트가 어떻게 구조화되고 평가되는지에 달려 있다. 10.6절은 모든 역량 개발에 적용되는 제안을 제공한다. 이 섹션의 나머지 부분에서는 의사소통 능력에만 중점을 둔다.

8.4.1절에서는 명시적 평가의 기준을 나열한 루브릭이나 체크리스트를 사용하여 프로젝트 보고서를 평가할 것을 권장했다. 적어도 당신의 평가 기준의 하나는(이상적으로는 더 많이) 글쓰기나 구두 발표의 질과 관계가 있어야 한다(즉 문법 및 철자법, 스타일, 조직화, 시각적 형태, 설명의 일관성, 설득력, 완성도 및 문헌 인용 형식).

채점표를 작성한 후, 이에 대한 지식이 있는 한두 명의 동료와 한두 명의 학생으로부터 피드백을 받는다. 또한 대부분의 대형 대학과 많은 소규모 대학에는 학생과 교수의 글쓰기 및 말하기 능력 향상을 도와주는 전문 컨설턴트가 있다. 캠퍼스에 컨설턴트가 있는 경우, 그중 한 명에게 채점표 초안을 검토하고 개선안을 요청하라.

평가 및 훈련을 위한 채점표 사용법에 대한 더 많은 아이디어는 8.4절을 참조한다.

10.3 창의적 사고 능력

우리 사회가 직면한 가장 어려운 문제(예 : 어떻게 하면 모든 시민들에게 적절하고 저렴한 음식, 주거 및 의료, 효율적이고 경제적인 운송 수단, 깨끗하고 안전한 에너지를 제공하는지)를 쉽거나 전통적인 방법으로는 해결될 가능성이 낮다. 그런 것들이 해결될 수 있었더라면, 지금쯤은 이미 해결되었을 것이다. 이러한 문제와 성공적으로 씨름하기 위해서 STEM 전문가는 기존의 공정과 제품을 개선하거나 대체할 창의력이 필요하다.

기술 분야의 학생들이 창의적 문제 해결 능력을 향상시킬 수 있도록 많은 방법이 제안되었다(Felder, 1985, 1987, 1988; Fogler et al., 2014; Heywood, 2005, Ch. 11). 표 10.3-1에는 창의적 사고 연습의 네 가지 유형이 나열되어 있다. 첫 3개는 어느 STEM 과정에서나 사용할 수 있으며, 네 번째 것은 요구 사항 중 주요 프로젝트를

표 10.3-1 예시적인 창의적 사고 연습

브레인스토밍 또는 브레인라이팅
_____에 대해 당신이 할 수 있는 가능한 가장 긴 목록을 만들어라. 목표는 아이디어의 양과 다양성이지 품질(품질은 공정의 후반부에 나온다)이 아니며 설득력 없는 아이디어도 강하게 권장한다.

예상하지 못한 결과들을 설명하라
예측치나 계산치와 다른 관찰이나 측정 결과를 서술하고 학생들에게 불일치에 대한 가능한 원인들을 제시하도록 요구한다. 결함이 있는 공정이나 제품에 대한 문제 해결이 이 범주에 속한다.

문제를 만들라
[당신의 교과서 6장, 이번 주 강의, 이번 주 강의와 지금 수강하고 있는 다른 과목의 강의]에서 다루는 내용과 관련된 서술형 문제를 [만든다, 만들고 그리고 푼다]. 그 문제는 교재 안에 있는 문제와 다른 형태이어야 한다.

무언가 새로운 것을 만들라
지정된 기준을 충족하는 독창적인 [제품, 공정, 절차, 실험, 연구 조사, 알고리즘, 컴퓨터 코드]를 설계하라. 이 과제는 학생들에게 설계의 타당성, 효과성 또는 최적성을 증명하게 하고 잠재적인 약점이나 의도하지 않은 결과에 대해 논의하도록 요청할 수 있다.

포함하는 과목에서 일반적으로 사용된다.

당신이 가르치는 모든 과목에서 각 유형의 연습문제를 줄 필요는 없다. 해당 과목 학생들이 개발하기를 원하는 몇 가지 창의적 사고 능력부터 시작하고 학생들이 원하는 결과를 얻고 있는 것처럼 보이면 가지 수를 늘린다.

10.3.1 브레인스토밍과 브레인라이팅

교육에서 대부분의 STEM 학생들은 1학년부터 STEM의 마지막 졸업 교과목까지 다음과 같은 메시지가 (제대로 또는 거의) 전달되지 않는다.

- 어떤 복잡한 문제에 대해 생각할 수 있는 가능한 해결책이 많을수록 최상의 해결책을 찾을 가능성이 높아진다.
- 때로는 처음에는 어리석어 보이는 해결책이 최상의 해결책으로 이어진다.
- 토머스 에디슨이 작동하는 전구를 만들려고 노력할 때 분명히 깨달았듯이, 잘못된 것이 반드시 실패하는 것이 아니다. 그는 "나는 일만 번 실패하지 않았습니다. 나는 작동하지 않은 만 가지 방법을 성공적으로 발견했습니다."라고 말했다.

문제 해결에 대한 이러한 메시지를 적용하도록 배우는 대신에, 대부분의 STEM 학생들은 잘 정의된 문제를 다루고 그들이 해야 하는 일은 유일한 정답을 찾는 것이다. 학생들은 졸업을 하면 게임이 바뀌었음을 깨닫게 되면서 자신의 시스템에 대해 충격을 받는다(직장에서의 문제는 거의 정의되지 않는다. 종종 문제에서 가장 어려운 부분은 문제가 무엇인지 정확하게 파악하는 것이다). 목표는 이상적인 관점에서 최상의 해결책을 찾는 것이 아니라 자료를 찾는 데 쓰인 제한된 시간과 리소스에서 얻어지는 최상의 해결책을 찾는 것이다.

브레인스토밍은 어려운 문제에 대한 여러 가지 가능한 해결책을 신속하게 생성하는 문제 해결 기법이다. 그런 다음 해결책을 평가하고 그중에서 최상의 해결책을 찾고 수용한다(적어도 임시로). 이 기법은[광고 담당 중역 Alex Osborn(1963)이 발명했음]산업계에서 널리 사용되고 있으며, STEM 학생들에게 이 방법을 해보라고 가르치는 것은 학생들이 미래의 커리어를 준비하는 데 중요한 단계가 될 수 있다.

수업에서 학생 집단에게 주는 일반적인 브레인스토밍 과제는 다음과 같다.

팀으로 일하면서, 모든 팀원들이 아이디어를 제안하고 그중 한 명이 모든 제안을 적어서 가능한 가장 긴 목록을 만든다. 아이디어에 대하여 토론하거나 비판하지 말고, 아이디어 위에 더 많은 아이디어를 쌓는다. 설득력 없고, 웃기고, 불가능하게 보이는 아이디어들이 특히 가치가 있다.

만약 어떤 상을 주기로 결정하였다면, 그 상은 가장 혁신적인 공헌을 한 팀원에게 줄 수 있다.

이 과제는 Osborn이 브레인스토밍이 효과적으로 진행되도록 제안한 네 가지 기준을 통합한다.

1. **양에 집중하라** 이 절의 시작 부분에 있는 인용문에서 토머스 에디슨은 이 조건 이면에 있는 논리를 분명하게 언급하였다. 아이디어 생성 단계에서의 목표는 아이디어가 좋거나, 나쁘거나, 우스꽝스럽거나 불법적인 것이라도 가능한 한 많은 아이디어를 생성하는 것이다. 아이디어가 많을수록 최상의 아이디어가 나올 가능성이 높다.

2. **비난하지 말라** 창의적인 아이디어는 이완된 환경에서 가장 잘 나온다. 아이디어를 제기하는 순간 쓰레기 취급하는 것 이상으로 이완된 상황을 죽이는 것은 없다. 일단 사람들은 비난받는 것에 대해 걱정하기 시작하면 아이디어의 흐름은 멈춘다. 아이디어가 좋지 않다고 생각하더라도 비판하지 말라. 더 나은 것을(또는 오락 가치가 있는 경우 더 나쁜 것을) 제안하게 하라.

3. **아이디어를 결합하고 개선하라** 브레인스토밍의 힘은 다른 사람의 아이디어를 듣는 것이 종종 관련이 있으면서도 다른 아이디어를 생각하도록 자극을 준다는 것이다.

4. **특이한 아이디어를 환영하라** 겉으로 보기에는 터무니없는 아이디어가 두 가지 중요한 목적을 수행할 수 있다. 아이디어 생성 과정을 새롭고 예기치 않은 방향으로 옮길 수 있으며, 예상하지 못한 좋은 아이디어를 유도할 수 있다. 또한 웃음을 유도할 수 있고 (인정하는 것이지 조롱이 아닌) 훨씬 매력적인 아이디어를 내놓을 인센티브가 될 수도 있다. 궁극적으로 아이디어를 미처 받아쓰기 어려울 만큼 빨리 나오게 된다.

브레인스토밍이 교육 환경에서 이루어질 때, 아이디어 생성 시간에 상한선을 두 거나 과성취자가 다른 중요한 일을 무시하지 않도록 아이디어 수에 상한선을 두어 야 한다.

브레인스토밍에는 몇 가지 한계가 있다. 너무 많은 사람이 한꺼번에 말하기 때문 에 아이디어가 손실되는 '대화의 교통체증'이 발생하고, 비판에 대한 공포 때문에 아이디어를 내는 것을 보류하게 되며, 주도적인 사람들은 더 좋은 아이디어를 가진 다른 사람이 기여하는 것을 못하게 한다(Heslin, 2009). 이러한 한계를 피하는 데 도 움이 되는 브레인스토밍의 대안은 브레인라이팅이다(VanGundy, 1983). 학생들은 똑 같은 유형의 시작 신호를 받지만 구두로 아이디어를 제안하는 대신 각자 아이디어 목록을 작성한다. 아이디어의 목록은 편집 후 전체 그룹과 공유하고 여기서 추가적 인 아이디어를 내기 위해 브레인스토밍한다. Heslin(2009)은 여러 가지 다양한 브레 인라이팅 형식을 설명하고 각 형식이 사용될 수 있는 조건들을 추천하였다.

Felder(1988)와 Fogler 등(2014, Ch. 7)은 다양한 STEM 관련 브레인스토밍 연습 문제를 제안한다. Felder(1987)는 두 브레인스토밍 문제를 과제로 제시한 학부 과정 의 유체역학 교과목에 대해 기술한다. 첫 번째 문제(시작 신호 : 주어진 실험적인 쓰 레기 처리 시스템이 실패할 가능성을 열거하라)에 대한 학생들의 반응에서 나온 가 능성은 평균 대략 4개였고, 최소는 1개(저장 탱크가 누출될 수 있음), 최대는 10개 였으며, 서로 다른 아이디어는 총 34개였다. 전체 목록을 교실에서 공유하고 논의하 였다. 두 번째 문제는 유량계가 장착되지 않은 대형 파이프 라인에서 유체의 속도를 측정할 수 있는 독립적인 방법을 나열하는 것인데, 이 파이프는 추적 물질 주입, 시 료 채취 및 유동 흐름 속에 장비를 매달 수 있는 포트가 달려 있다. 전에 했던 첫 번 째 문제에 대한 연습과 피드백을 통해 학생들은 200개의 방법을 찾아냈는데, 평균 이 26개, 최소는 5개, 최대 50개였으며 폭넓고 다양하고 독창적이고 유머러스하고 환상적인 장치를 생각해냈다. 표 10.3-2에서 몇 가지 추가 연습문제를 제안한다.

모든 브레인스토밍 연습문제는 두 번째 연습문제로 이어질 수 있는데 여기서 학 생들이 제안한 목록의 우선 순위를 매기거나 특정 기준(중요도, 가능성 또는 위험 수준)에 따라 상위 3개 항목을 선택하는 것이다. 후자의 연습에는 비판적 사고가 필 요한데, 이는 10.4절에서 논의한다.

표 10.3-2 예시적인 브레인스토밍 및 브레인라이팅 연습문제

목록 :

- [계산된 값, 유도된 수식]을 검증하는 방법
- [제한 사항 없이, 요구된 장치의 보정 없이, 하나 이상의 다른 변수들의 함수로서, 곰 인형을 이용하여] 물리적인 속성이나 변수를 결정하는 데 사용할 수 있는 방법
- [어떤 물체, 일반적으로 쓰레기가 되는 어떤 것]을 위한 활용법
- 어떤 [공정 또는 제품, 실험, 컴퓨터 코드]를 개선하는 방법
- 어떤 [이론, 공정, 수식]의 실제 적용
- 이러한 [실험, 공정, 플랜트]에서의 안전 및 환경적인 고려
- 제안된 [설계, 절차, 코드, 평가 루브릭]의 결함

10.3.2 예기치 않은 결과 설명하기

다양한 사람들(물론 요기 베라를 포함해서)에 의한 통찰력 있는 논평은 "이론적으로는 이론과 실제 간에 차이가 없지만, 실제에서는 차이가 있다."는 것이다. 이 말은 과학과 공학에 강력하게 적용되는데 이 분야에서 특정 조건에서의 실험이나 과정에서 무엇이 일어날 것인가를 결정하는 것은 문제의 일부일 뿐이며 종종 쉬운 부분이다. 더 어렵고 흥미로운 부분은 문제 원인 파악, 즉 왜 예상하는 방식으로 일어나지 않는지 찾아내는 일이다.

성공한 과학자와 공학자는 일상적으로 문제를 해결한다. 그들은 예측을 위해 사용된 모델의 잘못된 가정, 건설 자재의 불량한 재료 또는 불순한 원자재, 환경 오염, 운전이나 측정 그리고 계산에서의 작업자의 실수 등에 의해 생기는 시스템 거동의 예상치와 관측치의 불일치에 대해 설득력 있는 설명을 찾기 위해 브레인스토밍을 한다. 일단 그들이 목록을 가지고 있으면 가능한 순서대로 우선 순위를 정하고 그 차이를 설명할 수 있는지 확인한다. 만약 어떤 것도 설명할 수 없으면 차선책이라도 찾는다.

문제 원인 파악이 과학과 공학의 실제에 있어서는 기본적인 것인데, 과학과 공학 분야의 교육과정에서는 거의 보이지 않는다. 이것은 문제 원인 파악이 교과목에 통합되기가 어려워서 그런 것이 아니다. 예를 들면, 정역학에서의 연습문제는 다음과 같을 수 있다.

이 문제의 (a)파트에서는 외팔보(cantilever)가 하중이 5.5×10^4N에 도달할 때 부서진다고 결정했다. 실험을 진행해보니 외팔보가 2.1×10^4N의 하중에서 부서졌다고 가정해보라. 계산에서 사용된 세 가지 이상의 가정을 포함하여 최소 열 가지 가능한 이유를 나열하라.

이와 비슷한 연습문제는 어느 과학이나 공학 교과목에서 연습문제와 실험에 쉽게 통합될 수 있다. 발사체가 예상 지점에 왜 도착하지 않았고, 처방된 의학적 또는 약학적 치료가 왜 질병을 치료하지 못했고, 원자로가 왜 폭발하고, 박테리아 양식의 세포가 왜 생존하지 못했고, 앰프의 출력 전압은 왜 예상보다 35% 더 높았고, 효소 -촉매 반응 생성물의 수율이 왜 예상보다 35% 낮았으며, 햇볕이 잘 드는 날에 왜 큰 뇌우가 발생했고, 행성 표면에 왜 착륙선이 충돌했으며, 공장 하류에 있는 물고기가 왜 기록적으로 죽기 시작했고, 인체 공학적으로 디자인된 의자에 한 시간 이상 앉은 모든 사람들이 왜 요통을 앓았는지 등에 대하여 학생들에게 브레인스토밍을 하도록 요구할 수 있다.

예기치 않은 결과가 언제나 부정적인 것은 아니다. 실험실이나 상업 시설에서 수수께끼 같은 일이 발생했을 때 주요 과학적 돌파구나 혁신이 일어났다(페니실린과 테프론이 생각난다). 자연스러운 인간의 경향성은 그런 사건들을 무시하거나 실험적 실수의 유물로 취급한다. 당신의 학생들이 STEM 전문가로서 발전하도록 돕기 위해서는 예기치 못한 결과를 보다 나은 이해의 기회로, 가능하다면 주요 성취의 기회로 여기도록 가르치라.

10.3.3 문제 만들기

STEM 교수가 해야 할 가장 어려운 것 중 하나는 과목의 학습 목표 전반에 걸친 좋은 문제를 만드는 것이다. 단지 기본 지식만 필요한 직접적인 연습문제부터 높은 수준의 사고와 문제 해결 능력을 필요로 하는 실질적인 도전을 요구하는 좋은 문제를 만드는 것이다. 교수가 문제를 고안하고, 풀어보고, 다듬을 때, 문제를 만드는 데 필요한 기술의 숙련도를 향상시키고, 창의력을 연습한다. 만약 학생들이 스스로 문제를 만들고 풀도록 과제를 주면 그들도 똑같이 향상된 문제를 만드는 기술과 창의력을 얻게 된다. 문제 만들기 과제의 예시가 몇 가지 권고사항과 함께 다음에 제시되어 있다.

문제 만들기 과제

[6장, 지난 두 주, 이 과정 및 현재 수강 중인 다른 어떤 과정]에서 강의, 읽기, 그리고 과제에서 다룬 수업 내용과 관련된 문제를 만든다[만들고 풀어본다]. 만약 당신의 문제가 "주어진 이것에서, 그것을 계산하시오."와 같은 단순한 수식 치환만 요구하면 최소한 패스할 수 있는 점수를 얻을 것이다. 더 높은 점수를 얻기 위해서, 당신의 문제를 풀기 위해 높은 수준의 분석과 비판적인 혹은 창의적인 사고를 요구해야 한다.

이 유형의 첫 번째 과제를 주기 전에, 학생들에게 잘 구조화되지 않은 문제와 당신의 기준에 부합하는 문제의 몇 가지 예를 보여준다. 학생들은 소그룹으로 모여 문제를 평가하고 무엇이 문제를 부족하게 만드는지, 좋은 문제에서는 어떤 종류의 능력을 요구하는지 토론한 후 평가를 공유하게 한다. 이러한 연습 후에는, 대부분의 학생들은 당신이 그들에게 원하는 것을 잘 이해할 것이다. 한두 개의 간단한 연습문제들로 시작하고('6장 수업자료에 기반해서 문제를 만듦') 그 이후의 문제 만들기 과제에서는 더 복잡한 선택사항을 가지고 진행한다.

학생들이 문제를 제출할 때, 해답에 실수가 있는지 너무 염려하지 말고 빠르게 훑어본다(그런 염려는 전통적인 과제 문제들을 위해 남겨두라). 제출된 모든 문제에 대해 자세하게 수정한 피드백을 제공하지 마라. 그렇게 하는 것은 시간 낭비일 수 있으며, 학생들에게 그다지 도움이 되지 않을 수 있다. 10.3.4절은 학생들의 창의적인 노력을 평가하고 피드백을 제공하는 더 나은 방법을 제시한다.

다른 모든 능력과 마찬가지로, 좋은 문제를 만드는 능력은 연습과 피드백으로 향상된다. 몇 번의 이러한 과제를 해본 이후에는, 독창적인 문제를 만드는 진정한 재능을 개발하고 있는 학생들을 적어도 몇 명 정도는 볼 것이며 이들이 만든 문제의 일부는 향후 과제나 시험에 사용할 수 있다. 공학 교과과정에서 문제 만들기 과제의 또 다른 매력적인 특징은, 이런 것들을 과목에 포함시키면 '공학적 문제를 인지, 공식화, 해결'하는 능력과 관련된 ABET 공학 기준 학습 성과의 세 부분을 다루고 있다는 것을 합법적으로 주장할 수 있다. 전통적인 교육과정에서는 규명하고 공식화하는 학습 성과를 거의 또는 전혀 충족시키지 못했다.

Felder(1985)는 대학원 1학년 교과목에서 사용된 주요 문제 만들기 연습에 대해 기술한다. 그 학기의 마지막 중간시험은 수험생이 Bloom의 분류체계(분석, 평가, 창조)의 세 가지 고차원적 사고 능력을 입증하도록 요구하는 최종 시험 문제를 만들고 풀어보는 5주간의 과제(take-home assignment)이다. 학생들은 주어진 기준에 부합하는 문제를 만들지만 풀지는 않는 저부담의 과제들에 대해 예비 교육을 받은 다음 우수에서부터 매우 우수에 이르는 시험 문제들을 풀어서 제출했다. 과목이 끝날 때, 몇몇 학생들은 창의적인 문제들을 만들어보는 시도에서 다른 수업에서 경험하지 못했던 깊이 있는 강의 내용을 배웠다는 의견을 주었다.

생각해볼 문제

어떤 교수가 '학생들에게 창의적인 과제 문제들을 만들게 하라.'는 제안을 들었고 이 아이디어가 좋아서, 중간시험에서 학생들에게 과제 문제를 만들도록 하였다. 그 결과는 끔찍했다. 무엇이 잘못되었으며, 다음에 더 좋은 결과를 얻기 위해 무엇을 해야 하는가?

10.3.4 창의적 사고의 평가

평가가 학습을 이끌어 간다는 법칙에 있어서 창의적 사고도 예외는 아니다. 수업에서 창의성의 중요성에 관해 당신이 얼마나 많은 설교를 하든지 간에, 기본 지식과 문제 해결 능력만 평가한다면, 학생의 창의력이 크게 향상될 것이라고 기대하지 않는다. 학생들이 어떤 유형의 창의력을 개발하도록 도울지 결정한 다음, 그런 유형이 요구되는 문제를 학습 목표, 과제, 프로젝트, 학습지침서 및 시험에 포함시킨다. 수업에서 창의성 연습에 대한 좋은 반응과 나쁜 반응의 예를 보여주고 어떻게 점수를 매길지 설명한다.

브레인스토밍, 브레인라이팅, 문제 원인 파악, 문제 만드는 연습에 대한 평가가 효율적으로 이루어질 수 있다. 학생들의 응답에 대한 신속한 점검(또는 브레인스토밍 및 브레인라이팅에서의 빠른 집계)은 일반적으로 점수를 부여하기에 충분하다. 그러나 창의성 연습이 규모가 큰 문제나 프로젝트의 한 부분이라면, 평가는 더 도전적이다. 첫 번째 단계는 당신이 중요하게 생각하는 창의성 요소들을 파악하고 요소들을 다루는 창의성 평가도구(예 : Kaufman et al., 2008; Torrance, 1966a, 1966b),

루브릭 또는 체크리스트(8.4절)를 찾아보거나 설계하는 것이다. 다음 평가 기준이 자주 사용된다.

프로젝트 평가를 위한 창의성 관련 기준

유창성(Fluency)
관련 아이디어 또는 고려된 해결 접근법의 개수

유연성(Flexibility)
응답의 다른 범주의 개수

정교성(Elaboration)
아이디어 탐구의 철저함

독창성(Originality)
고려된 응답 및 최종 해결책의 통계적 희귀성

10.4 비판적 사고 능력

대부분의 교수는 학생들을 훌륭한 비판적 사고를 할 수 있는 사람으로 만드는 것이 교육의 목적 중 하나라는 것에 동의하지만 그것이 무엇을 의미하는가에 대해 동의하는 것은 또 다른 이야기이다. 교육 관련 문헌에서의 비판적 사고에 대한 정의는 자기 자신의 사고 과정(메타인지)에 대한 분석, 평가, 창조, 성찰을 포함하여, 단순 기계적 암기를 넘어 생각할 수 있는 모든 정신 활동을 포괄한다.

많은 저자들은 비판적 사고에 대해 충실한 증거와 논리에 의해 뒷받침되는 판단과 결정을 내리는 것을 의미하는 것으로 보다 제한된 관점을 가지고 있다. 이 정의에 대한 보다 더 정교한 설명은 Kurfiss(1988, p. 2)의 것이다. 그는 비판적 사고를 모든 가용 정보를 통합하고 그래서 설득력 있게 정당화되는 가설이나 결론에 도달하기 위하여 어떤 상황, 현상, 질문 또는 문제를 탐색하는 것을 목적으로 하는 조사 활동으로 정의했다. 비판적인 사고에서는 모든 가설에 대해 질문할 수 있고, 발산적인 견해는 강력히 추구되며, 탐색은 특정한 결과에 유리하도록 편향되어 있지 않다. "진정한 비판적 사고를 하는 사람은 그러한 탐색을 수행하는 능력과 경향을 가지고 있다."

STEM 과목에서 대부분의 수업에서의 활동 및 부여된 문제는 "＿＿＿＿나열하라.", "＿＿＿＿정의하라.", "＿＿＿＿설명하라.", "＿＿＿＿그림을 그려라.", "주어진 ＿＿＿＿에서, ＿＿＿＿ 계산하라.", "＿＿＿＿설계하라." 그리고 "＿＿＿＿수식을 도출하라."와 같은 형태들이다. 비판적 사고를 촉진시키기 위해서는, 비판적인 분석과 평가를 요구하는 구조를 추가한다. 표 10.4-1은 어떤 STEM 주제에도 적합하도록 쉽게 수정될 수 있는 예시들을 제시한다.

대부분의 핵심 STEM 과목에서는 기본 내용에 중점을 두어야 하므로 모든 차시별 수업 및 과제에서 표 10.4-1과 같은 문제를 포함할 필요는 없다. 단지 당신은 학생들이 수행할 수 있기를 원하는 비판적 사고 과제의 종류를 규명하고 그러한 과제에서 모델링과 실습을 제공한다. 그런 방법으로 모든 학생들을 비판적 사고 전문가로 만들지는 못하지만, 괜찮다. 많은 유능한 전문가들도 그 자격을 갖추지는 못했다. 교수가 해야 할 일은 단지 학생들을 그 방향으로 이끄는 것이다. 이렇게 하기 위한 몇 가지 전략은 대부분 Condon과 Kelly-Riley(2004), Lynch, Wolcott(2001) 및 van Gelder(2005), Fogler 등(2014)의 연구에서 나온 것이다.

10.4.1 기대를 분명히 한다

2장에서 학생들이 교수의 기대를 잘 이해할수록, 학생들은 더 잘 배울 수 있다는 일반 상식적인 원리를 제안했었다. 또한 기대에 관하여 효과적으로 소통하는 방법은 기대를 학습 목표에 명시하고 학생들에게 시험을 위한 학습지침서 형태로 주는 것이다. 만약 당신이 표 10.4-1에 있는 것과 같은 연습문제를 수업에서 사용할 계획이라면 요구되는 능력을 학습지침서의 학습 목표에 포함시킨다. 그리고 저부담 수업 활동 및 과제에서 그 연습문제들을 일부 사용한다. 그 과정을 거친 후에는 학생들은 고부담의 과제 및 시험에 나오는 비슷한 문제들을 다룰 준비가 되어 있을 것이다.

10.4.2 평가틀, 모델링, 연습을 제공한다

비판적 사고에 익숙하지 않은 학생은 어떤 출판물, 제안서 또는 논란이 되고 있는 이슈에 대한 글이나 말로 표현된 입장을 평가하기 위해 평가 틀을 받으면 도움이 될

표 10.4-1 예시적인 비판적 사고 연습문제

- 다음은 [이 문제를 해결하기 위한 두 가지 전략, 이 작업을 수행하기 위한 두 가지 컴퓨터 코드, 세 가지 대안 설계, 실험 데이터의 세 가지 가능한 해석]이다. 가장 적합한 것을 선택하고 선택에 대한 이유를 설명하라.
- [방금한 진술, 교재 p. 247에 있는 방정식 23, 첨부된 논설에 있는 논쟁 중 하나]가 잘못되어 있다. 오류를 확인하고 수정하라.
- 다음 시나리오는 [상사가 연루된 비윤리적이고 불법적인 사건을 알고 있는 직원, 지도교수가 실험 데이터를 바꾸었다는 것을 알게 된 대학원생]의 사례를 기술하고 있다. 가능한 행동 방침을 열거하고 토론하고, 권고안을 작성하고 논리적 정당성을 제시하라.
- 이 과목을 수강한 학생이 첨부된 [프로젝트 보고서, 분석, 디자인, 에세이]를 제출했다. 여기에 대하여 점수를 주고 이유를 요약하라.
- 첨부된 [유명한 과학 저널, 어제 신문의 표지기사 또는 논평, 텔레비전 방송 인터뷰의 사본]을 읽고 비평하라. 당신의 비평에는 제시된 의견의 정확성과 설득력에 대한 평가가 포함되어야 하고 비전문가로 하여금 각 부분들을 이해하고 얼마나 신뢰할 수 있는지 결정하는 데 도움을 줄 수 있도록 명시된 가정과 숨겨진 가정, 오해하기 쉬운 문장, 증명되지 않은 주장, 그 외 어떤 것이든 규명해야 한다.

수 있다. 효과적인 방법은 **구조화된 비판적 사고**이다(Fogler et al., 2014, pp. 42-43). 표 10.4-2에서 개요를 설명한다.

　이런 구조나 약간 다른 비판적 사고 절차 중 어느 것을 가르치든 간에, 그것을 기술하고 응용 사례를 제시하고, 샘플 문서나 발표 자료를 나누어주고 학생들에게 수업 활동과 과제에 대한 절차를 적용하게 하고, 유사한 연습문제를 시험에 포함한다.

10.4.3 비판적 사고의 평가

학생에게 원하는 학습 성과 목록에 비판적 사고 능력을 포함시켰다면, 학생들이 그러한 학습 성과를 얼마나 달성했는지 어떻게 알 수 있는가? 다음은 일반적으로 사용

표 10.4-2 구조화된 비판적 사고

문서 또는 프레젠테이션을 비평하는 경우, 다음을 수행하라.

- 저자(또는 연설자)의 주장을 모두 요약하라.
- 저자의 근거(정당성)를 조사하고 평가한다. 결론을 지지하거나 부정하는 외부의 증거(사실, 관찰, 연구 데이터, 과학적 논리적 원리)를 수집하라.
- 저자의 진술되거나 진술되지 않은 가정과 편견을 찾아내고 평가하라.
- 저자의 주장의 타당성에 대하여 결론을 내려라.

되는 두 가지 유형의 평가 도구이다.

체크리스트와 루브릭

자료 10.4-1은 어떤 기사나 에세이에 대한 학생들의 비평을 평가하는 예시적인 체크리스트를 보여준다. 체크리스트의 마지막 항목을 주목하라. 이 항목은 학생들이 잘한 것과 다음에 개선해야 할 것에 대하여 성찰할 것을 요구한다. 이러한 유형의 성찰적 자기 평가(메타인지의 한 형태)는 강력한 비판적 사고 능력을 개발하는데 있어서 중요한 단계이다.

자료 10.4-1에 제시된 것과 같은 체크리스트를 가지고 있다는 것은 채점을 보다 일관되고 효율적으로 하도록 도와주며, 또 당신의 기대를 놀라울 정도로 명확하게 보여주도록 돕는다. 각 기준을 숫자로 나타낸 척도(예 : 1~5)로 등급을 매기고 각 레벨에서의 반응이 어떻게 나타나는지를 명시적으로 나타내는 루브릭(8.4절)은 무엇이 개선되어야 하고 이를 어떻게 달성하는가에 대한 체크리스트와 동등하게 훌륭한 피드백을 제공할 수 있다. 비판적 사고 채점기준은 Condon과 Kelly-Riley(2004), Lynch와 Wolcott(2001), Blue 등(2008)에 의해 기술되어 있고 또 7개의 다른 평가 기준들은 AALHE에서 제공한 것이다. 한 연구에서는, 정기적으로 피드백을 제공하기 위해 루브릭을 사용한 과목의 평균 비판적 사고 점수는 사용하지 않은 과목보다 최대 3.5배 높았다(Condon & Kelly-Riley, 2004). 그 결과는 루브릭이 반드시 더 높은 점수를 준다는 것을 증명하지는 못했지만, 기대를 분명히 하는 것이 기대를 충족시킬 가능성을 증가시킨다는 기존의 많은 증거에 추가될 수 있다.

비판적 사고 능력을 평가하기 위해 특별히 개발된 표준화된 도구

표준화된 비판적 사고 평가의 예로는 Tasks in Critical Thinking(Erwin & Sebrell, 2003), California Critical Thinking Skills Test and California Critical Thinking Disposition Index(Phillips et al. 2004)와 Watson-Glaser Critical Thinking Appraisal(Watson & Glaser, 1980)가 있다. 표준화된 도구를 사용하면 비용이 많이 들고 번거로울 수 있으며 당신의 특정 학습 목표에 맞게 평가를 조정할 수 없다. 그러나 그러한 도구들은 검증되고 규범화되었기 때문에, 그들은 일반적인 비판적 사고 능력 개발을 위한 형식적인 조사연구에 가장 적합한 측정 방법이다.

자료 10.4-1 비판적 평가를 위한 채점 체크리스트

학생 : _____

날짜 : _____

평가할 기사(논설) : _____

기준	최고 점수	점수	코멘트
문서 내용의 이해(25%)			
저자의 목적, 주요 아이디어 및 결론	15		
공정하게 표현된 저자의 관점	10		
비판적 분석(40%)			
확인된 저자의 가설과 편견	10		
확인된 강력하고, 지지적이고, 설득력 있는 주장과 결론	10		
확인된 약하고 지지를 못 받은 주장	10		
저자 입장의 타당성에 대하여 명시적이고 설득력 있게 정당화된 결론	10		
발표(25%)			
깔끔하고 형식을 잘 갖춤	5		
올바른 문법과 좋은 스타일을 사용함	10		
명확하고 설득력 있게 작성함	10		
성찰(10%)			
이 비평(자기 편견을 포함하여)에서 확인된 강점과 약점 그리고 그것을 강화시킬 수 있는 단계들	10		
총점	100		

10.5 자기주도적 학습 능력

이 책의 첫 번째 엿보기에서 우리는 STEM 전문가가 앞으로 수십 년 내에 필요로 할 특성을 추천했다. 교수의 도움 없이 새로운 지식과 기술을 계속 습득할 수 있는 능력은 앞으로 이야기하려고 하는 목록 중에서 가장 중요하다. 즉, 전문가는 자기주도적 학습자여야 한다.

　자기주도적 학습에 대해서는 많은 정의가 제시되어 왔다. 우리는 고전적인 것을 사용한다-"가장 넓은 의미에서, '자기주도적 학습'은 다른 사람들의 도움이 있든 없든, 학습 요구를 진단하고, 학습 목표를 수립하며, 배움에 필요한 인적 및 물적 자료를 식별하고, 적절한 학습 전략을 선택하고 실행하며, 학습 성과를 평가하는 데 주도적인 역할을 하는 과정이라고 기술한다"(Knowles, 1975, p. 18). 당신이 자기주도적 학습자인 경우 다음과 같은 행동을 취하는 경향이 있다.

A. 학습 요구를 진단한다

　자기주도적 학습 과정의 첫 번째 단계는 "학습이 필요한가?"라는 질문과 "학습에 가장 도움이 되는 조건은 무엇인가?"라는 질문을 하는 것이다. 첫 번째 질문에 대한 답은 당신이 알고 싶은 실제 정보와 당신이 수행할 수 있기를 원하는 절차와 방법 그리고 이해하기를 원하는 개념을 인식하는 것을 의미한다. 두 번째 질문에 대한 답은 가장 유용한 것으로 알려진 교육 매체 및 방법(책, 기사, 강의, 세미나, 시연, 실습, 비디오, 시뮬레이션, 스크린캐스트, 개별 지도, 일대일 또는 그룹 토론, 또는 온라인 토론 포럼 등) 및 아마 가장 도움이 될 수 있는 사람들(동료, 컨설턴트)을 식별하는 것을 포함한다. 또한 도움이 되지 않거나 학습을 방해하는 조건을 파악하는 것도 유용하다. 당신은 이것이 메타인지라는 것을 느끼는가?

B. 학습 목적[1]을 수립한다

　당신이 배우고자 하는 것에 대한 초기 목록은 다소 일반적이고 모호할 수 있다("무척추 동물의 피부 질환을 진단하는 법을 배우고 싶다.", 또는 "변이의 다변량 분석을 이해하고 싶다."). 이러한 목적을 달성하기 위해서는 인터넷에서 몇 시간 보내는 것에서부터 박사학위 취득까지 요구할 수 있으므로, 더 면밀하고 자세한 목적의 목록을 작성하는 것이 훨씬 더 유용하다. 이 단계에서, 당신은 "다음에 내가 배워야 할 것은 무엇인가?"라고 물을 것이다. 과목 전체를 배우겠다는 것은 많은 사람이 중도 포기하게 하는 위압적인 목적이다. 그러나 단순히 다음 단계를 수행하는 것은 보통 감당하기 쉽다. 그렇지 않으면 그 단계를 작은 덩

---

[1] 여기서 목적은 목표로 볼 수도 있으나 저자는 objective(목표) 대신 goal(목적)을 사용하여, 목표와 목적을 구분하였다. - 역주

어리들로 나눈다.

C. 학습 자료를 찾아 모은다

당신이 물어볼 수 있는 다음 질문은 "단계 A에서 확인한 리소스 종류 중 [인쇄물, 온라인 자원 및 인적 자원] 중 내가 찾아야 하는 것이 구체적으로 어떤 것인지, 어디서 그것을 찾아야 하는지."이다.

D. 학습 전략을 선택하고 실행한다

책과 기사를 읽고, 강의 및 세미나를 듣고, 비디오 및 인터넷 방송이나 튜토리얼을 시청하고, 토론에 참여하고, 장비와 시뮬레이션을 실습한다. 마치 시험을 준비하는 것처럼 행동하고 8장에서 제안한 시험 준비 전략을 따른다.

E. 학습 성과를 평가한다

여기에서 중요한 질문은 "내가 원했던 것을 얼마나 잘 배웠는가?", "만약 다시 돌아가서 다시 한다면 무엇을 다르게 하겠는가?"이다(만약 자기주도적 학습자가 되고 싶다면 당신은 메타인지로부터 멀어질 수 없다). 만약 첫 번째 질문에 대한 대답이 "내가 알아야 되는 만큼 배웠다."라면 단계 B로 돌아가서 다른 사이클을 수행한다. 단계 A에서 정한 광범위한 학습 목적을 끝내지 않았다면 자신을 축하하고 다음에 배우고자 하는 것이 어떤 것이든 다음으로 넘어간다.

학생들이 위의 모든 것을 할 수 있도록 돕기 위한 제안들이 표 10.5-1에 나와 있다. 이 중 대다수는 자기주도적 학습(Guglielmino, 2013; Hiemstra, 2013) 그리고 이와 관련된 메타인지(Tanner, 2012)와 평생학습(Knapper & Cropley, 2000)에 관련된 주제들을 다룬 문헌들에 기반을 두고 있거나 이들의 지지를 받고 있다. 세 가지 주제 사이에는 몇 가지 차이점이 있지만 학생들이 자기주도적 학습의 역량을 가지고 졸업할 때는 본질적으로 메타인지적 사고자나 평생 학습자가 될 역량을 갖추게 된다.

이 표의 첫 번째 제안은 학생들에게 가장 적합한 교육용 리소스를 학생들이 파악하는 것이다. 이 아이디어는 학생들이 교수에게 강의 자료를 요구하는 것이 아니라(일반적으로 효과적인 전략은 아님) 수업에서 제공되지 않으면 다른 곳에서 찾는 것이다.

표 10.5-1 자기주도적 학습 및 평생학습을 촉진시키는 과제

A – 학습 요구를 진단하라.
B – 학습 목표를 작성하라.
C – 학습 자료를 찾아 모아라.
D – 학습 전략을 선택하고 실행하라.
E – 학습 성과를 평가하라.

학생들이 할 과제	다루는 특성
자신이 가장 잘 배운다고 믿는 교수법 자료와 방법을 찾으라.	A, C, D
학습 목표, 학습지침서 및 문제들을 작성하라.	B
특정 주제에 대한 관련 도서 및 논문을 웹에서 검색하라.	C
어떤 강도 높은 개방적 문제가 주어졌을 때, 무엇을 아는지, 무엇을 결정할 필요가 있는지, 그리고 어떻게 시작해야 하는지 자세히 서술하라(귀납적 학습, 3.6, 9.4, 12.2절).	A~D
자신의 결과물과 다른 사람의 결과물을 평가하기 위하여 적절한 루브릭을 사용하라(8장).	E
프로젝트 팀과 자신을 포함한 팀원들의 성과를 평가하기 위하여 적절한 루브릭을 사용하라.	E
어려운 선택과 결정을 내려야 하는 현실적인 상황에 대한 사례 연구들을 분석하라. 그들이 무엇을 했어야 하는지 진술하고 이유를 설명하라.	A~E
학습 과제의 선택과 어떻게 성적을 매기는가를 연습하라(프로젝트 유형 및 주제를 선택하고, 과제 및 시험을 프로젝트로 대체하고, 과목의 여러 다른 요소의 최종 성적에서의 가중치를 정하라).	A~E
독립적인 연구 조사 및 프로젝트를 수행하라.	A~E
학습자 중심의 교수법, 특히 능동적, 협동적, 프로젝트 기반 학습 및 문제 기반 학습을 사용하는 수업을 택하라(6, 11장, 9.4, 10.6, 12.2절).	A~E
학습과 메타인지의 과정에 대해 배우라[9.2절, Ambrose et al(2010), Oakley (2014), University of California, San Diego(2014)].	A~E

10.6 프로젝트 기반 학습

STEM 전문가의 직무 내용이 무엇이든 간에, 대형 프로젝트 팀에서 근무하게 될 가능성이 크다. 그러한 프로젝트는 대개 창의적이고 비판적인 사고가 필요하다. 과학자와 공학자가 일상적인 업무만 처리하고 중요한 판단을 하지 않는다면, 그들은 조만간 컴퓨터나 기술자로 교체될 것이다. 팀 구성원은 각자의 역할을 수행하는 데 개인적인 책임을 져야 하고 프로젝트 결과에 대한 공동책임을 공유해야 하며, 서로 효율적으로 의사소통할 수 있는 능력이 성과에 영향을 강하게 미칠 수 있다. 다시 말하면 대부분의 STEM 전문가는 이 장(그리고 팀워크를 다루는 11장)에서 논의된 모든 역량이 필요하다.

직업 기초 능력 개발을 위한 이상적인 교육 환경은 그러한 역량이 필요한 직장과 유사한 환경이어야 하며 그래서 프로젝트는 STEM 교육의 중요한 구성 요소이다. **프로젝트 기반** 학습에서, 프로젝트는 목표 역량을 습득하고 개발할 수 있는 많은 동기와 환경을 제공한다. 다음의 문헌은 일반적인 프로젝트 기반 학습(Capraro et al., 2013; Kolmos & de Graaf, 2014 ; Prince & Felder, 2006, 2007) 및 특별히 사례 연구 분석이 포함된 프로젝트(Davis & Yadav, 2014; Hcrreid et al., 2012; National Center for Case Study Teaching in Science, n.d.), 지역사회 봉사(봉사학습)(EPICS[Engineering Projects in Community Service], n.d.; Jacoby, 2014)와 공학 설계(Atman et al., 2014; Dym et al., 2005, 2013) 그리고 학부 연구(Laursen et al., 2010)와 관련된 프로젝트에 대한 광범위한 토론을 제공한다.

방금 인용한 참고문헌 중 일부는 프로젝트의 교육적 효과의 평가에 대하여 보고하였다. 전통적인 가르침을 받은 학생들과 비교하여 프로젝트 기반 학습에 참여한 학생들은 내용의 지식 평가에서는 비슷하거나 약간 낮지만, 개념 이해, 메타인지 역량, 학습 동기, 의사소통 및 팀워크 기술, 복잡하고 현실적인 문제에 배운 것을 어떻게 적용하는가에 대한 이해력 평가에서 훨씬 뛰어났다. 프로젝트를 가능한 한 유익한 것으로 만들기 위해 예비 계획안, 정기 진행 보고서 및 최종 보고서 초안과 같은 중간 제출물에 대하여 상세한 피드백이 필요하므로 이를 제공한다. 최종 보고서에는 최소한의 피드백만 제공한다. 왜냐하면 수정 및 재제출의 기회가 없음으로 자세한 피드백은 무시되기 쉽다. 학기 중에 학생 팀과 한두 번의 회의 일정을 잡아 프로젝트가 어떻게 진행되는지에 대해 이야기를 듣고 조언을 해줄 수 있다. 당신의 과목에서 프로젝트를 평가하고 채점하는 것이나 학생들에게 프로젝트 보고서 작성 기술을 가르치기 위한 평가 도구의 사용에 대한 정보는 8.4절을 검토하라.

10.7 직업 기초 능력 개발을 위한 지지적 환경 조성하기

많은 STEM 학생들은 직업 기초 능력, 특히 글쓰기와 말하기를 배우고 평가받는 것을 좋아하지 않으며 일부 학생들은 굉장히 싫어한다. Felder 교수의 학생 중 한 명은 그가 엔지니어가 된 이유가 그런 싫은 일에서 벗어나는 것이라고 말한 적이 있다!

직업 기초 능력 개발에 대한 학생들의 태도는 **지능 발달의 수준**과 반비례할 수 있는데(Baxter Magolda, 1992; Felder & Brent, 2004b, 2004c; Perry, 1970/1998) 이 장 앞부분의 엿보기에서 정의한 개념이다. 많은 학생은(엿보기에서 언급한 데이브와 같은 학생은) Perry의 지적 발달 모델(Perry, 1970/1998)에 따르면 **이원론자**로 대학에 입학한다. 학생들은 교수의 책무가 알려진 사실을 언급하고 잘 정의된 방법을 보여주는 것이라고 믿으며 또 그들의 책무는 이러한 사실과 방법을 시험에 재연하는 것이라고 믿는다. 이원론자 학생들은 교수가 암기 이상의 것을 요구하고, 단일 정답이 없는 독창적이고 비판적인 사고가 요구되는 도전적인 문제에 대면하게 되고, 특히 학생의 제출물이 기술적 우수함뿐 아니라 문법 및 문체에 의해서도 평가되면 어리둥절해 하고 분개할 수 있다. 지능 발달의 사다리를 다중성으로 옮긴 학생들(엿보기의 메건 같은)은 어떤 질문은 하나의 정답을 가질 수 없다는 것을 기꺼이 인정하고, 사용된 방법이 맞기만 하면 개방형 질문에 대한 어떤 답도 다른 답만큼 우수할 수 있다는 것을 의미하는 것으로 받아들인다. 만약 성적이 학생의 응답의 질에 대한 교사의 부정적인 판단에 의해 영향을 받으면 이 학생들도 분개할 수 있다. 학생들이 상대주의 수준에 도달할 때만 (엿보기의 로베르토 같은) 일부 문제는 단일 정답을 가지고 있지 않을 수도 있고, 대안들도 여전히 엄격한 평가 기준에 종속될 수 있으며 일부 답은 다른 답들보다 우수하다는 점을 인정한다.

엿보기에서 언급된 것처럼, 학생들이 지능 발달 스펙트럼이 발전하도록 돕기 위해서는 **도전**과 **지지**(Felder & Brent, 2004c)의 두 가지 조건이 충족되어야 한다. 학생들은 그들의 현재 수준의 특징을 나타내는 믿음이 도전을 받지 않는다면 그 믿음을 바꾸지 않을 것이다. 모든 지식이 확실하고 모든 문제는 한 가지 해결책을 가지고 있다고 믿는 사람들은 해결되지 않은 이슈들과 개방형 문제로 도전을 받아야 한다. 지식들이 확실하지 않고 모든 판단들은 동등하게 가치 있다고 믿는 사람들은 그들의 판단을 지지하는 증거를 만들도록 도전을 받아야 하고, 그들의 작업 결과는 증거의 질에 따라서 평가받아야 된다.

그러나 도전만으로 충분하지 않다. 지식에 대한 근본적인 믿음에 도전을 받은 학생들은 위협을 느끼기 쉽고 종종 현재 발달 수준에 머무르거나 더 낮은 수준으로 후퇴되기 쉽다. 이러한 결과를 피하기 위해서, 반드시 지지가 도전에 동반되어야 한다. 지지는 형성 평가(3.6.6절), 명확한 총괄 평가 기준(8장 2.1절), 9.2절에서 제안한 학생의 자기효능감을 북돋아주는 방법 중 하나, 혹은 이 장 나머지에 제시된 아이디어 중 한 형태를 취할 수 있다.

능동 학습을 이용하는 것은 학생들을 지지하는 강력한 방법이다. 만약 당신이 수업에서 높은 수준의 질문을 하고 각각의 학생들에게 대답하도록 차갑게 요구한다면, 틀리는 것에 대한 두려움과 바보같이 보이는 것에 대한 두려움이 그들의 사고를 닫아버린다. 처음에는 상대적으로 사적 공간에서 아이디어를 낼 수 있는 소그룹으로 활동하는 것이 더 안전하다. 또한 처음의 몇몇 창의적이고 비판적인 사고의 과제에 대해서는 짝을 지어 활동하도록 할 수 있다.

교수가 높은 수준의 질문들을 던졌을 때, 좋은 대답에 대해 인정해주고, 왜 그 답이 좋은 답인지가 명확하지 않다면 좋은 점을 지적해준다. 또한 아주 정확하지는 않아도 근접한 대답도 인정해주면서 수업을 듣는 학생들에게 개선을 제안해보라고 요구한다. 잘못된 대답을 방치해서도 안 되지만 학생을 비난해서도 안 된다. 만약 학생들이 잘못 대답했을 때 수업에서 그들을 안 좋게 만든다면, 그들은 다시는 자발적으로 발표하지 않을 것이고 생각조차 하지 않을 것이다. 게다가 높은 수준의 사고는 대개 좋은 아이디어를 찾기 전에 많은 아이디어들을 떠올리는 것을 포함한다. 만약 당신이 어떤 문제가 하나의 정답을 가지고 있다는 것이 확실하지 않다면, 당신이 염두에 둔 한 가지에서 멈추는 대신 여러 대답들을 요구해본다. 그렇게 하는 것은 학생들에게 어떤 아이디어를 성급하게 받아들이지 않는 것이 더 좋은 아이디어로 이끌고 가끔은 최고의 아이디어로 이끌 수 있다는 것을 보여준다.

마지막으로, 친숙하지 않은 직업 기초 능력이 요구되는 처음 두 세 번의 과제들을 채점한 후에, 학생들로 하여금 이들을 수정하게 하고 다시 제출하도록 한다. 처음 시도할 때에는, 두 번째 성적이 첫 번째 것을 대체하도록 해주거나 2개의 성적의 가중치를 둔 평균을 사용한다. 다음번에는, 첫 번째 성적에 더 큰 비중을 준다. 세 번째나 네 번째 과제에서는, 두 번째 제출 기회의 학습 이득이 아마 추가적인 채점 시간 소모에 정당성을 부여하지 않을테니, 한 번의 제출만 허용한다.

10.8 알아두기

- 직업 기초 능력 개발은 관련 학습 목표를 정의하고, 목표 달성 평가에 대한 명확한 기준을 수립하고, 채점 형식(체크리스트 또는 루브릭)에 기준을 포함하고, 학생 결과물에 성적을 매기거나 학생들이 교수의 기대치를 이해하도록 돕는 양식을 이용하는 교수에 의해 촉진된다.

- 저부담의 과제는 과목 성적에서 무시할 수 있는 간단한 형성적인 글쓰기 및 말하기 연습문제이며, 고부담의 과제는 성적에 상당히 중요한 연습문제이다. 직업 기초 능력을 다루는 수업은 저부담 과제부터 시작해야 하며, 고부담 과제들은 역량 개발을 지속시키고 평가하는 데 사용되어야 한다.

- 창의적 사고 능력은 브레인스토밍, 브레인라이팅, 문제 작성 및 문제 해결의 연습과 명시적으로 창의성을 요구하는 과제들에 의해 증진될 수 있다. 비판적인 사고(증거에 기반한 판단과 결정)는 학생들로 하여금 대안적인 전략, 해결책, 디자인을 선택하게 하고, 목록에서 항목들에 대해 우선순위를 매기게 하거나 명확하게 정의된 평가 기준들을 사용하여 비평서 또는 발표 자료를 평가하도록 하면 향상될 수 있다.

- 학생들의 자기주도적 학습 능력은 명확한 학습 목표를 수립하고 목표를 달성하기 위한 리소스를 확인하여 모으고, 학습 전략을 선택 및 실행하고, 학습 성과를 평가하도록 학생들에게 요청함으로써 향상될 수 있다. 자기주도적 학습은 능동 학습, 협동 학습, 프로젝트 또는 문제 기반 학습을 포함하는 학습자 중심의 교수 방법으로도 향상될 수 있다.

- 직업 기초 능력 개발을 위한 지지적 환경은 훌륭한 결과물의 예를 보여주고, 좋은 대답을 인정해주고, 부적당한 것이 어떻게 개선될 수 있는지 제안하고, 최종 제출물 외에 추가로 주요 프로젝트 보고서의 개요나 초안을 수집하여 평가하고, 직업 기초 능력이 요구되는 결과물의 수정 및 재제출의 기회를 주면 구축될 수 있다.

10.9 수업에서 시도해보기

- 표 10.1-1에 열거된 저부담의 글쓰기 과제를 하나 이상 능동 학습 연습문제로 사용하고 유사한 연습문제를 과제, 학습지침서 및 시험에 포함시킨다.

- 표 10.3-2의 브레인스토밍 또는 브레인라이팅 연습 중 하나를 수업 활동으로 실시한다. 이어서 교수가 지정한 기준(가능성, 타당성, 시도 순서 등)에 따라 학생들은 상위 세 가지 대답을 선택하고 그 선택을 정당화하는 비판적 사고 활동도 함께 한다. 유사한 연습문제를 과제, 학습지침서 및 시험에 포함시킨다.

- 전통적으로 하는 "주어진 _____에서, ____계산하라." 형식의 과제 문제에, 측정된 변수 값이 계산된 값과 크게 다른 경우 학생에게 가능한 이유에 대한 설명을 나열하도록 하는 문제 해결 부분을 추가한다. 유사한 문제를 학습지침서와 시험에 포함시킨다.

- 10.3.3절에 나와 있는 모델에 따라 과제에 하나 이상의 문제 만들기 연습과제를 포함한다.

- 표 10.4-1에 나열된 유형 중 하나 이상의 비판적 사고 연습문제를 교실 활동, 과제 및 시험에 포함시킨다. 연습문제가 문서나 발표를 비평하는 것이 포함되는 경우에는 학생들에게 구조화된 비판적 사고(표 10.4-2)를 사용하게 한다.

- 자기주도적 학습 능력을 학생들이 배울 수 있도록 표 10.5-1의 연습문제 중 하나를 과제로 준다.

그동안 몇 번이나 언급했듯이, 학생들이 이전에 익숙했던 것보다 자신의 학습에 대해 책임감을 더 많이 가지게 하는 교수법을 사용하면 일부 학생은 오히려 그것에 열광하지 않을 수도 있다. 능동 학습(6장), 협동 학습(11장) 그리고 귀납적 강의와 학습(12장)이 이 범주에 속한다. 교수가 빗나간 목적으로 이 방법을 사용하지 않고 오로지 학생들의 학습 및 성적을 향상시키기 위한 방법으로 사용한다는 것을 입증한다면 수업은 훨씬 더 원활하게 진행될 것이다.

다음은 논리를 만드는 것을 돕기 위해 고안된 여러 개의 짧은 잔소리들이다. 처음에 방법을 소개할 때나 학생들이 제기할 수 있는 비판적인 질문이나 의견에 대한 답변으로 이들을 변형하여 사용할 수 있다.

학생(S) : 수업 중에 하는 그룹 활동은 시간 낭비입니다. 저는 교수님이 저를 가르치는 데 대해 등록금을 내고 있지, 나보다 모르는 학생들과 아이디어를 교환하는 데 내고 있지 않아요!

교수(P) : 가르치는 것이 내 일이라는것에는 동의하지만, 나에게 있어서 가르치는 것은 단순히 정보를 꺼내는 것이 아니라, 학생들이 학습하도록 만드는 것을 의미한단다. 알아야 하는 것을 듣는 것만으로는 별로 배우지 못한다는 것을 알려주는 수많은 연구를 보여줄 수 있어. 네가 아는 것의 대부분은 어떤 것을 해봄으로써, 어떻게 돌아가는지 봄으로써, 실수를 통해 피드백을 얻거나 거기서 배움으로써, 그리고 다시 시도해봄으로써 배웠단다. 이러한 짧은 활동에서 하는 일은 과제와 시험에서 해야 하는 것과 똑같은 일이고 이것이 어려운 부분이란다. 차이점은 이제 과제를 할 때 이미 그 부분을 연습하고 즉각적인 피드백을 얻었기 때문에 과제가 훨씬 빨라지고 시험에서 아마 더 잘할 수 있을 거란다. 그건 그렇고, 그 연구를 보고 싶다면 나에게 말하렴.

S : 저는 그룹으로 과제하는 것을 정말 싫어해요. 혼자 할 수는 없나요?

P : 네가 행복하지 않다니 유감이구나… 하지만 솔직해져야 하는데, 나의 일은 너를 행복하게 만드는 것이 아니라 너의 직업 경력을 위해 너를 준비시키는 것이란다. 직장 첫날에 다음과 같은 일은 일어나지 않을 것이다. 회사에서 그들은 "회사에 오신 것을 환영합니다. 존스 씨. 혼자 일하는 것과 다른 사람과 일하는 것 중 어떻게 일하기를 원하시나요?"라고 말하지는 않을 거야. 그들이 첫 번째 하는 일은 너를 어떤 팀에 넣는 것이란다. 그리고 너의 성공은 미분방정식을 어떻게 풀고 인장 시험을 어떻게 할 것인가보다 팀원과 함께 어떻게 일하는가에 달려 있어. 팀워크는 네가 회사에서 할 일의 큰 부분이기 때문에, 여기서 나의 일은 네가 어떻게 일해야 하는가를 가르쳐주는 것이고 그 일을 할 것이란다.

S : 그래요, 그런데 교수님이 나에게 배정한 바보들과 한 팀에서 하고 싶지 않아요. 왜 내 친구들과 공부하는 것은 안 되나요?

P : 미안하군. 이 또한 선택이 아니다. 그 회사 첫날에 누군가 말하기를 "회사의 모든 사람들의 목록입니다. 누구와 일하고 싶은지 말해주십시오."라고 말하는 일은 일어나지 않을 거야. 실제로 일어나는 일은 네가 누구와 일할 것인가를 통보받는 것이지 선택권이 있지 않다는 것이란다. 대학에서 폭넓은 그룹 활동을 했던 졸업생에게 자신이 배운 것 중에서 그들의 경력에 가장 적합한 것이 무엇인지를 묻는 설문 조사를 보여줄 수 있어(Felder, 2000). 두 번째로 가장 많은 대답은 '과제 그룹'이었지(첫 번째는 모두 어려운 과제라고 하였다). 그들 중 한 명은 "내가 이 회사에서 일하게 되었을 때, 그들이 한 첫 번째 일은 나를 어떤 팀에게 데려간 것이었다(내가 대학 다닐 때 알고 있던 자신의 몫을 감당 못하는 짜증나는 팀원들처럼). 회사에도 이런 팀 구성원이 있었다. 내가 다른 대학에서 온 사람들과의 차이점은 나는 게으른 사람들을 어떻게 대해야 하는지에 대하여 몇 가지 아이디어를 가지고 있다는 것이었다."라고 말했지. 이 수업에서 너는 이 게으른 사람들에 대해 무엇을 해야 하는지 배울 것이란다.

어느 시점에서 교수는 학습자 중심 교육이 더 많은 것을 배우게 하고 더 좋은 성적으로 이어진다는 그녀의 주장을 뒷받침하는 연구를 공유하였다. 인용할 좋은 자료는 Freeman 등(2014)의 능동 학습, Springer 등(1999)의 협동 학습, Prince와 Felder(2006)의 귀납적 교수 학습이다.

그리고 그것으로 끝이다. 우리의 제안은 그러한 잔소리들을 활용해 당신의 논리를 만드는 것이고 좋은 기회가 왔을 때 빠르게 실행하라는 것이다. 우리는 이러한 방법들이 모든 학생을 즉시 이것을 믿도록 변화시킬 것이라고 보장하지 않지만(실제로는 변화가 안 된다고 보장한다), 우리의 경험은 그런 것들이 대부분의 학생들로 하여금 교수가 진실을 말하고 있다는 것을 알게 하기에 충분하여 학생들의 저항감을 지속적으로 줄여준다.

팀워크 능력

11.0 들어가기

STEM 관련 직업에 종사한다는 것은 좋든 싫든 팀으로 일해야 한다는 것을 의미한다. 현장과 연구실에서 가장 어려운 문제는 복잡하고 다학제적이라는 것인데, 게다가 이러한 문제를 완벽하게 해결할 수 있는 풍부한 전문 지식을 가진 개인을 찾는 것도 쉽지 않다. STEM 교육을 받은 졸업생을 채용한 고용주에게 최근 채용한 직원들의 가장 부족한 역량을 나열하도록 한 설문 조사에서 팀워크는 10장에서 논의된 의사소통, 창조적 사고 및 비판적 사고 역량과 함께 가장 자주 언급되는 역량 중 하나이다(CBI, 2008; Hart Research Associates, 2010; Lang et al., 1999).

학생들이 팀으로 학습을 잘하도록 가르치는 유일한 의미 있는 방법은 팀 과제를 제공하고, 팀워크 전략을 가르치며, 성과를 평가하고, 건설적인 피드백을 제공하도록 하는 것이다. 그러나 보통의 STEM 교수라면 학생들이 그룹으로 활동하는 것에 대해 좋게 생각하지 않을 것이다. 학창 시절 그룹에서 과제나 프로젝트를 진행했을 때 팀워크가 그다지 재밌지 않았을 수 있다. 일부 팀 구성원들이 역할을 다하지 않아서 추가 업무를 해야 했을 수도 있으며, 팀 구성원들과 끊임없이 옥신각신 했어야 하거나, 또는 그저 혼자 일하는 것을 선호했을 수도 있을 것이다. 예전에 교수로서 팀워크 과제를 제공하면 의심의 여지없이 위와 같은 비슷한 패턴을 보았을 것이고, 지금은 기능을 제대로 못하는 팀과 불평만 하는 불행한 팀 구성원들을 상대해야 할 것이다. 앞의 엿보기에서 보았던 내용이 순전히 꾸며낸 이야기만은 아니다. 학생 팀과 함께 작업을 해왔던 교수는 이런 내용을 들어봤고, 그런 상황에서 많은 경우 '누가 그런 골치 아픈 일이 필요한가?'라고 생각한다. 그러나 STEM 분야에 널리 퍼져 있는 팀워크와 고용주 설문 조사 결과를 생각하면 위 질문에 대한 불가피한 답변은 "우리 모두 필요하다."라는 것이다.

팀 과제는 단순히 팀워크를 가르치는 것 이상의 의미가 있다. 연구 결과는 팀 과제가 거의 모든 생각할 수 있는 학습 성과를 향상시킬 수 있다는 것을 반복해서 보여주고 있다. 그러나 학습 성과의 향상은 자동적으로 일어나지 않는다(제대로 팀이 형성되지 않고, 관리되지 않으며, 또한 적절한 지도가 없는 팀에서 학생들을 작업하도록 하는 것은 유익한 점보다 오히려 해로운 점이 많을 수 있다). 이 장에서는 협동 학습의 원칙과 학생들이 팀에서 효과적으로 역할을 수행할 수 있고, 제대로 구조화되지 않은 그룹에서 자주 발생하는 문제를 피할 수 있는 능력을 갖추게 하는 것을 가르치는 방법에 대해 설명한다.

이 장에서는 다음 질문에 대해 답한다.

- 협동 학습이란 무엇인가? 학생과 교수에게 어떤 이점이 있는가?
- 강의, 실험 및 프로젝트 기반 수업에서 팀을 어떻게 효과적으로 운영할 수 있는가?
- 팀을 어떻게 구성해야 하는가? 학생들로 하여금 자신의 팀을 구성하게 하는 것에는 어떤 문제가 있는가?
- 팀에서 개별 구성원의 성과는 어떻게 평가할 수 있는가? 어떻게 하면 각 구성원에게 팀의 모든 결과를 이해하도록 할 수 있는가?
- 학생들을 팀으로 작업하게 만들 때 어떤 문제를 예상할 수 있는가? 어떻게 하면 문제 발생을 최소화하고, 또 문제가 발생했을 때 효과적으로 처리할 수 있는가?

11.1 협동 학습

학생들의 그룹 활동과 관련한 다양한 형태의 교수법을 포함하는 뜻으로 **능동 학습**(이 책에서는 간단한 활동과 연관된 수업을 뜻함), 협동 · 협력 및 팀 기반 학습, 탐구 기반 학습, 문제 및 프로젝트 기반 학습, 동료 지도, 동료 주도 팀 학습, 그리고 과정 지향의 안내된 **탐구 학습**이 있다. 세계적으로 저명한 고등교육 팀 기반 학습 저자들이 작성한 논문인 *Journal on Excellence in College Teaching*(25권 3, 4호, 2014)에 이 문제들에 대해서 해박하게 설명하고 비교하고 있다.

수천 건의 연구 결과에 따르면 교수 중심의 강의 및 개별 과제로 교육받은 학생과 특정 조건에서 팀으로 과제나 프로젝트를 수행하도록 교육받은 학생을 비교하면 일반적으로 팀으로 활동한 학생의 학업 성취도가 높고, 졸업까지 학업 유지도도 높으며, 더 높은 수준의 추론 능력과 낮은 수준의 불안감과 스트레스를 보이고, 배우고 성취하려는 내적 동기가 크며, 또래 학생들과 보다 긍정적이고 서로 도와주는 관계를 유지하며, 자존감이 높다고 한다(Hattie, 2009, Ch. 10; Johnson et. al. 2000, 2014; Smith et. al. 2005; Springer et al, 1999; Terenzini et. al. 2001). 더욱이 이러한 점은 낙오 가능성이 있는 소수 학생을 포함하여(Lichtenstein et. al. 2014) 모든 범주의 학생들에게서 관찰된다. 하지만 내일 아침에 급히 학생 팀을 구성하고 그들에게 과제를 주기 전에 이 단락 앞부분에서 언급한 말을 상기해보자. 그룹 과제는 특정 조건에서 많은 학습에 많은 이점이 있다. 학생 팀 과제에서는 서론 부분에서 나열한 것과 같은 많은 문제가 발생할 가능성도 많다. 이러한 문제 발생을 최소화하고, 문제가 발생했을 때 학생들이 잘 대처하도록 가르치지 않는다면 학생들은 그들이 스스로 학습했을 때보다 팀워크에서 훨씬 낮은 학습 성과를 보일 것이다.

STEM 교육에서 성공적으로 폭넓게 사용되는 팀 학습 접근 방식은 협동 학습(coopetative learning, CL)이다. 미네소타대학교의 David Johnson과 Roger Johnson이 개발한 협동 학습(CL) 모델에 의하면(Felder & Brent, 2007; Johnson et al., 2006; Miliis & Cottell, 1998; Smith et al., 2005), 협동 학습은 아래 다섯 가지 조건을 갖춘 팀 과제를 수행하는 학생들과 관련한 방법이다.

1. **긍정적인 상호 의존성** 팀 구성원은 교수의 학습 목적을 달성하기 위해 서로 의존해야 한다.
2. **개인적 책무** 팀의 모든 학생들은 각자 맡은 업무를 완성할 의무가 있고, 과제에서 다루는 모든 자료를 습득할 책임이 있다.
3. **상호작용을 장려** 할당된 과제 중 일부는 개별적으로 해결할 수 있지만 일부는 상호작용을 통해 해결된다. 상호작용은 팀 구성원이 피드백, 토론 해결 전략 및 결론을 서로 제공하는 것이고, 가장 중요한 것은 서로 가르치고 격려하는

것이다.

4. **팀워크 기술의 적절한 사용** 학생들이 의사소통, 리더십, 의사 결정, 시간 관리 및 갈등 해결과 같은 높은 수준의 팀워크에 필요한 기술을 개발하는 데 도움을 준다.

5. **팀 기능에 대한 정기적 자체 평가** 학생들은 팀 목표를 수립하고, 목표를 달성하기 위한 진행 상황을 정기적으로 평가하고, 잘하고 있는 부분과 부족한 부분을 파악하여 향후 보다 효과적으로 업무를 수행하도록 수정 사항을 결정한다.

이 장에서는 위의 조건을 수립하고 유지하기 위한 많은 제안을 제시할 것이다. 먼저, 학생이 팀 과제에 익숙하지 않다면 수업에서 학생들에게 팀워크를 시키기 전에 앞에서 설명했듯이 학생들에게 교수가 무엇을 계획하고 있으며 왜 하는지에 대한 설명을 해야 한다. 그렇지 않으면, 연구에서 입증된 협동 학습의 이점을 보기 전에 학생들의 저항이 생각했던 것보다 심해질 수 있으며, 이를 극복하는 데 많은 시간과 노력이 걸릴 것이다.

11.2 어떻게 팀이 구성되어야 하는가?

학생 팀에 과제를 주려고 할 때 두 가지 질문에 직면하게 된다. (1) 내가 팀을 구성해야 하는가, 아니면 학생들이 자신의 팀을 선택하도록 하는가? (2) 만약 내가 팀을 구성한다면 어떻게 해야 하는가?

11.2.1 스스로 팀 구성하기

수업 중 간단한 교실 내 활동에 능동 학습을 활용하려면(6장), 옆 자리에 앉은 학생들끼리 빠르게 그룹으로 모이게 해야 하고, 더 큰 팀 과제나 프로젝트를 하려고 하면 팀을 구성해야 한다.

교수가 구성한 팀과 학생이 스스로 선택한 팀의 성과를 비교하는 연구는 일반적으로 효과의 차이가 작음에도 불구하고 학생이 스스로 선택한 팀 접근 방식이 좋다고 나타난다(예 : Fiechtner & Davis, 1985; Oakley et al, 2004). 그러나 교수가 팀을 구성하는 방식에 대한 몇 가지 설득력 있는 주장들이 있다. 학생들이 자신의 팀을 선택할 경우 학업이 우수한 학생들이 서로 팀을 구성하여 학업이 떨어지는 학생들이 불공정한 상황에 처하게 되며, 소수의 학생들은 소외될 수도 있다. 교수가 팀을 구성하면 이러한 상황을 피할 수 있고, 또한 실제 전문적인 직장을 시뮬레이션할 수도 있다(STEM 직업에서는 거의 항상 팀으로 일하고 있는데, 자기의 팀 구성원이 누가 되는지에 대한 선택권이 없다).

11.2.2 팀 구성 기준

표 11.2-1에 팀 구성을 위한 네 가지 기준을 제안하고, 이어지는 단락에서 그것들에 대해 자세히 설명한다. 컴퓨터 기술과 같은 특정 기술을 갖춘 학생들을 각 팀에 나누거나 공동의 관심사를 가진 학생들을 한 팀으로 만들거나 하는 것과 같이 다른 기준을 사용할 수도 있다.

대부분의 그룹 과제나 프로젝트에 3명 혹은 4명으로 팀을 구성한다

두 명의 학생이 같이 활동할 경우 서로의 갈등을 해소할 수 있는 자연스러운 방법이 없으며, 누가 맞든지 틀리든지 관계없이 주장이 강한 학생이 항상 이길 것이다. 규모가 큰 팀은 다양한 아이디어와 접근 방식으로 팀워크의 많은 이점을 제공하지만 프로젝트 관리는 더 힘들어진다. 규모가 큰 팀의 구성원은 이탈되거나 소외될 가능성이 더 크다(Aggarwal & O'Brien, 2008). 3명 또는 4명의 팀이 대부분의 과제와 프로젝트에 최적인 경향이 있다. 더 큰 팀을 구성하는 경우 개별 팀 구성원의 의무가 확실하게 설명되어야 한다(Michaelson et al. 2004, 6명의 팀으로 구성한 협동학습의 좋은 모델).

능력이 다른 학생들로 팀을 만든다

학업 능력이 부족한 학생들끼리 팀을 구성하는 것이 불공평한 것은 분명하지만, 우

표 11.2-1 팀 구성을 위한 기준

1. 대부분의 그룹 과제나 프로젝트에 3명 혹은 4명으로 팀을 구성한다.
2. 능력이 다른 학생들로 팀을 만든다.
3. 만약 과제가 수업 외의 활동이 필요한 경우, 비슷한 시간에 만날 수 있는 학생들로 구성한다.
4. 대학에서 처음 2년 동안은 한 팀에 소수 그룹이나 특별 지원이 필요한 학생이 한 명만 포함되는 것을 피한다.

수한 학생으로만 팀을 구성하는 것도 문제가 있다. 이러한 팀의 경우 팀 구성원끼리 과제를 나누는 경향이 있으며, 서로 각자의 맡은 업무를 올바르게 수행하는 것에 의존하며, 다른 구성원이 한 일은 보지도 않고, 오직 본인이 맡은 부분만 확실히 이해하고 있을 수 있다. 다양한 능력의 학생들로 구성된 팀의 경우, 부족한 학생은 우수한 학생들이 어떻게 문제에 접근하는지를 보고, 또 일대일 강습을 받고 배우며, 우수한 학생들은 다른 학생들을 가르치면서 주제에 대해 더 깊이 이해하고 배운다.

그러나 다양한 능력을 가진 학생들로 구성된 팀은 학습 목표 및 직업 윤리에서 이질적일 수 있으므로 갈등을 초래할 수 있다는 것에 주의해야 한다. 우리가 제안하는 다양한 능력을 지닌 팀을 구성할 계획이라면 학생들이 갈등을 관리할 수 있도록 도움을 주는 방법도 고려해야 한다.

팀의 학생들이 수업 밖에서 같이 작업할 수 있는 같은 시간대를 갖도록 한다

수업, 일, 과외 활동으로 대부분의 대학생들은 일정이 꽉 차 있다. 그래서 무작위로 팀을 구성하면 일부 팀 구성원은 과제 수행을 위해서 편하게 만날 수 있는 시간을 찾지 못할 수도 있다. 수업에서 만날 수 있는 시간을 가진 학생들을 조사한 후 팀을 구성하면 이러한 문제를 피하거나 최소화할 수 있다. 이와 같은 정보는 나중에 설명할 CATME Team-Maker(CATME Smarter Teamwork, n.d.) 온라인 프로그램 설문을 이용하여 진행할 수 있다[예 : Felder & Brent (n.d)]. 팀 회의 문제를 해결할 수 있는 또 다른 방법은 학생들이 온라인으로 교류할 수 있는 방법을 찾도록 돕는 것이다. Google Hangouts, Skype, 또는 FaceTime과 같은 도구를 사용하면 직접 만나는 상황이 현실적이지 않거나 불가능할 때(예 : 온라인 강좌처럼) 회의를 진행할 수 있다.

대학에서 처음 2년 동안은 한 팀에 소수 그룹이나 특별 지원이 필요한 학생이 한 명만 포함되는 것을 피한다

STEM 관련 전공에서 소수 그룹이거나, 이제까지의 상황을 보면, STEM 전공에서 실패하고 STEM 과정을 떠나거나 대학 자체를 그만둘 위험성이 높은 학생 집단이 있다. 이런 집단에 속한 학생들은 팀에서 하찮은 취급을 당하거나 소외될 때 수동적 역할을 선택하는 경향이 있어서(Felder et al., 1995; Heller & Hollabaugh, 1992; Rosser, 1998) 그렇게 되지 않도록 해야 한다는 제안을 하게 하였다. 대체로 그 학생들이 대학에서 2년 동안 남아 있다면 학위 프로그램을 마칠 가능성이 높다. 따라서 첫 2년 후 교수는 그 학생들이 졸업 후 소외 당하는 상황에서 아무도 도와줄 수 없는 직장 생활을 준비하는 데 초점을 맞추어야 한다.

11.2.3 팀 구성 절차

팀을 구성하는 데 네 가지 방법이 있고, 다음은 우선적으로 제안하는 팀 구성 방법이다.

1. CATME Smarter Teamwork System(CATME, n.d.)의 일부인 온라인 팀 형성 프로그램 CATME Team-Maker(Layton et al., 2010)를 사용한다 먼저 포괄적인 선택(표 11.2−1 내용을 포함) 목록에서 정렬 기준을 선택하거나 자신만의 기준을 만든다. 팀을 짜는 사람은 학생들에게 질문하고, 필수 정보(예 : 선이수 과목의 학점, 과제 수행을 위해 수업 외의 활동이 가능한지 등)를 데이터베이스에 수집하고 저장한다. 팀을 짜는 사람의 질문에 학생들이 모두 응답하면 팀을 짜는 사람은 학생들을 각 팀으로 분류한다.

2. **학생들로부터 팀 구성 데이터를 수집하여 이를 팀을 짤 때 직접 활용한다** 어떤 분류 기준을 사용할지 결정한 후에는 해당 설문지를 준비하고 수업 첫날 실행한다. 설문지 견본은 Felder와 Brent(n.d.)에서 구할 수 있다.

3. **수업의 처음 2~3주 동안은 무작위로 연습 팀을 구성한다. 그 기간 동안 상당히 어려운 퀴즈를 주고, 능력의 척도로 퀴즈 성적을 이용하여 최종 팀을 구성한다.**

4. **그룹에서 하나 또는 두 개의 지정된 선이수 과목에서 A를 받은 학생은 한 명 이상 포함될 수 없다는 조건을 두고 학생들이 스스로 그룹을 선택하도록 한다** 이 방법은 교수 스스로 팀을 구성하기를 꺼리는 경우에 적합한 합리적인 방법이다. 이상적이지는 않지만 우수한 학생들끼리 팀을 구성하는 것을 피할 수 있다.

11.2.4 팀 해체 및 재구성

자주 듣는 질문은 과제나 프로젝트 팀이 얼마나 오래 함께 있어야 하는가이다. 팀을 자주 해체하고 재구성하자는 주장은 학생들이 장기간 팀을 유지하는 경우보다 구성원 간 갈등을 적게 경험하게 된다는 것이다. 그 논쟁의 타당성은 인정하지만, 팀 재구성에 대해 반대하는 입장으로, 팀이 장기간 함께 있어야 한다고 제안하고 싶다.

팀 과제를 시행하는 한 가지 목적은 학생들이 종종 직장에서 직면하는 업무 일정이나 대인관계 문제를 극복하기 위해서 미리 경험하고 배우도록 하는 것이다. 이 학습을 위해 팀은 모두가 자신의 행동에 최선을 다하는 단계까지 충분히 오래 함께 있어야 한다.

합리적인 방법은 학기 중에 모든 팀을 한 번 해체하고 나머지 과정을 위해서 새로운 팀을 구성하는 것이다(분명히 이것은 한 학기 내내 한 프로젝트를 가진 수업에서는 적합하지 않을 것이다). 다음은 성공 경험이 있는 전략을 소개한다.

- 각 팀 구성원이 한 팀을 유지하겠다고 요청하지 않는 한, 처음 구성된 팀이 학기 중반에 해체되고 다시 구성될 것임을 처음 팀이 구성되었을 때 알려준다.
- 지정된 시간에 만장일치로 같은 팀을 유지하겠다고 요청한 팀이 아니면 팀은 해체되고 새로운 팀이 구성된다.

일반적으로, 심각한 기능 장애가 있는 한두 개 팀은 팀 유지 요청을 제출하지 못하고 결과적으로 팀이 해체되어 새로운 팀으로 섞이거나 구성원이 3명인 팀에 분산되어 4명의 팀으로 구성된다. 다른 팀들은 문제는 있었겠지만 교수의 도움이 있건 없건 관계없이 팀워크 과정을 이겨내고 협동 학습의 중요한 성과를 얻는다.

11.3 팀은 무엇을 하도록 요구되는가?

STEM 교육과정의 팀 과제는 일반적으로 문제 모음이나 프로젝트(실험 포함)의 형식을 띤다. 이 절에서는 각 범주에 속하는 여러 가지 구조(협동학습, 팀 과제나 활동 양식에 대한 협동학습의 기간)를 설명한다. 추가 정보는 Johnson 등(2006)의 연구와 Millis와 Cottell(1998)의 연구에서 찾을 수 있다.

11.3.1 문제 모음

강의 수업에서 팀 과제를 할 경우 학생들은 팀당 하나의 결과보고서만 제출하면 된다. 결과보고서에는 과제에 실제 참가한 학생 이름만 기입되도록 강하게 요청한다. 이와 관련한 몇 가지 제안 사항은 다음과 같다.

모든 과제를 팀으로 완료하는 것 대신 개인 과제와 팀 과제를 혼합하여 활용한다

전문가로서 학생들은 개인과 팀의 책임을 질 것이고, 개인과 팀 두 가지 유형의 과제는 개인과 팀으로 일할 수 있도록 준비시킨다. 수업 시작 후 몇 주 동안 추가 등록이나 철회가 많을 경우, 수업 등록이 완료될 때까지 개인 과제만 부여하고, 그 후에 팀 구성을 하고 과제를 부여한다.

각 팀별로 완성된 해답 모음 하나만 제출하게 하고, 세부 사항을 해결하기 위해 회의하기 전에, 모든 팀 구성원이 개별적으로 문제 해결과 관련하여 개략적으로 설명하도록(자세한 계산은 없이) 장려하거나 요구한다

하나의 팀 결과물을 요구하는 데는 몇 가지 이유가 있다. 가장 중요한 것은 실제 직장을 모방한다는 것이다. 또한 학생들에게 개별 해답을 제출하도록 요구하면 답을 복사하는 데 많은 시간을 소비하게 되고 그 과정에서 배우는 것은 거의 없다. 또한 채점하는 데 걸리는 시간이 서너 배 증가하게 된다.

그렇다면 팀 구성원에게 세부 사항을 해결하기 위한 그룹 회의 전에 개별적으로 문제 해결 방법을 설명하도록 하는 이유는 무엇인가? 만약 학생들이 문제 해결을 위한 그룹 회의에 바로 참여한다면 팀에서 가장 빠르게 문제를 해결하는 학생이 거의 모든 해답을 찾기 시작할 것이다. 그러면 다른 팀 구성원들은 개별 시험을 치를 때까지 해답을 찾기 위해 어떻게 시작해야 하는지 스스로 파악하지 못하게 되는데, 이는 학생들에게 치명적이다. 처음 몇 과제에서는 팀 구성원들이 개요를 준비하고, 서명하고, 완성된 과제와 함께 직접 제출하는 것이 습관이 되도록 요구한다

각 팀 구성원의 개인 성과를 주기적으로 평가하고, 그 평가를 각 구성원의 팀 과제 점수를 조정하는 데 활용한다

학생 팀워크와 관련된 대부분의 대인관계 갈등은 열심히 하는 사람과 게으른 사람 모두가 동일한 학점을 받을 때 발생한다. 다음 사항은 이러한 문제점을 피하는 데 도움이 될 만한 제안이다. 제안을 듣는 대부분의 사람들은 "어떻게 평가를 하는가?"와 관련한 여러 질문을 가진다. 잠시 답변을 미루겠다. 이유는 첫째로 다음 절에서 똑같은 제안을 할 것이고, 둘째로 답변은 11.4.5절에서 설명할 긴 이야기가 있기 때문이다.

11.3.2 팀 프로젝트와 지그소 학습법

어떤 수업은 완료하는 데 몇 주에서 몇 개월이 걸리는 주요한 팀 프로젝트를 중심으로 구축된다. 협동 학습은 이러한 수업에 이상적이다. 팀은 각 프로젝트에 대해 하나의 보고서만 제출하지만 과제와 마찬가지로 개별 팀 구성원의 성과를 평가하고 각 구성원의 팀 프로젝트 점수를 조정한다.

강력한 구조를 지그소(jigsaw, 퍼즐)라고 부르는데(Aronson et. al., 1978), 이것은 여러 특정 분야에서 전문성을 요구하는 팀 프로젝트에 적용된다. 과학 실험에서 특정 분야는 배경, 실험 설계, 데이터 수집, 데이터 분석 및 해석일 수 있으며, 엔지니어링 설계 프로젝트에서 특정 분야는 개념 설계, 기계 설계, 계측 및 제어, 경제성 분석이 될 수 있다.

팀 프로젝트 수행 시 세 가지 전문 분야가 필요하다고 가정하면, 3명 이상으로 팀을 구성해야 하고 각 팀 구성원마다 전문 분야를 지정하여 각 팀마다 분야별 최소한 한 명의 전문가가 있도록 해야 한다. 전문가 그룹(특정 주제에 대한 모든 전문가를 포함하는 그룹)을 모집하고, 해당 전문 분야의 자료를 제공한다. 교육은 유인물이나 교수, 지식이 풍부한 동료, 대학원생, 또는 뛰어난 학부생이 진행하는 훈련의 형태로 할 수 있다. 훈련받은 각 전문가들은 팀으로 복귀한 후 프로젝트를 완료하고 보고서를 제출한다.

각 구성원은 다른 구성원이 소유하지 못한 지식으로 팀 활동에 기여해야 하기 때문에 지그소 학습은 긍정적인 상호 의존성을 촉진한다. 한 전문가가 엉터리로 일하면 작업의 전체 질이 떨어지게 된다. 또한 프로젝트의 모든 측면을 다루는 시험을 실시하면 모든 팀 구성원은 자신이 주로 책임졌던 부분(개별 책임)뿐만 아니라 다른 구성원이 수행한 업무를 알아야 하고, 훈련 동안 배운 것을 다른 학생에게 알려주어야 할 책임을 가진다(더 긍정적인 상호 의존성).

11.3.3 TBL, PLTL, POGIL

이 절에서는 STEM 교육에서 널리 사용되었고 훌륭한 학습 성과 창출을 보여준 세 가지 팀 학습 형식을 간략하게 설명한다. 협동 학습(CL)의 다섯 가지 정의 조건이 충족되었는지에 따라 협동 학습의 변형일 수도 있고 아닐 수도 있다.

팀 기반 학습(team based learning, TBL)에서(Haidet & McCormack, 2014; Michaelson et al., 2004; Roberson & Franchini, 2014) 교수는 다양한 능력을 갖춘 5~7명의 학생들로 팀을 구성하고, 팀은 전체 수업 동안 함께 한다. 학생들은 각 주요 단원이 시작되기 전에 완성된 과제를 제출하고, 다음 수업 전에 간단한 개별 준비 능력 평가 시험을 치른 후 팀에서 다시 시험을 치르고 정답에 대한 즉각적인 피드백을 얻는다. 시험 결과를 통해, 교수는 다음 수업에서 강조해야 할 내용과 학생들이 스스로 터득한 내용이 무엇인지를 알게 된다. 또한 팀은 수업 내 활동으로 응용 연습과 훨씬 긴 수업 외 프로젝트를 수행할 수 있다. 팀 활동에 대한 기여도를 평가하고 결과에 따라 점수를 받거나 감점한다. 팀 기반 학습은 보건 분야에서 가장 많이 활용된다.

동료 주도 팀 학습(peer led team learning, PLTL)[Eberlein et al., 2008; Gosser et al., 2001, Peer-Led Team Learning(PLTL), n.d.; Sarquis et al., 2001; Tien et al., 2002)은 훈련된 학생 동료 리더의 지도하에 문제 해결을 위한 6~8명의 학생으로 구성된 그룹으로 매주 두 시간 워크숍을 진행한다. 교수는 문제 및 학습 자료를 만들고, 학생 리더의 교육과 지도 감독을 하며, 워크숍의 진행 상황을 관찰한다. 자료는 학생들이 아이디어를 성찰하고, 잘못 이해하고 있는 내용에 직면하게 하며, 그들이 알고 있는 것을 풀이 과정에 적용하도록 한다. 학생 리더는 목표를 명확히 하고, 자료를 가지고 학생들이 서로 참여하게 하고 격려를 하지만, 해답 및 해결책을 제공하거나 강의하지는 않는다. 이 방법은 화학 교육에 처음 개발되어 사용되었으며 이후에 다른 STEM 분야로 확산되었다.

과정 지향의 안내된 탐구 학습(process-oriented guided inquiry learning, POGIL)은 (Douglas & Chiu, 2013; Eberlein et al., 2008; Moog & Spencer, 2008, 프로세스 지향 유도 조사 학습)은 학습 모듈에 대한 수업이나 실험에서 학생들이 소그룹으로 일하게 하고, 자신의 결론을 수립하도록 안내하는 질문을 제공한다. 교수는 촉진자 역할을 하며 도움이 필요할 경우 학생 그룹과 협동하며, 필요시 짧은 강의를 통해 수업 전반에 걸친 어려움을 설명한다. POGIL 웹사이트에는 여러 캠퍼스에서 실시한 보고서, 다양한 화학 분야의 교수 자료 및 입문 화학 수업의 방법을 보여주는 비디오가 있다.

이러한 접근 방식에 생소한 사람들이 자신의 요구에 가장 적합한 것을 선택할 수 있도록 돕기 위해, Ebcrlcin 등(2008)은 문제 기반 학습(9장), PLTL, 그리고 POGIL의 핵심 특징을 비교하였다. 특정 분야에 적용에 대한 참고문헌을 찾으려면 'PBL___', 'PLTL___', 또는 'POGIL___'(여기에서 ___은/는 원하는 분야를 뜻함)을 검색 엔진에 입력한다.

11.4 학생 그룹을 성과가 높은 팀으로 바꾸기

학생을 단순히 팀으로 구성하고 과제나 프로젝트를 함께 완료하도록 한다고 해서, 학생들이 11.1절에서 설명하고 문헌에 약속한 모든 지식이나 기술을 습득하리라는 보장은 없다. 이 절에서는 이러한 가능성을 높일 수 있는 몇 가지 단계에 대해 간략하게 설명한다.

11.4.1 팀 규칙 및 기대 수립

일단 팀이 구성되면, 팀이 원활하게 기능하도록 돕는 첫 단계는 팀워크 규칙을 수립하고 설명하는 것이다. 팀 과제나 프로젝트에 대한 규칙의 예시는 Felder와 Brent(n.d.)에서 제공한다. 팀의 규칙이 이 책에서 서술한 것과 같을 필요는 없고, 팀에 따라 규칙은 상당히 다를 수 있다. 중요한 점은 규칙이 무엇이든 간에 학생들에게 수업 시작부터 명확하게 분명히 알려야 하며, 수업 전반에 걸쳐 일관되게 적용되어야 한다.

팀워크 규칙을 수립한 후 다음 단계는 팀이 목표와 기대치를 스스로 수립하도록 하는 것이다. 이 유형의 예시는 Felder와 Brent(n.d.)에 나와 있으며, 팀 헌장(과제 목표의 확장된 버전의 예시)은 Hunsaker 등(2011)에 서술되어 있다. 3~4주간의 팀워크가 끝나면 팀에게 그들이 기대한 바를 얼마나 잘 지키고 있는지 그리고 어떻게 개선할 수 있는지를 토론하게 한다(자체 평가는 협동 학습의 다섯 번째 특징을 정의한다).

11.4.2 긍정적인 상호 의존성 증진

긍정적인 상호 의존성(때로는 그룹 유대감이라고 함)은 팀 구성원들이 팀의 성공이 각자 자신의 능력을 최대한 발휘하고 자신의 임무를 성실히 수행하는 데 달려 있다는 것을 인식하고 있다는 것을 의미한다(Johnson et al., 2006). 팀워크는 시간이 많이 걸리고 많은 문제를 야기한다. 학생들에게 미래의 직장생활을 위한 좋은 준비라고 말할 수는 있지만, 방해를 받지 않으며 혼자 일하는 것이 더 좋다고 생각하는 우수하고 똑똑한 학생들을 설득시키기가 어려울 수도 있다. 긍정적인 상호 의존성이 없다면 대부분 많은 사람이 그렇게 생각할 것이다. 다음은 긍정적인 상호 의존성을 수립하는 방법의 예시이다.

대부분의 학생들이 혼자서 주어진 시간 안에 완료할 수 없게 팀 과제를 어렵게 만든다

처음으로 팀 과제에 직면한 많은 학생은 과제에 대해 열정적이지 않다. 팀 과제가 대부분의 학생들이 개별적으로 쉽게 완성할 수 있을 만큼 단순하면, 방금 언급한 대로 열정적이지 않은 상황이 나타날 것이다. 과제를 어렵게 만드는 것은 이런 문제를 최소화하거나 없애준다. 이 제안은 협동 학습의 기본 원칙으로 간주되어야 한다. 그러나 과제를 단지 길게 만듦으로써 과제의 난이도를 높이려고 하지는 말아야 한다. 팀 과제가 개별 학생에게 예상되는 것이 두 배나 길면 학생들은 억울하다 생각하고 저항을 하게 된다. 대신에 Bloom의 분류체계의 높은 수준에 있는 문제, 즉 높은 수준의 분석적 · 비판적 · 창조적 사고가 필요한 문제로 과제를 만들어야 한다(예시는 2.2절 및 9장과 10장을 참조).

팀 구성원들의 뚜렷한 역할을 정의한다

긍정적인 상호 의존성은 각 팀 구성원이 성공적인 팀 활동을 위해 각자의 고유한 관리 역할을 가질 경우 활성화된다. 관리 역할은 팀이 원활하고 효과적으로 작동하고 적시에 고품질 결과를 생산할 수 있도록 설계된다. 표 11.4-1은 네 가지 일반적인 역할을 보여준다. 역할 간 분업은 불분명하며, 모든 팀 구성원은 일부 또는 전체 역할에 관여하게 된다. 하지만 공식적으로 역할을 수행하는 팀 구성원은 역할과 관련된 업무가 완료되었음을 확인할 책임이 있다.

팀워크의 목표 중 하나는 리더십과 프로젝트 관리(진행자), 보고서 준비(기록자), 및 품질 보증(팀 학습을 위한 관찰자, 결과물 확인자)을 포함하여 전체 범위의 팀워크 기술을 개발하는 것이기 때문에 팀 구성원 간에 관리 역할을 돌아가며 맡도록 해야 한다. 정기적인 팀 과제가 있는 수업에서는 관리 역할을 매 주마다 자주 바꿔야 한다. 프로젝트 과정에서는 각 팀 구성원이 프로젝트 기간 동안 최소한 한 번은 진

표 11.4-1 협동 학습 팀의 가능한 관리 역할

진행자

팀 구성원들에게 그들이 만날 시간과 장소를 상기시키고, 팀 회의 중에 모든 구성원이 업무에 임하도록 하며, 다음 회의 전에 누가 무엇을 해야 하는지를 모두가 알도록 한다.

기록자

채점을 위해 제출할 결과보고서(문제 해결안 모음, 중간 또는 최종 프로젝트 보고서)를 구성 및 작성하고, 이를 확인자에게 전달한다. 그림, 차트 및 컴퓨터로 생성된 그래픽과 같은 일부 해답 자료의 제작 및 제출은 다른 팀 구성원의 책임일 수 있지만, 최종 결과보고서를 위한 모든 요소를 수집하고 통합하는 것은 기록자의 임무이다.

확인자

최종 결과보고서를 다시 확인하고, 오류 없이 완비되었는지 확인하며, 정시에 제출한다.

과정 관찰자

모든 팀 구성원이 최종 결과보고서의 모든 부분을 이해하고 어떻게 완료할지에 대한 방법을 설명할 수 있게 한다. 3명의 팀에서는 진행자(또는 다른 팀 구성원)가 관찰자의 임무를 맡을 수 있다.

행자 역할을 해야 하며, 다른 역할은 중간 및 최종 결과보고서를 완료하기 이전에 주로 수행하게 된다. 과제와 보고서를 제출할 때 각 팀 구성원이 수행하는 역할을 이름 옆에 적도록 한다.

지그소 학습법을 활용한다

프로젝트 팀 구성원에게 다양한 분야의 전문 지식을 담당하게 하고 해당 분야에서 보충 교육을 받게 하는 구조인 지그소 학습법(과제분담학습)은 긍정적인 상호 의존성을 촉진시키는 탁월한 수단이다. 팀은 프로젝트를 완성하기 위해서는 각 구성원이 전문성을 발휘해야 하기 때문에 모든 구성원에게 의존하게 된다.

시험에서 좋은 성과를 얻는 팀에게 추가 점수를 제공한다

시험 전에, 팀원 전체가 평균 80% 이상의 성적을 받게 되면 팀의 모든 구성원에게 추가 점수(100점 만점 시험에서 2~3점)가 부여될 것이라고 알린다. 그러나 각 팀 구성원에게 기준 점수를 받을 것을 요구해서는 안 된다. 왜냐하면 이는 팀 내 부족한 구성원에게 부당한 압력을 가하게 되고, 매우 부족한 학생이 추가 점수를 받는 것은 거의 불가능하기 때문이다. 추가 점수를 팀 평균 점수에 연결하면 모든 팀 구성원들은 그들이 할 수 있는 가장 높은 점수를 얻을 수 있는 인센티브가 되고, 우수한 학생들이 팀 동료를 가르치는 동기를 갖게 된다.

구두보고서를 제출해야 하는 경우, 프로젝트의 각 부분을 발표하는 구성원을 임의로 지정한다

팀이 프로젝트에 대한 최종 구두보고를 하는 경우 학생들은 대개 본인이 책임지고 맡은 부분에 대해 발표한다. 이렇게 하도록 하는 대신, 보고서 발표 전(1시간에서 하루 전)에 프로젝트의 어느 부분을 누가 발표할지 지정한다(이렇게 하는 의도를 수업 초에 학생들에게 알려야 한다). 그렇게 하면, 성적이 발표 보고의 질에 따라 달라지기 때문에 모든 팀 구성원은 다른 구성원들이 프로젝트의 모든 부분을 설명할 수 있는지를 확인해야 한다. 이 방법은 개인의 책임을 증진시킨다.

11.4.3 개별적인 책무 확립하기

그룹 과제에서 흔히 일어나는 안타까운 문제는 **무임승차**(hitchhiking)이다. 이는 어떤 학생들은 그룹과제에서 해야 할 일을 거의 하지 않고, 제출한 문제 모음이나 프로젝트 보고서를 이해하지 못하면서도, 책임감을 갖고 더 많은 일을 수행한 동료 학생과 동일한 점수를 받는 것이다. 일반적으로 이러한 문제는 개별 팀 구성원이 과제에서 자신의 몫을 수행하는 것에 대한 책임을 지지 않고, 다른 모든 팀 구성원이 한 일에 대해 이해하지 못하게 되는 것과 직결된다. 다음과 같이 개인의 책무 확립을 위한 효과적인 기법을 제안한다.

과제 및 프로젝트 내용에 대해 개별 시험을 실시한다

개별 책임을 확실하게 하는 가장 효과적인 방법은 팀 과제 또는 프로젝트의 전체 내용을 다루는 개별 시험을 보는 것이다. 정규 팀 문제 해결 과제가 포함된 수업에서는 최종 성적에 대한 개별 시험 성적의 비중을 크게 한다. 또한 팀 과제의 성적을 산정하기 위해 학생의 평균 시험 성적이 합격 기준 이상이 되도록 반영한다. 프로젝트 기반 수업(실험 포함)에서는 프로젝트에 대한 개별 시험을 치르고, 점수가 매우 낮을 경우 점수가 학업 성적에 충분히 영향을 미칠 수 있도록 한다. 높은 성적을 받을 자격이 없는 학생이 높은 성적을 받는 경우(무임승차)를 피하는 것은 비구조화된 그룹 과제에서 자주 발생할 수 있는 억울함과 갈등을 없애는 데 큰 도움이 된다.

모든 팀 구성원의 이해를 관찰(모니터링)한다

제안된 팀 관리 역할 중 하나는 과정을 관찰하는 것이다. 이 책임을 맡은 팀 구성원은 각 팀 구성원이 프로젝트 보고서의 각 부분의 과제나 내용에 대한 문제의 해답을 이해하도록 해야 한다. 과정 관찰자는 설명이나 해석이 필요할 경우 모든 팀 구성원이 참여하고 기여할 수 있도록 모든 팀 구성원이 함께 있을 때 팀 구성원들에게 보고서나 해답에 관한 질문에 대답을 하도록 요청한다. 이러한 문답은 과제 보고서를 제출하기 전 마지막 팀 회의에서 또는 과제나 프로젝트에 대한 시험 전 공부 모임에서 진행할 수 있다. 교수로서 팀이 이 관찰 활동을 진지하게 수행하는지 통제할 수 없으며, 학생들이 과제를 완료하고 다음으로 넘어가기 위해서 이 활동을 서둘러 건너뛰는 것을 그냥 둘 수밖에 없다(개별 시험이 없는 프로젝트 수업에서 학생들은 이 활동을 거의 건너 뛴다). 할 수 있는 최선의 방법은 과제를 관찰하는 것이 학생들에게 이익이 된다는 것을 이해시켜야 한다. 즉 더 높은 점수로 이어지고, 과제 또는 프로젝트 보고서를 제출하기 전에 하면 오류나 누락된 부분을 미리 수정해 더 나은 성적을 받을 수 있음을 이해시켜야 한다.

능동적인 참가자들에게만 점수를 준다

수업 첫날에 과제나 보고서에 기여한 팀 구성원의 이름만 적는다는 규칙을 알려주고, 학생들이 팀에서 무임승차하는 학생에 대해 불평을 하면 학생들에게 이 규칙을 상기시킨다. 대부분의 학생들은 무임승차하는 학생을 쉽게 잘라내지 못한다. 하지만 무임승차하는 학생이 계속해서 자신이 해야 할 일을 하지 못한다면, 팀 구성원들은 본인들만 일한다는 것에 대해 지치고 결국 이 규칙을 적용시킬 수밖에 없게 된다. 일단 무임승차하는 학생은 한 번, 두 번 제출된 과제에 이름이 없어 0점을 받으면 책임감에 대해 경각심이 생길 것이다.

팀 성적에 개별 성과를 반영하기 위해 동료평가를 사용한다

프로젝트 팀에서 가장 자주 불평하는 것은 일부 팀 구성원이 대부분의 업무를 수행하고 팀의 모든 구성원이 동일한 성적을 얻는 것이다. 이 상황을 피하는 일반적인 방법은 개별 구성원의 성적을 위한 팀 프로젝트 성적을 동료평가를 통해서 조정하는 것이다. 우수한 동료평가 시스템은 학생들이 훌륭한 팀워크 기술을 개발할 수 있도록 도와주는 강력한 도구가 될 수 있다.

동료평가 기준은 크게 두 가지 범주로 나눈다. 첫 번째 기준은 프로젝트 관련 지식과 기술에 대한 능력과 각 팀 구성원이 기여한 총 업무의 비율이다. 또 다른 기준은 능력에 관계없이 '팀 구성원으로서의 책임의식'과 관련된 것이다. '팀 구성원으로서의 책임의식' 기준은 신뢰(팀 회의에 참석하고, 해야 할 일을 약속한 시간에 하는 것)와 팀 활동의 협동 수준 및 팀 성공에 대한 기여 등을 포함한다.

동료평가에서는 팀 구성원으로서의 책임의식과 관련된 기준에 전적으로 집중할 것을 제안한다. 능력 관련 기준은 수업에서 이미 (적절하게) 이점을 누리고 있는 더 우수한 팀 구성원에게 유리하게 적용된다. 동료평가의 주요 목표는 능력에 대한 평가를 한 번 더 하는 것이 아니고, 협동, 책임, 기여도, 및 높은 수준의 팀워크에 대한 모든 속성을 향상시키는 것이다. 가장 우수한 학생이 자동으로 최고 점수를 받으면 후자의 목표는 달성되지 않을 것이다.

매우 간단하면서도 효과적인 동료평가 시스템으로 불리는 자가평가(autorating)에서 팀 구성원은 팀 구성원으로서의 책임 의식에 대한 특정 기준에 따라 자신과 팀 구성원을 평가하며, 평가는 팀 구성원의 팀 프로젝트 점수의 곱하는 수를 계산하는 데 사용한다. 곱하는 수는 0(과제 또는 프로젝트 완료에 필요한 업무를 수행하지 않는 팀 구성원)에서 1.05(예상보다 뛰어나고 초과하는 팀 구성원)까지로 한다. 이 시스템의 원래 버전은 Royal Melbourne Institute of Technology의 Robert Brown(1995)에 의해 개발되었으며, 변형된 방법은 Kaufman 등(2000)이 자세히 설명한다. 자가평가를 기반으로 한 강력한 온라인 동료평가 시스템은 CATME라고 하는 팀워크 지원 프로그램의 일부로 이 장의 뒷부분에서 설명한다.

팀에서 내보내기와 스스로 그만두기에 대한 최후의 수단을 제공한다

팀 구성원 중 비협조적인 학생이 있고 그 외의 모든 시도에 실패했다면(교수와 팀 회의를 통해 문제를 해결하려고 시도한 경우를 포함), 다른 팀 구성원은 무임승차하는 학생에게 협동하지 않으면 팀에서 내보내질 것이라고 서면으로 알리고, 교수에게 그 메모 사본을 보낸다. 일주일 후에 개선이 없거나 일시적인 개선이 있지만 비협조적인 행동이 곧 재개되면 무임승차하는 학생에게 팀에서 내보낸다는 두 번째 메모(교수에게도 알림)를 보낼 수 있다. 팀에서 내보내진 학생들은 3명으로 된 팀 중 그들을 받을 팀을 찾아야 하고, 그렇지 못하면 남은 과제나 프로젝트의 점수는 0이

된다. 유사한 규칙은 팀을 떠나지 않는 학생에게도 적용될 수 있다.

경험에 의하면, 긍정적인 상호 의존성과 개별적인 책임을 얻기 위해 제시한 조치가 마련되어 있다면 팀에서 내보내기와 스스로 그만두기는 거의 발생하지 않는다. 첫 번째 팀에서 내보내질 것이라는 메모가 전달되는 상태가 발생하기 전에 팀에서 내보내질 위험에 처한 학생과 그만두라고 강요하는 학생은 그들에게 해가 되는 일이 발생할 것을 인지하고 협조하기 시작하기 때문이다. 원칙적으로 팀에서 내보내지는 학생이나 책임 있는 학생에게 그만두라고 협박하는 학생은 이미 포기한 학생들이다. 그들은 시험에 떨어질 것이고, 무엇을 하든지 수업을 통과하지 못할 것이며, 모든 시간을 팀 과제나 프로젝트에 쏟는 이유를 찾지 못할 것이다.

11.4.4 팀이 자신의 성과를 점검하도록 한다

협동 학습의 필수 구성 요소는 팀 구성원이 팀이 의사소통, 시간 관리, 리더십 등을 잘 수행하고 있는지와 개선이 필요한 사항이 무엇인지를 확인할 수 있는 정기적인 팀 자체 평가를 하는 것이다. 자체 평가의 한 가지 이점은 팀 내 갈등이 심각해질 때까지 모른 척하는 것과는 대조적으로 팀 구성원들이 잠재적인 갈등을 조기에 파악하고 문제를 해결하기 위해 노력하는 것이다.

자체 평가를 실시하기 위해 2~4주마다 다음과 비슷한 질문에 대해 서면으로 응답하도록 한다.

- 우리가 동의한 목표와 기대에 얼마나 잘 부응하고 있는가?
- 우리는 무엇을 잘하고 있는가?
- 개선해야 할 부분은 무엇인가?
- 우리는 지금부터 무엇을 다르게 할 것인가?

처음에 이 과제를 준 후, 수업 중에 짧은 수행 보고 시간을 갖는 것을 고려해본다. 팀들은 다른 팀에서 좋은 아이디어를 얻을 수 있다.

교수는 자체 평가를 검토하는 데 많은 시간을 할애할 필요가 없으며, 평가를 제출하지 않으면 점수를 부여하지 않고, 이런 경우엔 어떤 벌칙을 부여해야 한다. 기존의 또는 잠재적인 심각한 갈등에 대한 경고신호를 찾는 정도로 자체 평가를 살펴보고, 문제가 보이면 팀을 불러서 논의하고, **능동적 경청**으로 해결할 수 있도록 도와준다(11.5.2절 참조).

11.4.5 CATME : 온라인 팀워크 지원 프로그램

온라인 프로그램인 CATME Smarter Teamwork(www.catmc.org)는 학생 팀 배정 및 프로젝트의 다양한 측면에 대한 지원을 제공한다(Loughry et al, 2007, 2014, Ohland et al., 2012). CATME는 팀 구성원의 효과성에 대한 포괄적인 평가(comprehensive assessment of team member effectiveness)라고 불리는 동료평가 시스템으로 시작하여 이후에 다른 방법들을 추가했다. 먼저 CATME 웹사이트로 가서 계정을 열도록 한다(무료). 수업에 등록한 학생의 이름과 이메일 주소가 적힌 파일을 업로드하고 각 학생이 팀을 구성하는 데 필요한 정보(예 : 선이수 교과목의 GPA 또는 성적, 컴퓨팅 또는 작문 역량, 과제를 할 수 있는 수업 시간 외 시간, 기타 사항에 대한 선택 및 생성)를 지정한다 그런 다음 CATME는 학생들에게 로그인하여 요청된 정보를 입력하게 하고 모두 완료했을 때 알림이 오게 한다. 알림 후 CATME에 접속하여 다음 자료를 사용한다.

팀 구성(11.2절 참조)
클릭 한 번으로 지정한 기준을 사용하여 팀을 구성할 수 있다. 그 후 팀 구성을 약간 조정해야 하지만 일반적으로 팀을 수동으로 구성하는 것보다 훨씬 수정할 요소가 적다.

평가자 보정
학생들이 첫 번째 동료평가를 수행하기 전에 CATME는 가상의 팀 구성원을 설정하고 학생들은 나중에 자신의 동료를 평가하는 데 사용하는 것과 동일한 평가지를 사용하여 팀 구성원을 평가한다. 그런 다음 교수가 부여할 점수를 알려주고 논의한다.

동료평가
교수가 요청할 때마다 학생들이 팀워크를 향상시키는 데 필요한 다섯 가지 기준(팀 과제 기여, 팀 구성원과 상호 작용, 팀 일정 유지, 품질 기대, 수업과 관련한 지식과 기술 보유) 중 하나 또는 모두에 대해 팀 구성원과 자신을 평가하도록 표시가 뜬다(능력에 초점을 맞춘 기준 대신에 팀 구성원으로서의 자질과 의식에 초점을 맞춘 기준을 사용하는 것을 추천한다). 모든 팀원이 자신의 평가를 완료하고 제출하면 CATME은 (1) 평균 평가 점수에 기초하여 각 팀 구성원의 팀 프로젝트 점수를 조정하는 데 사용할 수 있는 요소를 제공하고, (2) 개별 평가 및 조정 사항을 교수에게 보고하며 (3) 성적이 의심스러운 패턴(다른 팀 구성원들이 동일한 팀 구성원에게 크게 다른 평가를 한 경우)을 표시하고, 해당 팀의 조정된 성적을 단순히 수락하기보다는 조사하도록 경고하며 (4) 학생들에게 다른 팀 구성원이 매긴 평균 점수와 전체 팀의 평균 점수를 알려주고, 이후 평가에서 학생들의 평점을 어떻게 향상시킬지 제안한다.

CATME는 2005년에 처음 등장한 이후 사용 빈도가 기하 급수적으로 증가했다. 2015년 중반까지 64개국 1,200개 대학에서 약 37만 명의 학생과 7,500명의 교수가 사용했다.

11.5 팀의 어려움을 다루기

이 장에서는 일반적으로 팀워크에서 발생하는 몇 가지 문제를 검토하고 해결 방법을 제안한다.

11.5.1 학생들의 저항을 줄이기

이 장 앞의 엿보기에서 제안한 것처럼 익숙하지 않은 학습자 중심 교육법을 학생들이 직면하게 되면, 일부 학생은 자신이 자신을 가르치게 만든다고 생각하거나 또는 어떤 실험에 자신을 실험 대상으로 사용한다고 생각하여 교수가 직무 책임을 다하지 않는다는 결론을 내릴 수도 있다. 어느 경우든 학생들은 불행할 것이다(Felder & Brent, 1996; Weimer, 2013).

학생들은 심리학자들이 말하는 트라우마와 슬픔에 관련된 일련의 단계를 거쳐 학습에 대한 주요 책임을 강요받는다.

슬픔의 과정을 다른 사람들보다 좀 더 쉽게 극복하는 사람이 있듯이 일부 학생들은 팀워크에 신속하게 적응하고 위에 설명한 8단계 중 많은 단계를 건너 뛸 수 있고,

학습자 중심 교육에 대한 학생 반응의 단계

1. **충격** "그룹으로 과제를 해야 되는데, 팀 구성원을 내가 선택할 수 없다는 것이 믿기지 않아."
2. **거부** "파커 박사는 농담하는 건가. 무시하면 지나가겠지 뭐."
3. **격한 감정** "난 못해. 차라리 철회하고 다음 학기에 들을 거야." 또는 "파커 교수가 나한테 이럴 순 없어. 학과장에게 항의할 거야."
4. **저항과 물러서기** "나는 이 바보 같은 것을 따르지 않을 거야. 파커 교수가 F를 주든 말든 상관 없어."
5. **항복과 수용** "좋아, 바보 같긴 하지만 어쩔 수 없으니 한번 해보자."
6. **분투와 탐색** "다른 학생들도 점점 익숙해지는 것 같군. 과제를 잘하기 위해 다르게 일을 해야 할 필요가 있어."
7. **자신감 회복** "결국 해낼 수 있을 것 같아. 잘되기 시작했어."
8. **융화와 성공** "그래. 이 방법도 괜찮은 것 같아. 전에 왜 그렇게 힘들어했었는지 모르겠군."

출처: Felder & Brent (1996); Woods (1994).

어떤 학생들은 3, 4단계의 부정적 성향을 극복하는 데 어려움을 겪을 수도 있을 것이다. 학생들의 저항은 권위에 대한 의존에서 독립적 사고로 발전하는 과정에 있어 극히 정상적인 부분임을 기억해야 한다. 수업 초기에 효과적으로 이를 처리하면 대부분의 학생들에게서 이 현상은 줄어들거나 사라진다. 그러나 신속하게 조치를 취하지 않으면, 심각한 혼란이 되어 오히려 수업의 효과를 제한할 수 있다.

팀에 대한 학생 저항을 극복하기 위한 주된 제안은 왜 팀워크가 필요한지, 특히 학생들에게 팀워크가 무슨 이점이 있는지를 설명하는 것이다. 엿보기에서 이 부분을 어떻게 해야 하는지에 대한 방법을 제안했다. 학생들이 팀으로 일하는 것이 자신의 최대 이익에 부합한다는 것을 인식해도 여전히 불만스러울 수 있다. 하지만 대부분의 학생들은 교수가 진실을 말하고 있다는 것을 알 정도의 열린 사고를 가질 것이다.

학생의 팀워크에 대한 저항을 줄이는 또 다른 방법은 6.6절 끝에 능동 학습을 위해 제안된 절차에 따라 중간 평가에서 질문하는 것이다. 효과적으로 협동 학습을 해왔다면, 대부분의 학생들은 그것에 대해 긍정적이거나 중립적인 감정을 표현할 것이다. 만족하지 못한 학생들이 자신들이 소수에 불과하다는 것을 알게 되면, 더 이상의 불평을 하지 않을 것이다. 하지만 한 달 후에도 많은 학생이 그룹 활동에 대해 여전히 부정적이라면 제안한 지침 중 하나를 위반했을 수도 있다. 이 장을 다시 검토하고 변경해야 할 부분을 찾아보도록 한다.

11.5.2 제대로 기능을 발휘하지 못하는 팀 다루기

그룹 활동에 대한 학생의 저항만큼 교수에게 더욱 힘든 것은 서로를 견딜 수 없는 팀 구성원들이 속한 팀의 상황일 수 있다. 고약한 팀 구성원에 대해 일주일에 3, 4번의 불평을 들은 교수가 "누가 이 수업을 신청했지?"라고 질문하고, "나는 유전학을 가르치는 사람이지 무책임하게 투덜대는 학생들을 다루는 치료사가 아니다."라고 말한다. 교수의 말은 이해할만하며, 많은 교수들은 팀 역학이나 분쟁 해결에 대해 훈련받지 않았기 때문에 이러한 일을 교수 직무의 일부로 취급해서는 안 된다는 의견에 동의할 것이다. 그러나 또 다른 관점도 있다. 교수의 주요 역할은 단순히 수업 내용을 가르치고 학생의 학습을 평가하는 것이 아니라(Peter Elbow의 문지기 기능) 학생들이 전문가나 교육받은 시민으로 성공하기 위해 필요한 역량을 갖추도록 도와주는 것이다 (Elbow의 코치 기능). 이러한 역량에는 STEM 교육에서 전통적으로 배운 기술적 역량, 10장에서 논의한 직업 기초 능력, 팀에서 효과적으로 기능하는 데 필요한 대인 관계 역량이 모두 포함된다. 다행히도 교수는 팀워크를 가르치기 위해 전문 상담자가 될 필요는 없다. 이 장의 나머지 부분에서는 학생들이 일반적인 팀 문제를 해결하는 방안을 배우도록 도와주는 간단하면서도 효과적인 몇 가지 방법을 간략히 설명한다.

교실 내 위기 클리닉을 만든다

그룹 과제를 시작하고 2~3주 후부터는 무임승차하는 학생이나 다른 학생의 관점을 모두 무시하거나 모든 것을 자신의 방식으로만 하는 학생 등 문제를 일으키는 팀 구성원에 대한 불만을 듣게 될 것이다. 수업에서 간단한 위기 클리닉을 주제로 이런 학생들의 사례를 활용해본다. 학생들에게 특정 공격적 행동에 대한 그룹의 반응을 브레인스토밍하게 한 다음 우선 순위를 매기도록 한다(Felder & Brent, 2001).

예를 들어 무임승차하는 학생에 대한 불만이 제기되면 다음과 같이 시도해본다.

1. 어느 날 수업에 가서 팀 구성원이 자신이 해야 할 일을 하지 않거나, 준비가 되

어 있지 않은 상태에서 그룹 과제를 하러 오거나, 또는 전혀 나타나질 않거나 하는 등, 주어진 업무를 하지 않아서 팀에 문제가 발생한다고 언급한다. 그리고 학생들에게 위와 같은 학생들을 다루는 방법에 관하여 몇 분 동안 이야기하자고 말한다.

2. 학생들을 소그룹으로 나누고 팀에서 무임승차하는 학생들이 나쁠 뿐만 아니라 불량하고 심지어 불법적이라는 것에 대해 브레인스토밍하게 한다. 학생들은 일반적으로 합리적인 아이디어(팀 전체 또는 팀의 한 구성원이 무임승차하는 학생과 대화하기, 특정 과제를 부여하기, 생산적인 팀 구성원과 짝 맺어주기, 협동하지 않을 결과에 대해 경고하기, 차후 과제에서 이름 삭제하기, 또는 팀에서 해고하기)와 불합리한 아이디어(골탕 먹이는 장난치기, 어머니에게 보고하기 등)를 생각하면서 이 연습에 대해 즐거운 시간을 갖는다.

3. 약 1~2분 후에 브레인스토밍을 중지하고 소그룹을 불러서 아이디어를 보고하게 한다. 칠판에 아이디어를 적고, 혹시 학생들이 생각하지 못했던 아이디어가 있으면 교수가 1~2개를 추가한다.

4. 학생들을 본래 그룹으로 다시 묶어 2분간 (a) 무임승차하는 학생에게 주는 가장 좋은 첫 조치, (b) 첫 조치가 적용이 안 될 경우 무엇을 해야 하는지, 그리고 (c) 마지막으로 해야 할 조치에 대한 공통의견을 내도록 한다. 몇 분 후에 그룹 토론을 중지시키고 칠판에 아이디어를 적고 학생들에게 아이디어 목록을 필기하라고 한다.

이로서 위기 클리닉은 끝난다. 학생들에게 아이디어를 진지하게 숙지하고 필요할 때 사용하라고 하고, 그 후 수업을 계속 진행한다. 학생들은 팀에서 무임승차하는 학생을 다루는 좋은 전략을 가지고 수업을 마치게 될 것이며, 무임승차하는 학생들은 미래에 본인의 무책임한 행동이 본인의 방식을 변경할 수밖에 없는 불행한 결과를 초래할 가능성이 높다는 것을 알게 될 것이다. 1~2주 후에는 공격적으로 주도적인 학생(또는 다른 문제를 일으키는 학생)을 위기 클리닉의 주제로 다뤄본다.

갈등을 중재하기 위해 능동적 경청을 사용한다

학생 팀의 갈등을 피하기 위해 모든 방법을 사용할지라도 모든 것을 통제할 수 없으며, 모든 수업에서 주요 갈등이 발생하는 팀이 하나 이상은 있을 수 있다. **능동적 경청**은 갈등 해결을 위한 강력한 도구이다(Rogers & Farson, 1987).

다음은 팀워크의 맥락에서 능동적 경청을 실행하는 방법이다(다른 많은 응용 프로그램이 있음). 수업 중 한 팀에서 팀 구성원들의 협업 능력을 저해하는 것에 대한 갈등이 있다고 가정해보자. 모든 팀 구성원을 교수 연구실이나 회의실에 모이게 하고 팀 내 한쪽 편 학생들(1팀, 불평하는 학생 혹은 학생들)에게 본인들의 주장을 진술하게 한다. 다른 편 학생들(2팀, 학생들이 불평하는 대상)은 논평하거나 불평을 반박하려고 하지 말고 1팀의 불평 사항에 귀 기울여 듣도록 한다. 1팀이 끝나면 2팀은 1팀 이야기의 요점을 논평이나 반박 없이 그대로 반복한다. 만약 2팀이 잘못 알아들었다면, 1팀이 이를 수정하고, 2팀은 수정을 반복하고 다시 시작한다. 2팀이 1팀의 말을 반복하는 것 이외의 것을 하면 교수가 끼어 들어서 못하게 막고 2팀도 말할 기회를 갖는다는 것을 상기시킨다. 그런 다음, 2팀이 본인들의 입장을 제시하게 한다. 마찬가지로 1팀은 논평이나 반박 없이 2팀의 요점을 반복해야 한다. 이 후에 남은 것은 팀 구성원들이 스스로 또는 교수의 도움을 받아서 나머지 수업을 어떻게 진행할 것인가에 대한 답을 찾는 것이다.

능동적 경청이 그토록 효과적인 이유는 무엇인가? 대다수의 갈등에서 각 편이 그 상황을 설명할 때, 상대 편은 반론을 만들기 바빠서 상대 편이 무슨 이야기를 하는지 진심으로 경청하지 않는다. 능동적 경청에서는 각 편은 강제로 상대 편의 입장을 경청하고 그대로 반복하게 되어 적어도 학생들은 실제 갈등의 원인이 무엇인지는 이해하게 된다. 일단 그 시점에 도달하면 갈등 해소의 과정은 이미 4분의 3이 지나간 셈이다. 이 과정의 마지막 단계는 대부분 교수의 아주 가벼운 조언만으로도 놀라울 정도로 부드럽게 진행된다. 학생들이 이 과정을 거치게 되면 남은 평생 동안 전문적 또는 개인적 갈등을 해결하는 데 사용할 수 있는 전략을 갖추게 된다.

낙심하지 않는다

무엇을 하든지, 가끔 발생하는 문제가 그 방법의 성공을 가리지 않게 해야 한다. 다음 리치가 한때 경험한 이야기를 생각해보자.

슬픈 진실은 팀워크를 얼마나 잘 수행하든 100% 성공률을 얻을 수 없다는 것이다. 통제할 수 없는 너무 많은 요소가 수업 및 팀에서 학생들의 성과에 영향을 미치워크숍을 들은 한 동료가 와서 이전 학기의 수업에서 학생 팀 과제를 사용했는데 실패했다고 말했다. 이후 대화는 다음과 같이 진행되었다.

리치 : 유감이네요. 어떻게 된 거예요?

동료 : 수업에 14개의 팀이 있었고, 그중 하나가 최악의 팀이었어요. 그 팀이 제출한 결과보고서는 항상 난잡했고, 오류 투성이에 늦게 제출했고, 또 팀 구성원들은 서로에 대해 끊임없이 불평했어요. 학생들이 주먹질을 할까 두렵기까지 했고, 앞으로 팀 수업을 다시 시도하지 않을 것 같아요.

리치 : 어려움이 많았겠군요. 다른 13개 팀은 어땠나요?

동료 : 오, 다른 팀들은 괜찮았어요. 사실 그 수업에서 내가 본 최고의 결과보고서를 얻었답니다.

리치 : 정말로요? 13개 팀이 당신이 지금까지 본 것 중 최고의 결과보고서를 제출했고 단 한 팀만 실패한 팀이었는데, 어떻게 팀 수업이 실패한 것이 되나요? 제가 이해가 되도록 설명해주세요.

동료 : 음….

기 때문에 모든 학생에게 항상 효과적인 교육 방법은 없다. 그러나 전통적인 수업에서 소수의 실패한 학생들로 인해 수업이 잘못되었다고 증명할 수 없듯이 팀 수업에서 몇 개의 기능 장애 팀이 있었다고 팀워크가 실패했다고 할 수 없다. 문제가 되는 학생들은 (학교에서 또는 직장에서) 다음에 팀의 일원이 되었을 때 그들은 잘못된 팀워크의 좋지 않은 결과에 대한 생생한 기억을 가질 수 있고, 충분히 불편했던 팀워크 경험이 그들로 하여금 초기에 경험했던 문제들을 반복하지 않기로 결정하게 할 것이다. 요약하자면, 협동 학습은 별것 아닌 것이 아니며, 처음 적용할 때 몇 가지 성가신 문제가 발생할 수 있다. 그러나 제안한 절차를 따르고 문제를 해결할 수 있는 인내심과 자신감을 가지고 있다면, 학생들은 더 많은 심화 학습과 미래 직업에

생각해볼 문제

자신을 일전에 (아직도 계속) 미숙한 교수라고 생각하고, 매주 과제를 팀으로 하는 수업을 가르치게 되었다고 상상해보자. 무엇에 대해 걱정을 하곤 했었나(일어날 수 있는 우려 사항에 대해 브레인스토밍을 하지 말고, 단지, 교수로서 스스로 대답해보자)?

이제 협동 학습으로 성공한 경험 많은 교수가 되었다고 상상해보자. 신임 교수의 우려 사항에 어떻게 대답하겠는가?

대한 더 나은 준비에 대한 보상을 받을 것이다. 이렇게 하기 위해서 몇 가지 불편함을 감당할 가치가 있다.

11.6 알아두기

- 협동 학습(Johnson과 Johnson이 개발한 모델에 의하면)은 긍정적인 상호 의존성, 개인의 책무, 촉진적인 상호 작용, 팀워크 능력의 적절한 개발과 사용 및 팀 기능의 자체 평가를 확인하는 조건하에서 수행되는 그룹 과제이다. 수천 건의 연구 결과는 이러한 조건이 마련될 경우 그룹 과제는 대부분의 학습 성과에 긍정적인 영향을 미친다고 밝혔다.
- 교수가 직접 구성한 3~4명의 팀은 일반적으로 그룹 프로젝트에 가장 적합하다. 팀 구성원은 능력면에서 이질적이어야 하며, 수업 외에 만날 수 있는 공통의 시간을 가져야 한다. 커리큘럼의 처음 2년 동안은 소수 그룹에 속한 학생이나 탈락 위험이 높은 소수 학생들이 팀에서 격리되게 해서는 안 된다.
- 팀당 하나의 결과보고서(문제 해답 모음 또는 실험이나 프로젝트 보고서)를 제출해야 하지만, 팀 구성원별로 개개인의 성과에 따라 팀 점수를 조정해야 한다. CATME Smarter Teamwork 온라인 도구들은 (교수가 지정한 기준을 사용하여 팀을 구성해줄 뿐 아니라) 점수 조정을 위한 훌륭한 기본 정보를 제공한다. 또한 팀 프로젝트의 모든 측면을 다루는 개별 시험을 고려하도록 한다.
- 그룹 과제에 익숙하지 않은 학생들은 그룹 활동에 상당한 저항을 나타낼 수 있다. 이러한 문제를 최소화하거나 없애기 위해서는 비협조적인 팀 구성원에게 어떻게, 그리고 왜, 그룹 과제를 해야 하는지 설명하고(이 장 앞부분의 엿보기에서 효과적인 설명 방법을 제시), 팀에게 (위기 클리닉과 같은) 다양한 방법과 (능동적 경청과 같은) 갈등 해소 전략을 제공한다.

11.7 수업에서 시도해보기

- 수업에서 팀워크를 한 번도 시도한 적이 없다면 다음 수업에서 비교적 제한된

팀 과제를 2~3주 동안 진행해본다. 이 책에서 제안한 지침을 사용하여 팀을 구성하고, 동료평가를 이용하여 팀 구성원의 개별 성과를 평가한다. 잘 진행된다면, 앞으로의 수업에서 본격적인 팀 과제 수업을 시도해본다.

- 수업에서 프로젝트나 실험 팀으로 가르칠 경우 이전에 시도하지 않았던 방법 중 긍정적인 상호 의존성을 향상시키는 한 가지 방법과 개인적 책임을 향상시키는 한 가지 방법을 설정하고 시도해본다.
- 팀워크가 시작된 후 몇 주가 지나면 수업에서 위기 클리닉을 실시해본다.
- CATME 계정을 만들고, 팀 구성 및 개발 그리고 동료평가에 사용한다.

12

학습자 중심 교육에 대해
더 알아보기

12.0 들어가기

우리는 1장에서 이 책의 교육학적 틀이 전통적인 교수자 중심 교육 방식보다 학생들에게 학습에 더 많은 책임감을 부여하는 방식인 **학습자 중심 교육(LCT)**이라고 언급한 바 있다. 그 후 10장까지 LCT 교육 방법에 관해서 명시적으로 언급하지는 않았지만, 우리가 설명한 거의 모든 교육 방법은 학습자 중심 교육에 관한 것이었으므로 학습자 중심 교육이라는 주제에서 벗어난 적이 없다. 이 장에서 우리는 연결고리를 더 명확히 하고 LCT 개념 및 방법을 추가로 몇 가지 더 소개할 것이다.

학습자 중심 교수는 문지기(높은 기준을 설정하고 시행하는 역할)와 코치(가능한 자격을 갖춘 모든 학생이 기준을 충족하거나 초과하도록 돕는 역할)의 두 가지 역할을 담당한다(Elbow, 1986). 문지기의 임무는 한 과목을 통과한 학생들이 후속 과목을 수강하는 데 필요한 지식과 기술을 갖추고 있음을 인증해주고, 높은 학점을 취득한 학생들이 정해진 높은 수준의 학습 목표를 달성했음을 증명해주는 것이다. 모든 교수진은 문지기 역할에 익숙하며, 성공 정도는 다르지만 이 역할을 수행한다. 코치가 된다는 것은 또 다른 문제이다. 많은 교수진은 학생일 때 의미 있는 코칭을 경험하지 못했으며 학생들을 코칭하는 방법을 모르거나 이를 교수의 책임으로 보지 않는다.

경쟁적인 스포츠나 기업 훈련에서 좋은 코치들이 하는 첫 번째 일은 코칭해야 할 사람들의 강점, 약점, 그리고 그들이 최선을 다하게 하는 동기 등을 파악하는 것이다. 이러한 사전 지식을 가진 코치들은 강점을 강화하고, 약점을 극복하게 하고, 적절한 동기 부여를 제공하기 위한 전략을 세울 수 있다.

학습자 중심으로 가르칠 때에도 동일한 방식이 적용된다. 3장에서 설명했듯이 코치로서의 첫 번째 목적 중 하나는 학생들의 사전 지식, 관심사, 학습 격차와 잘못 알고 있는 개념 등을 파악하고 그 외에도 가능한 한, 학생들의 이름을 외우는 것이다. 그 후에 당신의 교육 목적은 새로운 내용을 학생들의 사전 지식과 관심사에 연결하고, 지식의 부족한 부분을 채우며, 잘못 알고 있는 개념을 바로잡아주고, 학습 목표에 명시된 지식과 기술을 숙달하도록 하는 교육 전략을 찾아 실행하는 것이다.

이 장에서는 추가로 코치의 역할과 관련된 두 가지 주제를 다룬다. (1) 학생들의 다양성(어떤 과목에서 학생들의 태도와 성취에 영향을 미칠 수 있는 학생들의 차이점을 파악하고 대응하는 방법), (2) 귀납적 교육 및 학습(도전적 주제로 수업을 시작하고 그 도전적 문제를 다루는 맥락에서 해당 내용을 가르침). 이전 장에서 우리는 다양성의 여러 측면과 가장 일반적인 귀납적 교육 방법 중 두 가지(문제 기반 학습과 프로젝트 기반 학습)에 대해서 논의하였다. 이 장에서는 다음 질문들을 다루고자 한다.

- 나는 여러 가지의 학습, 지능 발달 수준과 학습 유형을 가진 인구 통계적으로 다양한 범주에 속하는 학생들의 광범위하게 다른 학습 요구와 선호도를 어떻게 충족시킬 수 있는가?
- 여러 귀납적 교육 방법들의 공통점은 무엇이며 차이점은 무엇인가? 귀납적 교육 방법의 효과에 대한 연구 결과는 무엇인가? 담당하는 수업에서 사용해야 하는 교육 방법은 어떻게 결정하는가?
- 이 책에서 제시된 학습 전략 중 어떤 학습 전략이 일반적인 학습자 중심 교육에 해당되는가? 학습 전략을 효과적으로 실행하는 방법에 대한 정보를 이 책의 어디서 또는 이 책 외의 어디서 찾을 수 있는가?
- 전통적인 교육법에서 학습자 중심 교육법으로 어떻게 전환해야 하는가?

12.1 학생의 다양성 측면

모든 학생들이 알고 있듯이 (당신도 학생이었을 때 알았듯이) 교수법은 교수마다 상당히 다르다. 어떤 교수는 주로 강의만 하고, 어떤 교수는 시연과 활동에 상당한 시간을 할애한다. 어떤 교수는 원리에 초점을 맞추고 어떤 교수는 응용에 초점을 두며, 어떤 교수는 외우는 것을 강조하지만, 어떤 교수는 이해하는 것을 강조한다. 또한 어떤 교수는 학생들을 직업적으로만 소통하지만 어떤 교수는 따뜻하고 친근한 마음으로 소통한다. 수업에서 학생들이 얼마나 배우는지의 상당 부분은 학생의 타고난 능력, 사전 준비, 가르칠 내용을 배우고자 하는 동기, 그리고 직업 윤리에 의해 크게 지배되는(governed) 것 외에도 교수가 가르치는 방법과 학생의 학습 요구와 선호도가 얼마나 잘 맞는지에 따라 양립 가능성이 좌우된다.

학습자 중심의 교육을 선택하는 것이 각 학생마다 그 학생이 선호하는 방식으로 가르치라는 것을 의미하는 것이 아니다. 한 가지 분명한 것은 학생의 학습에 영향을 미치는 모든 요인을 알아낼 수는 없으며 모든 요인에 맞출 수도 없다. 또한 각 학생들에게 최적의 교육법을 교수가 안다고 하더라도 (학생들이 배우기를 선호하는 교수법과 일치할 필요가 없고) 2개 이상의 수업에서 동시에 이러한 접근 방식을 실행하는 것은 불가능할 것이다.

그러나 각 학생에게 맞춤형 수업을 시도하는 것이 소용없다면, 아무에게도 맞지 않는 교육 방법을 채택하는 것은 더욱 나쁘다. 불행하게도 수세기 동안 고등 교육을 지배해온 교육법(교수는 강의하고, 학생은 강의 내용을 흡수하여 시험에서 재현하려는 시도)은 그러한 접근 방식이다. 반복적으로 설명하였듯이 논스톱 강의는 현대 인지과학 및 경험적 교실 연구에 의해 수립된 모든 효과적인 수업 원리에 위배된다. 특정 유형의 학생에 맞도록 고안된 다른 접근 방식은 논스톱 강의 유형보다 효과적일 수 있지만, 대부분의 다른 학생들에게는 여전히 효과가 없다. 따라서 완전하게 개인화된 수업은 비현실적이고, 하나로 정형화된 수업은 대부분 학생들에게 효과적이지 않다면 학생들의 다양한 요구와 선호도의 균형을 잡으려고 시도하는 것이 우리가 할 수 있는 최선책이 되어야 한다. 그렇다면 학생들의 다양한 요구와 선호도는 무엇인가?

인종 및 민족, 성 정체성 및 표현, 문화 및 교육 배경, 기타 인구통계적 범주, 그리고 이전 장에서 간략하게 언급한 세 명의 학생의 속성(학습에 대한 **접근**, **지능 발달 수준 및 학습 유형**)을 포함하여 여러 가지 형태의 다양성을 고려하는 것은 수업을 설계할 때 유용하다(Felder & Brent, 2005). 다음 네 절에서는 교실에서 이러한 형태의 학생 다양성이 교수에게 제기하는 도전에 대해서 조사하고, 12.3절에서는 도전을 다루는 교육 전략을 검토한다.

12.1.1 인구통계학적 다양성

어떤 그룹들은 역사적으로 STEM 교육과정을 적게 등록하였으며, 이들 그룹 중 일부는 상대적으로 STEM에서 중도 탈락 비율이 높아, 그 결과 STEM 인력 중 비율이 낮은 것으로 나타났다(National Academy of Sciences, National Academy of Engineering, & Institute of Medicine, 2011; Ohland et al., 2008., 2011; Schneider et al., 2015; US Department of Commerce, 2011). 여름 학기 및 신입생을 위한 1학년 지원 프로그램을 포함하여 STEM 교과 과정에서의 탈락을 줄이기 위한 여러 가지 접근 방식을 탐색하였다(Burke & Martis, 2007; Chubin et al., 2005; Jain et al., 2009; Johri & Olds, 2014 , Chs. 16-18; National Science Foundation, 2009). 성공적인 프로그램은 12.3절에 열거된 모든 학생들이 환영받고 그들의 기여가 인정받는 포용적 환경에서 실행되는 학습자 중심 교육 전략의 특징을 가지고 있는 경향이 있다.

연구자들은 소수 민족 학생들에 대한 교실 환경의 영향에 대해 광범위한 연구를 수행했다. 학생들이 다양한 학생들과 함께 하는 경험은 학습을 향상시키고(Pascarella & Terenzini, 2005), 포용적인 환경을 조성하는 것은 모든 학생들의 지능 및 사회성 발달에 강력한 영향을 미친다는 것을 보여주었다(Gurin, 1999; Reason et al., 2010; Smith et al., 2010).

소수 그룹을 포용하고 지지하는 학교 환경을 구현하는 방안은 여러 문헌에서 제시하고 있다(Baitz, 2006; Beemyn, 2005; Busch-Vishniac & Jarosz, 2007; Evans, 2002, Goodman et al., 2002; Lichtenstein et al., 2014; Poynter & Washington, 2005; Rankin et al., 2010; Rosser, 1997; Weber & Custer, 2005). Stephanie Farrell(사적 대화, 29/2015)은 위 설명에 부분적으로 기반하여 다음 사항을 제안한다.

1. **학생에 대해 갖고 있는 당신의 생각을 살펴보라** 교수들은 종종 자신과 학생들이 비슷한 문화 배경을 갖고 있으며, 학생들은 전통적인 가정에서 왔고, 대학에 다닌 부모가 있으며, 이성애자라고 생각한다. 이 모든 가정들은 학생들에게 소외감을 느끼게 할 수 있다. 혹시 당신이 이러한 생각을 가지고 있는지 심각하

게 살펴보고, 무의식 중에 이러한 가정이 언어나 행동으로 나타나지 않도록 최
선을 다하라.

2. **고정관념을 피하고 고정관념의 위협에서 벗어나라** 특정 그룹의 구성원에게 특정
특성, 능력 또는 약점을 부여하는 고정관념에 특히 주의하고(라틴계 사람은,
아시안 사람은, 여성은 _____하다 등), 고정관념을 최소화하기 위한 조치
를 취하라(그들이 속한 그룹에 대한 부정적 고정관념을 예기치 않게 보게 되는
것에 대한 학생들의 두려움)(Steel, 2010). 모든 학생들이 수업 토론에 참여하고
질문에 답변할 수 있는 평등한 기회를 만들어주고, 여학생에게 쉬운 질문을 하
는 등 특정 학생이 실력이 부족할 것이라는 고정관념을 암시하는 언행을 피하
라. Eschenbach 등(2014)은 공학 교육에서의 고정관념이 주는 영향에 대한 문
헌과 고정관념을 줄이는 모범 사례에 대한 포괄적인 리뷰를 제시한다.

3. **포괄적인 언어를 사용하라** 예를 들어 남녀 모두를 지칭하기 위해 남성 대명사
(그, 그를, 그의)만 사용하지 말라.[1]

12.1.2 학습에 대한 여러 접근

8장의 앞 엿보기에서 미셸, 라이언, 알렉스를 통해서 공부하고 배울 때 학생들이 취
하는 세 가지 접근법에 대해서 보았다. 미셸은 배우고 있는 것에 대한 진정한 이해
를 위해서 교수의 최소한의 요구 사항을 뛰어 넘는 심층적 학습법을 취하는 경향이
있다. 그녀는 관심이 있는 강의에 대해서 동기가 부여되지만, 중요하다고 생각하지
않는 강의는 높은 학점을 취득하기 위한 노력을 하지 않는다. 라이언은 주로 사실
과 공식의 암기에 의존하는 피상적 학습법을 택하였고, 학점이 통과만 되면 만족한
다. 알렉스는 전략적 학습법을 취한다. 그는 가장 높은 학점을 위해서는 깊이 파고
드는 접근 방식이든 단순 학습 접근 방식이든 무엇이든 한다. 심층적 학습법은 사실
정보를 암기하고 일상적인 절차를 수행하는 것 이외의 대부분의 학습 성과를 얻는
것과 관련이 있는 것으로 나타났다(Felder & Brent, 2005, p. 64).

학습에 대한 접근은 고정된 행동 패턴이 아니고 경향성이며, 어떤 교육 전략은 미
셸, 알렉스 때로는 라이언에게도 심층적 학습법을 유도할 수 있다. 이 전략은 8장에

---

[1] 우리 글에서 '그'는 양성대명사화 했음 – 역주

서 검토되고 12.3절에 나열되어 있다.

12.1.3 지능 발달의 수준

10장 이전의 엿보기에서는 데이브, 메건, 로베르토라는 세 명의 학생들이 소개되었다. 이들은 Perry의 지능 발달 모델의 세 가지 단계를 설명한다(Perry, 1970/1998). 데이브와 같은 학생들은 Perry가 이원론이라고 부른 것과 같고, Kroll (1992)은 이를 '무지의 확신 상태'라고 말한다. 그들은 지식은 확실하고, 신념은 상황에 의존하지 않고 옳거나 틀리며, 저자(교수 및 교과서 저자와 같은)가 모든 질문에 대한 답을 가지고 있다고 믿는다. 그리고 학생의 임무는 그 답을 암기하고 그것을 시험에서 반복하는 것이다. 대부분의 새로 입학하는 학생들은 이러한 믿음을 가지고 있다(Felder & Brent, 2004b).

대학생들이 경험을 하면서, 대부분은 (메건같이) Perry의 더 높은 수준의 단계로 진보하여 일부 지식은 맥락에 의존한다는 것을 알게 된다. 그러나 일부 학생(로베르토와 같은)은 Perry가 상대주의적이라고 일컫고 Kroll이 지적 혼동이라고 일컫는 상태에 도달하는데, 그들은 모든 지식은 맥락적(상황적)이라고 인식하는 상태에 도달한다. 그 진행 과정에서 학생들은 저자의 말보다는 증거에 근거해 점점 더 본인의 판단에 대한 책임을 지며, 다양한 출처의 증거를 수집하고 해석하는 일에 점점 더 노련해진다. 로베르토와 같은 학생은 지식의 영역에서(예 : 과학) 증거에 기반한 의사결정을 일관되게 사용하고, 그 영역의 전문가와 같이 사고하기 시작한다 하지만 상대적으로 소수의 대학생들만 졸업할 때까지 이런 상태에 도달한다.

Perry의 모델은 전적으로 남성들과의 인터뷰로만 개발된 점에서 비판을 받았다. Belenky 등(1986/1997)은 여성에게 적용할 수 있는 대안 모델을 개발하고 검증했으며, Baxter Magolda(1992)는 Perry와 Belenky의 모델을 합하여 여러 수준의 성별에 따른 하위 범주로 구성된 모델을 만들었다. 모든 모델의 수준에 대한 설명은 매우 유사하다(Felder & Brent, 2004b).

학생들이 어떤 모델에서든 발달 단계를 높이는 데 도움이 되는 핵심은 도전(문지기 기능)과 지원(코칭 기능)의 적절한 균형을 제공하는 것, 때로는 학생들의 현 위치보다 한두 단계 높은 수준의 문제를 제기하는 것, 문제를 해결하는 데 필요한 사고유형을 모델링하는 것, 그리고 학생들의 초기 노력에 대한 지지적인 피드백을 제공하는 것이다(Felder & Brent, 2004c). 이러한 일을 한다고 해서 모든 학생이 졸업할 때까지 Perry의 상대주의 수준 또는 더 높은 수준에 도달할 것이라는 보장은 없지만, 우리가 학생들이 그 방향으로 나아가도록 더 많이 도울수록 우리의 임무는 더 잘 수행된다. 효과적인 도전과 지원을 제공하기 위한 전략은 10장에 제시되어 있고 12.3절에 포함되어 있다.

12.1.4 학습 유형

학생들은 다양한 학습 유형, 즉 특정 유형의 정보와 교수법에 대해 다른 선호도를 갖는다. 일부 STEM 학생들은 사실 데이터 및 실제 응용 프로그램에 중점을 두기를 좋아하고, 다른 학생들은 개념, 이론 및 수학적 모델이 더 편하다. 어떤 학생들은 사진, 다이어그램, 도식도와 같은 시각적 형태의 정보를 선호하고, 다른 학생들은 구두나 서면 형식으로 설명된 정보를 선호한다. 일부 학생들은 능동적이고 상호작용하는 방식으로 학습하는 경향이 있고, 다른 학생들은 내향적, 개별적으로 공부하는 경향이 있다. 한 가지 형태의 교육에 대한 학생의 선호도는 매우 강한 상태에서 거의 존재하지 않는 상태까지 연속적으로 분포하며, 과목이나 교실 환경에 따라 다를 수 있으며, 각 선호도(및 선호도 자체)의 강도는 학생이 성숙해감에 따라 변할 수도 있다. 아이샤와 레이첼(6장 앞 단락)과 스탠과 네이션(9장 앞 단락)은 대조적인 학습 유형 선호도를 가진 학생들의 예이다.

학습에 대한 접근, 지능 발달 수준, 그리고 학습 유형은 몇 가지 공통되는 특징을 가지고 있다(Felder & Brent, 2005). 그것들은 불변의 인간의 속성이라기보다는 모든 상황에 의존하는 행동 패턴이며, 뇌의 생리적 현상이라기보다는 학생들의 광범위한 관찰을 기반으로 한다. 어떤 사람들은 거의 항상 특정 패턴을 따르고, 다른 사람들은 중간 수준의 예측 가능성을 가진 패턴을 따르며, 다른 사람들은 거의 그 반대가 되는 패턴을 따르기도 한다. 다음의 예(피상적인, 심층적 또는 전략적인 학습에 대한 접근, Perry의 지능 발달 모델에서의 이원론과 다양성 및 상대주의 Jung의 심리적 유형 이론과 Felder-Silverman의 학습 유형 모델에 기반한 감각적 학습자와 직관적 학습자)와 같이 각 영역의 범주를 구분하기 위한 모델이 제안되었으며, 하나 또는 다른 범주에 대한 학생 성향의 강도를 평가하기 위해 각 모델에 대한 도구가 개발되었다. 이 모델은 학생들의 행동 패턴을 포괄적이고 효과적으로 범주화하고, 모든 범주의 학생들을 위한 학습을 장려하는 수업을 설계하는 데 사용된다.

　　그러나 학습에 대한 접근과 지능 발달 수준과는 달리, 학습 유형은 주기적으로 심리학 문헌에서 심하게 공격을 받는다(예 : Coffield, 2012; Riener & Willingham, 2010; Rohrer & Pashler, 2012). 대부분의 비판은 다음과 같은 주장을 뒷받침하는 증거가 발견되지 않았다고 제안하는 Riener와 Willingham(2010)과 맥을 같이한다. (1) "학습자는 능력과 내용 모두에 관계없이 학습 방법에 대한 선호를 가지며, 이는 그들의 학습에 대한 의미 있는 함의를 갖는다." (2) "학습은 학생들의 학습 유형에 맞는 교육을 할 때 향상될 수 있다." 두 번째 주장은 여러 비평가에 의해 매칭 가설 또는 그물망 가설로 명명되었다.

　　우리는 연구가 위 두 주장을 확실히 뒷받침하지 않는다는 데 동의하지만, 이 주장들은 현재 학습 유형의 개념도 반영하지 못한다(Felder, 2010). 학습에 대한 접근과 유사하게 학습 유형 선호도는 일반적으로 선호도의 강도와 시간과 경험에 따라 변화하는 선호도 자체와 같은 맥락에 좌우된다는 점이 인정된다. 두 번째 주장인 매칭 가설은 맞을 수도 있고 틀릴 수도 있다(확실한 근거가 부족하다는 것은 타당성이 없다는 것의 증거가 아니다). 그러나 그 타당성은 현재의 학습 유형 이론에 의해 요구되지 않으며 실제로는 관계가 없다. 교수법이 각 학생의 학습 유형 선호도와 완벽하게 일치될 수 있다고 해도 그렇게 되어서는 안 된다. 대신에 교수법의 목적은 하나의 학습 유형을 다른 학습 유형에 비해서 크게 선호하지 않는 균형 잡힌 교육이 되어야 한다[Kolb(1984)의 용어에서 순환하는　교육(teaching around the cycle)].

　　수업 설계에서 학습 유형의 가치는 각 학습 유형 범주가 전문적인 성공에 중요한 특정 역량과 태도에 관련되어 있다는 사실에서 기인한다. 예를 들어, STEM 전문가는 때로는 (감각적 학습자처럼) 실용적이고, 체계적이며, 세부적인 것에 주의를 기울이는 태도를 가져야 하고, 때로는 (직관적 학습자처럼) 관찰 및 데이터의 가능한 의미와 함의에 대해 혁신적이고, 신속하며, 사려 깊어야 한다. 그들은 의사 결정을 내리기 전에 더 많은 정보를 습관적으로 찾고 반영하며 (내향적이고 성찰적인 학습자의 특징인) 조기에 행동을 취해야 한다. 그러나 (활발하고 능동적인 학습자처럼) 더 많은 정보를 얻기 위해 결정을 계속 지연하기보다는 결정적인 행동을 취할 준비를 해야 한다. 그들은 시각 정보(시각적 학습자)와 구두 정보(구두적 학습자)로부터 의미를 추출해야 한다. 수업이 균형을 이루면 모든 학생들은 때로는 선호하는 방식으로 배우고 (따라서 그들은 학습하는 데 너무 불편하지는 않고), 때로는 덜 선호하는 방식으로 가르침을 받는다(따라서 그들은 자신이 항상 선호하는 교육만 받는다면 개발하지 못할 중요한 기술을 개발한다). 12.3절은 이러한 균형 달성을 촉진하는 전략을 열거한다.

12.1.5 다양성을 다루는 교육

이전 장에서 설명한 바 있는 어떤 한 범주에 속한 학생들이 본질적으로 STEM 분야에서 다른 학생들보다 성공할 능력이 없다는 증거는 없으며, 사실상 모든 범주의 학생들은 모든 STEM 분야에서 훌륭하게 성공해 왔다. 우리의 목적은 가능한 한 성공할 수 있는 많은 학생을 도울 수 있는 포괄적인 방식으로 가르치는 것이다.

어떻게 그 목적을 달성할 수 있는가? 이 질문은 학습자 중심 교육법으로 다시 돌아가게 하지만, 이를 논하기 전에 살펴봐야 할 주제가 하나 있다. LCT 구현을 위한 우리의 제안 중 하나는 '귀납적인 교육 및 학습을 사용하는 것'이다. 우리는 책 전체에 걸쳐서 몇 가지 귀납적 방법들에 대해 여기저기에서 논의를 해 왔지만 정작 귀납적 교육에 대해 정의하지 않았고 그러한 방법들이 어떤 공통점을 갖고 있으며 어떻게 다른지에 대해 논의하지 않았다. 설명이 미진한 이 부분들은 다음 절에서 설명하겠다. 그리고 여러 형태의 다양성을 다루는 LCT 방법을 개략적으로 살펴보고, 마지막으로 책을 마치면서 힘이 되는 (우리의 바람) 메시지를 전하려고 한다.

12.2 귀납적 교육과 학습

STEM 교육에 대한 전통적인 접근법은 일반적인 원칙에서 구체적인 예와 응용 프로그램으로 옮겨가는 **연역적** 방법이다. 질량의 보존, 기하학의 기본 공리, 진화 이론 또는 그것이 무엇이든지 간에 가르치려고 계획하고 있는 것에 대한 적절한 기본 원칙부터 시작하여 관계와 방법 또는 응용 방향으로 이끌어가는 것이다. 전통적인 STEM 교육과정은 또한 상당히 연역적이다. 처음 2~3년은 학생들에게 고학년(later) 교육과정이나 졸업 후에 매우 중요하다고 반복적으로 인식시키면서 수학과 과학의 기본 원리와 방법을 거의 전적으로 교육한다. 이것은 기초적인 지식과 기술을 모두 습득할 때까지 학생들이 실제 과정과 시스템을 다룰 수 없다는 가정에서 온다.

이 가정은 잘못되었다. 연역적 교육법이 잘 수행될 때, 이 교육법은 효율적이고 때로는 품격 있고 훌륭하여 왜 수세기 동안 STEM 분야의 우세한 교육방식이였는지 설명될 수 있다. 그러나 이 방식은 사람들이 일반적으로 어떻게 학습하는지가 없다. 우리는 알고 있는 대부분을 우리의 장기적인 기억에서 새로운 정보를 관련된 인지 구조와 연결하는 것을 통해 학습한다(관련된 인지 구조가 없으면 학습이 안 된다). 무엇인가를 시도하고, 수정할 수 있는 피드백을 받고, 실수를 통해 학습한 후, 다시 시도함으로써 학습이 이루어지는 것이다. 4장에서 우리는 이 학습 형태와 일치하는 귀납적 교육과 학습을 소개했다. 교수는 새로운 주제를 설명할 때 대답해야 할 질문, 해결해야 할 문제, 분석할 사례 연구 또는 자연 현상의 관찰이나 설명할 실험 결과와 같은 도전적 과제를 가지고 시작한다. 이러한 도전적 과제는 학생들이 새로운 과목 내용을 사전 지식과 관련시킬 수 있도록 신중하게 고안되었으며, 이 과제를 해결하려면 과목의 학습 목표에서 지정한 과제를 수행할 것을 요구한다. 도전적 과제를 해결하려는 학생들은 특정 사실과 절차를 알아야 할 필요성을 인식하게 되며, 이 시점에서 교수는 필요한 정보를 제공하거나 학생들이 스스로 그것을 습득하도록 돕는다.

12.2.1 학생들에게 무엇을 하도록 요구해야 하는가?

귀납적 학습에는 무수히 많은 가능성이 있으며, 그중 많은 부분은 이전 장에서 제안되었다. 예를 들어 학생들은 다음과 같은 일을 하도록 요청받을 수 있다.

- **관찰 내용을 설명하기**(4.5절) 학생들에게 에스프레소의 거품이 왜 생기는지, 장시간 달린 후 다리 근육의 떨림이 왜 생기는지, 20°C 공기에서는 편안하게 느끼지만 같은 온도 물에서는 왜 얼 정도로 추운지, 또는 왜 수천 가지의 친숙한 장치 및 현상이 *How Stuff Works*(n.d)에서 설명된 것처럼 어떻게 작동하는지 추측해본다.
- **개념 질문에 답하기**(8.2절) 개념 시험(오답들 중에서 흔히 잘못 이해하는 문항을 포함한 객관식 질문)을 수업에 올리거나, 응답을 수집하고 표시하기 위해 투표용 소프트웨어와 함께 클리커나 스마트폰을 사용한다. 관련 수업 자료를 가르치면서 잘못 이해된 것을 짚어준다.

- **실험 결과, 물리적 시스템의 거동 또는 컴퓨터 코드의 출력 결과에 대하여 예측하기**
  (4.5절, 표 6.1-1) 실제 또는 시뮬레이션된 시스템에서 수행할 실험이나 조치
  또는 특정 증상이 있는 환자에게 투여될 치료를 설명하고, 학생들에게 결과를
  예측하게 한다. 스프레드시트나 컴퓨터 코드를 제시하고 학생들에게 프로그램
  이 실행될 때 출력 결과를 예측하도록 요구한다.
- **문제 원인 파악** 실험 결과, 시스템의 거동이나 환자의 반응 또는 실제 현상과
  다른 컴퓨터 프로그램의 결과를 제시하고, 학생들에게 불일치에 대해 추측하거
  나 이유를 알도록 한다.
- **개방적이고 실제적인 문제 해결을 위한 계획을 세우기**(3.6.2절 및 9.4절) 문제 해
  결을 위해서 수업 자료를 필요로 하는 문제를 제시하고, 학생들에게 그들이 알
  고 있는 것, 알아내야 할 것, 어디부터 시작해야 하는지에 대해 설명하게 한다.
  그 후 학생들이 해답을 찾기 시작하는 데 도움이 되는 지침을 제공하고, 만약
  전체 해답을 확보하지 못하면 다음 단계로 이동하기 위한 연습을 반복한다. 짧
  은 시간에 해결할 수 있는 비교적 간단한 문제의 경우 이런 학습 구조는 탐구
  기반 학습의 한 예가 되며, 장기간에 걸쳐 여러 단계(최대 한 학기까지)가 필요
  한 주요 문제의 경우 이런 학습 구조는 문제 기반 학습이 된다.

12.2.2 귀납적 교수법

Prince와 Felder(2006, 2007)는 귀납적 방법을 조사하여 그 강점과 약점을 요약하고,
그 효과를 확인하는 연구들을 요약하고, 이를 실행하기 위한 제안들을 제시하였다.
표 12.2-1은 가장 일반적인 방법의 정의 및 이차적인 속성을 나열한다. 탐구의 정의
는 단지 귀납적이라는 것에 반하여 탐구 기반의 학습을 제외한 모든 방법은 독특한
특성을 지닌다. 따라서 다른 범주 중 하나에 속하지 않는 귀납적 방법은 탐구 형식
으로 간주될 수 있다.

서로 다른 귀납적 방법을 지원하는 연구 데이터의 질은 다양하지만 평균적으로
귀납적 교육이 전통적인 연역적 교육보다 효과적이라는 증거는 확실하다(Prince &
Felder, 2006). 그러나 연역적 방법과 비교하여 귀납적 방법은 교수에게 계획과 관리
에 있어 더 많은 도전이 필요하고, 학생의 저항과 분노를 유발할 가능성도 더 크다.
팀 프로젝트를 포함하는 귀납적 방법은 팀으로 활동할 때 가끔 일어나는 대인 관계

표 12.2-1 귀납적 교수법

특징 \ 방법	탐구	문제 기반	프로젝트 기반	사례 기반	발견	적시 교육
질문이나 문제는 학습을 위한 맥락을 제공한다.	1	2	2	2	2	2
복잡하고 비구조화된 개방형 실제 문제는 학습을 위한 맥락을 제공한다.	4	1	3	2	4	4
주요 프로젝트는 학습을 위한 맥락을 제공한다.	4	4	1	3	4	4
사례 연구는 학습을 위한 맥락을 제공한다.	4	4	4	1	4	4
학생들이 스스로 과목 내용을 발견한다.	2	2	2	3	1	2
학생은 컴퓨터로 개념 연습을 완성하고 제출한다. 교수는 학생의 반응에 따라 수업을 조정한다.	4	4	4	4	4	1
주로 자기주도적 학습	4	3	3	3	2	4
능동 학습	2	2	2	2	2	2
협업 및 협동(팀 기반) 학습	4	3	3	4	4	4

참고 : 1 : 정의(by definition), 2 : 항상(always), 3 : 보통(usually), 4 : 가능(possibly).

문제를 포함하여 학생들이 본인이 하지 않았거나 이해하지 못한 것에 대해 학점을 받는다는 추가적인 문제를 제기한다(11장 참조).

귀납적으로 가르치기 시작할 때 적절한 지원을 제공하지 않으면 학습자 중심의 교육에 대한 학생들의 자연스러운 저항이 적대감으로 확대될 수 있으며, 학생의 학습 및 교수 평가는 전통적으로 가르친 경우보다 더 나쁠 수 있다. 다음은 이와 같은 상황을 피하게 할 수 있는 방법들이다.

12.2.3 실행을 위한 팁

쉽게 귀납적 방법에 접근하기

Prince와 Felder(2007)는 가벼운 수준(탐구, 개념 시험 및 동료 수업, 소규모 개인 프로젝트, 그리고 사례 연구 분석)에서 중간 수준(보다 확장된 프로젝트, 적시 교육), 상당한 수준(협동 학습을 포함한 프로젝트 기반의 학습), 그리고 최고 수준(문제 기반의 학습)의 다양한 귀납적 방법들을 제안한다. 귀납적 교수법을 사용한 적이 없다면, 탐구 또는 다른 비교적 쉬운 방법 중 하나를 먼저 시작하는 것을 제안한다. 이 방법이 익숙해질 때까지 쉬운 방법을 충분한 기간 동안 자주 사용하고, 그다음에 협동 학습과 같은 보다 도전적인 방법으로 이동하는 것을 고려한다(11장). 협동 학습 교육이 성공적으로 된 후에 본격적인 문제 기반 학습에 도전한다.

귀납적 방법을 사용하기 전에 문헌을 확인하고, 인적자원을 포함한 기존 자원들을 가능한 최대의 규모까지 활용하기

개념시험, 탐구 연습, 사례 연구, 시뮬레이션, 적시교육과 거꾸로 교실을 위한 양방향 멀티미디어 자습서 제작, 문제 기반 학습을 위한 개방형 실제 문제 제작에 엄청난 시간과 노력을 들이게 된다. 이러한 자료를 처음부터 새로 제작하기 전에 사용 가능한 기존 문헌을 검색한 후 자료를 조금 수정하거나 있는 그대로 사용한다. 이 교육 방법의 잠재적인 문제가 무엇인지, 문제가 발생했을 때 어떻게 대처해야 하는지 등을 문헌에서 찾는다. Prince와 Felder(2006, 2007)가 인용한 참고문헌, 4.3절(탐구, 사례 기반 수업), 9.4절(문제 기반 학습), 10.6절(프로젝트 기반 학습)을 먼저 참고하길 추천한다. 또한 이러한 참고문헌은 귀납적 연습의 초점으로 사용할 수 있는 모든 STEM 분야의 질문, PBL 문제 및 사례 연구의 자료를 제공한다. 문헌은 귀납적 교육에서 생길 수 있는 어려움을 다루는 방법을 아는 데만 도움을 줄 수 있다. 이러한 어려움을 예상하고 피하려 하거나 발생한 문제를 해결하고자 하면 지침을 줄 수 있는 경험 있는 동료 또는 대학의 교육 컨설턴트에게 자문을 구한다.

무대 설정하기

"나는 당신에게 무언가를 하는 법을 보여주고, 당신이 할 수 있는지 시험을 치를 겁니다."라는 기존의 모델에서 벗어나 다른 방식으로 가르칠 때마다 일부 학생들은 불행해지고 거부할 수 있다. 능동 학습(6장)과 협동 학습(11장)에서 그렇고, 귀납적 교수-학습에 특히 더하다. 학생들에게 스스로 해결할 것을 요구하면 할수록 학생들의 저항은 커질 것이고, 어느 방법보다 문제 기반 학습의 경우가 가장 큰 저항을 불러 일으킬 것이다(만약 잘 수행된다면, 문제 기반 학습이 가장 심화된 학습을 하게 할 것이다). 귀납적 방법을 시작하기 전에 학생들에게 당신이 무엇을 할 것인지, 그것을 왜 하는지, 이를 통해 학생들이 어떤 혜택을 받을지, 그리고 이러한 교육의 효과성에 대한 연구를 설명한다. 비록 당신이 이 모든 것을 하더라도 당신은 여전히 저항을 경험할 것이다. 그러나 그것을 하지 않았을 경우보다 훨씬 수월하고 저항도 오래가지 않을 것이다.

12.3 학습자 중심 수업 전략

Weimer(2012, 2013)는 표 12.3-1에 나열된 처음 다섯 가지 속성을 갖는 학습자 중심 교육을 정의하였다. 우리는 여섯 번째 속성을 추가할 것을 제안한다. 이 표에는 각 속성을 설명하는 교육 방법과 이 책의 어디에서 설명하고 있는지가 나열되어 있다.

표 12.3-1에 열거된 교육 방법은 다음 결과 중 하나 이상과 관련이 있는 것으로 밝혀졌다 – 학생 학습의 향상, 학업 성취도 향상, 소수 그룹의 탈락자 감소, 학생들에게 학습에 대한 깊은 접근 방식을 채택하도록 동기 부여, 지능 발달의 촉진, 그리고 다른 학습 유형으로 학생들의 선호도와 필요의 균형 유지(Busch-Vishniac & Jarosz, 2007; Felder & Brent, 2004c, 2005; Rosser, 1997; Svinicki & McKeachie, 2014; Weber & Custer ; 2005).

표 12.3-1은 좋은 교수법에 도달하는 방법으로 보지 말아야 한다. 즉 모든 학생들이 모든 학습 목표에 도달할 것을 보장하는 교수법의 필요충분 조건의 목록이 아니라는 것이다. 그런 방법은 없다. 강의만 하는 교육 방법부터 가장 근본적인 학습자 중심 교육 방법 중 어떤 교육 전략에서도 그 교육 방법으로 수상 자격이 있을 만큼 강의를 잘하는 교수를 찾을 수 있을 것이다. 그러나 대부분의 학생에게 당신의 수업이 설계된 지식, 역량 및 가치를 부여할 훌륭한 기회를 제공하는 일련의 전략을 모색한다면, 표 12.3-1이 좋은 출발점이 될 수 있다.

12.4 맺음말

만약 당신이 이 책 전체를 살펴보고 (또는 선택적으로 살펴보고) 우리가 던진 많은 정보와 제안으로 인해 위축되었다면 누가 당신을 탓하겠는가? 그러나 우리가 1장에서 전한 몇 가지 조언을 다시 기억해보자.

표 12.3-1 학습자 중심 속성 및 교육법

A. 어렵고 힘든 학습에 학생들을 참여시킨다
- 수업 활동, 과제, 시험(2, 8~10장)에서 질문과 문제 유형(폐쇄형과 개방형, 양적·질적, 잘 정의되었거나 잘 정의가 되지 않은, 모든 수준의 Bloom 분류체계)을 다양화한다.
- 능동 학습(3~6장)과 협력 학습(11장)을 활용한다.
- 귀납적 방법으로 교육한다(12.2절).

B. 학생들에게 본인의 교육에 대해 일정 부분 관여할 수 있는 권한을 제공하고 교육에 대한 동기를 부여한다
- 학생들에게 수업 학점(3.4절), 부정 행위(3.6절), 프로젝트 주제(10장)에 관한 규정을 만드는 데 의견을 낼 수 있도록 한다.

C. 학생들 간의 협력을 장려한다
- 소그룹 능동 학습(3~6장)과 협동 학습(11장)을 활용한다.

D. 학생들에게 무엇을 어떻게 배우고 있는지에 대해 스스로의 성찰을 장려한다
- 학생들이 문제 해결에서 중요한 단계를 설명하도록 요구하는, 즉 소리내어 생각하고 짝으로 문제 해결하기 연습을 사용한다(6.4절).
- 메타인지적 성찰(9.2절)을 포함하여 성찰을 요구하는 저부담과 고부담 글쓰기 과제를 준다(10.2절).

E. 역량 훈련을 명백하게 포함시킨다
- Bloom 분류체계의 모든 수준의 지식 및 역량(2장)과 기술적 역량과 직업 기초 능력(2, 10장)을 명확하게 다루는 학습 목표를 작성하고, 시험을 위한 학습지침서에 포함시킨다(2, 8장).
- 과제와 시험에 학습 목표와 관련된 과제를 포함하고(8장), 강의와 수업 활동에서 필요한 절차를 모델링한다(2, 4, 6~10장).

F. 학생들과 학생의 학습에 대한 관심을 분명하게 전달한다
- 학생들과 좋은 의사소통 및 라포를 형성한다(3.6, 7.3절).
- 모든 학생들이 소속감과 성공할 수 있다는 자신감을 가질 수 있도록 돕기 위해 포괄적이고 세심한 배려를 한다. 고정관념을 피하고 또 고정관념에 빠지지 않도록 대처한다(12.1절).
- 학생들이 고차원적인 사고 과제로 도전받을 때 지지적인 환경을 제공하고(10.6절), 학습자 중심 교육에 대한 학생들의 우려를 해결하기 위한 조치를 취한다(6, 11장, 엿보기 '불평꾼을 위한 잔소리').
- 모든 학생들의 학습 요구와 선호도를 다루는 방식으로 교육한다(2~11장, 엿보기 '학생들을 만나기', 12.1절).

첫째, 훌륭한 교수가 되기 위해서 이 책의 모든 제안을 수용할 필요는 없다. 당신은 지금 좋은 교수일지도 모른다. 당신이 현재 좋은 교수이고 이 책에서 제안한 아이디어를 하나도 채택하지 않고 당신의 교육 방법을 고수한다고 해도 당신은 여전히 훌륭한 교수가 되겠지만, 만약 당신이 몇 가지 아이디어만 채택한다면 더 나은 교수가 될 것이다

둘째, 학습자 중심 교육으로 나아갈 때 너무 성급하게 하지 않는다. 예를 들어, 거

꾸로 교실에서 직접 강의만 하던 방법에서 본격적인 문제 기반 학습으로 바로 변경하지 말고, 또한 표 12.3-1(또는 다른 방법들)의 모든 방법을 바로 구현하도록 설정하지 말라. 당신이 매우 유능한 교수라면 가능할 수도 있겠지만, 너무 많은 것을 갑자기 시도하려고 하면 구현되지 않을 가능성이 더 높고, 교수법의 불확실성과 학생들의 저항이 합해져서 오히려 당신이 수업에서 새로운 교육 방법을 시도하는 데 실망을 주는 독이 될 수 있다. 당신의 목표는 꾸준히 당신의 교수법을 향상시키는 것이다. 수업에서 한 번에 두세 가지 변화만 시도하고, 마지막으로 가르쳤던 수업과 비교하여 학생들의 학습 성과가 향상되는 것을 지켜봐라. 어느 순간에 학생들의 학습 성과가 향상된 것을 확실히 확인할 수 있을 것이고, 그때 다음에 더 나은 수업을 위해서 당신이 할 수 있는 일이 무엇인지 생각하기 시작하라. 만약 성공적이고 만족스러운 교수가 되기 위한 비법 같은 것이 있다면, 다음의 마지막 문장일 것이다. 교육은 가치 있고 보람 있는 여정이니, 즐기라.

참고문헌

Accreditation Board for Engineering and Technology (ABET). (n.d.). Retrieved from http://www.abet.org/accreditation/

Active Learning. (1998). *Active learning with Dr. Richard Felder* [Video]. North Carolina State University. Retrieved from www.youtube.com/watch?v=1J1URbdisYE

Adecco Staffing USA. (2013). Lack of soft skills negatively impacts today's US workforce. Retrieved from www.adeccousa.com/about/press/Pages/20130930-lack-of-soft-skills-negatively-impacts-todays-us-workforce.aspx

Aggarwal, P., & O'Brien, C. L. (2008). Social loafing on group projects: Structural antecedents and effect on student satisfaction. *Journal of Marketing Education*, 30(3), 255–264.

Albanese, M. A., & Dast, L. (2014). Problem-based learning: Outcomes evidence from the health professions. *Journal on Excellence in College Teaching*, 25(3&4), 239–252.

Allen, D., & Tanner, K. (2006). Rubrics: Tools for making learning goals and evaluation criteria explicit for both teachers and learners. *CBE Life Sciences Education*, 5(3), 197–203. Retrieved from www.lifescied.org/content/5/3/197.full

Alley, M. (1996). *The craft of scientific writing* (3rd ed.). New York: Springer.

Alley, M. (2013). *The craft of scientific presentations: Critical steps to succeed and critical errors to avoid* (2nd ed.). New York: Springer.

Alred, G. J., Brusaw, C. T., & Oliu, W. E. (2011). *Handbook of technical writing* (10th ed.). Boston: St. Martin's Press.

Ambrose, S. A., Bridges, M. W., DiPietro, M., Lovett, M. C., & Norman, M. K. (2010). *How learning works: Seven research-based principles for smart teaching.* San Francisco: Jossey-Bass.

American Institute of Chemical Engineers. AIChE Concept Warehouse. (n.d.). Retrieved from jimi.cbee.oregonstate.edu/concept_warehouse

Anderson, L. W., & Krathwohl, D. R. (Eds.). (2001). *A taxonomy for learning, teaching and assessing: A revision of Bloom's taxonomy of educational objectives; Complete edition* (pp. 67–68). New York: Longman.

Angelo, T. A., & Cross, K. P. (1993). *Classroom assessment techniques: A handbook for college teachers* (2nd ed.). San Francisco: Jossey-Bass.

Arnold, L., Willoughby, L., Calkins, V., Gammon, L., & Eberhart, G. (1981). Use of peer evaluation in the assessment of medical students. *Journal of Medical Education, 56*(1), 35–42.

Aronson, E., Blaney, N., Stephan, C., Sikes, J., & Snapp, M. (1978). *The jigsaw classroom.* Beverly Hills, CA: Sage.

Association of American Colleges & Universities. (2015). Falling short? College learning and career success. Retrieved from www.aacu.org/leap/public-opinion-research/2015-survey-falling-short

Association for the Assessment of Learning in Higher Education (AALHE). (n.d.). Retrieved from course1.winona.edu/shatfield/air/rubrics.htm

Astin, A. W. (1993). *What matters in college: Four critical years revisited.* San Francisco: Jossey-Bass.

Atman, C. J., Eris, O., McDonnell, J., Cardella, M. E., & Borgford-Parnell, J. L. (2014). Engineering design education: Research, practice and examples that link the two. In A. Johri & B. M. Olds (Eds.), *Cambridge handbook of engineering education research* (pp. 201–226). New York: Cambridge University Press.

Baars, B. J., & Gage, N. M. (Eds.). (2007). *Cognition, brain, and consciousness: Introduction to cognitive neuroscience.* Amsterdam: Elsevier.

Baitz, I. (2006). Strategies for inclusion of lesbian, gay, bisexual and transgender learners in discipline-based programs. *International Journal of Pedagogies & Learning, 2*(3), 52–60.

Bandura, A. (1977). Self-efficacy: Toward a unifying theory of behavioral change. *Psychological Review, 84*(2), 191–215.

Barkley, E. F. (2009). *Student engagement techniques: A handbook for college faculty.* San Francisco: Jossey-Bass.

Barrett, T., & Moore, S. (2011). *New approaches to problem-based learning: Revitalising your practice in higher education.* New York: Routledge.

Baxter Magolda, M. B. (1992). *Knowing and reasoning in college.* San Francisco: Jossey-Bass.

Beemyn, G. (2005). Making campuses more inclusive of transgender students. *Journal of Gay and Lesbian Issues in Education, 3*(1), 77–87.

Belenky, M. F., Clinchy, B. M., Goldberger, N. R., & Tarule, J. M. (1986/1997). *Women's ways of knowing: The development of self, voice, and mind.* New York: Basic Books.

Bellanca, J. (1992). *The cooperative think tank II: Graphic organizers to teach thinking in the cooperative classroom.* Palatine, IL: Skylight Publishing.

Benton, S. L., & Cashin, W. E. (n.d.). Student ratings of teaching: A summary of the research and literature. IDEA Paper 50. Summary of research through 2010. The IDEA Center, Kansas State University. Retrieved from ideaedu .org/sites/default/files/idea-paper_50.pdf

Biggs, J. (1999). *Teaching for quality learning at university.* Buckingham, UK: SRHE and Open University Press.

Biggs, J., & Tang, C. (2011). *Teaching for quality learning at university* (4th ed.). Maidenhead, UK: Open University Press.

Bligh, D. A. (1998). *What's the use of lectures?* San Francisco: Jossey-Bass.

Bloom, B. S., & Krathwohl, D. R. (1956). *Taxonomy of educational objectives: The classification of educational goals by a committee of college and university examiners. Handbook 1. Cognitive domain.* New York: Addison-Wesley.

Blue, J., Taylor, B., & Yarrison-Rice, J. (2008). Full cycle assessment of critical thinking in an ethics and science course. *International Journal for the Scholarship of Teaching and Learning, 2*(1). Retrieved from digitalcommons .georgiasouthern.edu/cgi/viewcontent.cgi?article=1078&context=ij-sotl

Boettcher, J. V., & Conrad, R. M. (2010). *The online teaching survival guide: Simple and practical pedagogical tips.* San Francisco: Jossey-Bass.

Boice, R. (1990). *Professors as writers.* Stillwater, OK: New Forums Press.

Boice, R. (2000). *Advice for new faculty members.* Needham Heights, MA: Allyn Bacon.

Boud, D., & Feletti, G. I. (Eds.). (1997). *The challenge of problem-based learning* (2nd ed.). London: Kogan Page.

Bransford, J., Brown, A., & Cocking, R. (2000). *How people learn: Brain, mind, experience and school.* Washington, DC: Commission on Behavioral and Social Science and Education, National Research Council. Retrieved from www.nap.edu/catalog/9853/how-people-learn-brain-mind-experience-and-school-expanded-edition

Brent, R., & Felder, R. M. (1992). Writing assignments—Pathways to connections, clarity, creativity. *College Teaching, 40*(1), 43–47. Retrieved from www.ncsu.edu/felder-public/Papers/Writing_Paper.pdf

Brent, R., & Felder, R. M. (2012). Learning by solving solved problems. *Chemical Engineering Education, 46*(1), 29–30. Retrieved from www.ncsu.edu/felder-public/Columns/WorkedSolutions.pdf

Brown, P. C., Roediger III, H. L., & McDaniel, M. A. (2014). *Make it stick: The science of successful learning.* Cambridge, MA: Belknap Press.

Brown, R. W. (1995). Autorating: Getting individual marks from team marks and enhancing teamwork. *1995 Frontiers in Education Conference Proceedings* (November). Pittsburgh, PA: IEEE/ASEE.

Brownell, S. E., Kloser, M. J., Fukami, T., & Shavelson, R. (2012). Undergraduate biology lab courses: Comparing the impact of traditionally based "cookbook" and authentic research-based courses on student lab experiences. *Journal of College Science Teaching, 41*(4), 36–45.

Bullard, L. G., & Melvin, A. T. (2011). Using a role-play video to convey expectations about academic integrity. *Advances in Engineering Education, 2*(3), 1–12.

Bunce, D. M., Flens, E. A., & Neiles, K. Y. (2010). How long can students pay attention in class? A study of student attention decline using clickers. *Journal of Chemical Education, 87*(12), 1438–1443.

Burke, R. J., & Mattis, M. C. (Eds). (2007). *Women and minorities in science, technology, engineering and mathematics: Upping the numbers.* Cheltenham, UK: Edward Elgar.

Busch-Vishniac, I. J., & Jarosz, J. P. (2007). Achieving greater diversity through curricular change. In R. J. Burke & M. C. Mattis (Eds.), *Women and minorities in science, technology, engineering and mathematics: Upping the numbers* (Chap. 11). Cheltenham, UK: Edward Elgar.

Capraro, R. M., Capraro, M. M., & Morgan, J. R. (2013). *STEM project-based learning: An integrated science, technology, engineering, and mathematics (STEM) approach* (2nd ed.). Rotterdam: Sense Publishers.

Carl Wieman Science Education Initiative. (n.d.). Retrieved from www.cwsei.ubc.ca/resources/clickers.htm#questions

Carpenter, D. D., Harding, T. S., & Finelli, C. J. (2010). Using research to identify academic dishonesty deterrents among engineering undergraduates. *International Journal of Engineering Education, 26*(5), 1156–1165.

Carpenter, D. D., Harding, T. S., Finelli, C. J., Montgomery, S. M., & Passow, S. J. (2006). Engineering students' perceptions of and attitudes toward cheating. *Journal of Engineering Education, 23*(4), 181–194.

Case, J. M., & Marshall, D. (2009). Approaches to learning. In M. Tight, K. H. Mok, J. Huisman, & C. C. Morphew (Eds.), *The Routledge international handbook of higher education* (pp. 9–22). New York: Routledge.

CATME Smarter Teamwork. (n.d.). Retrieved from info.catme.org

CBI. (2008). *Taking stock: CBI education and skills survey 2008.* London: Confederation of Business Industry.

Cedefop (European Centre for the Development of Vocational Training). (2009). *The shift to learning outcomes: Policies and procedures in Europe.* Luxembourg: Office for Official Publications of the European Communities.

Chi, M. T. H. (2005). Common sense conceptions of emergent processes: Why some misconceptions are robust. *Journal of the Learning Sciences, 14,* 161–199.

Cho, K., & MacArthur, C. (2010). Student revision with peer and expert reviewing. *Learning and Instruction, 20,* 328–338.

Chubin, D. E., May, G. S., & Babco, E. L. (2005). Diversifying the engineering workforce. *Journal of Engineering Education, 94*(1), 73–86.

Clark, R. C., & Mayer, R. E. (2003). *e-Learning and the science of instruction.* San Francisco: Pfeiffer.

Coffield, F. (2012). Learning styles: Unreliable, invalid and impractical and yet still widely used. *Bad education: Debunking myths in education.* Berkshire UK: Open University Press.

Cohen, P. A. (1984). College grades and adult achievement: A research synthesis. *Research in Higher Education, 20*(3), 281–293.

Condon, W., & Kelly-Riley, D. (2004). Washington State University critical thinking project: Improving student learning outcomes through faculty practice. *Assessing Writing, 9*(1), 56–75.

Cornelius, T. L., & Owen-DeSchryver, J. (2008). Differential effects of full and partial notes on learning outcomes and attendance. *Teaching of Psychology, 35*(1), 6–12.

Cowan, N. (2010). The magical mystery four: How is working memory capacity limited, and why? *Current Directions in Psychological Science, 19*(1), 51–57.

Crooks, T. J. (1988). The impact of classroom evaluation practices on students. *Review of Educational Research, 58*(4), 438–481.

Croxton, R. A. (2014). The role of interactivity in student satisfaction and persistence in online learning. *Journal of Online Learning and Teaching, 10*(2), 314–325. Retrieved from jolt.merlot.org/vol10no2/croxton_0614.pdf

Dansereau, D. F., & Newbern, D. (1997). Using knowledge maps to enhance teaching. In W. E. Campbell & K. A. Smith (Eds.), *New paradigms for college teaching* (pp. 127–147). Edina, MN: Interaction Book Company.

Davis, C., & Yadav, A. (2014). Case studies in engineering. In A. Johri & B. M. Olds (Eds.), *Cambridge handbook of engineering education research* (pp. 161–180). New York: Cambridge University Press.

DeMars, C. (2010). *Item response theory.* Oxford: Oxford University Press.

Deslauriers, L., Schelew, E., & Wieman, C. (2011). Improved learning in a large-enrollment physics class. *Science, 332*(6031), 862–864.

Dewey, J. (1910). *How we think.* Lexington, MA: D. C. Heath.

Donhardt, G. L. (2004). In search of the effects of academic achievement in post-graduation earnings. *Research in Higher Education, 45*(3), 271–284.

Douglas, E. P., & Chiu, C. C. (2013). Implementation of process oriented guided inquiry learning (POGIL) in engineering. *Advances in Engineering Education, 3*(3), 1–16. Retrieved from advances.asee.org/wp-content/uploads/vol03/issue03/papers/aee-vol03-issue03–03.pdf

Duch, B. J., Groh, S. E., & Allen, D. E. (Eds.). (2001). *The power of problem-based learning.* Sterling, VA: Stylus.

Dunlosky, J., Rawson, K. A., Marsh, E. J., Nathan, M. J., & Willingham, D. T. (2013). Improving students' learning with effective learning techniques: Promising directions from cognitive and educational psychology. *Psychological Science in the Public Interest, 14*(1), 4–58.

Dweck, C. (2006). *Mindset: The new psychology of success.* New York: Ballantine Books.

Dym, C. L., Agogino, A. M., Eris, O., Frey, D. D., & Leifer, L. (2005). Engineering design, thinking, teaching, and learning. *Journal of Engineering Education, 94*(1), 103–120.

Dym, C. L., Little, P., & Orwin, E. (2013). *Engineering design: A project-based introduction* (4th ed.). Hoboken, NJ: Wiley.

Eberlein, T., Kampmeier, J., Minderhout, V., Moog, R. S., Platt, T., Varma-Nelson, P., & White, H. G. (2008). Pedagogies of engagement in science: A comparison of PBL, POGIL, and PLTL. *Biochemistry and Molecular Biology Education, 36*(4), 262–273.

Elbow, P. (1986). *Embracing contraries: Explorations in learning and teaching.* New York: Oxford University Press.

Elbow, P. (1998). *Writing without teachers.* Oxford: Oxford University Press.

Elbow, P., & Sorcinelli, M. D. (2014). Using high-stakes and low-stakes writing to enhance learning. In M. D. Svinicki & W. J. McKeachie (Eds.), *McKeachie's teaching tips: Strategies, research, and theory for college and university teachers* (14th ed., pp. 213–231). Belmont, CA: Wadsworth Cengage.

Ellis, G. W., Rudnitsky, A., & Silverstein, B. (2004). Using concept maps to enhance understanding in engineering education. *International Journal of Engineering Education, 20*(6), 1012–1021.

Engineering Projects in Community Service (EPICS). (n.d.). Retrieved from engineering.purdue.edu/EPICS

Ericsson, K. A., Krampe, R. T., & Tescher-Romer, C. (1993). The role of deliberate practice in the acquisition of expert performance. *Psychological Review*, *100*, 363–406.

Erwin, T. D., & Sebrell, K. W. (2003). Assessment of critical thinking: ETS's tasks in critical thinking. *Journal of General Education*, *52*(1), 50–70.

Eschenbach, E. A., Virnoche, M., Cashman, E. M., Lord, S. M., & Camacho, M. M. (2014). Proven practices that can reduce stereotype threat in engineering education: A literature review. *Proceedings of the 2014 Frontiers in Education Conference*, Madrid, Spain. IEEE/ASEE.

Etkina, E., Brookes, D. T., Murthy, S., Karelina, A., Villasenhor, M. R., & Heuvelen, A. V. (2006). Developing and assessing student scientific abilities. *Proceedings of the National STEM Assessment Conference*. Washington, DC: National Science Foundation and Drury University. Retrieved from www.openwatermedia.com/downloads/STEM(for-posting).pdf

Etkina, E., Murthy, S., & Zou, X. (2006). Using introductory labs to engage students in experimental design. *American Journal of Physics*, *74*, 979–986.

European Higher Education Area. (2014). Bologna Process—European Higher Education Area. Retrieved from http://www.ehea.info/article-details.aspx?ArticleId=5

Evans, N. J. (2002). The impact of an LGBT safe zone project on campus climate. *Journal of College Student Development*, *43*(4), 522–539.

Exam wrappers. (n.d.). Eberly Center, Carnegie Mellon University. Retrieved from www.cmu.edu/teaching/designteach/teach/examwrappers

Fassinger, P. A. (1995). Understanding classroom interaction: Students' and professors' contributions to students' silence. *Journal of Higher Education*, *66*(1), 82–96.

Feisel, L. D., & Rosa, A. J. (2005). The role of the laboratory in undergraduate engineering education. *Journal of Engineering Education*, *94*(1), 126–130.

Felder, R. M. (1985). The generic quiz: A device to stimulate creativity and higher-level thinking skills. *Chemical Engineering Education*, *19*(4), 176–181, 213–214. Retrieved from www.ncsu.edu/felder-public/Papers/Generic.pdf

Felder, R. M. (1987). On creating creative engineers. *Journal of Engineering Education*, *77*(4), 222–227. Retrieved from www.ncsu.edu/felder-public/Papers/Creative_Engineers.pdf

Felder, R. M. (1988). Creativity in engineering education. *Chemical Engineering Education*, *22*(3), 120–125. Retrieved from www.ncsu.edu/felder-public/Papers/Creativity(CEE).pdf

Felder, R. M. (1994). Any questions? *Chemical Engineering Education, 28*(3), 174–175. Retrieved from www.ncsu.edu/felder-public/Columns/Questions .pdf

Felder, R. M. (1995). A longitudinal study of engineering student performance and retention. IV. Instructional methods and student responses to them. *Journal of Engineering Education, 84*(4), 361–367. Retrieved from www .ncsu.edu/felder-public/Papers/long4.html

Felder, R. M. (1999). Memo to students who are disappointed with their last test grade. *Chemical Engineering Education, 33*(2), 136–137. Retrieved from www.ncsu.edu/felder-public/Columns/memo.pdf

Felder, R. M. (2000). The alumni speak. *Chemical Engineering Education, 34*(3), 238–239.

Felder, R. M. (2007). Sermons for grumpy campers. *Chemical Engineering Education, 41*(3), 183–184. Retrieved from www.ncsu.edu/felder-public/ Columns/Sermons.pdf

Felder, R. M. (2010). Are learning styles invalid? (Hint: No.) *On-Course Newsletter,* September 27. Retrieved from www.ncsu.edu/felder-public/Papers/LS_ Validity(On-Course).pdf

Felder, R. M. (2011a). Hang in there: Dealing with student resistance to learner-centered teaching. *Chemical Engineering Education, 45*(2), 131–132. Retrieved from www.ncsu.edu/felder-public/Columns/HangInThere.pdf

Felder, R. M. (2011b). How to stop cheating—or at least slow it down. *Chemical Engineering Education, 45*(1), 37–38. Retrieved from www.ncsu.edu/ felder-public/Columns/Cheating.pdf

Felder, R. M., & Brent, R. (1996). Navigating the bumpy road to student-centered instruction. *College Teaching, 44,* 43–47. Retrieved from www.ncsu.edu/ felder-public/Papers/Resist.html

Felder, R. M., & Brent, R. (1997). Objectively speaking. *Chemical Engineering Education, 31*(3), 178–179. Retrieved from www.ncsu.edu/felder-public/ Columns/Objectives.html

Felder, R. M., & Brent, R. (2001). Effective strategies for cooperative learning. *Journal of Cooperation and Collaboration in College Teaching, 10*(2), 69–75. Retrieved from www.ncsu.edu/felder-public/Papers/ CLStrategies(JCCCT).pdf

Felder, R. M., & Brent, R. (2003). Designing and teaching courses to satisfy the ABET Engineering Criteria. *Journal of Engineering Education, 92*(1), 7–25. Retrieved from www.ncsu.edu/felder-public/Papers/ABET_Paper_ (JEE).pdf

Felder, R. M., & Brent, R. (2004a). Death by PowerPoint. *Chemical Engineering Education*, 39(1), 28–29. Retrieved from www.ncsu.edu/felder-public/Columns/PowerPoint.pdf

Felder, R. M., & Brent, R. (2004b). The intellectual development of science and engineering students. 1. Models and challenges. *Journal of Engineering Education*, 93(4), 269–277. Retrieved from www.ncsu.edu/felder-public/Papers/IntDev-I.pdf

Felder, R. M., & Brent, R. (2004c). The intellectual development of science and engineering students. 2. Teaching to promote growth. *Journal of Engineering Education*, 93(4), 279–291. Retrieved from www.ncsu.edu/felder-public/Papers/IntDev-II.pdf

Felder, R. M., & Brent, R. (2004d). A protocol for peer review of teaching. *Proceedings, 2004 Annual ASEE Conference*. Washington, DC: American Society for Engineering Education. Retrieved from www.ncsu.edu/felder-public/Papers/ASEE04(Peer-Review).pdf

Felder, R. M., & Brent, R. (2005). Understanding student differences. *Journal of Engineering Education*, 94(1), 57–72. Retrieved from www.ncsu.edu/felder-public/Papers/Understanding_Differences.pdf

Felder, R. M., & Brent, R. (2007). Cooperative learning. In P. A. Mabrouk (Ed.), *Active learning: Models from the analytical sciences*. Washington, DC: American Chemical Society. Retrieved from www.ncsu.edu/felder-public/Papers/CLChapter.pdf

Felder, R. M., & Brent, R. (2008). Student ratings of teaching: Myths, facts, and good practices. *Chemical Engineering Education*, 42(1), 33–34. Retrieved from www.ncsu.edu/felder-public/Columns/StudentRatings.pdf

Felder, R. M., & Brent, R. (2009). Active learning: An introduction. *ASQ Higher Education Brief*, 2(4). Retrieved from www.ncsu.edu/felder-public/Papers/ALpaper(ASQ).pdf

Felder, R. M., & Brent, R. (2010). Hard assessment of soft skills. *Chemical Engineering Education*, 44(1), 63–64. Retrieved from www.ncsu.edu/felder-public/Columns/SoftSkills.pdf

Felder, R. M., & Brent, R. (n.d.). Forms for cooperative learning. Retrieved from www.ncsu.edu/felder-public/CL_forms.doc

Felder, R. M., Felder, G. N., & Dietz, E. J. (2002). The effects of personality type on engineering student performance and attitudes. *Journal of Engineering Education*, 91(1), 3–17. Retrieved from www.ncsu.edu/felder-public/Papers/longmbti.pdf

Felder, R. M., Felder, G. N., Mauney, M., Hamrin Jr., C. E., & Dietz, E. J. (1995). A longitudinal study of engineering student performance and retention. III.

Gender differences in student performance and attitudes. *Journal of Engineering Education, 84*(2), 151–174. Retrieved from www.ncsu.edu/felder-public/Papers/long3.pdf

Felder, R. M., & Peretti, S. W. (1998). A learning theory-based approach to the undergraduate engineering laboratory. *American Society of Engineering Education Annual Conference Proceedings.* Washington, DC: American Society for Engineering Education. Retrieved from www.ncsu.edu/felder-public/Papers/330Lab.pdf

Felder, R. M., & Silverman, L. K. (1988). Learning and teaching styles in engineering education. *Journal of Engineering Education, 78*(7), 674–681. Retrieved from www.ncsu.edu/felder-public/Papers/LS-1988.pdf

Felder, R. M., & Stice, J. E. (2014). Tips on test-taking. *Chemical Engineering Education, 48*(1), 57–58. Retrieved from www.ncsu.edu/felder-public/Columns/TestTaking.pdf

Fiechtner, S. B., & Davis, E. A. (1985). Why some groups fail: A survey of students' experiences with learning groups. *The Organizational Behavior Teaching Review, 9*(4), 75–88.

Fink, L. D. (2003). *Creating significant learning experiences.* San Francisco: Jossey-Bass.

Fogler, H. S., LeBlanc, S. E., & Rizzo, B. (2014). *Strategies for creative problem solving* (3rd ed.). Upper Saddle River, NJ: Pearson.

Freeman, S., Eddy, S. L., McDonough, M., Smith, M. K., Okoroafor, N., Jordt, H., & Wenderoth, M. P. (2014). Active learning increases student performance in science, engineering, and mathematics. *Proceedings of the National Academy of Science,* June 10, 2014, Vol. 111, No. 23. Retrieved from www.pnas.org/content/early/2014/05/08/1319030111.full.pdf+html

Garber, A. (2001). Death by PowerPoint. Small Business Computing.com (April). www.smallbusinesscomputing.com/biztools/article.php/684871/Death-By-Powerpoint.htm

Gibbs, G., & Simpson, C. (2004–2005). Conditions under which assessment supports students' learning. *Learning and Teaching in Higher Education, 1,* 3–31.

Gikandi, J. W., Morrow, D., & Davis, N. E. (2011). Online formative assessment in higher education: A review of the literature. *Computers & Education, 57,* 2333–2351.

Goodman, I. F., Cunningham, C. M., Lachapelle, C., Thompson, M., Bittinger, K., Brennan, R. T., & Delci, M. (2002). *Final report of the women's experiences in college engineering (WECE) Project*. Cambridge, MA: Goodman Research Group. Retrieved from www.grginc.com/WECE_FINAL_REPORT.pdf

Gosser, D. K., Cracolice, M. S., Kampmeier, J. A., Roth, V., Strozak, V. S., & Varma-Nelson, P. (Eds.). (2001). *Peer-led team learning: A guidebook*. Upper Saddle River, NJ: Prentice Hall.

Gronlund, N. E. (2008). *How to write and use instructional objectives* (8th ed.). Upper Saddle River, NJ: Prentice Hall.

Guglielmino, L. M. (2013). The case for promoting self-directed learning in formal educational institutions. *SE-eDUC Journal, 10*(2). Retrieved from www-nwu-ac-za.web.nwu.ac.za/sites/www-nwu-ac-za.web.nwu.ac.za/sites/www.nwu.ac.za/files/files/p-saeduc/sdl%20issue/Guglielmino,%20L.M.%20The%20case%20for%20promoting%20self-directed%20lear.pdf

Guo, P. J., Kim, J., & Rubin, R. (2014). How video production affects student engagement: An empirical study of MOOC videos. *Proceedings of the first ACM Conference on Learning@Scale*. Atlanta, Georgia, March 4–5, 2014. Retrieved from groups.csail.mit.edu/uid/other-pubs/las2014-pguo-engagement.pdf

Gurin, P. (1999). The compelling need for diversity in education (expert report). University of Michigan. Retrieved from diversity.umich.edu/admissions/legal/expert/gurintoc.html

Haidet, P., Kubitz, K., & McCormack, W. T. (2014). Analysis of the team-based learning literature: TBL comes of age. *Journal on Excellence in College Teaching, 25*(3&4), 303–333.

Hart, J. (2015). Top 100 tools for learning. Center for Learning & Performance Technologies. Retrieved from c4lpt.co.uk/top100tools/

Hart Research Associates. (2010). *Raising the bar: Employers' views on college learning in the wake of the economic downturn*. Washington, DC: Author. Retrieved from www.aacu.org/leap/documents/2009_EmployerSurvey.pdf

Hartley, J., & Davies, I. K. (1978). Note-taking: A critical review. *Programmed Learning & Educational Technology, 15*, 207–224.

Hattie, J. (2009). *Visible learning*. New York: Routledge.

Hawk, T. F., & Lyons, P. R. (2008). Please don't give up on me: When faculty fail to care. *Journal of Management Education, 32*(3), 316–338.

Heller, P., & Hollabaugh, M. (1992). Teaching problem solving through cooperative grouping. Part II: Designing problems and structuring groups. *American Journal of Physics, 60,* 637–644.

Herreid, C. F., Schiller, N. A., & Herreid, K. F. (2012). *Science stories: Using case studies to teach critical thinking.* Arlington, VA: NSTA Press.

Heslin, P. A. (2009). Better than brainstorming? Potential contextual boundary conditions to brainwriting for idea generation in organizations. *Journal of Occupational and Organizational Psychology, 82,* 129–145.

Heywood, J. (2005). *Engineering education: Research and development in curriculum and instruction.* Hoboken, NJ: IEEE/Wiley.

Hiemstra, R. (2013). Self-directed learning: Why do most instructors still do it wrong? *International Journal of Self-Directed Learning, 10*(1), 23–34.

Hobson, E. H. (2004). Getting students to read: Fourteen tips (IDEA Paper 40). Manhattan, KS: The IDEA Center. Retrieved from ideaedu.org/research-and-papers/idea-papers/idea-paper-no-40/

How stuff works. (n.d.). Retrieved from www.howstuffworks.com/

Hunsaker, P., Pavett, C., & Hunsaker, J. (2011). Increasing student-learning team effectiveness with team charters. *Journal of Education for Business, 86*(3), 127–139.

Hutchison-Green, M. A., Follman, D. K., & Bodner, G. M. (2008). Providing a voice: Qualitative investigation of the impact of a first-year engineering experience on students' efficacy beliefs. *Journal of Engineering Education, 97*(2), 177–190.

International Engineering Alliance. (n.d.). Washington accord. Retrieved from www.washingtonaccord.org/washington-accord

Jackson, M. (1996). Making the grade: The formative evaluation of essays. In *ultiBASE* (July 3). Retrieved from trove.nla.gov.au/work/153148874?q&versionId=166904470

Jacobs, L. C. (2002). How to write better tests: A handbook for improving test construction skills. Indiana University. Retrieved from www.indiana.edu/~best/pdf_docs/better_tests.pdf

Jacoby, B. (2014). *Service-learning essentials: Questions, answers, and lessons learned.* San Francisco: Jossey-Bass.

Jain, R., Shanahan, B., & Roe, C. (2009). Broadening the appeal of engineering—addressing factors contributing to low appeal and high attrition. *International Journal of Engineering Education, 25*(3), 405–418.

Jensen, J. L., Kummer, T. A., & Godoy, D. d. M. (2015). Improvements from a flipped classroom may simply be the fruits of active learning. *CBE-Life*

Sciences Education, 14, 1–12. Retrieved from www.lifescied.org/content/14/1/ar5.full.pdf+html

Johnson, D. W., Johnson, R. T., & Smith, K. A. (2006). *Active learning: Cooperation in the college classroom* (3rd ed.). Edina, MN: Interaction Book.

Johnson, D. W., Johnson, R. T., & Smith, K. A. (2014). Cooperative learning: Improving university instruction by basing practice on validated theory. *Journal on Excellence in College Teaching, 25*(3&4), 85–118.

Johnson, D. W., Johnson, R. T., & Stanne, M. E. (2000). *Cooperative learning methods: A meta-analysis.* University of Minnesota, Minneapolis: Cooperative Learning Center. Retrieved from www.lcps.org/cms/lib4/VA01000195/Centricity/Domain/124/Cooperative_Learning Methods A Meta-Analysis.pdf

Johri, A., & Olds, B. M. (Eds.). (2014). *Cambridge handbook of engineering education research.* New York: Cambridge University Press.

Journals in Higher Education (JIHE). (n.d.) Retrieved from www.cideronline.org/jihe/view1.cfm

Just-in-Time Teaching (JiTT). (n.d.). Retrieved from jittdl.physics.iupui.edu/jitt/

Karpicke, J. D., & Blunt, J. E. (2011). Retrieval practice produces more learning than elaborative studying with concept mapping. *Science, 331*(6018), 772–775.

Kaufman, D. B., Felder, R. M., & Fuller, H. (2000). Accounting for individual effort in cooperative learning teams. *Journal of Engineering Education, 89*, 133–140. Retrieved from www.ncsu.edu/felder-public/Papers/Kaufmanpap.pdf

Kaufman, J. C., Plucker, J. A., & Baer, J. (2008). *Essentials of creativity assessment.* Hoboken, NJ: Wiley.

Kiewra, K. A. (1989). A review of note-taking: The encoding storage paradigm and beyond. *Educational Psychology Review, 1*(2), 147–172.

Kiewra, K. A. (2012). Using graphic organizers to improve teaching and learning. Idea Paper 51. Manhattan, KS: The Idea Center. Retrieved from ideaedu.org/research-and-papers/idea-papers/idea-paper-no-51/

King, A. (1993). From sage on the stage to guide on the side. *College Teaching, 41*(1), 30–35.

Knapper, C. K., & Cropley, A. J. (2000). *Lifelong learning in higher education.* London: Kogan Page.

Knowles, M. S. (1975). *Self-directed learning: A guide for learners and teachers.* New York: Association Press.

Kolb, D. A. (1984). *Experiential learning: Experience as the source of learning and development*. Englewood Cliffs, NJ: Prentice Hall.

Kolmos, A., & de Graaf, E. (2014). Problem-based and project-based learning in engineering education. In A. Johri & B. M. Olds (Eds.), *Cambridge handbook of engineering education research* (pp. 141–160). New York: Cambridge University Press.

Kolowich, S. (2013). The new intelligence. *Inside Higher Ed* (January 25). Retrieved from https://www.insidehighered.com/news/2013/01/25/arizona -st-and-knewtons-grand-experiment-adaptive-learning

Koretsky, M. D. (2015). Program level curriculum reform at scale: Using studios to flip the classroom. *Chemical Engineering Education*, *49*(1), 47–57.

Koretsky, M. D., & Brooks, B. J. (2012). Student attitudes in the transition to an active-learning technology. *Chemical Engineering Education*, *46*(1), 289–297.

Koretsky, M. D., Kelly, C., & Gummer, E. (2011a). Student learning in industrially situated virtual laboratories. *Chemical Engineering Education*, *45*(3), 219–228.

Koretsky, M. D., Kelly, C., & Gummer, E. (2011b). Student perceptions of learning in the laboratory: Comparison of industrially situated virtual laboratories to capstone physical laboratories. *Journal of Engineering Education*, *100*(3), 540–573.

Krathwohl, D. R., Bloom, B. S., & Massia, B. B. (1984). *Taxonomy of educational objectives. Handbook 2. Affective domain*. New York: Addison-Wesley.

Kroll, B. M. (1992). *Teaching hearts and minds: College students reflect on the Vietnam War in literature*. Carbondale, IL: Southern Illinois University Press.

Kurfiss, J. G. (1988). *Critical thinking: Theory, research, practice, and possibilities*. ASHE-ERIC Higher Education Report 2. Washington, DC: ASHE-ERIC.

Lang, J. D., Cruse, S., McVey, F. D., & McMasters, J. (1999). Industry expectations of new engineers: A survey to assist curriculum designers. *Journal of Engineering Education*, *88*(1), 43–51.

Lasry, N., Mazur, E., & Watkins, J. (2008). Peer instruction: From Harvard to the two-year college. *American Journal of Physics*, *76*(11), 1066–1069.

Laursen, S., Hunter, A., Seymour, E., Thiry, H., & Melton, G. (2010). *Undergraduate research in the sciences: Engaging students in real science*. San Francisco: Jossey-Bass.

Layton, R. A., Loughry, M. L., Ohland, M. W., & Ricco, G. D. (2010). Design and validation of a web-based system for assigning members to teams using instructor-specified criteria. *Advances in Engineering Education*, 2(1), 1–28.

Lee, V. S. (Ed.). (2004). *Teaching & learning through inquiry: A guidebook for institutions and instructors.* Sterling, VA: Stylus.

Lee, V. S. (Ed.). (2012). *Inquiry-guided learning new directions for teaching and learning,* No. 129. San Francisco: Jossey-Bass.

Lichtenstein, G., Chen, H. I., Smith, K. A., & Maldonado, T. A. (2014). Retention and persistence of women and minorities along the engineering pathway in the United States. In A. Johri & B. M. Olds (Eds.), *Cambridge handbook of engineering education research* (pp. 311–334). New York: Cambridge University Press.

Lightman, A., & Sadler, P. (1993). Teacher predictions versus actual student gains. *The Physics Teacher, 31,* 162–167.

Lochhead, J., & Whimbey, A. (1987). Teaching analytical reasoning through thinking-aloud pair problem solving. In J. E. Stice (Ed.), *Developing critical thinking and problem-solving abilities* (pp. 73–92). New Directions for Teaching and Learning, No. 30. San Francisco: Jossey-Bass.

Loughry, M. L., Ohland, M. W., & Moore, D. D. (2007). Development of a theory-based assessment of team member effectiveness. *Educational and Psychological Measurement, 67*(3), 505–524.

Loughry, M. L., Ohland, M. W., & Woehr, D. J. (2014). Assessing teamwork skills for assurance of learning using CATME Team Tools. *Journal of Marketing Education, 36*(1), 5–19.

Lowman, J. (1995). *Mastering the techniques of teaching* (2nd ed.) San Francisco: Jossey-Bass.

Lyman Jr., F. (1981). The responsive classroom discussion: The inclusion of all students. In A. S. Anderson (Ed.), *Mainstreaming digest.* College Park: University of Maryland.

Lynch, C. L., & Wolcott, S. K. (2001). Helping your students develop critical thinking skills (IDEA Paper 37). Manhattan, KS: The IDEA Center. Retrieved from ideaedu.org/research-and-papers/idea-papers/idea-paper-no-37/

Mager, R. F. (1997). *Preparing instructional objectives: A critical tool in the development of effective instruction.* Atlanta, GA: The Center for Effective Performance.

Markel, M. (2014). *Technical communication* (11th ed.). Boston: Bedford/St. Martin's.

Marra, R., Jonassen, D. H., Palmer, B., & Luft, S. (2014). Why problem-based learning works: Theoretical foundations. *Journal on Excellence in College Teaching*, 25(3&4), 221–238.

Marton, F., Hounsell, D., & Entwistle, N. (Eds.). (1997). *The experience of learning* (2nd ed.). Edinburgh: Scottish Academic Press.

Mastascusa, E. J., Snyder, W. J., & Hoyt, B. S. (2011). *Effective instruction for STEM disciplines: From learning theory to college teaching*. San Francisco: Jossey-Bass.

Mayer, R. E. (2003). Cognitive theory and the design of multimedia instruction: An example of the two-way street between cognition and instruction. In D. F. Halpern & M. D. Hakel (Eds.), *Applying the science of learning to university teaching and beyond* (pp. 55–72). New Directions for Teaching and Learning Science, No. 89. San Francisco: Jossey-Bass.

Mazur, E. (1997). *Peer instruction: A user's manual*. Upper Saddle River, NJ: Prentice Hall.

Means, B., Toyama, Y., Murphy, R., Bakia, M., & Jones, K. (2010). *Evaluation of evidence-based practices in online learning: A meta-analysis and review of online learning studies*. Washington, DC: US Department of Education. Retrieved from www2.ed.gov/rschstat/eval/tech/evidence-based-practices/finalreport.pdf

Meyers, S. A. (2009). Do your students care whether you care about them? *College Teaching*, 57(4), 205–210.

Michaelson, L. K., Knight, A. B., & Fink, L. D. (2004). *Team-based learning: A transformative use of small groups in college teaching*. Arlington, VA: Stylus.

Middendorf, J., & Kalish, A. (1996). The "change-up" in lectures. *National Teaching and Learning Forum*, 5(2), 1–5.

Millis, B. J., & Cottell Jr., P. G. (1998). *Cooperative learning for higher education faculty*. Phoenix: Oryx Press.

Momsen, J. L., Long, T. M., Wyse, S. A., & Ebert-May, D. (2010). Just the facts? Introductory undergraduate biology courses focus on low-level cognitive skills. *CBE Life Sciences Education*, 9(4), 435–440. Retrieved from www.lifescied.org/content/9/4/435.full

Moog, R. S., & Spencer, J. N. (Eds.). (2008). *Process-oriented guided inquiry learning*. New York: American Chemical Society.

Morris, P. E., Fritz, C. O., Jackson, L., Nichol, E., & Roberts, E. (2005). Strategies for learning proper names: Expanding retrieval practice, meaning and imagery. *Applied Cognitive Psychology*, 19(6), 779–798.

National Academy of Sciences, National Academy of Engineering, & Institute of Medicine. (2011). *Expanding underrepresented minority participation.* Washington, DC: National Academies Press. Retrieved from grants.nih.gov/training/minority_participation.pdf

National Center for Case Study Teaching in Science (NCCSTS). (n.d.). Retrieved from sciencecases.lib.buffalo.edu/cs/

National Science Foundation. (2009, January). *Women, minorities, and persons with disabilities in science and engineering.* NSF 09–305. Arlington, VA: National Science Foundation, Retrieved from www.nsf.gov/statistics/wmpd/

Nilson, L. B. (2007). *The graphic syllabus and the outcomes map: Communicating your course.* San Francisco: Jossey-Bass.

Novak, J. D., & Cañas, A. J. (2008). The theory underlying concept maps and how to construct them. Technical Report IHMC CmapTools 2006–01 Rev 01–2008. Florida Institute for Human and Machine Cognition. Retrieved from cmap.ihmc.us/Publications/ResearchPapers/TheoryUnderlyingConceptMaps.pdf

Oakley, B. (2014). *A mind for numbers: How to excel at math and science (even if you flunked algebra).* New York: Jeremy P. Tarcher/Penguin.

Oakley, B., Felder, R. M., Brent, R., & Elhajj, I. (2004). Turning student groups into effective teams. *Journal of Student-Centered Learning, 2*(1), 9–34. Retrieved from www.ncsu.edu/felder-public/Papers/Oakley-paper(JSCL).pdf

O'Brien, J. G., Millis, B. J., & Cohen, M. W. (2008). *The course syllabus: A learning-centered approach* (2nd ed.). Hoboken, NJ: Wiley.

Ohland, M. W., Brawner, C. E., Camacho, M. M., Layton, R. A., Long, R. A., Lord, S. M., & Wasburn, M. H. (2011). Race, gender, and measures of success in engineering education, *Journal of Engineering Education, 100*(2), 225–252.

Ohland, M. W., Loughry, M. L., Woehr, D. J., Bullard, L. G., Felder, R. M., Finelli, C. J., Layton, R. A., Pomeranz, H. R., & Schmucker, D. G. (2012). The comprehensive assessment of team member effectiveness: Development of a behaviorally anchored rating scale for self and peer evaluation. *Academy of Management Learning & Education, 11*(4), 609–630.

Ohland, M. W., Sheppard, S. D., Lichtenstein, G., Eris, O., Chachra, D., & Layton, R. A. (2008). Persistence, engagement, and migration in engineering programs. *Journal of Engineering Education, 97*(3), 259–277.

Orpen, C. (1982). Student versus lecturer assessment of learning: A research note. *Higher Education, 11,* 567–572.

Osborn, A. F. (1963). *Applied imagination: Principles and procedures of creative problem solving* (3rd ed.). New York: Charles Scribner's Sons.

Pascarella, E. T., & Terenzini, P. T. (2005). *How college affects students: A third decade of research*. San Francisco: Jossey-Bass.

Peer-Led Team Learning (PLTL). (n.d.). Retrieved from www.pltl.org

Penner, J. (1984). *Why many college teachers cannot lecture*. Springfield, IL: Charles C. Thomas.

Perry, W. G. (1970/1998). *Forms of intellectual and ethical development in the college years: A scheme*. San Francisco: Jossey-Bass.

Pfeiffer, W. S. (2010). *Pocket guide to technical communication* (5th ed.). Upper Saddle River, NJ: Longman.

Phillips, C. R., Chesnut, R. J., & Rospond, R. M. (2004). The California critical thinking instruments for benchmarking, program assessment, and directing curricular change. *American Journal of Pharmaceutical Education, 68*(4), Article 101.

Pólya, G. (1945). *How to solve it*. Princeton, NJ: Princeton University Press.

Poynter, K. J., & Washington, J. (2005). Multiple identities: Creating community on campus for LGBT students. *New Directions for Student Services, 111*, 41–47.

Prichard, J. (2013). *The importance of soft skills in entry-level employment and post-secondary success*. Seattle: Seattle Jobs Initiative. Retrieved from www.seattlejobsinitiative.com/wp-content/uploads/SJI_SoftSkillsReport_vFINAL_1.17.13.pdf

Prince, M. J. (2004). Does active learning work? A review of the research. *Journal of Engineering Education, 93*(3), 223–231.

Prince, M. J., & Felder, R. M. (2006). Inductive teaching and learning methods: Definitions, comparisons, and research bases. *Journal of Engineering Education, 95*(2), 123–138. Retrieved from www.ncsu.edu/felder-public/Papers/InductiveTeaching.pdf

Prince, M. J., & Felder, R. M. (2007). The many faces of inductive teaching and learning. *Journal of College Science Teaching, 36*(5), 14–20. Retrieved from www.ncsu.edu/felder-public/Papers/Inductive(JCST).pdf

Prince, M. J., Vigeant, M. A. S., & Nottis, K. E. K. (2012). Assessing the prevalence and persistence of engineering students' misconceptions in heat transfer. *Journal of Engineering Education, 101*(3), 412–438.

Process Oriented Guided Inquiry Learning (POGIL). (n.d.) Retrieved from pogil.org/post-secondary

Pyc, M. A., Agarwal, P. K., & Roediger III, H. L. (2014). Test-enhanced learning. In V. A. Benassi, C. E. Overson, & C. M. Hakala (Eds.),

Applying science of learning in education: Infusing psychological science in the curriculum (pp. 78–90). Washington, DC: American Psychological Association.

Ramsden, P. (2003). *Learning to teach in higher education* (2nd ed.). New York: Routledge Falmer.

Rankin, S., Weber, G., Blumenfeld, W., & Frazer, S. (2010). *2010 state of higher education for lesbian, gay, bisexual and transgender people.* Charlotte, NC: Campus Pride. Retrieved from issuu.com/campuspride/docs/campus_pride_2010_lgbt_report_summary

Reason, R. D., Cox, B. E., Quaye, B. R. L., & Terenzini, P. T. (2010). Faculty and institutional factors that promote student encounters with difference in first-year courses. *Review of Higher Education, 33*(3), 391–414.

Renkl, A. (2014). Learning from worked examples: How to prepare students for meaningful problem solving. In V. A. Benassi, C. E. Overson, & C. M. Hakala (Eds.), *Applying science of learning in education: Infusing psychological science in the curriculum* (pp. 118–130). Washington, DC: American Psychological Association.

Riener, C., & Willingham, D. (2010). The myth of learning styles. *Change: The magazine of higher learning.* Retrieved from www.changemag.org/Archives/Back%20Issues/September-October%202010/the-myth-of-learning-full.html

Roberson, B., & Franchini, B. (2014). Effective task design for the TBL classroom. *Journal on Excellence in College Teaching, 25*(3&4), 275–302.

Roediger III, H. L., & Butler, A. C. (2011). The critical role of retrieval practice in long-term learning. *Trends in Cognitive Science, 15*(1), 20–27.

Rogers, C. R., & Farson, R. E. (1987). Active listening. In R. G. Newman, M. A. Danziger, & M. Cohen (Eds.), *Communication in business today.* Washington: Heath.

Rohrer, D., Dedrick, R., & Burgess, K. (2014). The benefit of interleaved mathematics practice is not limited to superficially similar kinds of problems. *Psychonomic Bulletin & Review, 21,* 1323–1330.

Rohrer, D., & Pashler, H. (2007). Increasing retention without increasing study time. *Current Directions in Psychological Science, 16*(4), 183–186.

Rohrer, D., & Pashler, H. (2012). Learning styles: Where's the evidence? *Medical Education, 46,* 634–635. Retrieved from onlinelibrary.wiley.com/doi/10.1111/j.1365-2923.2012.04273.x/full

Rohrer, D., Taylor, K., Pashler, H., Wixted, J. T., & Cepeda, N. J. (2004). The effect of overlearning on long-term retention. *Applied Cognitive Psychology, 19,* 361–374.

Rosen, C. (2008). The myth of multitasking. *The New Atlantis,* Spring, 105–110. Retrieved from www.thenewatlantis.com/publications/the-myth-of-multitasking

Rosser, S. (1997). *Re-engineering female friendly science.* New York: Teachers College Press.

Rosser, S. V. (1998). Group work in science, engineering, and mathematics: Consequences of ignoring gender and race. *College Teaching, 46*(3), 82–88.

Rowe, M. B. (1986). Wait time: Slowing down may be a way of speeding up! *Journal of Teacher Education, 37*(1), 43–50.

Rutledge, M. L., & Warden, M. A. (2000). Evolutionary theory, the nature of science & high school biology teachers: Critical relationships. *The American Biology Teacher, 62*(1), 23–31.

Sadler, P. M., & Good, E. (2006). The impact of self- and peer-grading on student learning. *Educational Assessment, 11*(1), 1–31.

Sarquis, J. L., Dixon, L. J., Gosser, D. K., Kampmeier, J. A., Roth, V., Strozak, V. S., & Varma-Nelson, P. (2001). The workshop project: Peer-led team learning in chemistry. In J. E. Miller, J. E. Groccia, & M. Miller (Eds.), *Student-assisted teaching: A guide to faculty-student teamwork* (pp.150–155). Bolton, MA: Anker.

Schneider, B., Blikstein, P., & Pea, R. (2013). The flipped, flipped classroom. *The Stanford Daily,* August 5. Retrieved from www.stanforddaily.com/2013/08/05/the-flipped-flipped-classroom/

Schneider, B., Milesi, C., Brown, K., Gutin, I., & Perez-Felkner, L. (2015). Does the gender gap in STEM majors vary by field and institutional selectivity? *Teachers College Record,* July 16.

Seidel, S. B., & Tanner, K. D. (2013). "What if students revolt?"—Considering student resistance: Origins, options, and opportunities for investigation. *CBE Life Sciences Education, 12,* 586–595. Retrieved from www.lifescied.org/content/12/4/586.full

Severiens, S., & Schmidt, H. (2009). Academic and social integration and study progress in problem based learning. *Higher Education, 58*(1), 59–69.

Seymour, E., & Hewitt, N. M. (1997). *Talking about leaving: Why undergraduates leave the sciences.* Boulder, CO: Westview Press.

Shank, J. D. (2014). *Interactive open educational resources: A guide to finding, choosing, and using what's out there to transform college teaching.* San Francisco: Jossey-Bass.

Shuman, L. J., Besterfield-Sacre, M., & McGourty, J. (2005). The ABET "professional skills"—Can they be taught? Can they be assessed? *Journal of Engineering Education, 94*(1), 41–55.

Silverthorn, D. U. (2006). Teaching and learning in the interactive classroom. *Advances in Physiology Education, 30*, 135–140.

Simkins, S., & Maier, M. (Eds.). (2009). *Just-in-time teaching: Across the disciplines, and across the academy.* Sterling, VA: Stylus Publishing.

Simpson, E. J. (1972). *The classification of educational objectives, psychomotor domain.* ERIC Document ED010368, Education Resource Information Center.

Singh, H. (2003). Building effective blended learning programs. *Educational Technology, 43*(6), 51–54.

Smith, H., Parr, R., Woods, R., Bauer, B., & Abraham, T. (2010). Five years after graduation: Undergraduate cross-group friendships and multicultural curriculum predict current attitudes and activities. *Journal of College Student Development, 51*(4), 385–402.

Smith, K. A., Sheppard, S. D., Johnson, D. W., & Johnson, R. T. (2005). Pedagogies of engagement: Classroom-based practices. *Journal of Engineering Education, 94*, 87–101.

Sorcinelli, M. D., & Yun, J. (2007). From mentor to mentoring networks: Mentoring in the new academy. *Change, 39*(6), 58–61.

Sousa, D. A. (2011). *How the brain learns* (4th ed.) [Kindle version]. Retrieved from http://www.amazon.com/Brain-Learns-David-Anthony-Sousa/dp/1412997976

Springer, L., Stanne, M. E., & Donovan, S. (1999). Effects of small-group learning on undergraduates in science, mathematics, engineering, and technology: A meta-analysis. *Review of Educational Research, 69*(1), 21–51. Retrieved from www.wcer.wisc.edu/archive/cl1/CL/resource/scismet.pdf

Steele, C. M. (2010). *Whistling Vivaldi: And other clues to how stereotypes affect us.* New York: W. W. Norton.

Stice, J. E. (1979). Grades and test scores: Do they predict adult achievement? *Journal of Engineering Education, 69*(5), 390–393.

Streveler, R. A., Miller, R. L., Santiago-Roman, A. I., Nelson, M. A., Geist, M. R., & Olds, B. M. (2011). Rigorous methodology for concept inventory development: Using the "assessment triangle" to develop and test the thermal and transport science concept inventory (TTCI). *International Journal of Engineering Education, 27*(5), 968–984.

Strobel, J., & van Barneveld, A. (2009). When is PBL more effective? A meta-synthesis of meta-analyses comparing PBL to conventional classrooms. *Interdisciplinary Journal of Problem-based Learning, 3*(1), 44–58.

Stuart, J., & Rutherford, R. (1978). Medical student concentration during lectures. *The Lancet, 2*, 514–516.

Svinicki, M. D. (2010). Synthesis of the research on teaching and learning in engineering since the implementation of ABET Engineering Criteria 2000. National Academies Board on Science Education. Retrieved from sites .nationalacademies.org/dbasse/bose/dbasse_080124

Svinicki, M., & McKeachie, W. J. (2014). *McKeachie's teaching tips: Strategies, research, and theory for college and university teachers* (14th ed.). Belmont, CA: Wadsworth.

Sweller, J. (2006). The worked example effect and human cognition. *Learning and Instruction, 16*(2), 165–169.

Sweller, J., Ayres, P., & Kalyuga, S. (2011). *Cognitive load theory.* Springer Science and Business Media. Available from https://books.google.com/ books/about/Cognitive_Load_Theory.html?id=sSAwbd8qOAAC.

Szpunar, K. K., Khan, N. Y., & Schacter, D. L. (2013). Interpolated memory tests reduce mind wandering and improve learning of online lectures. *Proceedings of the National Academy of Sciences, 110*(16), 6313–6317.

Tanner, K. D. (2012). Promoting student metacognition. *CBE-Life Sciences Education, 11*, 113–120.

Taylor, A. K., & Kowalski, P. (2014). Student misconceptions: Where do they come from and what can we do? In V. A. Benassi, C. E. Overson, & C. M. Hakala (Eds.), *Applying science of learning in education: Infusing psychological science into the curriculum*. Retrieved from teachpsych.org/ebooks/ asle2014/index.php

Taylor, K., & Rohrer, D. (2010). The effects of interleaved practice. *Applied Cognitive Psychology, 24*(6), 837–848.

Terenzini, P. T., Cabrera, A. F., Colbeck, C. L., Parente, J. M., & Bjorklund, S. A. (2001). Collaborative learning vs. lecture/discussion: Students' reported learning gains. *Journal of Engineering Education, 90*, 123–130.

Tien, L. T., Roth, V., & Kampmeier, J. A. (2002). Implementation of a peer-led team learning approach in an undergraduate organic chemistry course. *Journal of Research in Science Teaching, 39*, 606–632.

Tinto, V. (1993). *Leaving college: Rethinking the causes and cures of student attrition* (2nd ed.). Chicago: University of Chicago Press.

Tobias, S. (1994). *They're not dumb, they're different.* Tucson, AZ: Research Corporation.

Torrance, E. P. (1962). Creative thinking through school experiences. In S. J. Parnes & H. F. Harding (Eds.), *A source book for creative thinking* (pp. 31–47). New York: Charles Scribner's Sons.

Torrance, E. P. (1966a). Rationale of the Torrance tests of creative thinking ability. In E. P. Torrance & W. F. White (Eds.), *Issues and advances in education psychology.* Istica, IL: F. E. Peacock.

Torrance, E. P. (1966b). *Torrance test on creative thinking: Norms–technical manual.* Lexington, MA: Personal Press.

Trigwell, K., Prosser, M., & Waterhouse, F. (1999). Relations between teachers' approaches to teaching and students' approaches to learning. *Higher Education, 37,* 57–70.

Tucker, C. (2013). Mind/Shift teacher's guide to using videos. KQED and NPR. Retrieved from ww2.kqed.org/mindshift/wp-content/uploads/sites/23/2013/03/MindShift-Guide-to-Videos.pdf

University of California, San Diego. (2014). Learning how to learn: Powerful mental tools to help you master tough subjects. Retrieved from www.coursera.org/learn/learning-how-to-learn

University of Delaware PBL Clearinghouse. (n.d.). Retrieved from http://www.udel.edu/inst/clearinghouse/index.html

University of Oregon. (2014). Writing multiple choice questions that demand critical thinking. Retrieved from tep.uoregon.edu/resources/assessment/multiplechoicequestions/mc4critthink.html

US Copyright Office. (n.d.). Circular 92 107 limitations on exclusive rights: Fair use. Retrieved from www.copyright.gov/title17/92chap1.html#107

US Department of Commerce. (2011). Women in STEM: A gender gap to innovation. *ESA Issue Brief 04–11.* Washington, DC: US Department of Commerce.

van Gelder, T. (2005). Teaching critical thinking: Some lessons from cognitive science. *College Teaching, 53*(1), 41–46.

VanGundy, A. B. (1983). Brainwriting for new product ideas: An alternative to brainstorming. *Journal of Consumer Marketing, 1,* 67–74.

Velegol, S. B., Zappe, S. E., & Mahoney, E. (2015). The evolution of a flipped classroom: Evidence-based recommendations. *Advances in Engineering Education, 4*(3). Retrieved from advances.asee.org/wp-content/uploads/vol04/issue03/papers/AEE-15-Velegol.pdf

Watson, G., & Glaser, E. (1980). *Watson-Glaser critical thinking appraisal.* San Antonio, TX: The Psychological Corporation.

Weber, K., & Custer, R. (2005). Gender-based preferences toward technology education content, activities, and instructional methods. *Journal of Technology Education, 16*(2), 55–71.

Weimer, M. (2012). Five characteristics of learner-centered teaching. Faculty Focus. Magna publications. Retrieved from www.facultyfocus .com/articles/effective-teaching-strategies/five-characteristics-of-learner-centered-teaching/

Weimer, M. (2013). *Learner-centered teaching: Five key changes to practice* (2nd ed.). San Francisco: Jossey-Bass.

Wieman, C. (2014). Large-scale comparison of science teaching methods sends clear message. *Proceedings of the National Academy of Sciences (PNAS), 111*(23), 8319–8320. Retrieved from www.pnas.org/content/111/23/8319 .full

Williams, L., & Kessler, R. (2002). *Pair programming illuminated.* Boston: Addison-Wesley.

Wilson, R. C. (1986). Improving faculty teaching: Effective use of student evaluations and consultants. *Journal of Higher Education, 57*(2), 196–211.

Woods, D. R. (1985). *A strategy for problem solving* (3rd ed.). Hamilton, Ontario: Department of Chemical Engineering, McMaster University.

Woods, D. R. (1994). *Problem-based learning: How to get the most from PBL.* Waterdown, Ontario: Woods Publishing.

Woods, D. R. (2000). An evidence-based strategy for problem solving. *Journal of Engineering Education, 89*(4), 443–459.

Zeilik, M. (n.d.). Field-tested learning assessment guide (FLAG). Classroom assessment techniques: Minute paper. Retrieved from www.flaguide.org/ cat/minutepapers/minutepapers7.php

Zimarro, D. (2004).Writing good multiple choice exams. University of Texas at Austin. Retrieved from ctl.utexas.edu/sites/default/files/writing-good-multiple-choice-exams-04-28-10.pdf

찾아보기

저자 소개

Richard Felder 박사는 1969년부터 교수로 근무한 노스캐롤라이나주립대학교 화학공학과의 Hoechst Celanese 석좌 명예 교수이다. 그는 *Elementary Principles of Chemical Processes*(화학 공정의 기본 원리, 제4판, Wiley, 2015)의 공동저자이다. 1978년에 처음 나온 이래로 미국을 비롯한 전 세계 화학공학과의 약 90%가 입문 교과서로 이 책을 이용해왔다. 그는 공정 공학 및 STEM 교육에 관한 300편 이상의 논문을 저술 또는 공동 집필했다. 그는 세계 공학교육학회협의회의 공학교육 분야 글로벌어워드(2010년, 첫 번째 수령자)와 ASEE(American Society of Engineering Education, 미국공학교육학회)의 공학교육 평생 공로상(2012년, 첫 번째 수령자)을 비롯하여 교육, 연구 및 출판물에 대한 수많은 상을 수상하였다. Felder 박사의 논문 목록, 칼럼, 기사는 www.ncsu.edu/effective_teaching에서 찾을 수 있다.

Rebecca Brent 박사는 노스캐롤라이나 주 캐리에 위치한 컨설팅 회사 Education Designs, Inc.의 사장이다. 35년이 넘는 교육 경험을 가진 STEM 교원 개발, 고등학생을 위한 예비대학 교사 준비, 예비대학 및 대학 수준의 교육 프로그램 평가의 전문가이고, 조지워싱턴대학교의 Evaluators' Institute에서 발행한 평가 실무 관련 자격증을 갖고 있다. 그는 효과적인 교육 및 교원 개발에 관한 60개 이상의 논문을 단독 또는 공동 저술했으며, NSF가 후원하는 SUCCEED Coalition과 노스캐롤라이나주립대학교의 공학 및 이과 대학에서 신임교수 오리엔테이션을 관장하였다. 민간 컨설팅을 시작하기 전에, 이스트캐롤라이나대학교의 부교수로 최우수 교수상을 수상했다. 2014년에는 ASEE의 펠로우로 지명되었다.

각각 그리고 함께, Felder와 Brent 박사는 미국뿐만 아니라 해외 대학 캠퍼스에서 효과적인 교육, 수업 설계, 신임교수 멘토링 및 지원, STEM 교원 개발을 위한 450개 이상의 워크숍을 수행했다. 그들은 1991년부터 2015년까지 ASEE의 NETI(National Effective Teaching Institute)의 공동 소장으로 활동하였다.

역자 소개 |

오명숙

홍익대학교 신소재화공시스템공학부 교수
미국 매사추세츠공과대학교 화학공학 박사
로렌스 리버모어 국립연구소와 텍사코에서 근무한 현장 경험을 바탕으로 열분해 및 가스화 공정, 슬래그 유변학 분야 전문가로 연구와 교육에 힘써 왔다. 공학교육과 여학생 교육에 남다른 관심과 열정을 가지고 있으며 WISET 서울지역사업단 단장, 한국공학교육학회 부회장을 역임하였다. 한국공학한림원의 해동상, 한국화공학회의 형당교육상을 수상한 바 있다. 2014년에 Felder 교수의 워크숍에 참석한 후 큰 감동을 받고 주원종 교수와 이 책의 번역을 주도하게 되었다.

강소연

연세대학교 공학교육혁신센터 교수
연세대학교 교육학 박사
10여 년 이상을 공학교육인증평가, 문제기반학습, 창의성 교육 등을 연구한 공학교육 전문가로 활동하였다. 공과대학 교수를 대상으로 기초설계 워크숍, PBL 워크숍, 지역사회기반학습 워크숍 등을 진행하였으며 공학교육학회의 이병기 우수논문상을 수상한 바 있다.

주원종

서울과학기술대학교 융합기계공학과 교수
미국 일리노이대학교 시카고캠퍼스 기계공학 박사
(주)현대엔지니어링의 플랜트 설계 관련 현장 경험을 바탕으로, 장기현장실습 모델 개발, 기업과 제중심 캡스톤디자인 확산 및 공학인증제도 개선 등, 현장 중심의 공학교육 혁신에 앞장서 왔다. 10여 년간 공학교육혁신거점센터장과 협의회장을 역임하면서 국내외 공학교육 관련 네트워크 확장에 힘써온 공로를 인정받아 이기준 공학교육혁신상과 교육부장관 표창을 수상한 바 있다.

신선경

(전)한국기술교육대학교 교양학부 교수
서울대학교 국어학 박사
숙명여자대학교와 서울대학교에서 의사소통 교육을 담당한 바 있으며 한국기술교육대학교에 10여 년간 재직하면서 공학교육혁신센터 사업과 공학도들의 인문소양교육에 관한 연구와 교육을 수행해 왔다. 공학도들의 자기주도적 경험 교육과 창의성 교육, 미래형 대학교육에 대해 관심을 갖고 있으며, 동 대학 교수학습센터장을 역임한 바 있다.

김사라은경

서울과학기술대학교 나노IT디자인융합대학원 교수
미국 렌셀러폴리테크닉대학교 재료공학 박사
삼성전자, 인텔, 한국과학기술연구원에서 근무하는 등, 풍부한 현장 경험을 바탕으로 반도체 공정 및 소재 분야 전문가로 연구와 교육에 힘써 왔다. 전문성을 갖춘 공학리더교육에 관심이 있고, 학생들 사이에서 강의 잘하는 교수로 정평이 나 있으며 우수교육교수상을 수상한 바 있다.